私家车改装发烧友

姚时俊　主　编

李　畅　主　审

内容提要

本书全面、系统地介绍了汽车改装的基础知识、实际操作方法与技巧，内容包括汽车改装概述、发动机改装、底盘改装、电器设备改装、车身外部改装、车内改装、音响改装、安全装置改装、信息系统改装和越野车改装等，并配有大量图片，文字通俗简洁，实用性强。本书可供汽车改装专业人员阅读，也可供大中专院校汽车专业师生及车主参考。

图书在版编目（CIP）数据

私家车改装发烧友 / 姚时俊主编 . —北京：人民交通出版社，2010.1
ISBN 978-7-114-08080-7

I.私… II.姚… III.汽车—车辆保养—技术改造 Ⅳ.U472.7

中国版本图书馆CIP数据核字（2009）第216037号

书　　名：**私家车改装发烧友**
著 作 者：姚时俊
责任编辑：谢　元
出版发行：人民交通出版社
地　　址：（100011）北京市朝阳区安定门外外馆斜街3号
网　　址：http://www.ccpress.com.cn
销售电话：（010） 59757969,59757973 ，85285656
总 经 销：北京中交盛世书刊有限公司
经　　销：各地新华书店
印　　刷：北京市密东印刷有限公司
开　　本：880×1230　1/24
印　　张：14.25
字　　数：360千
版　　次：2010年2月 第1版
印　　次：2010年2月 第1次印刷
书　　号：ISBN 978-7-114-08080-7
印　　数：0001-4000册
定　　价：32.00元

前　言

随着我国国民经济和汽车工业的高速发展，人民生活水平不断提高，汽车保有量大幅增加，汽车已经快速地进入到家庭。人们在享受了汽车带来的快速与便利之后，开始追求时尚与品味，寻求汽车带来更大的乐趣与刺激，渴望自己的爱车动力更强劲、外观更靓丽、乘坐更舒适、运行更安全、个性更突出。这样，原厂车的实用性、功能性和观赏性便难以满足车主的需要，在这种情况下，汽车改装便应运而生，并已成为一种汽车文化。

我国汽车改装业起步较晚，基础较差，整个行业存在着技术力量薄弱、服务质量不高等问题，为尽快提高汽车改装行业从业人员的专业素质和技术水平，我们组织编写了《私家车改装发烧友》一书。

本书通过大量图片，形象直观地介绍了汽车改装的基础理论、改装用品的结构与原理及改装用品的选购与安装等内容。本书力求理论与实际相结合，突出知识性、实用性和通俗性。可供汽车改装专业人员阅读，也可供大中专院校师生和车主参考。

本书由姚时俊主编，李畅主审，副主编为吴立祥、闫彬、李涛，参加编写的还有杨明、毛红、王泗禹、李菡露、徐瑞瑞、姚媛媛。在本书编写过程中，参阅了国内外大量的技术资料和产品图片，在此谨向其作者表示衷心的感谢！

由于本书作者水平有限，书中难免有不足之处，敬请读者批评指正。

编　者

2009年11月

目 录
Contents

壹 汽车改装概述

贰 发动机改装

叁 底盘改装

肆 电器设备改装

伍 车身外部改装

陆 车内改装

柒 音响改装

捌 安全装置改装

玖 信息系统改装

拾 越野车改装

参考文献

汽车改装概述

随着汽车时代的到来，“汽车文化”一词已渐渐地为人们所了解，各种各样的汽车娱乐、汽车旅行、驾车探险以及赛车等文化形式已成为广大车迷津津乐道的生活方式。与此同时，一种全新的汽车文化也正在悄然兴起，它就是令追求个性、追求速度的车迷趋之若鹜的汽车改装。

一、汽车改装的概念与目的

1. 汽车改装的概念

目前，我国汽车改装业主要有批量改装和个性改装两种情况。批量改装是指因社会或行业的特殊用途而专门进行的改装，它是使用国家鉴定合格的发动机、底盘或车辆总成，经过重新设计、加工，或增加专用部件，改成与原车型外观或使用功能不同的汽车，比如将一汽的解放和二汽的东风等原形货车改装成消防车、油罐车、洒水车或垃圾车，如图1-1所示；个性改装是指已领有牌照的汽车（多为在用的私家车），由于车主不满足于原车的造型或性能，而在原车总成的基础上作一些相关的改进和改动，如图1-2所示。

a) 消防车　b) 油罐车　c) 洒水车　d) 垃圾车

图1-1　批量改装车辆

a) 大包围

b) 尾翼

c) 贴纸

d) 护杠

图1-2　个性改装车辆

批量改装和个性改装的区别是：

（1）用途不同。批量改装（如专用车和商务车）主要用于市场经营与公共服务，是一种工具性质的产品；个性改装则是一种消费行为，就像房屋装修一样，属于对个性偏好的满足。

（2）属性不同。批量改装是一种生产资料，属于工业品、制造业的范畴；个性改装则属于消费品范畴，是对生活资料的优化行为。

（3）理念不同。批量改装适用的是制造业的理念，是制造一种专门用途的汽车；个性改装适用的是创新理念，是在批量生产车型的基础上进行局部优化与调整。

（4）产业链位置不同。批量改装位于产业前端，实行的是公告管理，有着法定的准入标准；个性改装则位于汽车售后环节，是一种特殊的服务需求。

（5）技术方法不同。批量改装是以加装特殊车身、专用装备为主要手段；个性改装则以换装、加装、技术升级为主要技术手段。

本书所介绍的汽车改装专指个性改装，它的完整定义是：汽车改装是以汽车品牌文化为特征，以特性偏好为取向，在量产车型的基础上，结合造型设计理念、运用先进的工艺及成熟的配件与技术，对汽车的实用性、功能性、欣赏性进行改进、提升与美化，并使之符合汽车全面技术标准，最终满足人们对汽车的多元化、多用途、多角度需求的一种市场形态。汽车改装主要包括换装、加装与升级三个方面。

2. 汽车改装的目的

现在，很多人都很喜欢汽车改装，夸张的外观变化、强有力的动力提升、人车合一的操控驾驶乐趣都是让人敏感和兴奋的，这让很多人对汽车改装充满了无限的遐想。

汽车改装的主要目的是：

（1）性能升级的需求。车主针对自己的车辆，在驾驶过程中，感觉到不满意的环节，自行进行升级弥补，提高车辆的部分性能，增强车辆的安全性。

（2）时尚品味的需求。车主追求汽车改装的时尚脉搏，寻求时尚品味改装的感觉，对车辆升级改装的部件亦有品质上的要求。

（3）运动与竞技的需求。车主追求速度的激情，渴望强大的动力，苛刻地要求操控表现，关注汽车驾驶的运动与竞技感受。这类人群非常喜爱各种赛事，梦想成为一名车手。他们将自己的车完全比照赛车来改装，在赛道上挥洒激情。

（4）体味改装乐趣的需求。车主升级改装完全是对机械的一种理解与偏爱，自己DIY调整安装，研究各种升级改装部件，体味升级改装车辆的细节乐趣。从机械调控中，寻找与实现自我的一种追求。

汽车改装不仅仅是简单地改装了汽车的某些部件，而是代表了车主的品味，以及对汽车文化的理解。可见，汽车改装是一种文化，是一种性格，是一种对机械的迷恋，也是对事物极限的挑战。

总之，汽车改装其实是个性化发展的产物，它能够给人们带来快乐、刺激、知识、文化、个性等。

同时，它也是一个商业产业链，它能刺激人们消费，给国家带来税收，还能为人们提供就业机会，刺激国内汽车产业以及售后市场的大发展等。

二、汽车改装的种类与项目

1. 汽车改装的种类

汽车改装根据改装目的不同可分为赛车改装、超强改装和实用改装三大类别。

1）赛车改装

赛车改装是将民用车辆改成参赛车辆的一种改装，如图1–3所示。其改装项目主要有：

图1–3　赛车改装

（1）通过对发动机进、排气系统等进行改装，提升发动机动力；

（2）对轮胎及悬架等进行改装，提高汽车的越野性能；

（3）通过对汽车制动系统等进行改装，提高汽车的操控性能；

（4）通过加装防滚架、改装桶型座椅和安全带等，提高汽车的安全性能；

（5）通过对车身进行改装，突显赛车个性。

图1–4　超强改装

2）超强改装

超强改装是汽车发烧友为追求刺激而进行的一种改装,如图1–4所示。其特点：

（1）超强动力，将民用车辆性能提升到与

专业赛车相近的程度，经过改装，汽车动力强劲、速度非常快，0～100km的加速只要3～4s，油耗也是每百公里30L左右，已不适合在民用道路上行驶；

（2）超酷外型，使原车外型脱胎换骨，在德国车展上，曾展出过电影《蝙蝠侠和罗宾》中大坏蛋冰人驾驶的冰车，还有外形为迪斯尼笔下米老鼠的卡通甲壳虫汽车等。这一类改装对技术的要求相当高，高昂的费用也并非一般人能接受的。

3）实用改装

实用改装是以提高汽车动力性、安全性、舒适性、观赏性为主要目的而进行的一种改装,如图1-5所示。如改装发动机进（排）气系统、制动系统、点火系统，加装大包围、天窗、尾翼，改装汽车音响，加装防盗器、倒车雷达等。

图1-5　实用改装

2. 汽车改装的项目

不同种类的改装其项目也不尽相同，本书介绍的实用改装的主要项目如表1-1所示。

实用改装的主要项目　　表1-1

类　别	改装项目
发动机改装	进气系统、排气系统、燃油供给系统、曲轴连杆机构、配气机构、压缩比、增压系统等
底盘改装	制动系统、轮胎、轮辋与轮盖、悬架、防倾杆等
电器设备改装	点火系统、前照灯、信号灯、装饰灯等
车身改装	大包围、天窗、尾翼、贴纸等
车内改装	饰板、座椅、车载电器（饮水机、冰箱、微波炉）等
安全装置改装	防盗器、倒车雷达、安全预警系统等
娱乐及信息系统改装	音响、车载免提、对讲机、车载GPS、汽车黑匣子等
越野车改装	防护杠、防滚架、越野车轮胎、越野车车灯、绞盘等

三、汽车改装的历史、现状与发展

1. 汽车改装的历史

汽车改装始于20世纪60年代，最早的汽车改装源于赛车。参加各种竞技及赛事的车辆必须经过标准严格的改装后才能进入赛场。

其目的是：

（1）增加车辆安全性，如在撞击、翻滚、失火等事故中保护车手不受伤害；

（2）提高比赛能力，如加速性能、转弯稳定性能、制动性能、通过性能、操控精准性能等；

（3）减少自重及风阻系数。

赛场是各个汽车制造商体现自家技术实力的地方，为了把对手甩在后面，他们都拿出自家的最高技术，迫使厂商致力研究开发新技术。现时量产车中的很多技术都是来源自赛车，几乎所有的改装方式和改装部件都在赛车运动中通过不断地测试、改进，并经过长时间地试用，在解决了安全、稳定、合理、经济等方面的问题后才向大众推广。当然，在这当中，最终真正能与广大消费者见面的都是经历住各种考验的既实用又经济、稳定的经典改装件。民用汽车性能提升，是建立在长年累月的赛车改装基础的高级形式。

随着汽车工业的发展以及赛车运动的深入人心，汽车改装已揭开以往的神秘面纱，成为普通车迷汽车生活中的组成部分，并渐渐成为一种潮流。

2. 汽车改装的现状

1）国外汽车改装的现状

在国外发达国家，汽车改装已经成为一种时尚，并形成了独特的汽车文化。在改装车热情最高的美国、德国和日本，已经很少见到未经任何改动的原车。

（1）美国。据有关资料显示，目前美国拥有汽车改装配件厂家及改装服务机构一万多家，改装市场从业人员达200万人，每年营业额达400多亿美元。

美国有独特的汽车文化、法律规范以及交通状况，美国人多数是对汽车外观和部件的改装，追求夸张的外观造型和有冲击力的视觉效果，甚至有完全依照顾客要求定制个性化汽车的汽车定制工厂。

在美国，可以进行外观改装，比如加装大包围，加装尾翼换装异形灯具等；也可以进行内部的豪华装饰，比如更换专门生产的高档桃木内饰和真皮座椅，比如提高发动机的动力和转矩，更换制动和减振系统等。可以说，能把车上所有的东西都改掉。另外，有的厂还同时大批量生产专门的改装配件，提供给世界各地的消费者。

美国是全球最大的汽车消费市场，全世界规模最大、名气最响的改装车展——在拉斯维加斯举办的SEMASHOW首创于1963年。SEMA是“Speed Equipment Manufacturers Association”的缩写，字面意思为“制造极速机器的厂商联合会”，SHOW即展会的英文称法。SEMASHOW起初是各大汽车零配件制造商为早期的汽车改装爱好者举办的一个小型展会，后来经过几十年的发展和完善，使得汽车改装不仅在美国取得了合法地位，而且加入SEMA的成员单位也逐渐增多，现拥有3400多家成员单位。最近一次SEMASHOW共有1300个参展商参加，全场展位6000多个。美国的汽车改装已在商品车销售的市场之外又开拓出了一片新天地，形成了一个每年有上百亿美元产值的新兴行业。

（2）德国。德国的汽车工业起步较早，汽车改装的历史也非常悠久，汽车改装业非常规范，很多汽车公司都有自己认证的改装厂。人们喜欢的奔驰绝大部分是来自于改装车厂的产品，后者在奔驰原来的基础上，进一步强化豪华配置，赋予奔驰汽车更高的速度，许多商业巨子和银行家都对产自奔驰改装车厂的产品有强烈的兴趣，而对原厂出产的普通奔驰车则不太问津。究其原因，在于改装奔驰车有着原车不可比拟的优势，比如驾驶的舒适性，虽然德国人对“开宝马、坐奔驰”的说法不太热衷，但宝马轿车绝佳的操纵性能还是引起人们的关注。在豪华的奔驰车上找到宝马的驾驶感觉，这绝对能吸引人们目光，所以多年来，奔驰改装车的市场反响一直很热烈。

从奔驰改装车上就不难发现国外流行改装车的原因，流水线上生产出来的产品虽然豪华无比，但毫无个性可言，每款车的性能和外表都非常一致，这就有一种平淡的意味。对见惯了豪华车的德国人来说，他们需要的不是大家都有的好车，而是大家没有我独有的车，出于个性的原因，他们强调的是自己的感觉，而不在乎别人的眼光。

这种改变汽车本来风格的工厂是改装车的摇篮，世界上到处都有改装车厂，并且已经呈现出越来越专业的发展态势。比如在德国有专门改装宝马的，专门改装奔驰的，还有专门改装大众的，这些公司的存在使得世界车坛呈现出百花齐放的景象。虽然说他们并没有太雄厚的资本，可凭借着超强的技术力量，这些公司的工程师们将世界著名品牌的汽车做得完美无缺，完全达到了更上一层楼的境地。

在德国的埃森，每年会举行一次盛大的国际改装车展，该车展主要是通过改装车来展示车主的想象力。在这里可以看到陆海空三栖座驾，还有外形别致可爱的卡通车等。种类繁多，外形别致是埃森车展最大的特点。多年来，这个汽车大聚会已经成为欧洲最著名的改装车展了。

（3）日本。日本作为亚洲汽车技术最先进的国家，在改装车方面也有很多经典作品，特别是国内的改装车厂，在技术力量和资金积累方面都有不俗的实力。日本人进行汽车改装吸收了欧美国家的特点，追求夸张的外观和性能的极限。但日本法律对于改装的允许并没有欧美宽松，所以在日本有大量游走在法律边缘的地下改装厂进行着汽车改装。

日本东京每年都要举办一次改装车展览，在这里会看到许多已经看不出原来车型的“狂改”车。由于日本拥有最先进的机械技术和电脑技术，加之汽车市场的完善，汽车在日本人的眼中并不是值钱的商品，许多日本人将汽车看作一个崭新的平台，在这个平台上他们肆意而为，充分发挥自己的想象力，也充分展示自己花钱的本领。通过他们疯狂的改装，车的价值已经在原来的基础上翻了好几番。

随着改装市场的日趋庞大，一些汽车生产商也逐渐意识到了改装市场的潜力，因此也纷纷投入资金进行这一方面的开发。比如在美国的本田公司用原厂生产的高性能部件改装自己生产的CIVIC（市民，也称“思域”）轿车，他们打算建立一项每年有10亿美元营业额的改装业务，以满足年轻人喜欢将自己的车改成大功率、低车身等个性化的需求。通用汽车公司也看好这块市场，为了吸引年轻的亚裔美国青年，他们在与丰田联手开发的多用途VIBE车型的基础上推出自己的一系列改装配件，使客户可将VIBE车型的性能改装到高级跑车CELICA的水平，改装件包括增压器、MP3、新颖的发动机前面罩、前后扰流器和保险杠等。

国外对汽车改装都有明确的细则标准，据介绍，在国外只要具备改装条件，就可以申请注册汽车改装工厂，有了营业执照，就可以按批准项目合法进行汽车改装。改装时，通常是由追求个性化的车主提出改装方案，再交给汽车改装工厂进行科学严谨的技术设计和加工，然后经过车检部门检验合格，发给改装车牌照。曾有资料统计，目前发达国家私人汽车的改装率已经超过80%。只要汽车厂商一有新车下线，便会随之产生出一系列的改装方法和相应的配件。

2）我国汽车改装的现状

我国汽车改装业起步较晚，但发展很迅速。随着国内私家车数量的增多，汽车个性化的改装潮流逐渐兴起。目前，我国汽车改装市场主要集中在以广州、深圳、珠海为代表的广东地区以及北京、上海等地，并逐渐向长三角及环渤海湾地区发展。起初的汽车改装主要效仿香港地区同行的模式，后来又不断接触到台湾地区的改装潮流，在融合两种改装风格后，逐渐形成了现在广东的改装风格。从一开始仿制同类产品，到现在逐步根据国内消费者的审美观和驾驶特性以及地形地貌，自行研究、开发出具有中国特色的改装产品。如今，广东地区的汽车改装行业各具特色，正朝着百家争鸣的方向发展，市场商机越来越多，改装厂家、店家也不断增加，车主对汽车改装的认同和参与热情也与日俱增，改装技术正不断接近港台地区的水平。

我国的汽车改装是一个新兴产业，在发展过程中有以下一些问题需要研究和解决：

（1）政策法规的限制。由于国内相关政策法规对汽车改装有严格的限制，同时又缺乏细节性的标准，因此国内汽车改装行业的合法性受到质疑。《中华人民共和国道路交通安全法》第十六条中明确规定任何单位或个人不得拼装机动车或擅自改变机动车已登记的结构、构造或特征。车辆的结构包括车身颜色、长、宽、高四个硬性的标准以及发动机和相关的技术参数，这样使很多改装车无法顺利通过年检。

（2）缺乏相应标准。改装后的车辆没有相应的评价验收标准，在出现服务问题时，消费者与商家往往会陷入说不清楚的纠纷中，难以确定责任，致使一些问题不能得到合理解决。

（3）缺乏专业鉴定机构。改装技术是否可靠、经改装后的车是否安全，现在根本无从评定。汽车改装对技术要求很高，如何改才安全，改完之后安全性能是否受到影响等，需要有权威且专业的技术部门予以鉴定，才能保证改装市场的规范。例如在日本就有一个叫“排气管协会”的，生产者的产品只有通过他们相应标准的严格检测才能销售或使用。比如说一个在赛场上使用的产品，他们就会在上面标明“公路禁止”之类的字样。又如日本已经将发动机列为消耗品，基本上就是只要发动机来源合法，而且施工的技师具有相应的认证资格，你爱装什么就装什么。不像我国，原车是什么型号就只能安装什么型号。

（4）改装企业没有专业资质。由于汽车是技术含量非常高的产品，所以对汽车改装技术的要求很高，对从事汽车改装企业的要求也很高，改装企业需要具有相应的资质。可是，我国目前除了服务于汽车赛事的专业改装机构得到汽车运动联合会的认证许可以外，其他许多从事民用汽车改装业务的厂家原来都是汽车装饰或维修企业，他们一般都没有汽车改装许可证，不具备汽车改装的资质。

（5）从业人员素质偏低。改装企业从业人员的素质参差不齐，当中的大部分上岗之前没有进行岗前培训，没有相应的执业资格，致使改装质量得不到保证。

（6）改装配件跟不上。在国外，许多厂商在新车发布后，都会针对相应的车型提供相当多的改装配件，以及为车主提供比较明晰的改装指导，甚至还有专门改装自己汽车的改装公司。可目前在国内，很多新车上市后，厂商并没有提供相应的改装配件及指导。

（7）进口配件与国产汽车不匹配。目前，汽车改装企业所使用的改装配件及改装技术、设备大多来源于国外，在国内并没有相关的改装操作规范、产品认证标准、匹配及服务标准。许多进口配件与国产汽车不相匹配，使得一些进口配件必须在改动之后才能安装到国产汽车上，严重影响了进口原装配件的性能。同时，配件的质量也良莠不齐，给改装车辆带来安全隐患。

3. 我国汽车改装的发展前景

虽然目前国内的汽车改装与发达国家相比，改装技术尚显不足，相关的法律法规等各项规章制度还不健全，值得进一步交流学习，但可以预见的是，随着国内私家车保有量的增多，汽车个性化的改装热潮必然持续升温。随着国家主管部门的重视，及其对市场正确地引导及有效规范，并出台相关政策法规作保证，再加上消费者对汽车改装认识的提高，我国汽车改装行业一定会在符合法律与规定的前提下健康有序地发展。那时，我国的汽车改装行业将成为国民经济的又一个增长点。

据公安部交通管理局统计，截至2009年3月，全国机动车保有量为172 769 371辆。其中，汽车

66 898 004辆，摩托车90 190 666辆，挂车1 018 019辆，上道路行驶的拖拉机14 641 381辆，其他机动车21301辆。全国机动车驾驶人为184 363 373人，其中汽车驾驶人125 354 479人。预计未来5~10年里，我国将有更多城市进入汽车社会，全国每年增加驾驶人超过580万人。汽车进入家庭也将进入高峰期。按照国际惯例，国民收入每增加1%，机动车拥有量就会增加1.02%~1.95%，人均国民收入达到1 000~2 000美元时，小汽车拥有量增长进入高峰期。我国汽车消费现在主要集中在几个发达的地区，而且购车者近年来有着年轻化的势头。我国近几年与世界的距离渐渐拉近，人们更容易接触到外国的文化，特别是新生代年轻人。他们寻找的是一种与众不同、可以充分表达自我与激情。加上赛车运动的推广，消费者的汽车消费理念正从“代步”向“个性”、“时尚”转变，“汽车改装”这个词正在逐步走进老百姓的视野。

我国庞大的消费市场与迅速崛起的经济，蕴藏了一个极具发展潜力的汽车改装及相关产业市场。我国汽车工业协会的专家曾经预测，加入WTO后，我国汽车服务业将在售后服务等方面突现十大商机，其中第二大商机中就涵盖了汽车改装业，其很有可能成为汽车业的一大朝阳产业。随着汽车的普及，喜欢汽车运动的人越来越多，我国的汽车改装需求正在形成一个巨大的市场。

我国2002年汽车改装行业产值为5亿元，2008年10月已经上升到25亿元。2007年我国汽车改装市场拥有13亿～15亿元的容量，而到2015年，将达到140亿元。随着我国汽车市场的进一步成熟，更专业的、以汽车生产厂商强大支持为基础的汽车改装市场会很快出现。我国的汽车生产厂商决不会放弃这么庞大的一个市场。我国汽车改装业将呈现巨大增长，并会成为汽车产业链的重要组成部分。随着我国政府政策的不断放宽，消费者个人收入的增加，以及对个性化改装的需求，我国汽车改装市场在今后5年内将成倍数扩大。

四、汽车改装合同

汽车改装合同是委托与承担汽车改装双方为了完成汽车改装任务，明确相互权利和义务关系的协议。在汽车改装之前，委托与承担汽车改装方根据改装约定的内容和要求，双方签订有效的改装合同，以明确改装双方的责任、权利和义务。改装完成后，可以根据合同对改装的效果进行评定，发生纠纷时，双方可以依据合同来维护自己的权益。

汽车改装在我国出现的时间比较短，我国目前还没有关于汽车改装合同内容以及合同当事人权利与义务的要求，我们参照汽车维修合同的相关内容，草拟以下有关汽车改装合同的内容，仅供参考。

1. 汽车改装合同的形式

汽车改装合同的形式有口头合同和书面合同两种。

在汽车改装前签订何种形式的合同应根据以下两点确定：

（1）改装经费。汽车改装的项目不同，改装经费也有多有少。对于数额较大的改装应订立书面的合同，以明确双方当事人的权利和义务。参照《汽车维修合同实施细则》的要求，在签订的汽车改装合同预算在1 000元以上时，最好签订书面的汽车改装合同。对于改装经费较少的，双方可达成口头协议，不必签订书面合同。

（2）改装项目。对于涉及到汽车安全性能的改装项目，一定要签订书面的汽车改装合同，以明确双方当事人的责任。

2. 汽车改装合同的内容

合同开头部分有委托改装方名称、承担改装方名称和合同签订时间与地点等内容。正式内容有以下11项：

1）车辆型号

对于同型号的量产汽车，在外观上没什么区别，为防止改装过程中出现送改汽车与其他汽车混淆，或被其他汽车替代，应在车辆型号中写明车种、车型、牌照号、底盘号、发动机型号、发动机编号及车辆识别代码（VIN）。

2）车辆交接事宜

车辆交接事宜包括：

（1）交接期限。交接期限包括送车期限和接车期限。送车期限指委托改装方将需改装的车辆送交承担改装方，以便承担改装方开始履行合同的时间；接车期限指承担改装方将改装好的车辆交给委托改装方的时间。这两个期限都直接关系到合同能否正确履行，所以都必须明确、详细规定。

（2）交接方式和地点。一般由双方根据实际情况约定。通常情况下，是委托改装方将待改车辆驶至承担改装方的改装场所，也存在承担改装方将待改车辆接走的情况。接车时，通常为委托改装方到承担改装方的改装场所接车，并当场试车验收。

3）改装项目

一般情况下由委托改装方提出需要改装的项目，如改装音响、改装进气系统、改装天窗等。在改装过程中，未经委托改装方的同意，承担改装方不可擅自增加改装项目。

4）材料提供方式

改装合同中应约定哪一方提供材料，并标明材料名称、规格型号、牌号商标、质量、数量、价格及提供时间等。使用承担改装方提供的材料时，因装配使用有质量问题的材料所引起的质量责任由承担改装方负责。需要特别强调的是，使用委托改装方提供的材料，一定要明确使用后责任的承担者，否则装配使用委托改装方自带材料且改装合同中未明确责任的，根据原交通部颁布的《汽车维修质量纠纷调解办法》第15条的规定，所引起的质量责任还是由承担改装方负责。

5）质量保证期

汽车改装的目的在于能使得改装后的汽车美观、有个性，汽车的某些性能有所提高，而且要安全、正常地使用一段时间。但是委托改装方在接车时，对汽车改装后的性能是否真的有所提高，是否能正常使用一定时间，一般是不能确定的，必须经过使用才能确定。因而汽车改装合同须约定质量保证期，即应当约定改装后汽车的性能达到改装的目的，改装后的汽车在一定的时间内，改装的部位不发生故障。

质量保证期的约定通常有两种方法：

（1）约定该汽车正常行驶多少天内改装部位无故障或达到性能要求；

（2）约定汽车正常行驶多少公里内改装部位无故障或达到性能要求。在质量保证期内出现改装部位故障，承担改装方应负责维修。对没有达到改装目的，没有达到性能要求的，承担改装方应负责重新改装。

6）验收标准及方式

由于汽车改装部位的差异、改装目的的不同，使得改装质量标准很难掌握。因此，在签订合同时，双方应就改装后所达到的质量要求，应约定一个共同认可的标准作为验收依据。同时，还应明确验收的方式。

7）改装费用、结算方式及期限

汽车改装费用包括委托改装方向承担改装方支付的劳务费和承担改装方的材料费。一般情况下，汽车改装合同的委托改装方使用的是承担改装方的材料，所以需要支付承担改装方的不仅有劳务费，还有材料的价款。材料费包括改装的原材料费和辅助材料费，如零配件、清洗剂、润滑剂等，对此价款委托改装方都要支付。

汽车改装合同的结算方式有两种可供选择：

（1）现金结算；

（2）银行结算。

改装合同应当对结算期限明确、具体约定。在改装费用较高，双方约定分期付款时，应约定每一期付款的数额、时间及付款方式等。

8）违约责任及金额

汽车改装双方的违约责任可以区分为以下5种情况：

（1）委托改装方未按合同规定的时间送车和承担改装方未按合同规定的时间交付竣工汽车，应按合同规定支付对方违约金；

（2）委托改装方不按合同规定支付改装费用，从应付费之日起，向承担改装方交纳滞纳金；

（3）承担改装方交付的竣工汽车不符合质量要求，委托改装方可以要求承担改装方返修并赔偿损失；

（4）委托改装方不按合同期限验收接车，应支付承担改装方保管费和自然损伤修复费；

（5）委托改装方中途变更改装项目时，造成承担改装方损失的，应赔偿损失。

违约金、滞纳金金额可由双方商定。对违约金支付的时间如双方没有商定，《汽车维修质量纠纷调解办法》第14条规定违约金、赔偿金应在明确责任后10日内偿付，否则按逾期付款处理。

9）担保

如需提供担保，另立合同担保书，作为合同附件。

10）解决合同纠纷方式

承担、委托改装双方对履行合同中可能发生的纠纷，可以事先协商解决途径。如改装车辆在质量保证期内发生质量问题，当事人先到所在地交通主管部门提请调解处理，也可以约定合同纠纷解决途径为仲裁，或者向当地人民法院诉讼解决。

11）双方商定的其他条款

如有上述未包括、双方又认为需要明确的内容，经双方商定后一一列出。

3. 汽车改装合同参考文本

目前汽车改装合同还没有标准的法定文本，参照国家工商管理局发布的GF-92-0304《汽车维修合同》示范文本，特制定《汽车改装合同》参考文本。具体内容如下：

汽 车 改 装 合 同

（参考文本）

委托改装方（甲方）：__________签订时间：__________合同编号：__________

承担改装方（乙方）：__________签订地点：______________________________

一、车辆型号

<table>
<tr><td>车种</td><td></td><td>牌照号</td><td></td><td rowspan="2">发动机</td><td>型号</td><td></td></tr>
<tr><td>车型</td><td></td><td>底盘号</td><td></td><td>编号</td><td></td></tr>
<tr><td colspan="4">车辆识别代码（VIN）</td><td colspan="3"></td></tr>
</table>

二、车辆交接期限（事宜）

送车				接车			
日期		方式		日期		方式	
地点				地点			

三、改装项目

预计改装费总金额（大写）______________（其中工时费________）

四、材料提供方式：____

五、质量保证期：

改装车辆自出厂日起，在正常使用情况下，____天或行驶________公里以内出现改装质量问题，由乙方负责。

六、验收标准及方式：____。

七、结算方式及期限：

现金__________ 转账_________ 银行汇款_____________期限______。

八、违约责任及金额：____

____。

九、如需提供担保，另立合同担保书，作为合同附件。

十、解决合同纠纷的方式：本合同在履行过程中发生争议，由当事人双方协商解决。协商不成，当事人双方同意由____________仲裁委员会仲裁（当事人双方未在合同中约定仲裁机构，事后又未达成书面仲裁协议的，可向人民法院起诉）。

十一、双方商定的其他条款____。

甲方单位名称（章）：	乙方单位名称（章）：
单位地址：	单位地位：
法定代表人：	法定代表人：
代表人：	代表人：
电话：	电话：
开户银行：	开户银行：
账号：	账号：
邮政编码：	邮政编码：

说明：

1. 甲、乙方签订书面合同的范围：汽车改装费在一千元以上的或涉及到汽车安全性能方面的改装。
2. 本合同正本一式二份，经甲、乙方签章生效。
3. 本合同经费是概算费用。结算时凭改装工时费、材料明细表，按实际发生金额结算。
4. 甲、乙方签订本合同时，应以《汽车维修合同实施细则》的规定为依据。

发动机改装

发动机是汽车的心脏，是汽车动力的来源，因此发动机的改装主要是在动力性方面对车辆的性能进行优化。各种工况下发动机的性能是有条件约束的，对约束条件的改变，即使发动机的某些参数在一定的合理范围内变化，就会发挥出发动机的动力潜能。提高发动机动力性的主要方法是对进气系统、排气系统、供油系统、润滑系统、配气机构和曲柄连杆机构等进行技术改装与技术改造。

一、进气系统改装

进气系统包含空气滤清器、进气歧管及进气门。发动机的动力是通过燃烧汽油，把热能转化为机械能得来的。充足的空气是汽油燃烧的首要条件，由于汽车用的是内燃机，空气必须能大量和持续地进入发动机内帮助燃烧，因此影响发动机性能的一个很重要因素是单位时间内进入汽缸内的空气量（简称进气量）。进入汽缸的空气越多，便能使更多的燃油充分燃烧，发动机就能产生更大的功率。

1. 进气系统的工作原理

发动机工作时，活塞下行产生吸力，空气经空气滤清器过滤掉杂质后，流过空气流量计，经由进气管进入进气歧管，与喷油嘴喷出的汽油混合后形成适当比例的油气，由进气门送入汽缸内点火燃烧，产生动力。发动机运转时，每一循环所能获得的空气量多少，是决定发动机动力大小的基本因素，而发动机的进气能力是由发动机的容积效率及充填效率来衡量的。

1）容积效率

容积效率是每一个进气行程中，汽缸所吸入的空气在大气压力下所占的体积和汽缸活塞行程容积的比值。之所以要用在所吸入空气在大气压力下所占的体积为标准，是因为空气进入汽缸时，汽缸内的压力比外在的大气压力为低，而且压力值会有所变化，所以采用1个大气压的状态下的体积作为通用的标准。并且由于在进行吸气过程中，会遭受各种的进气阻力，加上汽缸内的高温作用，因此将吸入汽缸内的空气体积换算成1个大气压下的状态时，一定小于汽缸的体积，也就是说自然吸气发动机的容积效率一定小于 1 。进气阻力的降低、汽缸内压力的提高、温度降低、排气回压降低、进气门面积加大都可提高发动机的容积效率，而发动机在高转速运转时则会降低容积效率。

另一项影响容积效率的重要因素是进气歧管的长度，由此也引发了与容积效率有关的脉动及惯性两种效应。

（1）脉动效应。发动机除了在极低的转速外，进气门前的压力在进气期间会不断地产生变动，这是由于进气门的开、闭动作，使得进气歧管内产生一股压缩波以音速的大小前后波动。假如进气歧管的长度设计正确，能让压缩波将在适当的时间到达进气门，则油气可由本身的波动进入汽缸，提高发动机的容积效率，反之则会导致容积效率下降，此现象称为进气歧管的脉动效应。

（2）惯性效应。进气阀门打开，空气流入汽缸内时，由于惯性的作用，即使活塞已经到达下止点，空气仍将继续流入汽缸内，若在汽缸内压力达最大时，关闭进气门的话，容积效率将成最大，此效应称为惯性效应。若想得到最佳的容积效率，必须同时考虑脉动效应及惯性效应，也就是说在汽缸压力达到最大，关闭进气门的同时，前方进气歧管内的压缩波也同时达到最高的位置（波峰）。较长的进气歧管在发动机低转速时的容积效率较高，最大转矩会较高，但随转速的提高，容积效率及转矩都会急剧降低，不利高速运转。较短的进气歧管则可提高发动机高转速运转时的容积效率，但会降低发动机的最大转矩及其出现时机。因此若要兼顾发动机高低转速的动力输出，维持任何转速下的容积效率，唯有采用可变长度的进气歧管。

2）充填效率

由于空气的密度因进气系统入口的大气状态（温度、压力）而有所不同，因此容积效率并不能表现实际上进入汽缸内空气的质量，于是必须靠充填效率来说明。充填效率是每一个进气行程中所吸入的空气质量与标准状态下（1个大气压、20℃、密度：1.187kg/m^3）占有汽缸活塞行程容积的干燥空气质量的比值。在大气压力高、温度低、密度高时，发动机的充填效率也将随之提高。

由此可见，容积效率所表现的是发动机构造及运转状态所造成发动机性能的差异，充填效率表现的则是运转当时大气状态所引起发动机性能的变化。

2. 空气滤清器的改装

更换一个高性能的空气滤清器是提升发动机进气量最方便和容易的方法。空气滤清器的作用是滤除空气中的杂质或灰尘，让清洁的空气进入汽缸，同时可以消减进气噪声。对空气滤清器的改装一般是不改变空气滤清器的机构，只换装高流量的空气滤芯，也可以整体换装空气滤清器，换装后的空气滤清器可以使空气流过滤芯的速度加快，滤芯对流过的空气的阻力减小，最终的目的还是提高进气效率。

1）换装空气滤清器滤芯

（1）换装目的。

换装空气滤清器滤芯就是将原厂滤芯更换为高流量的空气滤芯。原厂的空气滤清器滤芯大都是用成本和进气噪声较低的纸质滤网制造，纸滤网的表面有无数的小孔来阻隔灰尘和异物，但当滤网表面积累了一定的灰尘，部分小孔被阻塞，进气量便会受到影响。因此原厂滤芯需要经常维护和更换。

高流量的空气滤芯一般采用成本较高的棉质或海绵制作，并配合专用的滤芯油来阻隔灰尘，由于棉是三维立体的过滤介质，灰尘在通过时会被纵横交错的多层纤维阻隔，然后再由滤芯油使其浮离于滤芯表面，不会像纸质滤芯般当小孔被灰尘堵塞后便失效。因此高流量的空气滤芯进气效率更高而持久。海绵滤芯有较棉质滤芯更高的容尘量，有更长的清洁周期，能长时间保持良好的透气性能，有不怕潮湿和不容易被异物打穿的特性。

换装高流量的空气滤芯可降低发动机进气的阻力，同时提高发动机运转时单位时间的进气量及容积效率，而由供油系统中的空气流量计测出进气量的增加，将信号送至供油计算机（ECU），ECU便会控制喷油嘴喷出较多的汽油与之配合，让较多的混合气进入汽缸，达成增大功率输出的目的。

（2）换装要求。

① 换装的高流量滤芯的外部尺寸必须满足原有空气滤清器的要求；

② 空气的通过能力须超过原有的滤芯；

③ 对杂质和灰尘的过滤能力不低于原有的滤芯的过滤能力；

④ 换用方便、易清洁。

（3）换装方法。

空气滤清器滤芯换装的操作步骤及要领是：

① 取出原厂滤芯。拆开滤清器壳体，把原厂的空气滤芯拿出来，如图2–1所示。

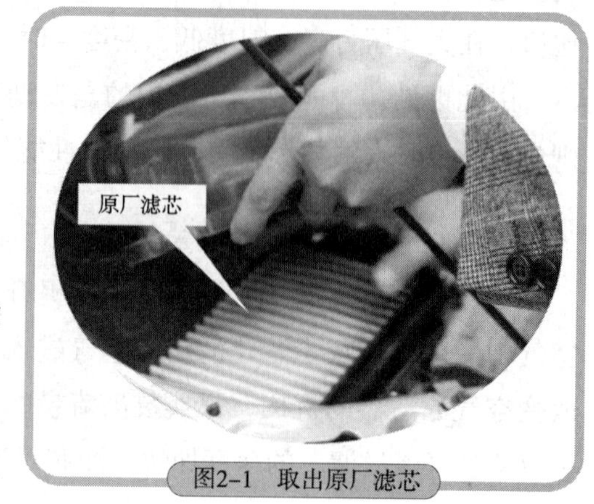

图2–1 取出原厂滤芯

② 清洁。将滤清器内部壳体和连接的进气管清洁干净。

③ 装入高流量滤芯。把高流量的空气滤芯放在原有滤芯的

位置，如图2–2所示。

④ 封闭。封闭滤清器壳体，就可以完成简单的高流量空气滤芯的换装，如图2–3所示。

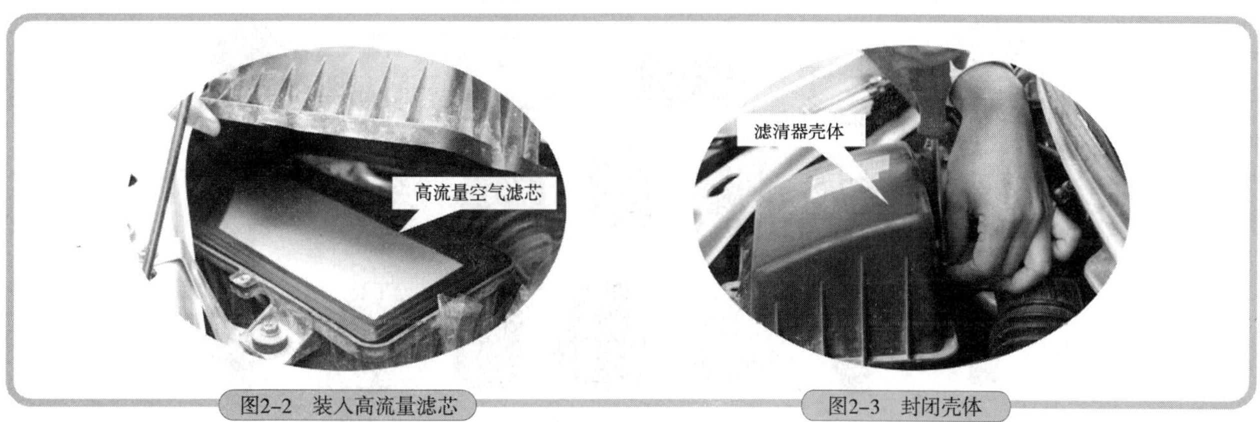

图2–2 装入高流量滤芯

图2–3 封闭壳体

2）换装空气滤清器整体

空气滤清器改装时，若换了滤芯仍不能满足车主需求，为进一步降低进气阻碍，增强发动机的进气量，可将原厂空气滤清器总成更换为俗称“冬菇头”的滤芯外露式滤清器，如图2–4所示。“冬菇头”滤芯属于直通式空气滤芯。外露式“冬菇头”的滤芯材料大致有海绵和纱布，一些高级的还有不锈钢网或纤维型滤网。材料不同过滤空气的效果也不同。“冬菇头”的吸气效率主要取决于形状和尺寸大小，所以其体积必须要能和发动机排气量成正比。

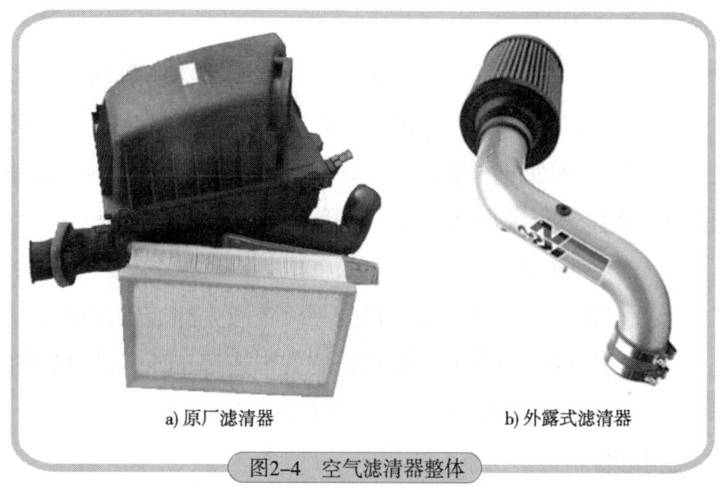

a) 原厂滤清器　b) 外露式滤清器

图2–4 空气滤清器整体

（1）外露式滤清器的款式。

“冬菇头”外形的滤清器款式很多，常见的如图2-5所示。

图2-5 “冬菇头”外形的滤清器

① 广角半球形的设计。此款滤清器的优点是不仅可从头部吸入空气，连侧边和尾部也都能够吸进空气。

② 中央内凹并附带滤网设计。此款滤清器能争取最大的吸气面积，并可加强导流作用。

③ 双漏斗结构设计。此款滤清器可让中央部位的空气快速流动且减少涡流。

另外，所有的“冬菇头”都会搭配喇叭口状的锥形底座，使气流能顺畅加压出去，在选购时需特别注意其集尘效果，毕竟其过滤性能也是十分重要的。

（2）换装要求。

① 整体换用的空气滤清器应不改变原先滤清器的位置；

② 换用的滤清器的出口直径应大于或等于原先进气管的直径；

③ 换装滤清器后进气管的长度不发生改变；

④ 进气管路不漏气；

⑤ 换装后的滤清器的空气通过能力须超过原有的滤芯；

⑥ 对杂质和灰尘的过滤能力不低于原有的滤芯的过滤能力；

⑦ 换用方便、易清洁。

（3）换装方法。

空气滤清器整体换装的方法主要有以下2种：

① 专为各车型研发的不同样式的“冬菇头”，一般只要能买到合适的转接座即可安装，如图2-6所示。

② 所选的滤清器如果接口不合适，可自行加工接口，这样几乎任何车型均可使用。

（4）换装注意事项。

“冬菇头” 滤清器容易吸进发动机室的热空气，因此，安装时要尽量远离发动机室的热源（排气歧管）区，如果位置困难，可以用隔板将热源隔离开。

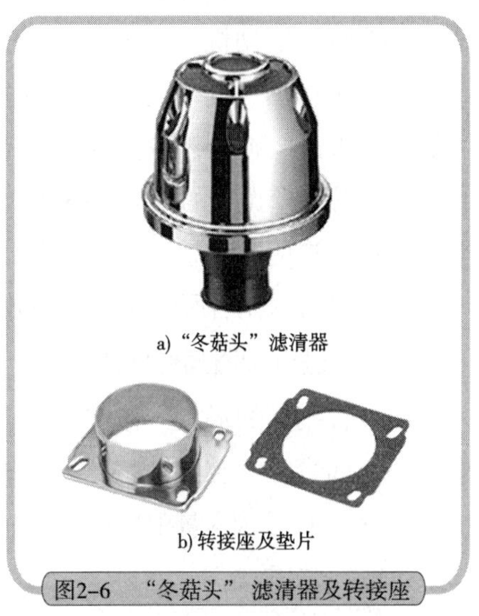

图2-6 “冬菇头” 滤清器及转接座

3. 进气管的改装

进气管是连接空气滤清器与进气歧管的装置，如图2-7所示。进气管的改装主要有以下3个方面：

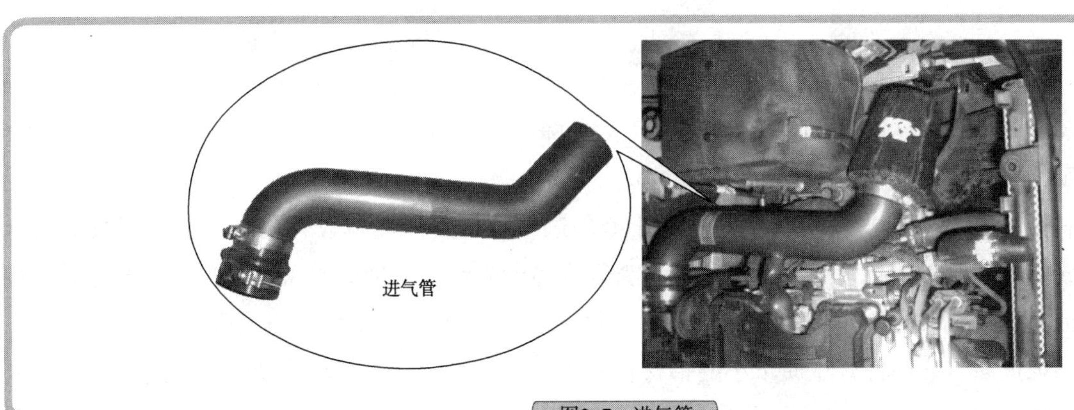

图2-7 进气管

1）进气管内壁抛光

自然吸气发动机是靠活塞下行的真空吸力，促使空气进入汽缸内燃烧，被动的吸气效能远不如增压系统；为了增加进气率，进气通道愈大、愈光滑愈好。但厂家批量生产进气管时，考虑到成本因素，不可能细细讲究，难免有些表面不光滑。为了处理这些问题，需要使用研磨器材将进气管内壁进行抛光。

进气管内壁抛光的效果可分为2个方面：一是经抛光的进气道表面光滑，可有效降低进气阻力，减少空气流经气道时在气道表面产生停滞的现象；二是抛光后可适度加大气道口径，这样加大的幅度并不算很大，可视为抛光后所带来的附加效益。

2）进气管截面形状改装

进气管截面的形状大体有矩形、圆形和修圆角的矩形3种，如图2-8所示。进气管的形状对进气的效率有一定的影响，在各种工况下，修圆角的矩形截面管道的进气效率较好。进气管的形状应和原先发动机的进气管的形状尽量保持一致，进气管的截面积应和原先的相符。进气管的长度应该考虑进气管内的动力效应的应用。

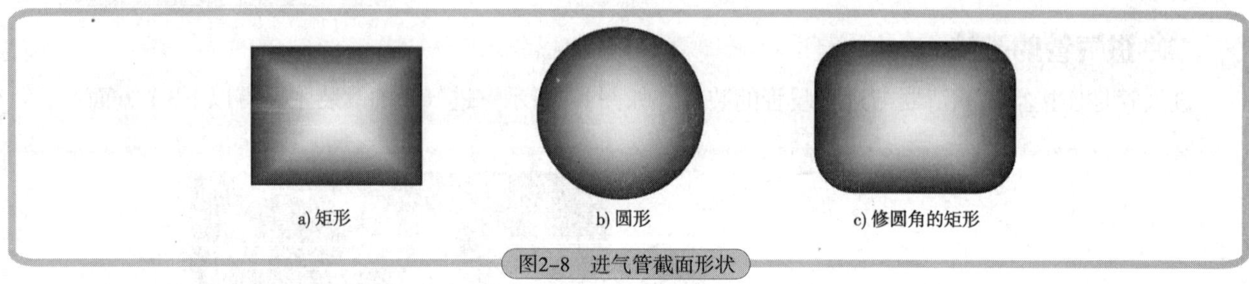

图2-8　进气管截面形状

3）进气管材质改装

进气管的材质应考虑吸热少及质量小，一般车型的进气管都是由质地较软的一次成型塑胶材料制成，这类材料成本低，便于大批量生产，但塑胶材料很容易产生老化龟裂的现象，且自身强度过低很容易变形，大大影响到进气系统的可靠性和工作效率。因此便出现了高性能的铝制进气管，如图2-9所示。这类进气管采用强度高、散热性好、质量小的铝材料制成，内壁光滑，不会轻易变形，使进气流能快速稳定地被吸入汽缸。

一般改装进气"冬菇头"都是配备铝制进气管，目的就是进入汽缸的新鲜空气更多，这样也更能显现出进气冬菇进气量大的优点，如图2-10所示。

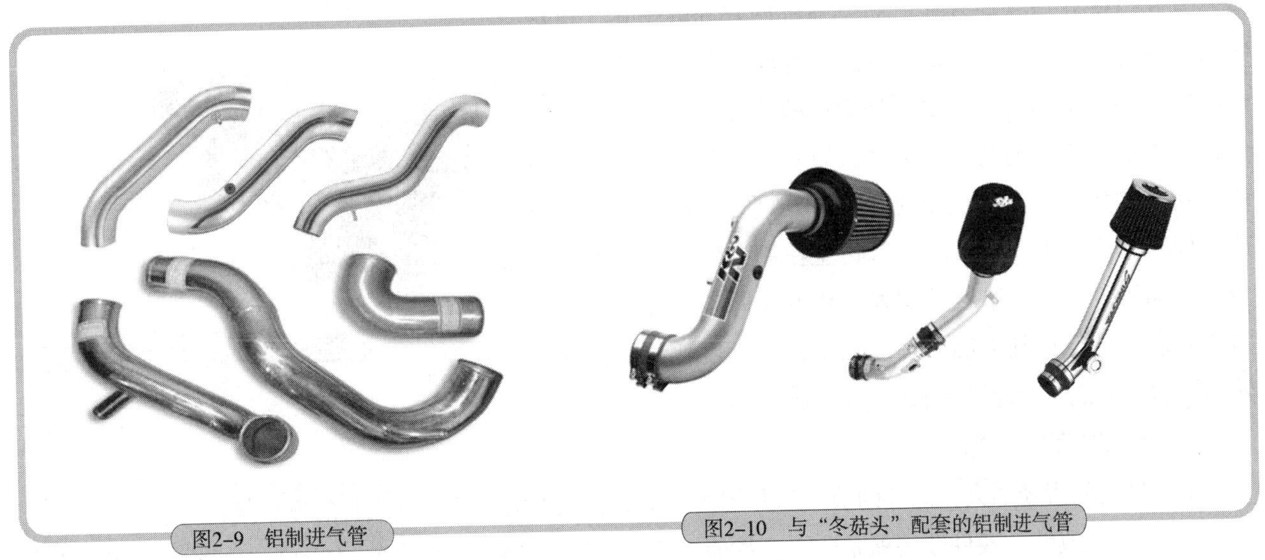

图2-9 铝制进气管

图2-10 与"冬菇头"配套的铝制进气管

随着人们对汽车改装兴趣的提高，制作出了多段式可拆卸铝制进气管，内壁光滑，进气顺畅，超轻量化，可以替代原厂的进气软管，比原厂的进气软管更能体现出爱车的动力，如图2-11所示。

图2-11 多段式可拆卸铝制进气管

进气管的换装方法很简单，先将进气管与空气滤清器、进气歧管的连接松开，拆下进气管，然后换装新的进气管即可。

4. 节气门的改装

节气门是通过不同的开启角度改变进气流量，使空气流量计感知到进气流量的传感信号，从而传送给行车电脑控制发动机转速的重要部件，如图2-12所示。一般车辆多为单一节气门形式，安装在进气歧管体口部，节气门采用可轴向开启的片状阀门来改变进气流量。

节气门按开启驱动方式不同分为机械式和电子式，机械式由一条与加速踏板相连的钢索控制片状阀门的开启，优点是反应直接、结构简单，缺点是动作精确度低、油耗高。电子式则由加速踏板上的步进电动机以专用线组与控制节气门片状阀门的步进电动机组成的控制单元进行控制，当踩下加速踏板时，步进电动机会将信号传至控制节气门片状阀门的步进电动机，行车电脑会根据发动机的实际工况控制片状阀门的开启角度，做到准确合理的控制，从而使耗油量得到有效的控制，缺点是反应不够直接、结构较复杂。

图2-12　节气门

◆1）加大节气门直径

将节气门的直径加大，同样的节气门开闭角度便能有更大的进气量。改装的方法是：

（1）换件改装。换件改装就是购买高性能大口径节气门整件进行更换，如图2-13所示。更新的节气门经过专门的设计和加工，精密度更有保障。换装大口径节气门后往往会让流量计信号异常、行车电脑控制信号移位等情况，因此就需要对行车电脑管理程序进行修改或重新灌入。

（2）加工改装。加工改装就是对原厂节气门进行加工，使其内径扩大。其操作步骤是：

①拆卸节气门。

A. 全面检查节气门构造及接线，制定拆卸流程；

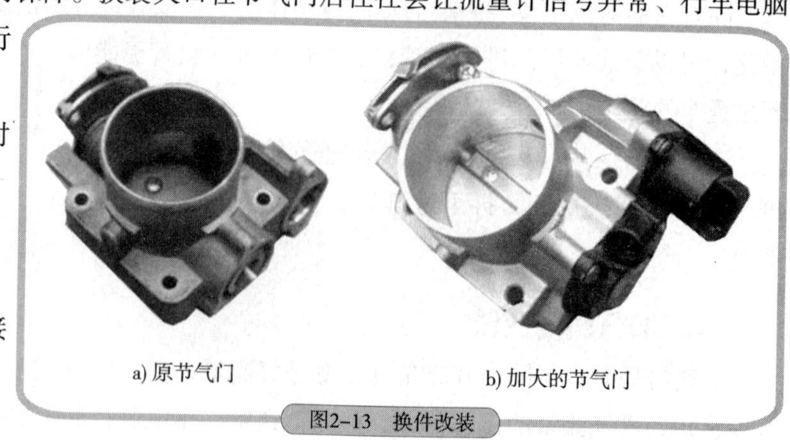

a) 原节气门　　b) 加大的节气门

图2-13　换件改装

B．拆电源线负极；

C．拆除空气滤清器及进气管；

D．电源线拆除10min后，拆除节气门怠速电动机连接线和节气门位置传感器连接线；

E．拆卸加速踏板线；

F．拆卸节气门的4个固定螺栓；

G．拆下节气门。

② 测量节气门尺寸，确定改造方案。测量节气门进口和出口尺寸，然后确定节气门加大的方案。以切诺基为例，原厂节气门进口直径为65mm、出口直径为53mm，改造方案为：进口直径不变，出口直径由53mm扩张到60mm，进气歧管口直径相应扩张到60mm，如图2-14所示。

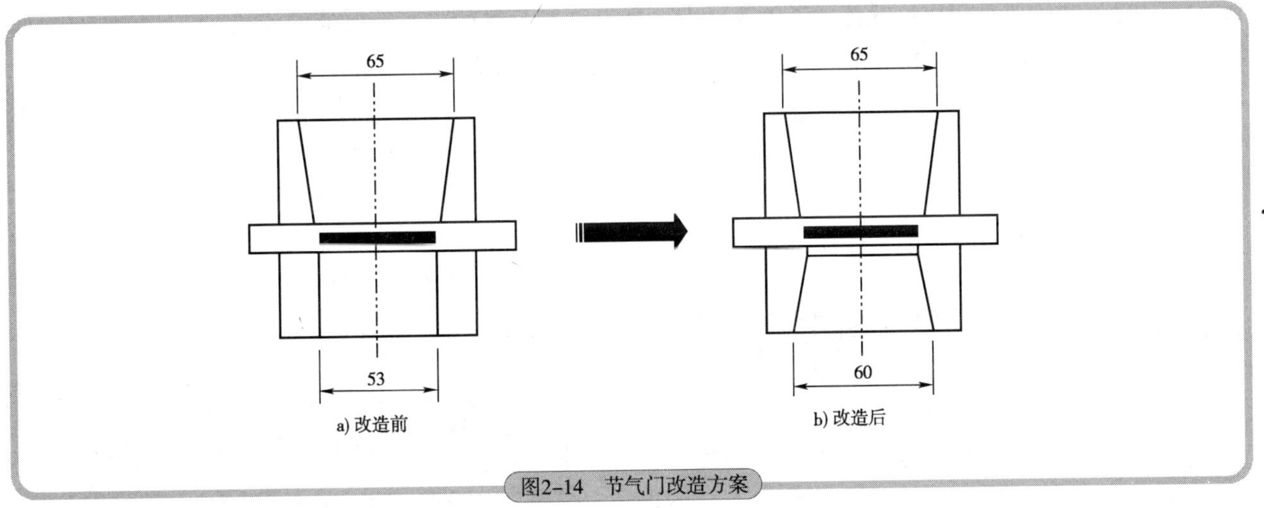

图2-14 节气门改造方案

③加工节气门内壁。按改造方案确定的尺寸，用车床像镗缸一样对节气门内壁进行加工。同时对进气歧管进行相应加工。

④加工片状阀门。节气门经加工孔径增加后，应加工出直径与节气门内径完全相等的片状阀门，以

保证密合度，防止节气门迟滞、怠速不稳等情况发生。还有就是对片状阀门转动轴进行削薄处理，以防止转动轴干扰进气流的稳定。除此之外，还要注意片状弹簧应采用和原厂一样的材质制作，防止阀门与阀体内壁因材料间膨胀系数不同产生密合度不良的问题。另外，加工时还要预留出片状阀门转动时所需的约3° 的坡度。

⑤ 装复。节气门和进气歧管加工完毕后，按拆卸的相反顺序将进气歧管、节气门及连接线装复。

◆ 2）电子节气门改装

电子节气门系统主要有节气门、节气门位置传感器、节气门执行器、节气门电子控制单元（ECU）、转速传感器、加速踏板位置传感器、车速传感器等组成，如图2-15所示。其中转速传感器也可以用曲轴位置传感器或者凸轮轴位置传感器来代替；节气门执行器是一个步进电动机，由它来推动节气门以控制节气门的开度；加速踏板位置传感器的构造及工作原理和节气门位置传感器的构造及工作原理是一样的；节气门电子控制单元一般是和发动机电子控制单元做在一起的。

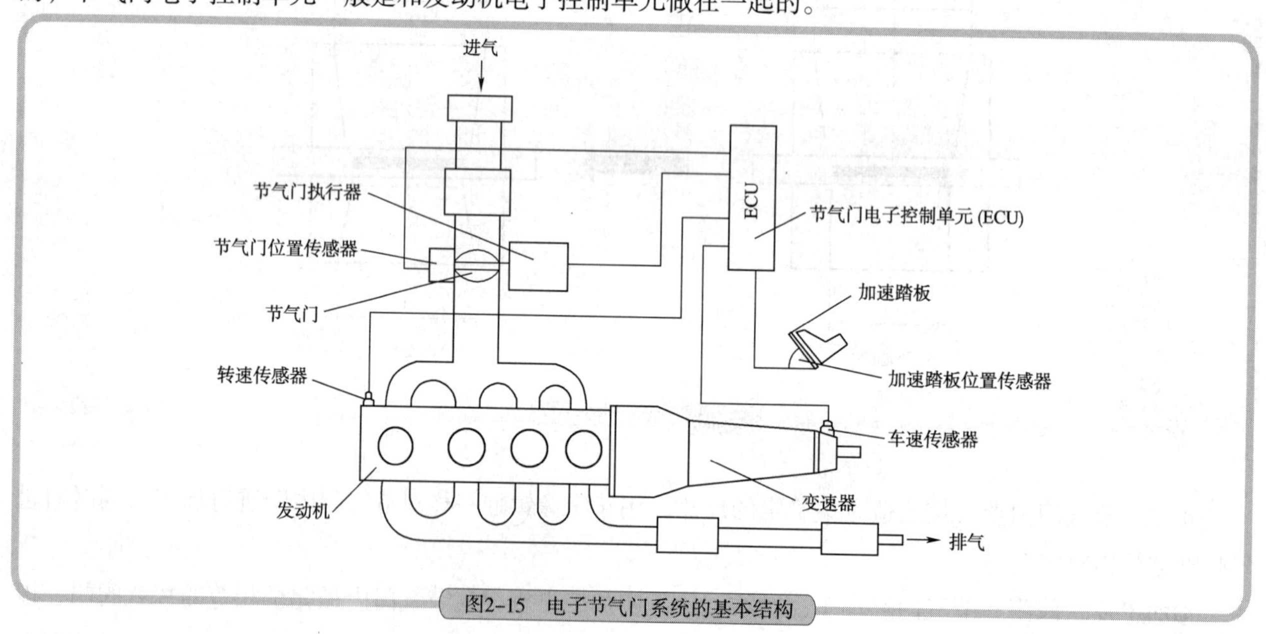

图2-15 电子节气门系统的基本结构

电子节气门控制系统的工作原理是：加速踏板位置传感器将驾驶人需要加速或减速的信息传递给节气门电子控制单元，ECU 根据得到的信息，计算出相应的最佳节气门位置，发出控制信号给节气门执行器，由节气门执行器将节气门开到计算出的最佳节气门的开度位置。ECU 通过与其他电子控制单元（如发动机电控单元，自动变速器电控单元等）进行通信，ECU 根据得到的节气门位置传感器信息、发动机转速传感器信号、车速传感器的信息对节气门的最佳位置进行不断的修正，使节气门的开度达到驾驶人所需要的理想位置。电子节气门的改装主要是更换节气门执行器中的步进电动机，使其动作更快速。

3）多联装节气门

多联装节气门就是所谓的多喉直喷系统，是指发动机的进气控制由一个以上的节气门负责，一般为每个汽缸由一个节气门进行控制，目的就是可以大大提高进气效率及发动机动力输出，如图2-16所示。

图2-16　多联装节气门

多喉直喷系统主要分为两种形式：一类是适用于直列发动机的侧置式，一类是适用于V字形排布或水平对置排布发动机的上置式。一般多喉直喷系统以两个独立的节气门为一组安装在专用的进气歧管之上，由可同步控制开启的拉线组或电子节气门控制单元进行控制。

多喉直喷系统除了常规形式的片状阀门旋转开启式，还有用于纯竞赛用途的滑动阀门式，即节气门内的片状阀门采用滑动开启的方式，在阀门全开时，节气门内是完全开放的，没有转动轴的干扰，可进一步提高进气效率。滑动阀门式多喉直喷系统最大的缺点是需要预留出片状阀门打开时所需的空间，因此会占用较大的发动机舱空间。

不过，多喉直喷系统属于自然吸气发动机改装的终极改法，是在发动机内部经过全面强化改装后的情况下，最后需要改装的项目。只有少数原厂车型采用这一设计的根本原因是为了追求高性能所耗费的成本过大，目前只有TOYOTA在COROLLA LEVIN，BMW在M3，法拉利在355等车型上使用这一技术。多喉直喷系统在赛车上应用很广泛，因为赛车追求的是极限动力输出，成本不是放在第一位考虑。

多喉直喷系统不能普及的另外一个原因是耗油量过大，平均会比设计相同排气量的发动机高约30%。

而且多喉直喷系统最大的技术问题是每个节气门的进气流量会随着时间的推移而逐渐变化，使进气量不一致，造成怠速不稳、动力输出严重不顺畅。因此，需要定期使用专用的电子真空表组进行检查，并及时进行调校，使其恢复一致。

5. 进气歧管的改装

进气歧管是连接节气门与汽缸体，将空气或可燃混合气分别导入各个汽缸的、带有分歧的进气管路。进气歧管的不同设计取决于发动机的工作特性，管路越扭曲越细长，越是注重低转矩输出、实用转速区域较低的设计。而越笔直越粗壮，越是注重中、高转矩输出、实用转速较高的设计。

一般车型的进气歧管由节气门安装座、进气稳压室、歧管体、喷油嘴安装口、歧管口安装座四部分组成，大多由铝合金材料沙模铸造而成，近年来也开始广泛使用塑钢一次成型。

1）内壁抛光

进气歧管的内壁应当十分光滑，以减少进气阻力。原厂进气歧管都是采用铸造翻模而成的，内壁粗糙、铸模线明显，直接影响进气效率和气流顺畅性。对进气歧管内壁进行抛光是使其内壁光滑的一种比较简单的改装途径，如图2-17所示。

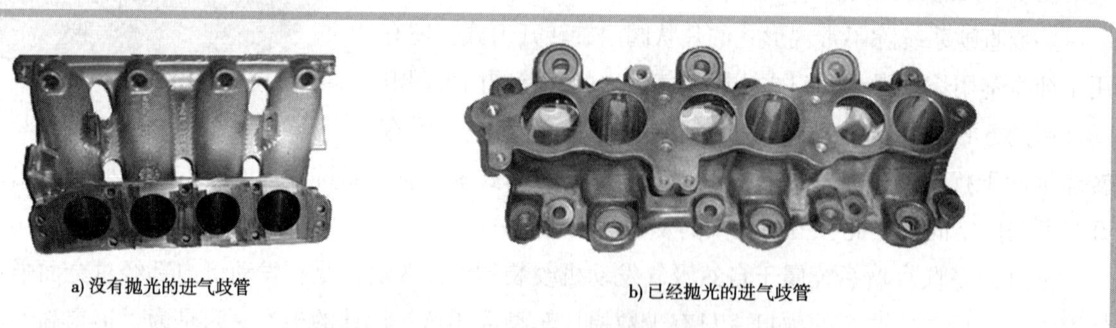

a) 没有抛光的进气歧管

b) 已经抛光的进气歧管

图2-17 进气歧管内壁有无抛光比较

2）换件改装

由于一般进气歧管管体比较扭曲，很难进行完全彻底的抛光，提高进气效率幅度很有限。于是就出现了替换原厂型高性能进气歧管，这类进气歧管采用内壁光滑的等长等径渐变扩大的铝合金管路直接焊接在渐变收缩的侧漏斗型稳压室之上，可造就出近似均一的进气流量，而且喷油嘴安装位置也更靠近发动机进气口，可大大提高进气效率和动力输出。

需要注意的是，更换这种进气歧管由于改变了原车的进气量，供油量如果不相应提高会导致发动机温度过高、爆燃、无法正常工作，有些车型会因进气传感器信号异常，致使行车电脑进入安全模式。因此需要重新改写行车电脑管理程序，并对供油系统进行加强。

3）可变进气歧管

可变进气歧管是为了适应发动机在不同转速和负荷条件下的要求而设计的，如图2-18所示。为了充分利用进气波动效应和尽量缩小发动机在高、低速运转时进气速度的差别，从而达到改善发动机经济性及动力性，特别是改善中、低速和中、小负荷时的经济性和动力性的目的，要求发动机在高转速、大负荷时装备粗短的进气歧管，而在中、低转速和中、小负荷时配用细长的进气歧管，通过旋转阀进行控制。发动机采用可变进气歧管，可使转矩在所有转速下都能平均提高5%。

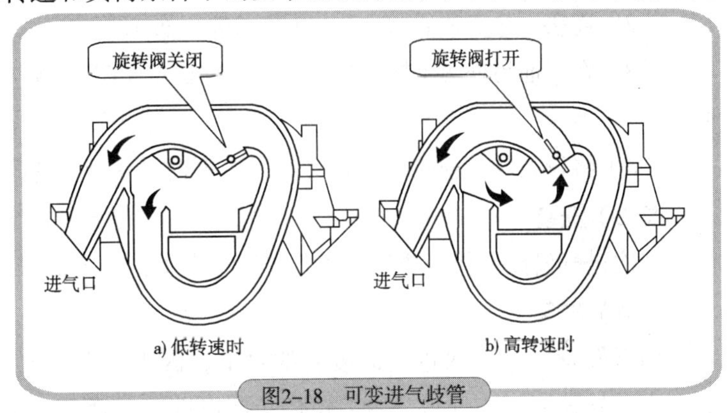

图2-18 可变进气歧管

6. 二次进气改装

二次进气是指除了原有从空气滤清器吸入的空气外，利用进气歧管的真空压力差，从发动机PCV（曲轴箱强制通风）管路外接一进气装置，导入适量的新鲜空气来达到提高容积效率的目的。其改装方法是：

1）拆卸PCV软管

PCV软管的作用是使发动机的废气经过过滤浓缩后返回发动机重新燃烧，减少发动机的废气污染，由于尾气中含有在发动机中不可燃烧的润滑油成分，而机油会导致积炭，因此有些车在此处加装了润滑油透气壶过滤润滑油，在发动机低转速时，空气被节气门挡住，在发动机吸力下，PCV软管的负压值较大，当发动机转速较大时，由于此时节气门开得比较充分，负压相对减小，进气就会减小，更加导致二次进气的气体相对量减少，这也是二次进气在低转速效果好于高转速的原因。改装时首先把PCV软管拆下，如图2-19所示。

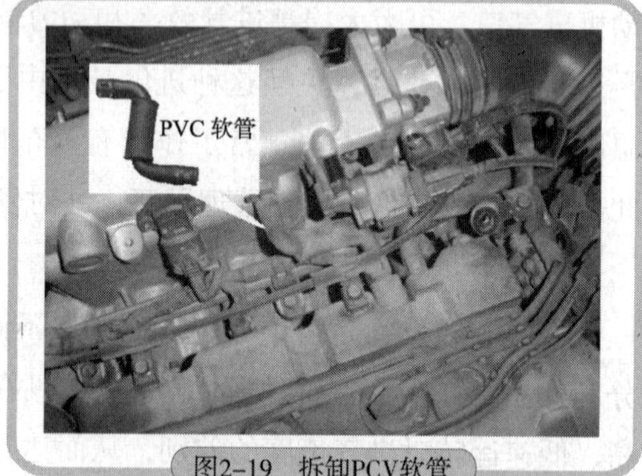

图2-19　拆卸PCV软管

◆2）制作二次进气管路

（1）把原车PCV软管截断，如图2-20a）所示。

（2）连接一个三通管接头，如图2-20b）所示。

（3）在三通另外两个接头处连接冷气软管，如图2-20c）所示。

（4）将较长的一根接冷气软管的另一头连接一个“冬菇头”滤清器，如图2-20d）所示。

◆3）安装

二次进气管路制作完毕后，将其安装在车上，如图2-21所示。

◆4）试车

用低转速检查二次进气改装后的效果，因为二次进气所能得到的动力提升效果集中体现在低转速区，在低转速时，空气被节气门挡住，使得进气歧管产生负压，此时二次进气口便借这股压力，吸入额外的空气，而这额外的空气便是提升动力的主要原因，但是在转速提高后，节气门将会全开，一方面此时空气进入时将不会受到限制，也不会产生负压；另一方面空气大量进入，真空度降低时，二次进气装置所能导入的空气量跟进气管的进气量相形比较之下就变得微不足道了。

◆5）注意事项

进行进气系统改装时（尤其是大幅度的），必须考虑与供油系统的配合问题。若只是大幅地增强进气能力，而供油系统无法提供足够的供油量与之配合，则势必无法达到提高功率的目的，因为发动机所需的是比例适当的油气而不只是大量的空气。二次进气是属于额外的进气量，所以并不在空气流量计侦

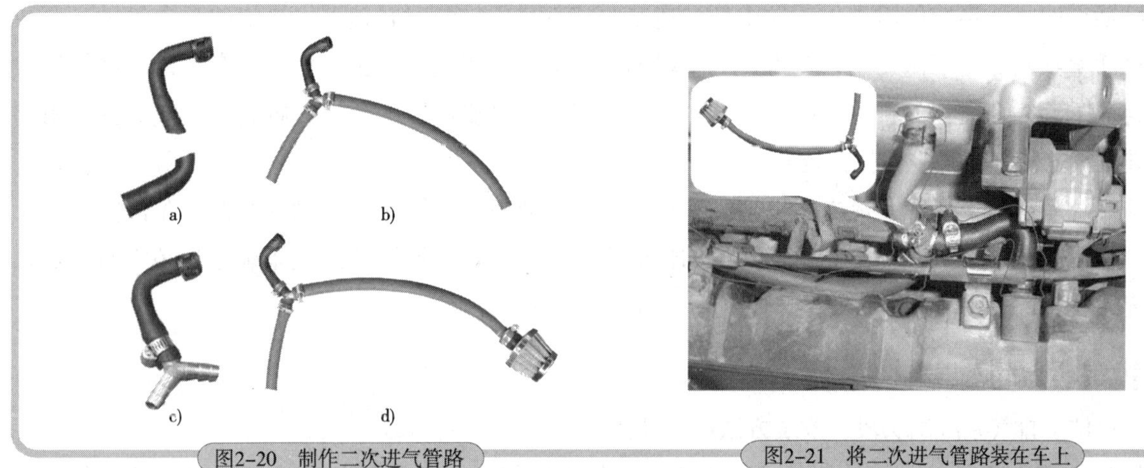

图2-20　制作二次进气管路

图2-21　将二次进气管路装在车上

测的范围之内，但是发动机并不是单靠空气流量计来决定喷油量，汽车电子控制是数字式的，所以调整微量的额外进气量能躲过发动机的侦测，达到省油加速的效果，但是进气量只要一超过检测的灵敏度，计算机一旦察觉，便会作出修正，有时还会修正过头，其节油效果反而比不改还差。当二次进气的进气量调得太大时，就会发生怠速不稳、加速不顺和耗油增加等情况。

二、排气系统改装

排气系统是指收集且排放废气的系统，主要包括排气歧管、排气管中段（三元催化器）及排气管尾段（消声器）。其主要功能是把发动机在燃烧过程中产生的废气从各个汽缸内收集、清洁、消声，然后引到车后排放。

排气系统的改装主要围绕着提高排气效率来进行，排气效率的提升，要充分利用系统在排气过程中产生的回压和吸气效果。回压是指废气排出汽缸，通过排气管把废气排出车外，在排气门后产生的较低的压力（背压）。回压表明排气管的通畅程度与排气系统的各个结构都有直接的关系。回压并不是越低越好，回压低说明排气系统的阻碍小，在中低转速时（接近最大转矩时转速），燃烧的混合气过于顺利地排出，对活塞顶的压力下降过快，使得这一阶段的转矩减小。吸气是指由于回压的产生，在排气门后的低压区会对下一循环废气的排出产生吸气的效果。排气效率会更高，残余在汽缸内的废气更少，相应下一循环进入汽缸内的新鲜空气就会越多。

原厂的排气系统由于要顾及成本、噪声和各地不同的排放标准等限制，在设计时都会非常保守，并在一定程度上因排气效率不高而限制了发动机的性能表现，为此应对原厂的排气系统进行必要的改装。对排气系统的改装，主要是对排气歧管、排气管、消声器进行改装。

1. 排气歧管的改装

排气歧管位于排气系统的头段，改装方法以换件为主。

原厂排气歧管大部分都是铸铁制品，这种排气歧管内管粗糙，各歧管长度均不相同，且接合的方式、距离、形状不够周全，如图2–22所示。因此，原厂排气歧管非常容易产生排气干涉现象，使得各缸排出的废气相互冲突而阻滞，而且歧管靠近汽缸，对进气、燃烧也不利。

图2–22 原厂排气歧管

由改装厂制作的排气歧管一般为不锈钢材质，质量轻、耐久性好、内壁光滑，如图2–23所示。品质较高的排气歧管还在歧管连接底座和接头的部位，实施无段差的熔接研磨，以此取得减少阻力、加速气流的功效。优质的排气歧管各歧管长度统一，压力差小，这样有利于后段排气管的回压设定，整体吸排气的效率也能大幅提升。

2. 排气管的改装

排气管位于排气系统的中段，如图2–24所示。常见的改装方法是改变排气管的长度、管径的大小和改装内径平滑的排气管道。改装的目的是使得排气顺畅，沿程阻力小。

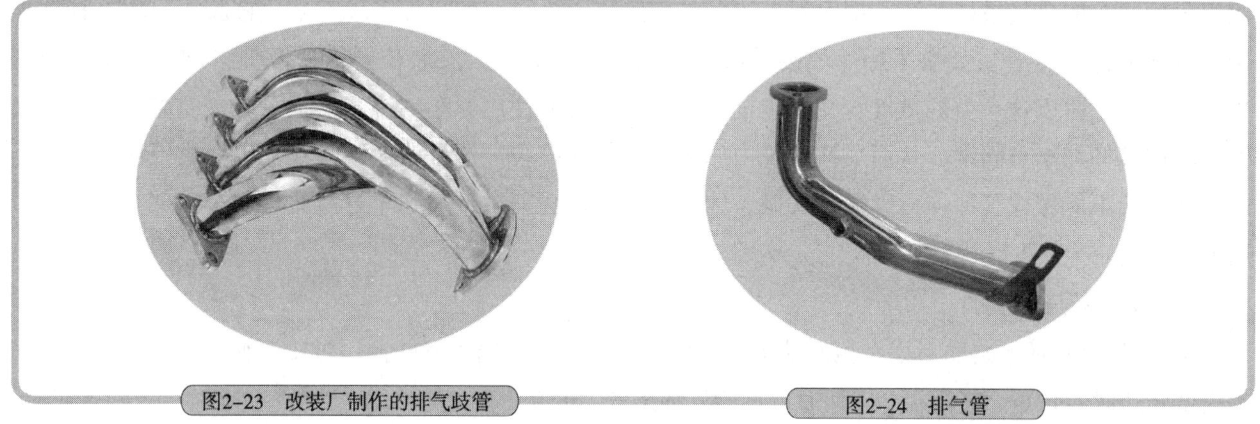
图2-23 改装厂制作的排气歧管

图2-24 排气管

1）排气管的选择

配置排气管时，应着重考虑排气管的长度和管径。

（1）排气管的长度。排气管的长度应与管径相匹配。较短的排气管在较高转速的条件下表现理想，排气管内的回压较小，易于排气；细长型排气管注重在低速条件下的转矩表现，管内的回压压力较高。以道路使用为主的排气管，应选择总长度较长的排气管，作为蓄气增速的条件，然后再考虑管径的变化与全转速区的兼顾。中段管径的变化可适当的增加，管径增加的范围一般为10%～15%，排气量2.0L以下的车型，排气管的管径不应超过50mm。否则，管径过粗，管内的容积超过了一个循环的容量，就会影响回压和吸气的效果，并使废气降温太快、减慢流速，废气中的不饱和气体不能够有效地氧化并造成排气不通畅。同时，过粗的排气管也增加了与地面碰撞的机会。

（2）排气管的管径。在管径的配置上，对于需要在大转矩条件下工作的车辆，排气管的管径一般是从头到尾一样粗；对于需要在较大功率条件下工作的车辆，管径一般是逐渐加大的，使得排气越往后面膨胀得越快，特别是在持续高速时，对较大功率的输出更加合适。

2）排气管的安装

换用新型排气管，在安装时需要注意排气管的吊挂系统，尽量选用原装位的吊挂。所谓原装位就是使用车辆原有的排气吊挂系统，即无须更改吊挂位置，因为原车的吊挂系统都采用橡胶缓冲块这种软连接的方式固定排气管。如果采用非原装的改装排气管，这时因为安装位置需要改变，同时大小和长度与原车不符，所以这一类的排气管在安装过程中往往不能够使用原车的排气吊挂系统，而需要通过焊接辅助的连接杆与车身固定，从而吊挂系统由原来的依靠橡胶缓冲这种软连接方式固定变成硬连接方式固定。硬连接不能像软管那样可以吸收共振，因此这种共振会完全传递到车身。此外，焊接部在共振的作用下，焊缝处非常容易开裂。

3）改装注意事项

（1）排气管的改装要考虑车辆发动机的特性。例如，自动挡车不能换用过于通畅的排气管，否则会丧失低转速时的转矩，甚至在高转速时也不能发挥出较大的功率。

（2）排气管的布置尽量成直线形，长短和粗细要适当，排气管的材料尽量选择轻质材料，内表面光滑，各连接部分顺畅，尽量减少阻塞排气的现象。

（3）在选用排气管时，尽量选用有实验数据的品牌产品，产品介绍也会说明适用的车型和相关的参数。

3. 消声器的改装

消声器位于排气系统的尾端，是消除排气噪声的装置，如图2-25所示。当排气门刚打开时发动机的排气压力为0.3～0.5MPa，温度为500～700℃，具有一定的能量。同时，由于排气的间歇性，在排气管内引起排气压力的脉动。如果将发动机废气直接排放到大气中，废气高速喷出时势必产生强烈的噪声，同时高温气体直接排入大气也会对环境造成危害。为消除上述问题，汽车上必须安装消声器。消声器（俗称灭声鼓或尾鼓）的功用就是通过逐渐衰减排气压力及其脉动以减少排气噪声并消除废气中的火星，使废气安全地排入大气。其基本原理是消耗废气流的能量，平衡气流的压

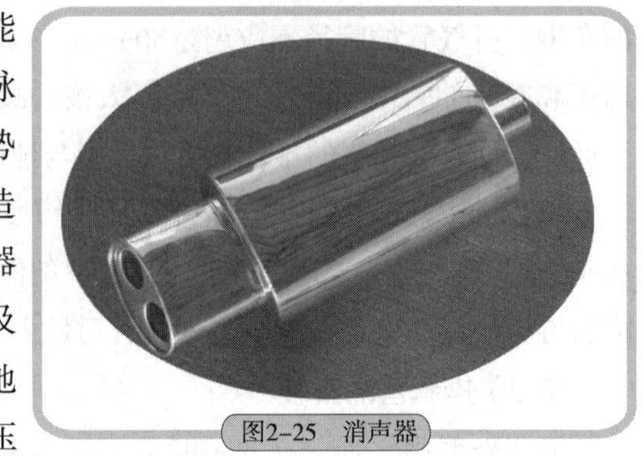
图2-25　消声器

力波动。

换件改装就是将原厂消声器换为改装消声器。原厂消声器大都用薄钢板焊制，利用交叉隔板造成反射波的方式降低音量。消声器改装中，一般选用直线型吸音式不锈钢材料的消声器，甚至是钛合金材料的消声器，其优点是限流少、质量小、耐用程度高，缺点是消声效果差。隔板式的排气阻力比较大，不如直线型的更能够发挥车辆的动力，但直线型消声器的声浪要比隔板式的大。

消声器的改装不仅表现在排气效率的提高上，还表现在改装车特有的排气的声音上。从排气的声音上，也会听出改装的效果。排气的声音发闷，说明排气不通畅；声音大并且发空、不扎实，说明回压过小；声音饱满浑厚，说明能将废气迅速排净，排气的回压适当。

值得注意的是，消声器的改装应以排气的效率为主，排气的声音可适当地兼顾，应根据需要的发动机的特性，对消声器的结构进行选择。

三、燃油供给系统改装

现代汽车燃油供给系统已由先进的电子控制汽油喷射系统（简称EFI，电喷系统）取代了过去落后的化油器燃油供给系统。电喷系统由空气供给系统、燃油供给系统和控制系统组成，如图2–26所示。其工作原理是利用汽油泵将汽油加压后，从油箱送进高压油路，经过压力调整器的调节作用，使系统中的供油压力维持在2.0～2.5个大气压，也就是将送到喷油嘴的汽油压力保持在2.0～2.5个大气压。同时利用系统中的各传感器将监测到的发动机运行状态的参数（如空气流量、发动机转速、进气压力、进气温度、冷却液温度、排气中氧的含量等）转换成电信号，输入到发动机控制器（简称ECU，电控单元）中，控制器根据这些信号，计算出喷油器的通电时间，并接通喷油器电路，使喷油器喷油，从而对喷油器的喷油时刻、喷油量进行精确的控制。

喷射供油系统的改装根据改装的项目可分为改硬件和改软件两大类。改硬件的目的是要提高单位时间的供油量。改软件主要是改变供油系统的供油程序，由于原车的供油程序是考虑了废气控制、油耗经济性、运转性稳定、发动机材料耐用性综合的设定，所以在功率输出表现上，往往无法达到注重性能的使用者的需求，例如改装车主需求的高转速、高负荷时，往往会出现供油量不足的情况，这就需要改装软件来完成。

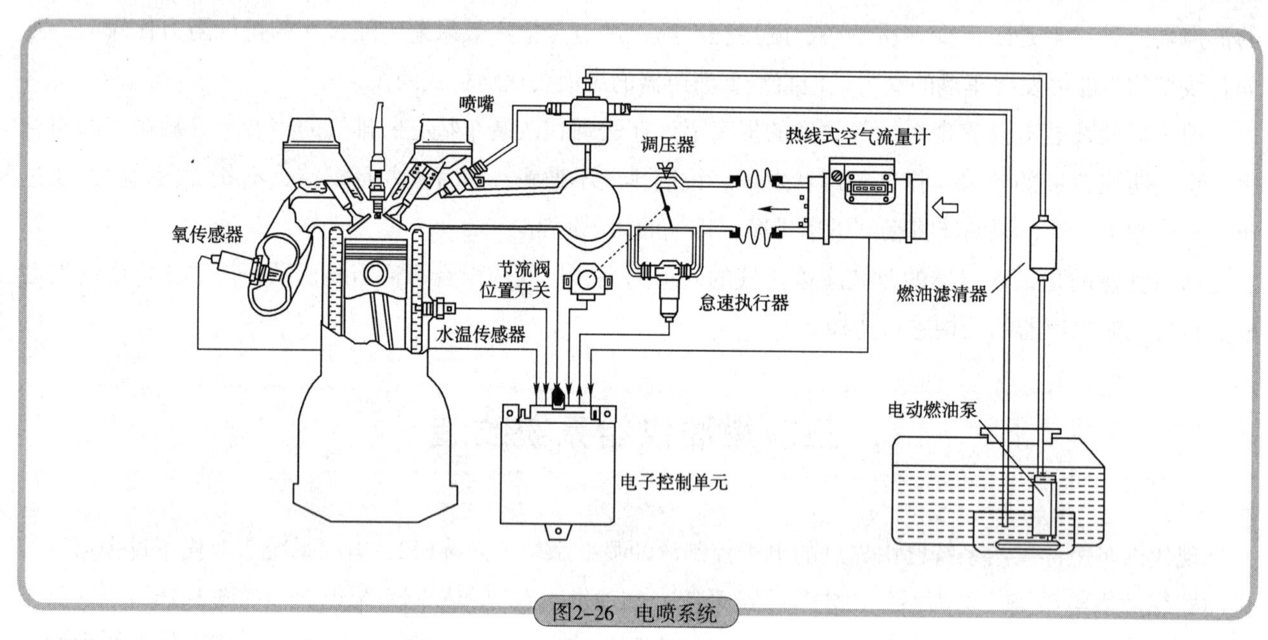

图2-26　电喷系统

1. 加装调压阀

电喷系统中的燃油压力调节器是调节燃油压力，使输油管内燃油压力与进气管内气体压力的差值保持恒定，使喷油器喷油量仅与喷油时间有关。调压阀装置在压力调节器之后的回油管上（图2-27），经调整可将喷油嘴的喷油压力提高（一般可提高20%），进而达到在不变动供油模式的情况下增加喷油量（可增加5%～10%）。

加装调压阀可以说是供油系统的改装中花费最少的，其安装也相当容易，只不过在调整压力时，需借助汽油压力表才能量测调出的压力。事实上，对换排气管、改进气装置等这类小幅改装的车，通常可采用加装调压阀来弥补其高转速时喷油量不足的缺点，效果不错而且经济。更换调压阀有个小常识，若车在静止起步加速踏板踩下的瞬间出现短暂的爆燃现象，则装个调压阀就可改善。

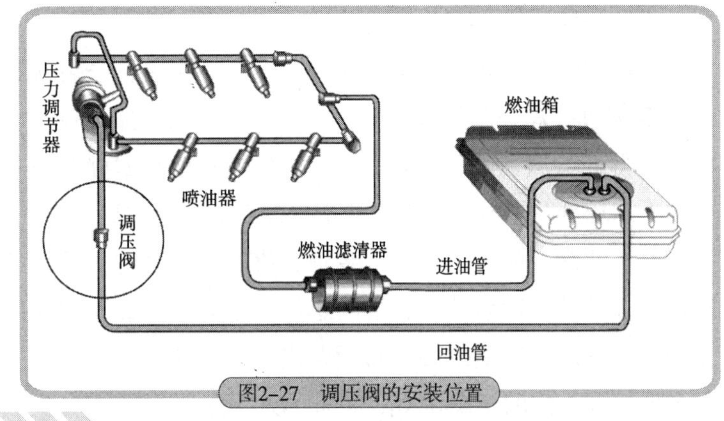

图2-27 调压阀的安装位置

2. 换装喷油嘴

电喷系统中喷油器的作用是根据ECU的指令，控制燃油喷射量。喷油器上的喷油嘴（图2-28）大小决定了单位时间的喷油量，改用口径较大的喷油嘴是提高喷油量的最直接方法，要换到多大则需视发动机的改装程度而定。改喷油嘴最大的困难是可相容喷油嘴的取得，通常同车系或同系列发动机的喷油嘴才会相容。

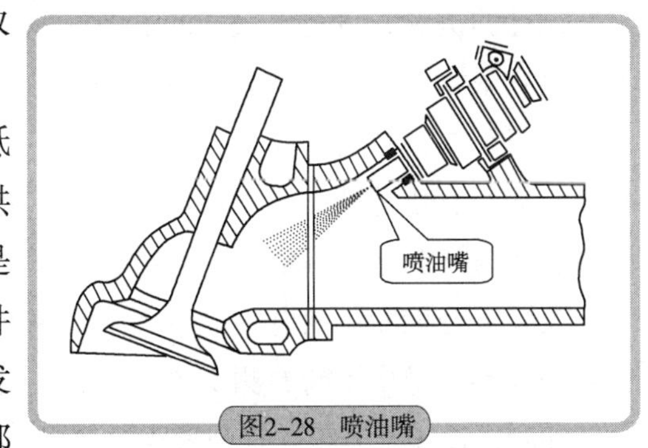

图2-28 喷油嘴

改调喷油嘴后所获得喷油量的增加是持续的，也就是从低转速到高转速喷油量都会增加，这可能会造成中、低转速时供油过浓，导致耗油量增加和运转不顺。一般车主需要的通常是在高转速和重负荷时适度地增加喷油量，这就只能靠改装软件了。但发动机大幅改装后，也许高转速时所需的喷油时间比发动机运转一个行程的进气时间还长，造成喷油嘴持续的喷油都无法提供足够的油量，这时加大喷油嘴是必然的选择。

3. 改装供油电脑芯片

汽车制造厂在设计某种型号的发动机时便已将原先设定好的供油程序录在只读存储器（ROM）上，程序通常是油耗、污染、运转平顺度等条件平衡下的产物，而且是不可更改的，若想改变供油程序就必须换用另一种模式的ROM。

专业改装厂有各种车型改装用电脑芯片供应，改装时要先把原电脑的芯片取下（通常原厂供油电脑的ROM都直接焊在电路板上），焊上一个IC座（如此一来可方便日后再更换），再插上改装用的芯片。如此所得的供油程序仍是固定的，它只是对原车的程序作修正，其中很重要的一项是可将补偿喷射程式中的断油控制时间延后甚至取消不再有断油的限制。

值得注意的是，每一种改装用芯片都有它设定的适用条件（也就是改装的程度），改装时必须选用和需要改装的车改装状况相近的芯片，才能得到最佳的效果，否则可能适得其反。因为一个芯片只提供一种供油程序，有的改装厂将两个或三个不同供油模式的芯片，同时装在同一片电路板上，驾驶人可由一个外接到车内的切换开关随意选择所需的供油模式。

4. 换装可变程序供油电脑

在国内改装业内，人们比较熟悉可变程序供油电脑HALTEC电脑，它可依照发动机的改装程度，配合空燃比计的测量，设定出最佳的供油程序（都可利用外接手提电脑任意更改）。它与改芯片最大的不同（也是它最大的优点）是，以后发动机再作更改、改装时，若出现原有供油程序不合用的情况，可经由程序的修正立刻获得解决。改装可变程序电脑后，原车的供油电脑便可废弃不用，但较高等级的电脑能将原车的所有传感器功能悉数保留，即各种供油补偿程序都可正常运作，也可更改，不会因获得高性能而将运转顺畅度与实用性牺牲。

改装可变程序供油电脑的最大困难并不在于安装，而是供油程序的设定与最佳化修正，这需要借助经验和仪器，经由不断的测试才能完成。目前改装厂的作法是先选定一个基本模式为基础，再由实际的运转和测试逐步地修正，直到满意为止。

随着电脑科技的进步，电脑的体积越来越小、存储器容量越来越大、功能越来越强，而具备多重模式和自我学习功能的供油系统在不久的将来也将会出现，未来的汽车在市区、山路、高速公路、乡间小路行驶时将会有不同的供油模式。

四、曲柄连杆机构改装

曲柄连杆机构（图2-29）的作用是将燃料燃烧时产生的热能转变为活塞往复运动的机械能，再通过连杆将活塞的往复运动变为曲轴的旋转运动而对外输出动力。发动机工作时，曲柄连杆机构直接与高温高压气体接触，曲轴的旋转速度又很高，活塞往复运动的线速度相当大，同时与可燃混合气和燃烧废气接触，曲柄连杆机构还受到化学腐蚀作用，并且润滑困难。可见，曲柄连杆机构的工作条件相当恶劣，它要承受高温、高压、高速和化学腐蚀作用。

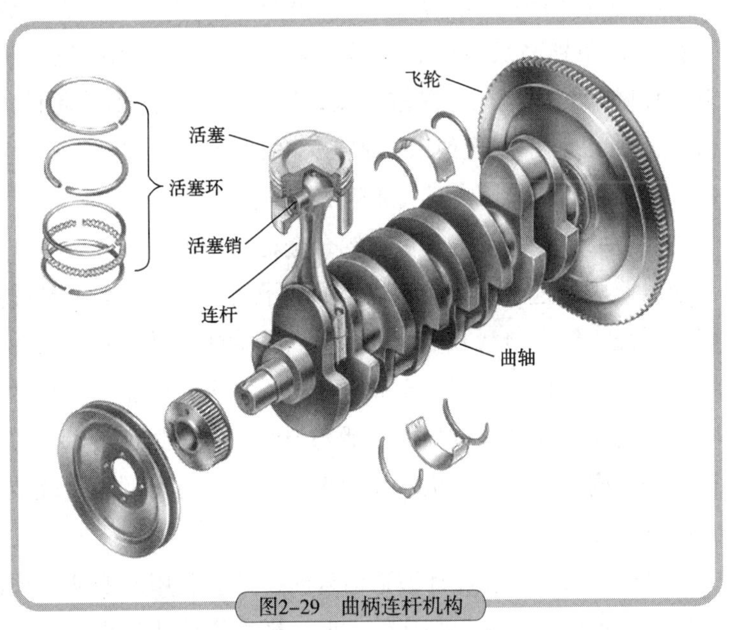

图2-29　曲柄连杆机构

曲轴连杆机构的改装主要是利用轻量化、高强度的材料制成高精密度组件以减少动力的损耗，除了可达到动力提升的目的，还可将可靠度及平衡性提升。高科技合金或复合材料的应用加上精密的加工技术，使得现代的高性能发动机不但单位容积所能产生的功率大幅提升，可靠度及经济性也能同时获得改善。

1. 活塞改装

活塞（图2-30）是汽车发动机的“心脏”，承受交变的机械负荷和热负荷，是发动机中工作条件最恶劣的关键零部件之一。活塞的作用是承受气体压力，并通过活塞销传给连杆驱使曲轴旋转，活塞顶部还是燃烧室的组成部分。活塞的材料是铝合金，其主要优点是质量轻。但却存在着膨胀率较大的问题，所以在活塞的设计制造时考虑其特性，将它设计成椭圆及上下锥体的形状，以减缓受热膨胀后所造成的变形。并能减少活塞与汽缸的间隙，防止“冷敲热拉”。

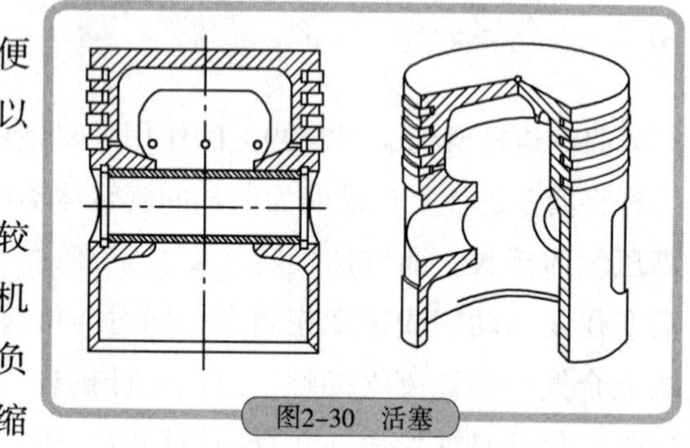
图2-30 活塞

活塞的制造主要有铸造和锻造两种，铸造比锻造简单便宜，但却无法和锻造活塞一样承受较大的热度和压力，所以锻造活塞是替代铸造活塞的必需改装件。

铸造的铝合金活塞，材料的紧密度低，而且比较“脆”，遇到高负荷很容易裂，如果在高压缩比的发动机上，伴随产生的爆燃、敲缸现象，铸造品是无法承受此种负荷的。所以对于重度改装的高功率的发动机，提高了压缩比、增加了涡轮增压或氮气加速系统等。

锻造的铝合金活塞，可在铝合金材料中添加矽。其制作过程是使用固定的模具在几万千克力的压力下冲压而成，这个过程让铝合金的分子能更有效、紧密地排列，使强度得以大幅提升，并使材质延展性相对增强。铝合金活塞中的矽含量高，就能使活塞在遇热时减小其膨胀系数。而铸造活塞密度高、膨胀率高的特性可以由使用高含矽量的材质减少其膨胀，预防活塞在高温度时因过度膨胀而在缸内发生拉缸咬死的现象。而高含矽量锻造活塞与汽缸的间隙也可以预留得比含矽量较低的活塞小，进而因间隙小取得更好的密封性，发动机的动力更好。所以道路型的重改装车辆或中度改装的耐力赛发动机，可选择高含矽量的锻造活塞。

另外，改装厂在设计锻造活塞时，都会利用改变活塞顶部的形状来达到提高压缩比的目的。利用活塞顶部的形状改变来提高压缩比时，随着压缩比的提高会使汽缸顶部燃烧室的空间变小，而活塞顶部的锐角和凸出都可能导致爆燃的发生。对高压缩比活塞来说，由于必须保留气门运动所需的空间，需要在活塞顶部切出气门边缘形状的凹槽。如果没有这个凹槽，当活塞到达上止点时可能就会碰到气门，因此改装了高压缩比活塞后对气门动作精确度的要求就必须非常严格。凹槽的大小也必须配合凸轮轴及气门摇臂的改装而改变。

更换改装的活塞时须注意以下3点：

（1）注意平衡。为了减轻活塞连杆组在工作中产生的惯性力的影响，要求同一台发动机上的几只活塞统一更换。

（2）注意方向。活塞与连杆组装以及活塞连杆组装入汽缸时都有方向要求。一般来说，活塞顶部的记号（箭头、三角形或小缺口等）应朝向立式发动机的前方；有特殊结构的，按使用说明书的规定安装。

（3）注意清洁。活塞环的边间隙很小，所以更换前一定要将活塞及活塞环清洗干净。如果活塞表面粘有杂质，将造成“拉缸”和汽缸压缩力下降。清除涂有防锈蜡的活塞时，应特别注意清理环槽底部的小孔，以防止残留的防锈蜡阻碍润滑油流回底壳而引烧润滑油。

2. 活塞环改装

活塞环是一种具有较大向外扩张变形的金属弹性环，它被装配到剖面与其相应的环形槽内。活塞环分为气环和油环两种，普通发动机每个活塞各有1～2个气环及油环，如图2–31所示。活塞环能维持汽缸内的气密性，使汽缸与曲轴箱隔绝开来，让燃烧室的气体压力不会流失，并能避免未完全燃烧的混合气对曲轴箱内的机油造成污染及劣化。活塞环能利用与汽缸壁的接触把活塞所受的热传至汽缸壁和水套，能防止过多的机油进入燃烧室，并让润滑油均匀地涂满汽缸壁。

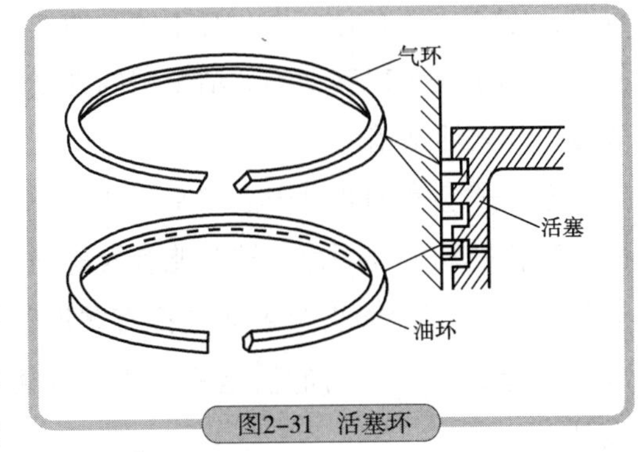

图2–31 活塞环

为了提高活塞环的密封性，降低磨损，延长其使用寿命，新型活塞环不断研制成功，为活塞环的升级改装提供了有利条件。

（1）薄型活塞环。新一代的发动机都使用了厚度较薄的活塞环，即薄型活塞环。在改装中也有通过减薄活塞环进行升级的。薄型活塞环有低摩擦、高输出、气密性佳等优点，其唯一缺点就是耐久度不如厚的好。

（2）无开口活塞环。这种活塞环运用双重组合而找不到缺口，即可克服活塞必须预留大尺寸间隙的困扰，也能达到气密的功效。

（3）不锈钢及特殊合金的活塞环。这些特殊材料的活塞环可以在活塞上行时释放压力，在活塞下行时保持密闭的状态以维持压力，该活塞环虽然价格较高，但是却能有效的提高发动机效率。

由于活塞与活塞环都必须在高温、高压、高速及临界润滑的状态下工作，因此长久以来改装厂都在为提供最佳设计而努力，但发动机的性能是所有机件整合的结果，因此选择活塞套件时必须考虑凸轮轴的正时角度、供油系统的配合才能找出最佳搭配组合。

3. 活塞销改装

活塞销（图2–32）的作用是连接活塞和连杆小头，并把活塞承受的气体压力传给连杆。活塞销在高温下周期地承受很大的冲击载荷，其本身又作摆转运动，而且处于润滑条件很差的情况下工作。因此，要求活塞销具有足够的强度和刚度，表面韧性好，耐磨性好，质量轻。所以活塞销一般都做成空心圆柱体，采用低碳钢和低碳合金钢制成，外表面经渗碳淬火处理以提高硬度，精加工后进行磨光，有较高的尺寸精度和表面光洁度。

原厂发动机设计的活塞销型式大都使用半浮式设计，也就是活塞销固定在连杆小端是不转动的，而在活塞两侧的销孔内，销子是可以转动的。活塞销的升级改装目标是采用高强度全浮式活塞销。

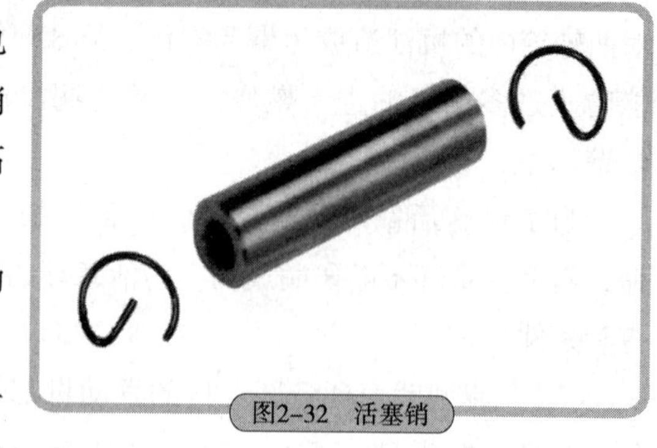

图2–32　活塞销

全浮式活塞销相对于活塞座孔和连杆小头都是可以转动的，这样的结构在高速运转时能有效地分担机件的摩擦力，对发动机内部的输出及耐久度都有帮助。如果活塞已经升级为锻造活塞，这时的活塞销几乎全都需要采用全浮式的设计。

全浮式活塞销与半浮式活塞销在结构上的差别只是装配上的公差配合不同，因此在装配全浮式活塞销时，一定要仔细测量连杆小端的尺寸和活塞销孔的尺寸公差与配合。如果连杆小端的间隙比活塞孔间隙大时，受负荷后，活塞部分因紧度的差别可能会停止转动，唯一能转动的部分只剩下连杆小端，接着就会使活塞销和连杆小端产生异常地磨损，甚至会有咬死的现象产生，对发动机将造成致命性的损害。

4. 连杆改装

连杆（图2-33）的功用是连接活塞与曲轴，把活塞承受的气体压力传给曲轴，使活塞的往复运动转变成曲轴的旋转运动。连杆工作时，承受活塞顶部气体压力和惯性力的作用，而这些力的大小和方向都是周期性变化的。因此，连杆受到的是压缩、拉伸和弯曲等交变载荷。这就要求连杆强度高，刚度大，质量轻。

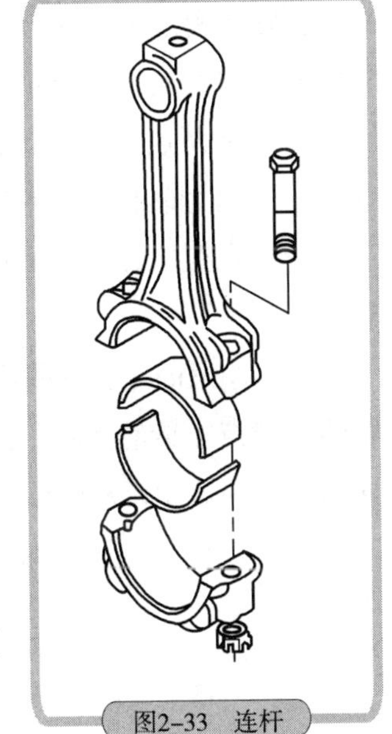

图2-33 连杆

连杆的品质关系到发动机的可靠度，但是却无法以肉眼检视，必须以特殊的非破坏检验或X光做检测。连杆各项尺寸精密度的要求会随着压缩比及运转转速的提高而提高，即使仅是千分之几的尺寸误差在高转速时都会造成活塞间隙明显的变化。如果用了强度不足的铝合金连杆，在高转速时由于惯性作用会使连杆长度变长，造成发动机的损害。

原厂连杆一般都采用中碳钢或合金钢经模锻或辊锻，然后经机加工和热处理而成。考虑到质量和经济因素，通常都计算到够用的范围，最多预留25%的剩余强度。一旦改装增压系统或NOS（氮气加速系统），且把发动机转速拉到超过7000r/min时，这种原厂连杆随时都有弯曲的可能，因而就需要更换强度更高的连杆。

改装厂连杆采用极高档的4340钢材，这种钢材强度高却又有相当的延展性，能承受高负荷又能抵抗扭曲变形。

5. 曲轴改装

曲轴（图2-34）是发动机的主要旋转机件，它与连杆配合将作用在活塞上的气体压力变为旋转的动力，传给底盘的传动机构，并驱动配气机构和其他辅助装置。

发动机工作时，曲轴承受气体压力、惯性力及惯性力矩的作用，受力大而且受力复杂，并且承受交变负荷的冲击作用。同时，曲轴又是高速旋转件，因此要求曲轴具有足够的刚度、强度和平衡度，具有良好的承受冲击载荷的能力，耐磨损且润滑良好。

曲轴的改装主要围绕着高转平衡和轻量化进行，关键是曲轴的平衡，防止发生扭转振动。要达到的目标就是在一个更高的转速范围内，获得平衡，减小振动。

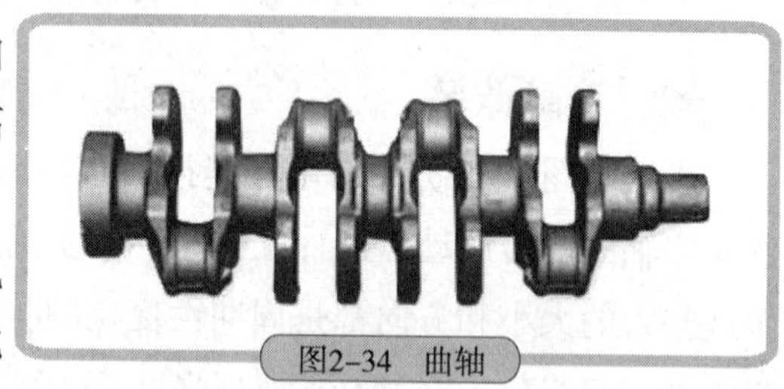

图2-34　曲轴

曲轴平衡度和转速范围有一定的关联性。以一部4缸16气门的发动机而言，最高的转速最高在5000～6000r/min，因此作为跑车平衡点达到6000r/min即可。但是普通的汽车或一般意义上的动力改装，如果照顾高端转速下的运转平衡，其低速域的平衡值就可能变差。因此，首先要确定发动机主要的转速范围和最高转速是多少，曲轴平衡的区域希望能尽可能保持在发动机最常使用的转速范围。

值得注意的是，有些广告上所谓的万转平衡曲轴，如果使用者并未使用9000～10 000r/min的转速，所做的平衡点也徒然无功。且曲轴平衡点如未在常用的转速范围，那么在正常或稍高的转速域工作时，将导致曲轴的振动，从而相对地影响轴承的寿命。

五、配气机构改装

配气机构的功用是按照发动机各汽缸工作顺序和工作循环要求，定时开启和关闭各汽缸的进、排气门，以便可燃混合气进入汽缸和排出废气。配气机构由气门组和气门传动组两部分组成，如图2-35所示。气门组由气门、气门导管、气门弹簧、气门弹簧座、气门锁片（锁销）和气门座组成。气门传动组由正时齿轮、凸轮轴、挺杆、推杆和摇臂等组成。

1. 气门改装

高性能的发动机，对进、排气的效率以及环保有严格的要求，这些均要依赖于材质精良和动作精确的气门。气门改装的原则是：在不影响强度的情况下尽可能的减轻气门的质量和提高密闭程度。

1）气门打磨

气门的打磨可分为两个部分：

进气门头的打磨使气门头的部分凹的弧度更大。在进气门打开，空气进入汽缸时，由于气门头的弧度使其产生涡流，加速油气的混合。

（1）打磨进气门头。

（2）打磨排气门头背面。气门头背面的适度打磨则可造成排气时在排气门附近产生涡流，造成排气的回压，也就可再进一步加大排气管的口径。

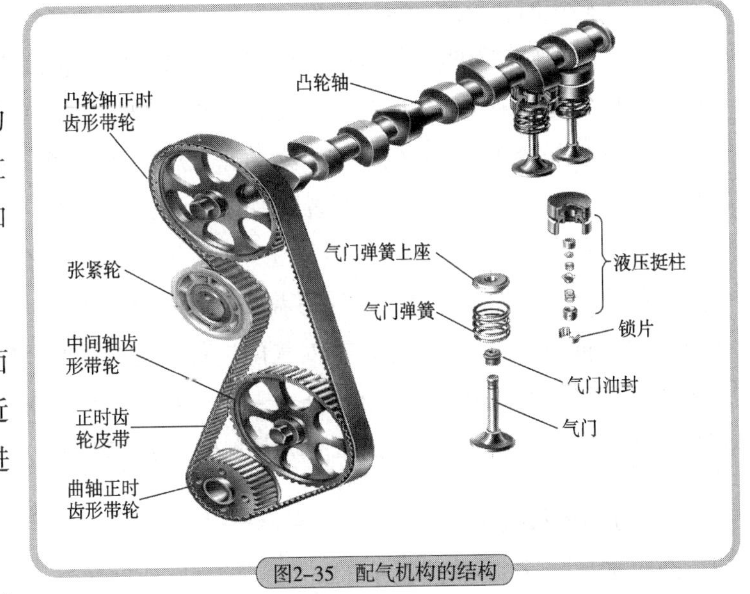

图2-35 配气机构的结构

2）气门更换

对气门的改装通常会提供不同的气门组合进行更换。原厂的气门通常都有适当的材质和大小，但是如果有需要的话可适度地改变气门的尺寸。气门的材质是很重要的，目前的改装气门通常用钛合金作为材料以求强度的提升及轻量化的要求，但是一套钛合金的气门价格较高。而有的是将气门的背部切削或用中空的设计以达到轻量化的目的，有时又会把气门表面做成旋涡状，以利于在气门开启时气体的流动。气门的热量可在与气门座接触时由气门座传出，达到散热的目的，这是气门最重要的散热途径。

2. 气门配套件改装

发动机改装的项目越多对气门机构精确度的要求就越严格，所以改装气门时必须要同时考虑与其配套件的配合。

（1）气门座的配置必须非常谨慎，假如太靠近气门的边缘或是气门边缘太薄了就可能造成密合度不良。

（2）气门套筒和气门间的精密度及表面平滑度，气门摇臂与气门固定座间的表面精度都必须严格要求否则在高转速时会导致严重的损害。

（3）气门弹簧强度的设定必须恰到好处，要兼顾气门的密合度又不能造成开启时的困难，如果弹簧强度太高以致凸轮轴开启气门时负荷过重，对功率输出是非常不利的。

（4）气门的锁定装置是利用锁片和气门弹簧座把弹簧固定在气门上的，这在急加速及升程较大的发动机上可能会造成气门的扭曲或断裂，因此也必须配合做改变。

（5）应对对气门摇臂进行强化改进。原厂的气门摇臂在达到发动机的转速上限，或者在改变气门正时都可能满足不了发动机进、排气的需求，此时就需要对气门摇臂进行强化改进。升程太大的凸轮轴会造成气门摇臂的扭曲，因此也需要对气门进行强度的提升及轻量化的改进。对一般的气门来说，滚筒式的摇臂能减少与气门座接触表面的压力，也能承受较高的来自推杆的压力。通常气门摇臂若有圆滑的表面和滚动的轴承，会使运转时的摩擦阻力变小，摩擦阻力越小所消耗的动力就越少。

3. 凸轮轴改装

凸轮轴是配气机构的核心部件，气门的启闭正时角度、气门重叠、扬程都是由凸轮的形状决定的。目前凸轮轴改装主要是换用高角度凸轮轴，如图2-36所示。

凸轮轴是在曲轴输出轴带动下推动气门进行进排气操作的重要部件，四行程发动机的曲轴每转动720°，便完成进气、压缩、作功、排气四行程的循环，而凸轮轴在曲轴的带动下准确完成开启关闭气门的动作，这一过程即为气门正时。

图2-36 高角度凸轮轴

凸轮轴有其固定的从开启到关闭气门的工作角度，以360° 为一周，一般车型凸轮轴的工作角度约为240° ，即凸轮轴转动240° 就可使气门完成从开启到关闭的全过程。决定凸轮轴性能表现的另一个因素就是扬程，即气门完全开启所需要的行程，凸轮轴扬程是按凸轮轴最高点高度减去凸轮轴基圆直径计算而得出的。为了防止排气门打开时将进气门吸入的混合气提前排出，进气门需要比排气门早打开一定时间，俗称凸轮轴的“早开晚关”设计原则，使排气行程刚刚结束进气行程就已开始，造成气门开启角度的重复，也就是所谓的气门重叠。

所谓的高角度凸轮轴是指凸轮轴工作角度比原厂大，即气门的开启时间得以延长，提高进排气流量以提高动力输出。高角度凸轮轴主要分为只提高较小工作角度的大角度凸轮轴，以及这类凸轮轴工作角度在270° 以内，主要是以提高中高转速扭力及功率为主要目的。当凸轮轴角度超过270° 时，会发生怠速不稳定、无法使用原车空调系统的情况。如果是自动挡车型，还会大大降低车辆起步时的扭力输出，削弱一定的加速性能。

凸轮轴工作角度超过280° ，就可称为高角度凸轮轴，高角度凸轮轴不仅工作角度大，而且扬程也高。会使气门重叠角大增、低转速时气门漏气率高、怠速异常不稳，也会因为真空度的下降使制动总泵助力器助力减弱，原厂行车电脑收取数据移位，低转速乏力、高转速动力大增，无法适应街道行车，只能运用于竞赛用途。一般而言使用如此大角度的凸轮轴需要同时搭配提高压缩比或密比变速箱来改善低转速时动力输出的迟滞。从理论上讲有好的低转速反应就不能同时提供高转速时的强大动力输出，而有高转速时强大的动力输出，就无法兼顾低转速时的稳定性。

对于涡轮增压式发动机更换大角度凸轮轴同样重要，原厂为了尽量减少涡轮迟滞现象，一般采用小角度低扬程的凸轮轴。为了提高发动机输出功率单纯提高增压器增压值，而不改变实际的进、排气量，进入汽缸内的压缩空气仍然无法完全发挥作用，增压器排气端没有足够的废气驱动，发动机依然不能真正被提高应有的动力输出。与自然吸气发动机的高角度凸轮轴设计原则不同，涡轮增压式发动机的凸轮轴作用角度不能过大使气门重叠过大，以免发生严重的涡轮迟滞现象，增加凸轮轴扬程才是增加进、排气量的根本。

六、发动机压缩比改装

压缩比是指活塞在汽缸中运动时最大行程容积与最小行程容积的比值，即汽缸总容积与燃烧室容积之比，用ε表示。其表达式如图2-37所示。

压缩比的大小表示了活塞由下止点运动到上止点时，汽缸内的气体被压缩的程度。压缩比越大，压缩终了时汽缸内气体的压力和温度越高，燃烧的热效率越高，发动机的功率和转矩越大。但因为汽缸受材料强度的限制，而且汽缸内工质的温度不能超过燃料的燃点，所以压缩比不能太大。

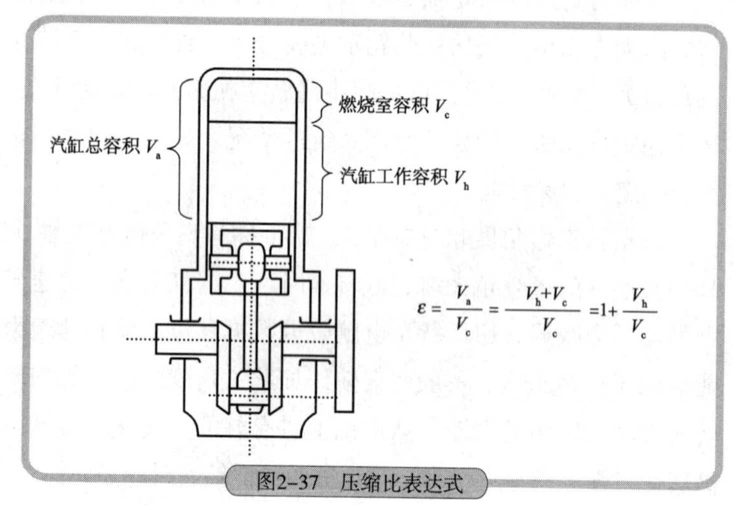

图2-37 压缩比表达式

从压缩比表达式中可以看出，可通过减小燃烧室容积来提高发动机压缩比。减小燃烧室容积的方法包括磨削汽缸盖、在燃烧室内增加固定物、使用较薄的汽缸垫、更换活塞的形式、增加连杆的长度等。现将其中常用的方法介绍如下：

1. 磨削汽缸盖

燃烧室是由汽缸盖、缸套和活塞围成的空间，磨削汽缸盖便可将燃烧室的容积减小，同时还可使原先可能不平整的汽缸盖得到修平。汽缸盖的平面度的极限值是0.20～0.30mm，曲轴的回转半径的极限值是0.30mm。因此，对于通过磨削汽缸盖来提高发动机的压缩比时，磨削的厚度不应超过两者的极限值0.30mm。

2. 在燃烧室内增加固定物

在燃烧室内固定一个占有一定容积的物体，使得燃烧室内的气体占有的容积减少，便可达到使压缩比增大的目的。

3. 更换较薄的汽缸垫

位于汽缸盖与汽缸体之间的汽缸垫压缩后在燃烧室占有一定的容积，通过减薄汽缸垫的厚度或者换用薄的钢制汽缸垫，可以使燃烧室的容积减少，相应可使压缩比增加。

4. 更换活塞

更换活塞的主要目的是为了减小燃烧室的容积。更换制造质量更高的活塞也可以提高活塞的强度、减小活塞的质量以及活塞和汽缸间的摩擦力，可以使活塞抵御更大的燃烧压力，往复运动会更顺畅。在高负荷时间较长时，活塞运行可以更可靠。

5. 更换连杆长度

连杆的长度是固定的，由此来确定上、下止点之间的距离。若增加连杆小端与大端之间的长度，就会改变上下止点间的距离，使得燃烧室的容积变小，也就会使得压缩比变大。

通过上述5种方法对发动机的压缩比进行改装时应注意的是，不论采取哪种方法，都应在小范围内变动。小范围变动的原因是发动机的设计都是经过核算的，压缩比提高得过大，会使得各部分承受的压力变化过大，燃料的燃烧也会有很大的变化，这种变化是由多种因素共同决定的，可能甚至会缩短发动机的寿命。

七、增压系统改装

汽车发动机增压系统是将吸入的空气加压到超过正常气压的装置。发动机是靠燃料在汽缸内燃烧从而对外输出功率，在发动机排量一定的情况下，若想提高发动机的输出功率，除了多提供燃料燃烧外，就是提供更多的空气。发动机采用增压系统可提高发动机进气压力，改善空燃比，使发动机燃烧更完全，提高热效率，增加发动机功率，并改善燃油的经济性。

1. 增压系统种类

汽车发动机的增压系统主要有机械增压、废气涡轮增压和复合增压三类。

1）机械增压系统

机械增压系统通过传动带（或传动链）与发动机曲轴相连接，从发动机输出轴获得动力来驱动增压器的转子旋转，从而将空气增压吹到进气管道里，如图2–38所示。该系统的优点是转子的速度与发动机转速是相对应的，没有滞后现象，动力输出更为流畅。但由于它要消耗部分发动机动力，会导致增压效率和经济性不高。

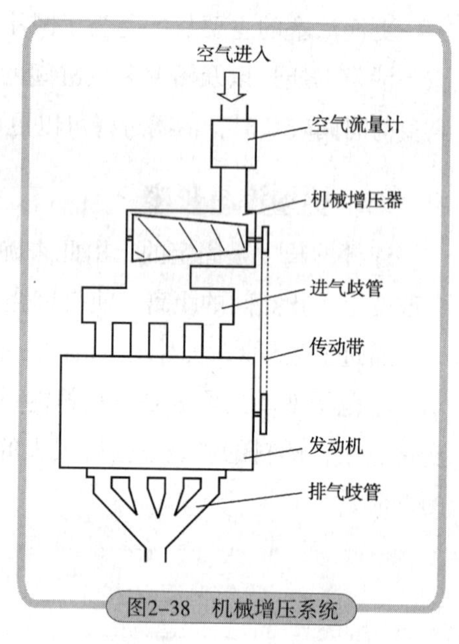

图2–38　机械增压系统

机械增压器有鲁式、双螺旋式和离心式三种类型。 它们的主要区别在于将空气吸入发动机进气歧管的方式不同。鲁式和双螺旋式机械增压器使用不同类型的啮合凸缘，而离心式机械增压器使用叶轮吸入空气。尽管这三种设计都能产生增压效果，但在效率上却有很大差别。各个类型的机械增压器都有不同的尺寸，具体选择哪一种取决于车主是只想提升汽车的动力，还是想去参加赛车运动。

（1）鲁式机械增压器。鲁式机械增压器是一种老式增压器，体积很大，一般安装在发动机的顶部。其工作原理是：当啮合凸缘旋转时，空气会被吸入凸缘之间的气槽中，然后在进气口和排气口之间传送，大量的空气将进入进气歧管，并累积起来产生正压力，如图2–39所示。也正因为如此，鲁式机械增压器只不过是鼓风机，而“鼓风机”一词也常用来描述所有的机械增压器。

（2）双螺旋式机械增压器。双螺旋式机械增压器与鲁式机械增压器相似，也安装在发动机的上方，通过两根类似于一组涡轮传动的啮合凸缘吸入空气，如图2-40所示。其空气也是通过转子凸缘集中起来吸入的，但双螺旋式机械增压器会压缩转子壳体内的空气。其原因在于这些转子具有锥度，这意味着随着空气从进气口流向排气口，气穴会变小。随着气穴的收缩，空气便被压入到更小的空间。这使双螺旋式机械增压器的效率更高，但需要在制造过程中精密加工螺旋型转子，从而增加了成本。双螺旋式机械增压器也会发出很大的噪声，从排气口排出的压缩空气会发出轰鸣声，因此必须使用降噪技术消除这些声音。

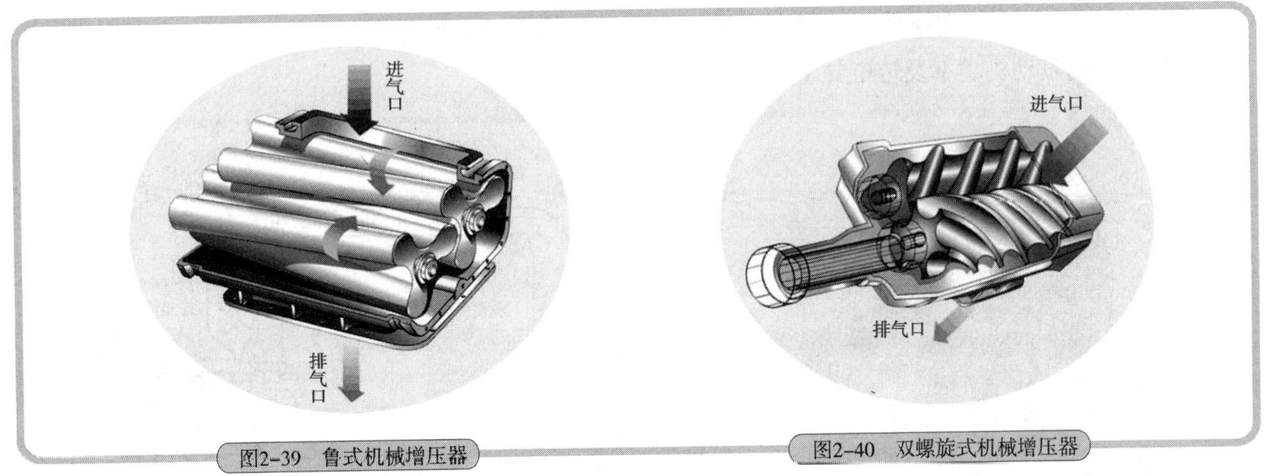

图2-39 鲁式机械增压器

图2-40 双螺旋式机械增压器

（3）离心式机械增压器。在所有机械增压系统中，离心式机械增压器是最有效率、最普遍的一种增压器。它体积小，质量轻，安装在发动机的前面，利用叶轮（一种类似于转子的装置）提供动力，将空气高速吸入狭小的压缩机壳体，如图2-41所示。叶轮与转子相似，其转速可达5万～6万r/min。由于空气在叶轮轮毂处被吸入，因此离心力会导致空气向外扩散。这些空气会使叶轮处于高速低压状态。扩压器是一组环绕叶轮的固定叶片，它会将高速低压的空气转换成低速高压的空气。当空气分子碰到这些叶片时，会减慢速度，从而降低气流速度以及增加压力。

所有这些机械增压器均可以作为售后汽车的动力增强装置安装到汽车上。有许多公司提供成套的产品，用于客户自己动手安装机械增压器。在有趣的汽车和燃油赛车的世界里，这种定制已成为体育运动不可分割的一部分。很多汽车制造商也会在其产品样车上安装机械增压器。

2）涡轮增压系统

涡轮增压系统是利用发动机排出的废气惯性冲力来推动涡轮室内的涡轮，涡轮又带动同轴的压气机叶轮，叶轮压送由空气滤清管道送来的空气，使之增压进入进气歧管，最后进入汽缸，如图2-42所示。发动机转速增快，废气排出速度与祸轮转速也同步增快，叶轮就压缩更多的空气进入汽缸，空气的压力和密度增大可以燃烧更多的燃料，相应增加燃料量就可以增加发动机的输出功率。一般而言，加装废气涡轮增压器后的发动机功率及转矩要增大20%～30%。

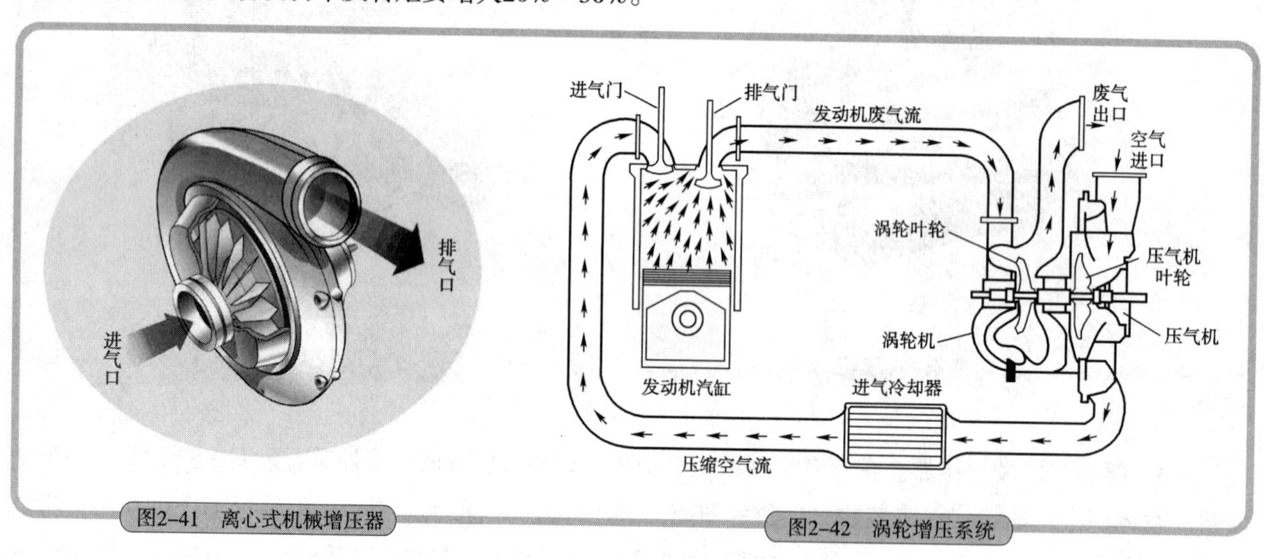

图2-41 离心式机械增压器

图2-42 涡轮增压系统

涡轮增压器由涡轮机和压气机组成。涡轮机进气口与排气歧管相连，排气口接在排气管上；压气机进气口与空气滤清器管道相连，排气口接在进气歧管上。涡轮叶轮和压气机叶轮分别装在涡轮机和压气机内，二者同轴刚性联接，如图2-43所示。

3）复合增压系统

复合增压系统即机械增压和涡轮增压并用，这种装置在大功率柴油机上采用比较多，其发动机输出功率大、燃油消耗率低、噪声小，只是结构太复杂，技术含量高，维修保养困难，因此很难普及。

复合增压系统的结构型式主要有以下2种：

（1）串联复合增压。在这种增压系统中，空气先经涡轮增压器提高压力后，进入中间冷却器降温，再经机械增压器增压。这种增压方式主要用于高增压发动机上。

（2）并联复合增压。由机械增压器和涡轮增压器同时向发动机供给增压空气。在低转速范围主要靠机械增压，而在高转速范围主要靠涡轮增压。这种增压系统使发动机低速转矩特性得到改善。

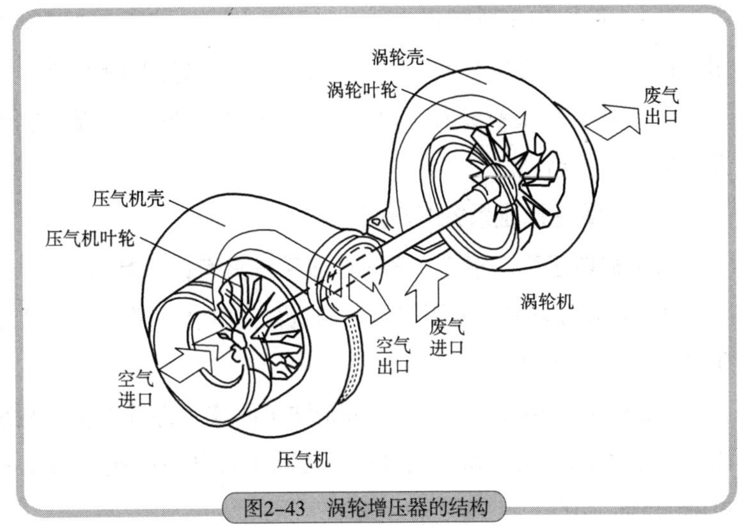

图2-43 涡轮增压器的结构

2. 机械增压系统与涡轮增压系统比较

1）机械增压系统的特点

与涡轮增压系统相比，机械增压系统具有以下特点：

（1）机械增压器没有增压延时。驾驶人踩下加速踏板到发动机响应这段时间的长短。涡轮增压器存在增压延时，因为它需要一段时间，让排出的气体达到一定速度以加快叶轮的转速。机械增压器没有延时，是因为它们直接通过曲轴获得动力。某些机械增压器在低转速时效率比较高，而另一些在高转速时效率比较高。例如，鲁式和双螺旋式机械增压器在低转速时可提供更多的动力。离心式机械增压器在叶轮快速旋转时效率较高，从而能在高转速时提供更多的动力。

（2）机械增压器安装方便。安装一台涡轮增压器需要对排气系统做大幅度的调整，但机械增压器只要装在发动机顶部或旁边就可以了。因此，安装机械增压器更方便，同时也更容易使用和维护。

（3）机械增压器停止工作时不需要专门关闭。因为它们不用发动机润滑油进行润滑，便可以正常关闭。而涡轮增压器必须等待30s或预先关闭，以便润滑油冷却。

由于机械增压系统由曲轴带动，所以必须损耗一部分发动机功率，因此燃油消耗率比使用涡轮增压系统的发动机略高。

2）涡轮增压系统的特点

与机械增压系统相比，涡轮增压系统具有以下特点：

（1）结构简单。增压器与发动机只有气体管路连接而无机械传动，因此增压方式结构简单，发动机质量及体积增加很少。

（2）节省能源。由于废气涡轮增压回收了部分能量，故增压后发动机经济性也有明显提高，再加上相对减小了机械损失和散热损失，提高了发动机的机械效率和热效率，使发动机涡轮增压后燃油消耗率可降低5%～10%。

（3）对海拔高度变化有较强的适应能力。在高海拔地区，通常普通发动机的动力会减小，因为在活塞的每个冲程中，发动机都只能获得少量的空气。涡轮增压发动机可能同样会减小动力，但减小量会少很多，因为稀薄的空气会更容易被涡轮增压器抽入发动机，所以装有废气涡轮增压的汽车在高原地区具有明显的优势。

涡轮增压的确能够提升发动机的动力，不过它的缺点也有不少，其中最明显的就是踩下加速踏板与汽车动力反应滞后，这是由于叶轮的惯性作用造成节气门突然变化反应迟缓的。从大脚踩下加速踏板加大转速，到叶轮转速提高将更多空气压进发动机获得更大动力之间存在一个时间差，这个时间一般要2s左右。如果要突然加速的话，瞬间会有提不上速度的感觉。同时，当放松加速踏板需要降速时，涡轮惯性作用会使增压机的速度一时难以同步下降。此外，还有造价成本高、发动机寿命短、油耗高、保养费用高等问题。

3. 增压系统改装的部件

目前发动机增压系统改装大都是将普通自然吸气发动机加装废气涡轮增压系统。加装该系统需准备的部件主要有：废气涡轮增压器、旁通阀、卸压阀、排气歧管和排气管、进气冷却器、进气管、爆燃传感器、涡轮延时熄火器等。

1）废气涡轮增压器

废气涡轮增压器安装在排气歧管旁，如图2–44所示。选择废气涡轮增压器必须要符合排气歧管和排气管的规格。同时还考虑以下因素：

图2–44 废气涡轮增压器的安装位置

（1）涡轮尺寸。增压器内的涡轮尺寸决定了吹气量的多少，尺寸较小的涡轮，其作用时机早，起速较快，在普通道路行驶或者自动挡车辆都应优先选择此种涡轮。那么哪种情况的升级改装需要选用号数较大的涡轮呢?大致上有两种情况：

① 现有的涡轮已经无法在高挡高负荷时维持增压力，也就是说，高转速时涡轮增压表的压力数值，会有下降的现象，表示此涡轮在高转速时所吹出的气量已经满足不了发动机所需的气量，所以压力表的表压才会开始走下坡路；

② 为了提升更大的功率，才要换用大号的涡轮。但是较大涡轮却容易使发动机在低转速时运转不稳，会出现明显的反应迟滞现象。

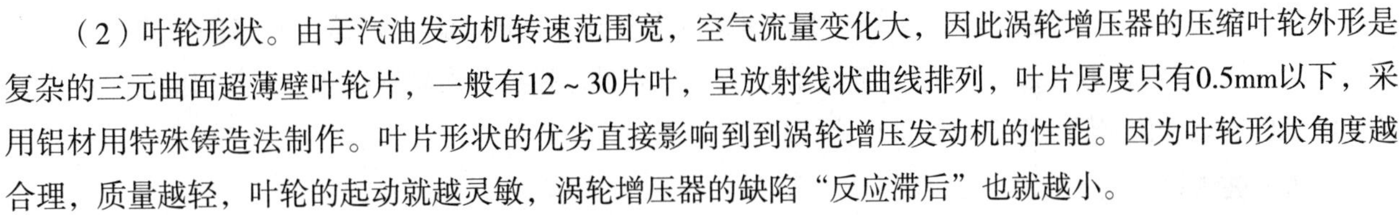

（2）叶轮形状。由于汽油发动机转速范围宽，空气流量变化大，因此涡轮增压器的压缩叶轮外形是复杂的三元曲面超薄壁叶轮片，一般有12～30片叶，呈放射线状曲线排列，叶片厚度只有0.5mm以下，采用铝材用特殊铸造法制作。叶片形状的优劣直接影响到到涡轮增压发动机的性能。因为叶轮形状角度越合理，质量越轻，叶轮的起动就越灵敏，涡轮增压器的缺陷“反应滞后”也就越小。

2）旁通阀

有的涡轮增压器是发动机的废气全部要通过涡轮机，发动机在高速、高负荷下运行时，排气量过大，涡轮增压器转速过高，增压压力过大。不利于发动机稳定的燃烧，容易发生爆燃，同时降低增压器的寿命。但在低速时，废气流量小，增压压力低。怠速可能不稳，易熄火，低速转矩降低。假如发动机配置的增压器主要按中高速匹配，那么在低速时增压压力就会不足，不得不通过增压补偿器限制低速时的供油量。这种匹配主要适用于汽车经常在高速行驶的条件下使用。还有的增压器是以中低速配置，其基本工作原理和一般的废气涡轮增压器相同。

带有旁通阀的涡轮机只是在涡轮进口处多了一个废气旁通阀及执行器，用以控制增压压力，如图2-45所示。当增压压力达到一定程度时，克服弹簧的张力，通过推杆、曲柄使旁通阀开启。部分废气经旁通道直接排出，减少了进入涡轮机的废气量，使增压压力下降。电喷发动机根据增压压力、转速、是否发生爆燃等条件利用ECU控制旁通阀门的开闭。

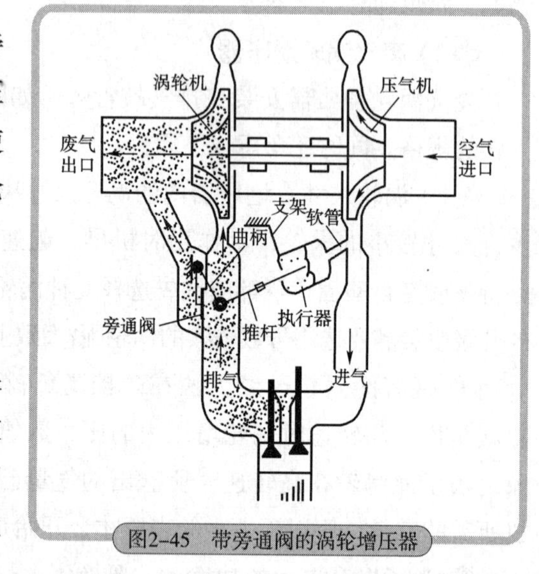

图2-45　带旁通阀的涡轮增压器

3）卸压阀

很多增压器上设有卸压阀，其作用是提升响应效果和保护涡轮组件。在高增压的状态下，节气门开度如果不大，被压缩的空气将无处排泄，在此状态下，必须把压力卸掉，卸压阀的作用就是把多余的废气直接旁通到排气尾管，该装置既可提高响应时间，又保护了涡轮增压器。

4）排气歧管

在正常的模式下，要更换升级的排气歧管到涡轮壳进气口这段管路，使这段管路的弯曲角度减少后，涡轮压力会增加约0.1kgf。以市面上的套件而言，最好是选择有开模制造的前段，其内壁的平滑度较佳且维修拆装难度比较低，今后的维护也比较简易。

5）进气管

加装废气涡轮增压系统应更换大口径进气管。除了空气滤芯脏污外，进气管径过小或材质过软，也会造成吸气不顺畅。许多加大原厂涡轮号数或增压值的车辆，在进行涡轮号数或增压值提升的同时，倘若未将进气管路口径一并加大，很容易在高转速或急加速时，因管径的单位时间空气流量低，不能满足增加后的涡轮吸气量，形成吸气不顺的问题。如果此时管径的材质偏软，就有可能发生整个进气管路被吸扁，导致涡轮吸不到气的窘境，如此一来将会使增压器轴心向进气一侧推挤（真空效应），造成油封受损，甚至还会将轴心内的润滑油吸出，造成进气叶片与进气冷却器里都是润滑油的现象，在维修中就发现有的车中冷器还可以倒出润滑油。所以在进行高增压和加大涡轮号数的改装时，建议换装大口径的进气管。

6）进气冷却器

进气冷却器又称中间冷却器，简称中冷器。涡轮增压器吸进的空气经压缩后温度会增高，空气在流动过程中与进气管壁摩擦还会进一步升温，这样不仅影响充气效率，还容易产生爆燃，因此必须设置进气冷却器，以降低进气温度。

进气冷却器安装在涡轮增压器出口与进气管之间，对进入汽缸的空气进行冷却。它就像散热器，用风或水冷却，空气的热量通过它而逸散到大气中去。据测试，性能良好的进气冷却器不但可以使发动机压缩比保持一定比值而不会产生爆燃，同时降低了温度也可提高进气压力，进一步提高发动机的有效功率。

7）爆燃传感器

除了降低温度来减少爆燃的可能外，还要采用爆燃传感器，它的作用就是在产生爆燃之时，传感器感到不正常的振动波会立即将信息反馈至发动机ECU控制系统，将点火定时稍推迟一点，如果不产生爆燃再恢复正常点火定时。

8）涡轮延时熄火器

由于使用涡轮增压的发动机，涡轮的工作温度在600℃以上和每分钟上万转的超高转速，因此涡轮增压器的关键是要有可靠的润滑，而这全靠发动机润滑油进行润滑和冷却。如果高速运转后发动机突然熄火，在巨大惯性作用下涡轮不会在短时间内停止，由于发动机已经停止运转，润滑油的循环也停止了，对涡轮增压器的润滑和冷却也会中止。其结果是对涡轮增压器本身会产生损害。因此，为保护涡轮增压器，需安装一个“涡轮延时熄火器”。此时就算拔掉车钥匙，这个装置也能自动让发动机再保持一定时间的怠速运转，然后再自行熄火，从而有效地保护涡轮机。

4. 增压系统改装的方法

1）安装

涡轮增压器转子轴承的精密度很高，安装时的工作环境要求很严格，因此当改装增压器或出现故障时应到指定的维修站进行维修。

2）调节

目前的涡轮增压器的调节装置大都在排气侧进行调节，当不需要增压时，例如怠速或者有爆燃先兆时，一部分排气会通过旁通阀泄出而不进入涡轮增压器。当发动机转速达到1800r/min时，电磁阀就会关闭旁通阀让排气流指向涡轮一侧，使涡轮转动。另外还有一种设计，就是调节涡轮叶片的角度，通过阻力的改变来调节涡轮的转速，从而改变增压量，这种涡轮的价格要高些。

3）润滑

涡轮增压器的关键零件是轴承，保证其润滑是非常重要的。如果因油压低导致润滑油供给缓慢，就会损坏轴承从而导致涡轮增压器失效。正常的发动机起动是不会发生此类故障的，但如果发动机更换润滑油和润滑油过滤器后第一次起动，就会产生润滑油供给缓慢的现象，使轴承缺乏润滑油润滑。在这种情况下，起动后要怠速运转3min左右，不可直接将转速提升到涡轮增压器的起动转速。同样，在高速及上坡后也不要使发动机立即停止，要使发动机继续怠速运行1min左右，使仍继续空转的涡轮增压器轴承不会缺油。

5. 涡轮增压发动机的使用与维护

由于涡轮增压器工作的环境经常处于高速、高温条件下，增压器废气涡轮端的温度在600℃以上，增压器的转速也非常高，因此为了保证增压器的正常工作，对它的正确使用和维护十分重要。涡轮增压发动机在使用中应注意以下事项：

1）注意升温

汽车发动机起动之后，不能急踩加速踏板，应先怠速运转3min，这是为了使润滑油温度升高，流动性能变好，从而使涡轮增压器得到充分润滑，然后才能提高发动机转速，起步行驶，这点在冬天显得尤为重要，至少需要热车5min。

2）注意熄火

发动机长时间高速运转后，不能立即熄火。原因是发动机工作时，有一部分润滑油供给涡轮增压器转子轴承润滑和用于冷却的，正在运行的发动机突然停机后，润滑油压力迅速下降为零，润滑油润滑会中断，涡轮增压器内部的热量也无法被润滑油带走，这时增压器涡轮部分的高温会传到中间，轴承支承壳内的热量不能迅速带走，而同时增压器转子仍在惯性作用下高速旋转。这样就会造成涡轮增压器转轴与轴套之间“咬死”而损坏轴承和轴。此外发动机突然熄火后，此时排气歧管的温度很高，其热量就会被吸收到涡轮增压器壳体上，将停留在增压器内部的润滑油烤成积炭。当这种积炭越积越多时就会阻塞进油口，导致轴套缺油，加速涡轮转轴与轴套之间的磨损。因此发动机熄火前应怠速运转3min，使涡轮增压器转子转速下降。此外值得注意的就是涡轮增压发动机同样不适宜长时间怠速运转，一般应该保持在10min之内。

3）注意润滑油

由于涡轮增压器的作用，使进入燃烧室的空气质量与体积有大幅度的提高，发动机结构更紧凑、更合理，较高的压缩比，使发动机的工作强度更高。机械加工精度也更高，装配技术要求更严格。所有这些都决定了涡轮增压发动机的高温、高转速、大功率、大转矩、低排放的工作特点。同时也就决定了发动机的内部零部件要承受较高的温度及更大的撞击、挤压和剪切力的工作条件。所以在选用涡轮增压轿车车用润滑油时，就要考虑到它的特殊性，所使用的润滑油必须抗磨性好，耐高温，建立润滑油膜快，油膜强度高和稳定性好。而合成润滑油或半合成润滑油恰好可以满足这一要求，所以润滑油除了最好使用原厂规定润滑油外还可以选用合成润滑油、半合成润滑油等高品质润滑油。

4）注意清洁

发动机润滑油和滤清器必须保持清洁，防止杂质进入，因为涡轮增压器的转轴与轴套之间配合间隙很小，如果润滑油润滑能力下降，就会造成涡轮增压器过早报废。同时需要按时清洁空气滤清器，防止灰尘等杂质进入高速旋转的压气叶轮，造成转速不稳或轴套和密封件加剧磨损。

◆5）注意检查

（1）要经常检查涡轮增压器的密封环，因为如果密封环损坏，废气就会通过密封环进入发动机润滑系统，使润滑油变脏，并使曲轴箱压力迅速升高，此外发动机低速运转时润滑油也会通过密封环从排气管排出或进入燃烧室燃烧，从而造成润滑油的过度消耗，产生俗称的“烧机油”情况。

（2）要经常检查有没有异响或者不正常的震动，润滑油管和接头有没有渗漏。

◆6）注意维护

增压器是一个精密部件，在维护中如需要分解，必须严格按说明书操作，尽可能熟悉其结构，不应乱拆。增压器的旋转零件都经过整体平衡试验，分解时应作上记号，以免装配时破坏其原有动平衡。

八、行车电脑ECU改装

行车电脑ECU（Electronic Control Unit）又称“电子控制单元”， 如图2-46所示。其功用是根据其内存的程序和数据对空气流量计及各种传感器输入的信息进行运算、处理、判断，然后输出指令，向喷油器提供一定宽度的电脉冲信号以控制喷油量。

1. 行车电脑的控制原理

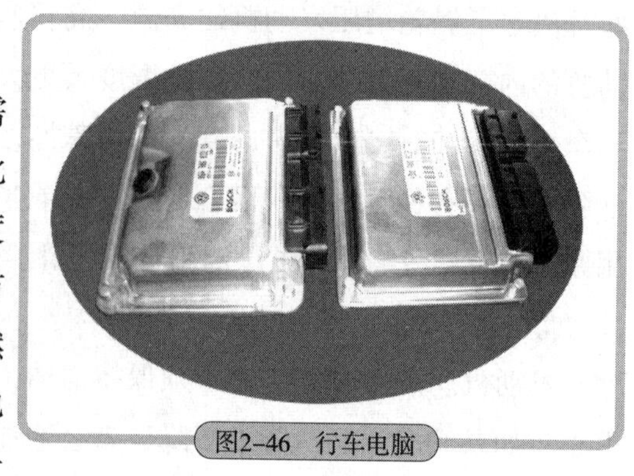

图2-46 行车电脑

发动机的动力是由燃料在汽缸内燃烧产生的，燃料燃烧需要一定比例的空气，即空燃比，汽车发动机的理论最佳空燃比值是1∶14.7，即1份燃料，14.7份空气。由于汽车的行驶速度并不是固定的，行驶速度越高，需要的功率越大，发动机的节气门便需开启更大的角度，吸进更多的空气来燃烧更多的燃料。在为了保持稳定的空燃比例，汽车的供油系统必须相应地修正燃料的供应量。此外，发动机在不同的转速，尤其是在一些特殊工况（如起动、急加速、急减速等）下，对混合气体浓度会有特别的要求。另一方面活塞的运动周期也会因发动机的转速而改变，因此汽车必须可以随着转速的高低来调节点火时间才可以发挥发动机的最大性能。能够在每个不同的时刻和工况下都控制最适量的空燃混合体进入发动机内并在最佳时机完全燃烧，是自汽车发明后工程师一直追求的最理想境界。但从前机械式的化油器和点火系统始终达不到这样全面而完美的效果，直至计算机化的ECU出现才把这种情形完全改观。

行车电脑是一个微型计算机，内有集成电路以及其他精密的电子组件，作用相当于一个“中枢神经”，里面储存了大量对应不同天气环境与发动机工况下理想的燃油供应值和点火正时值组合。“中枢神经”通过对来自众多传感器，如：进气管空气流量、进气温度、节气门的开启角度、曲轴位置等数据进行汇集、分析和计算，在千分之几秒内调节供油量来配合实时的环境和工况，再在形成理想比例的混合气进入汽缸后发出点火指令，保证汽缸内的燃料在最佳时机完全燃烧，减少了废气排放物和燃油消耗之余亦提高了燃烧效率，增强了发动机的功率和转矩。

2. 为什么要对行车电脑进行改装

行车电脑改装，简单地说，就是改变原车计算机内所设定的程序，以变更计算机对于发动机各部的管理与控制范围，达到动力提升的一种改装。

汽车厂家设计行车电脑时必须兼顾到耐用、经济以及环保等多方条件，所以原车行车电脑所设定的范围也都比较保守，当然也还存有一定的升级空间。而如果发动机经过进一步的改装，例如压缩比提升、涡轮升级、排气量扩大等，则ECU的升级便更加成为不可或缺的重要改装步骤。

另外，因为电脑的生产厂家的产品是供应给全世界的，也就是说他们的电脑要适应每个国家的汽油品质、温度、大气压力、路况等等，所以程序设计只能取决通用性，而针对性不强。由于现代的汽车要适应不同地区的多种天气、环境（如高原、沙漠、严寒和劣质汽油等恶劣条件）及不同类型驾驶者的不同要求，保证在多种复杂的情况下依然能够挥洒自如地行驶，并通过国家严格的尾气排放、油耗标准，因此在大部分的情形下，原装ECU内的程序是一个符合众多条件的取佳妥协。以空燃比为例，原厂编程员可能会把某些行车情况下（如在等速行车时）的空燃比值调得稀一点（即油少气多）来减低油耗，以便通过一些国家的油耗测试标准，在其他的时间里则可能设定在1：14.7，一个容易符合尾气标准的比例。

但对大部分的发动机来说，能发出最大动力的空燃比值却是在混合气较浓（即油多气少）的范围内。同样为了拓宽车子的燃油适应性（不同地区的不同标号的燃油），原厂设定的点火提前角一般都可适应较低标号的燃油（发动机在不同的点火提前角点火时输出功率是有差别的），因此ECU的点火提前角设定对个别地方的燃油标号可能是太保守。如果可以按当地的实际环境和个别车辆已作的改装（如改装了凸轮轴，需要重新设定发动机最高转速限制）来改写ECU程序，发动机将能更有效地发挥工作，提升车辆的动力表现。

3. 行车电脑改装的方法

行车电脑改装的方法主要有4种，针对不同的车型可采用不同的方法进行施工。

1）改写程序

改写程序是对原厂ECU的部分程序进行修改，它是一项低成本而高效的ECU改装，如图2-47所示。和其他改装部件不同，原装ECU的运算性能并不比改装用的差，相反在周全性和耐用性上是其他形式的ECU改装无法比拟的。此外由于不需更换硬件，降低成本之余更可降低安装上出问题的机会。

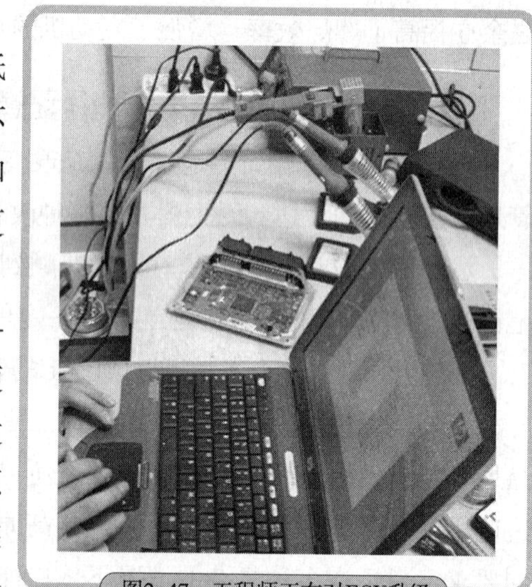

图2-47　工程师正在对ECU升级

近年新型号车的ECU都使用了可以多次重复读写的Flash-Rom（快闪记忆）芯片，在修改程序时不用更换空白芯片便可直接加载。最新的改装原装ECU程序的方式是，经销商通过车载自诊断系统（OBD）提供的接口直接与ECU连接，利用原装的数据记录功能把行车数据记录下来，然后电邮给程序改装商。程序改装商收到数据后便按车辆的实际情况来分析和修改，修改后再回传给经销商下载回ECU，是现时最方便的ECU改装方法。

编写与提升发动机动力有关的部分程序是非常专业的工作，原装ECU里的程序是个别厂家的自主程序，要改写的话先要破解保护程序的密码，还要学习专用的参数形式和应用程序。最重要的是，改写发动机的程序是非常复杂的工作，稍有不慎便会使发动机受到严重的伤害，因此大部分的程序改装商都不设供车主甚至是经销商自行调校的功能。

2）更换芯片

更换储存程序芯片是在20世纪90年代流行起来的ECU改装方式，现只适合用于老款车型的ECU上。由于老款的E-ROM芯片仅可写入程序一次，因此每次修改程序后都须用刻录机把程序刻入空白芯片来替换出原来的芯片。更换不同编程的芯片时，要把ECU的背板拆开（图2-48），拔掉原来的芯片再换上新的芯片，才完成整个改装工序。

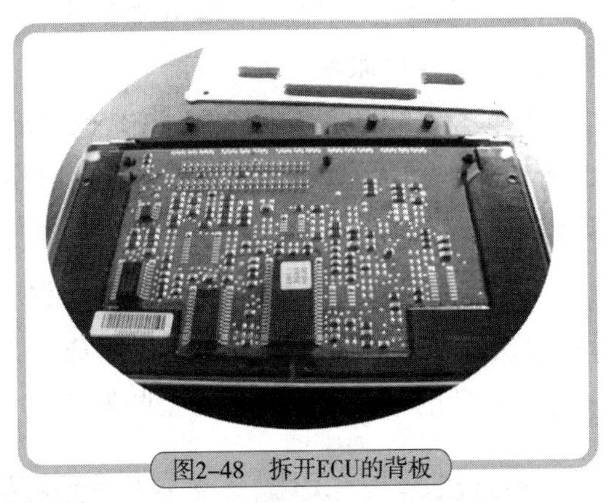

图2-48　拆开ECU的背板

3）外部挂接

外部挂接就是在原装ECU的外部挂接一部可调式电脑，与原装ECU一起使用，其控制机制是利用“截取”或“绕过”原装传感器至ECU间的线组，把传送去ECU的数据更改，欺骗ECU发出改变供油量和点火时间等指令。大部分外挂电脑会有一个按不同车型编写的程序随机附送，一般情形下已有不错的表现。此类型产品的最大卖点是它的可调性。不同品牌和级别的外挂电脑可提供不同的调校空间，例如有些高档型号允许大幅度改动供油和点火、Turbo发动机的增压值、凸轮轴行程可变及正时可变系统（如本田车系的VTEC系统）的开关时机和发动机的断油限制等。但有些基本型产品调校范围和功能就少得多。如果车辆的动力系统已经过大幅改装，重要的性能数据如压缩比，涡轮增压值等已大幅偏离原厂标准，调校得宜的外挂电脑可以把发动机改装后的潜能完全发挥出来。由于原装ECU的存在，只要安装正确，车辆的电子设备和发动机保护功能等都不会受到影响。但在使用这类计算机作调校时要非常小心，稍有不慎就会损坏发动机，建议调校工作交由专业人员处理。

4）更换ECU

更换ECU就是用新型功能强大的ECU替换原装的ECU，新型ECU可以完全独立运行和指挥发动机工作。更换ECU的好处是不受原装电脑的结构、调教范围和参数的限制，而且处处充满了照顾频繁的修改设定、调校数据，行车记录和加减附件等特别功能和弹性设计，提供了一个非常方便和灵活的平台给工程师发挥。由于大部分的替换式电脑都不是为对应某一款车型而设计的，因此整个发动机控制程序要由改装者自行编写。此外还要为新电脑配上专用的传感器和进行重整电脑线组和插口等复杂工序，是一项高难度和高成本的改装。

更换ECU特别适合用于重度改装的发动机。无论是把发动机由自然进气改为增压进气，加装额外的喷油嘴和特别的冷水注射器，或是把发动机换成另外一个型号、品牌甚至是另一种工作原理的，新型ECU都可以胜任。只不过在动手前必须确定负责改装的是位有真才实学资深的技术人员。

新型ECU内不会有原装的种种保护程序，任何错误设定都会令发动机受到严重破坏。此外由于原装ECU已不存在，一些车上原有的电子功能（如自我诊断故障和ABS、ESP等）亦会失去。因此更换ECU并不适合一般的民用改装车，只有非常专业的重度改装车或赛车才会使用。

4. 改装行车电脑车主疑虑问题解答

1）改装行车电脑有哪些好处?

行车电脑改装的好处：

（1）提升发动机动力，自然进气形式发动机可增加10%～15%的功率及转矩，TURBO车型可增加30%以上的功率及转矩；

（2）发动机转速的提升速度，是改装前的2～3倍以上；

（3）自动挡车型换挡时更平顺、动力衔接更顺畅，在急加速时亦会延迟换挡时间；

（4）可解决许多原厂ECU无法解决的问题，如怠速过低易熄火、爆燃、自动挡变速器换挡震动等。

2）行车电脑改装后油耗会增加吗?

行车电脑改装后油耗不但不会增加，还会节省5%～10%的燃油。其原因是：软件程序的升级改装，并不是以多喷射燃油来增加动力，而是将供油及点火的曲线重新搭配与调整，以达到增加动力的目的。另外，行车电脑改装后，发动机动力增强了，运转速度提高了，相对踩加速踏板的时间就缩短了，自然燃油消耗就降低了。个别车辆改装后出现油耗会增加主要是使用和维护上的问题，如高速飙车、火花塞性能不良、高压线漏电、节气门和空气滤清器不清洁等。

3）行车电脑改装后对发动机有伤害吗?

改装行车电脑只是提高了燃烧部分的精准度和加快ECU的运算速度，只要对汽车正确驾驶、合理维护，不会对发动机有任何的伤害，新车的磨合期均可安装。

4）改写ECU程序对原装ECU有伤害吗?

改写ECU程序，仅仅是在动力芯片上进行升级和调校，没有对ECU中任何的其他相关部件及芯片进行任何改动，所以不会对行车电脑ECU有任何伤害。

5）装升级ECU寿命如何?有质保吗?

汽车行车电脑的运算逻辑不像一般家用计算机，它只有0与1的选择，即只有不能使用与可用使用两种情况，只要不经外力破坏，用到汽车报废，改装升级的芯片依然可用。一般改装商可提供两年不限里程改装升级ECU的保修。

底盘改装

汽车底盘的作用是支承、安装汽车发动机及其各部件、总成，形成汽车的整体造型，并接受发动机的动力，使汽车产生运动，保证正常行驶，如图3-1所示。底盘部分的改装主要包括对传动系统、行驶系统、转向系统和制动系统的技术改装。底盘部分的改装对于汽车通过性、操纵稳定性、使用方便性、行驶的安全性都会有较大的提高。

图3-1　汽车底盘

一、制动系统改装

汽车制动系统由供能装置、控制装置、传动装置和制动器四部分组成。供能装置包括供给、调节制动所需能量以及改善传能介质状态的各种部件。控制装置包括产生制动动作和控制制动效果的各种部件。制动器包括将制动能量传输到制动器的各个部件。执行装置是产生阻碍车辆的运动或运动趋势的制动力的部件。制动器分为鼓式和盘式两种类型，鼓式制动器由制动鼓、制动蹄片和制动分泵等组成，盘式制动器又称为碟式制动器，由制动盘、制动钳和制动轮缸等组成，如图3-2所示。

制动系统是利用摩擦片与制动盘（鼓）以及轮胎与地面的摩擦，将车辆前进的动能转换成摩擦后的热能，使汽车停下来。制动系统的性能对于行驶的安全性是至关重要的。车辆从较高的车速采取制动，应能在很短的时间内静止下来。车辆从较高车速到静止的过程中，要把较高车速车辆的动能变为零，车辆的动能就需要转化为其他形式的能量。在制动系统中，车辆的动能会转化为制动系统内由于相互摩擦产生的热能和车轮与地面相互摩擦产生的热能及车轮由于摩擦导致磨损而消耗的能量。这部分的能量大部分是以热能的形式存在的。这部分的热能会导致制动系统的温度升高，甚至可达到200℃。制动系统在较高的温度下，会使制动效能大大降低（这种现象叫做制动系统的热衰退现象），甚至导致刹不住车。产生这种现象的主要原因是在较高的温度下，制动系统中相互摩擦的零件的表面因为导（散）热不够，温度过高，在相互摩擦的表面的摩擦系数大幅降低，表现为制动力快速下降。另外，由于制动系统温度过高，还会导致制动液温度过高。制动液会在高温下产生气体，制动管路中出现气体也会使制动效能大幅减低，甚至制动失效。

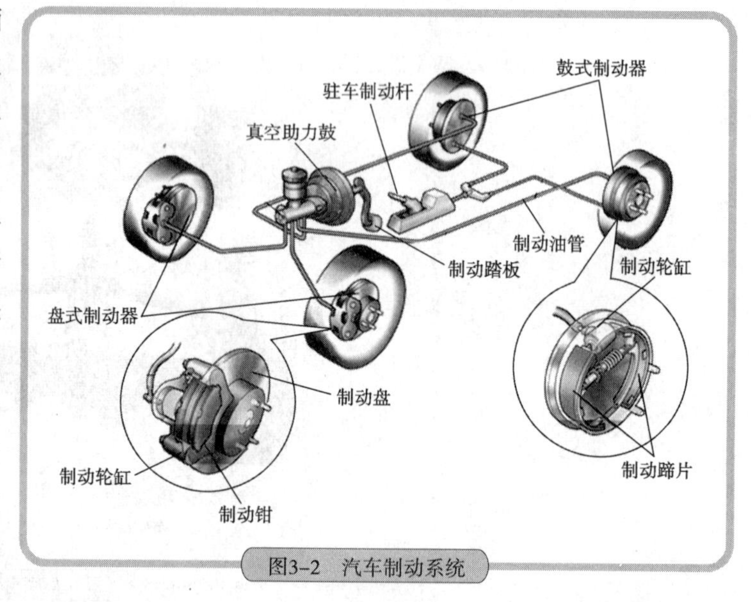

图3-2　汽车制动系统

为提高汽车制动系统内摩擦件的摩擦力，快速散热，保证制动系统在特殊情况下的制动效能，应对增加制动效能的零部件，包括制动蹄片、制动盘、制动油管、制动泵（钳）等进行改装。

1. 更换制动蹄片

制动蹄片的改装方法主要是将原厂的普通制动蹄片更换为高性能的制动蹄片。原厂的制动蹄片由于要照顾到成本、耐用、清洁和低温功效等要求，一般来说摩擦系数不会很高（大概在0.4以下），而且大多不能承受超过300℃的温度，因此在连续多次使用后便会发生效能衰退。

高性能的制动蹄片大多以碳纤维和金属材质为主要原料，并强调采用不含石棉的环保配方。制动蹄片的选择除了以厂商所提供的摩擦系数——温度曲线及适用工作温度作为依据外，仅能依靠专业媒体的测试报告或使用心得作为参考。不同材质制动蹄片的选择要考虑各种材质都会有各自不同的工作温度区域，对制动系统的要求越高往往对产品的正常工作温度就会设定得越高，但也要根据实际情况来定。在城市普通道路的开车方式让制动蹄片始终无法达到赛车制动块最基本的工作温度，很难达到应有的效果。

选择高性能制动蹄片时，要考虑到制动蹄片的摩擦系数和耐受温度。摩擦系数太高会使得慢速行驶时的制动变得太敏感，每次轻触制动踏板都会产生很大的制动力。此外制动盘也会因磨损增大而降低寿命。耐高温型号的制动蹄片在低温时的效果其实并不好，例如IDIC$_3$型制动蹄片，其工作温度从300℃开始。制动系统改装时，建议一般车迷可选购工作温度在0～500℃左右、摩擦系数值在0.4以上的制动蹄片，它能应付大部分路况的需要。

2. 更换制动盘

制动盘（图3–3所示）除提供制动力外，还有一个重要功能就是散热，如果制动盘耐高温能力太低，在激烈的操控中（制动频繁工作）所产生的高温会导致制动盘产生退火的现象，从而使得盘面变软并脆化，轻则产生制动盘的抖动，重则导致制动盘出现裂痕。为了提高制动盘的耐高温性能，可采取以下3个方案对制动盘进行改装。

图3–3 制动盘

（1）换用大尺寸制动盘。将原车直径较小的制动盘更换为直径较大的制动盘，制动盘的表面积随之增大，表面积越大产生的摩擦力就越大，随着力矩增加，产生的制动力也相应增大。更换大尺寸制动盘是最彻底也是最费用最高的改装方案，因为要更换更大的制动盘应需要更换更大内径的轮毂，随着轮毂的改变又要更换相应的轮胎，还需要更换制动总泵、分泵、分泵支架等整套系统，甚至需要将后轮的鼓式制动结构更换成盘式制动结构，并加装制动力分配单元来匹配前后制动力的分配。虽然这个方案最彻底，效果最好，但同时需要的资金和技术也最高。

（2）换用通风盘。通风盘靠自身旋转时产生的气流帮助制动系统降温，同时摩擦面上的旋转放射状坑纹有助于把在高温摩擦时产生的制动粉屑带走，避免制动产生的粉屑留在制动片和制动盘之间，造成打滑和制动盘的不正常磨损，降低摩擦系数。将原车实心制动盘更换成通风制动盘的方式有两种：一是换用加厚的通风盘，由于通风盘的厚度比实心盘厚大约4mm，所以换通风盘的同时还需要更换制动片支架。二是换用画线盘，这种盘是在原厚度通风盘的基础上开槽划线、钻孔挖坑。换用画线盘的好处是不必更换制动片支架，也提高了排水和排屑能力，有助于制动性能的提高。弱点是有品牌的通风盘比较贵，而且由于磨擦接触面因刻槽而减小，实接触部位会比普通通风盘磨损速度更快，随着磨损的增加，刻槽深度越来越浅，效果也越来越差，更换周期缩短。

（3）换用耐高温制动片。制动盘和制动片是大压力硬碰硬的摩擦，为了延长寿命，在机械设计中遇到这种情况都会让摩擦的两方“一个硬一些，一个软一些”，靠牺牲较软一方来提高总体的耐磨性，比如发动机的曲轴和轴瓦也是这个道理，靠牺牲轴瓦来延长曲轴乃至整体寿命。所以普通的制动盘都是铸铁制造，比制动片的强度大的多，而且耐热能力也强于制动片。换用热衰减温度更高的制动片，可提高频繁制动时的制动性能，达到即提高驾驶乐趣又提高驾驶安全性的目的。

值得注意的是：制动片的热衰减温度不是越高越好，热衰减温度过高，冷状态下的制动性能就越差，会产生刚启动时“没制动”的情况，甚至需要一边踩加速踏板一边踩制动踏板跑一会，让制动片温度提高才能产生较好的制动效果。

3. 更换制动钳

盘式制动器中的制动钳与制动盘配合产生制动力，如图3-4所示。为提高盘式制动器的制动效能，除了对制动盘进行改装外，还可以对制动钳进行改装。改装方案主要有：

（1）换用大尺寸制动钳。制动钳越大，配用制动盘的面积也越大，制动时摩擦的面积就会越大，制动的效能就会提高。

（2）换用多活塞制动钳。制动钳的活塞数有1个（单边动作）、2个（1对）、4个（2对）、6个（3对），如图3-5所示。活塞数量越多，施加在制动蹄片上的压力和产生的温度就越均匀，还可增加活塞的总面积。因为制动油的管道可承受的压强有限，加大活塞面积就能提高制动钳对制动盘的极限压力（压力=压强×面积）。但换用多活塞的制动钳后要达到相同的制动压力就可能需要更大的踏板行程，也就是说要踩得更深。改善的方法是更换制动主缸，甚至是配用双制动主缸来分别控制前后制动的分配，以达到最理想效果。但这样改装成本就会提高，一是越多活塞的制动钳价格越贵，二是改装制动主缸尤其是双制动主缸涉及的学问很多。

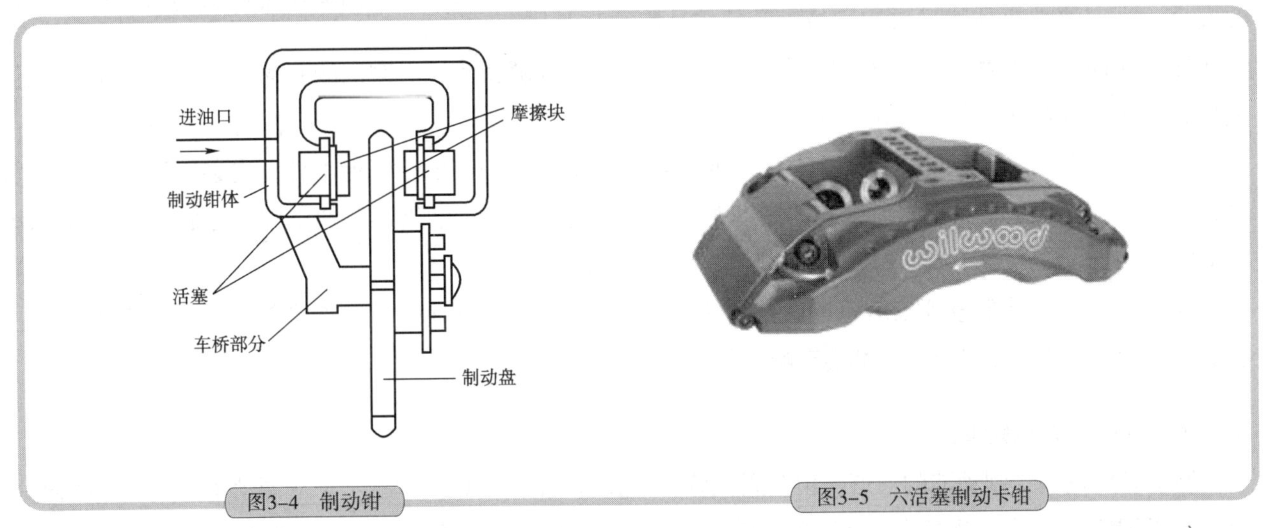

图3-4　制动钳

图3-5　六活塞制动卡钳

（3）换用薄壁宽型桥式制动钳。薄壁宽型桥式制动钳是一种对结构尺寸进行优化设计的制动钳，这种制动钳壁较薄，宽度较大，如图3-6所示。

薄壁宽式桥具有以下优点：

① 可使液压制动活塞有效半径增加，从而使制动力矩输出增加；

② 可使制动盘直径增加，从而使制动盘摩擦面积增加和散热面积增加；

③ 可使摩擦块面积增加，从而使摩擦块的寿命延长；

④ 可使制动钳壳体质量减轻，轻量化的制动钳减少了车辆非悬架质量，并改善车辆燃油经济性；

⑤ 制动踏板的操作感觉和制动器释放阻力等于或优于一般结构设计。

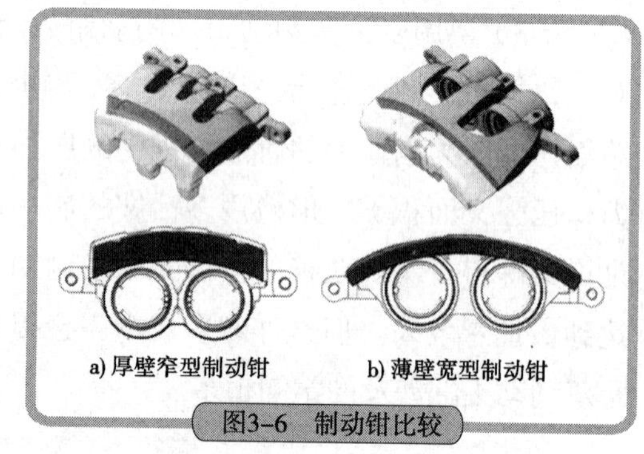

a) 厚壁窄型制动钳　b) 薄壁宽型制动钳

图3-6　制动钳比较

选购和安装制动钳时应注意以下3点：

① 注意产品质量。制动系统的所有零部件都关系到行车的安全，一定要选择品牌过硬的产品。产品的品牌往往是质量保证的前提，不要为了图便宜，使用不知名的品牌，或者翻新及原厂改制的制动钳，让自己和他人的生命处于危险的境地。

② 注意泄气孔。制动钳上都有泄气孔，换装时除了必须将内部的空气泄出外，也必须注意泄气孔的位置是否正确。如果是具有双泄气孔的制动钳，则必须先泄出靠近油管一侧的空气，之后再泄出另一侧的空气。

③ 盘钳间隙。当制动钳安装完成后，需注意制动盘外缘与制动钳里侧的弧形部位是否保持有2mm左右的距离，间距不足或者过大，都会影响到制动性能。

4. 强化制动管路

制动管路是输送制动液的通道，由金属铜管和橡胶管组成，如图3-7所示。从制动主缸到车底的部分通常是以铜管连接的，铜管的强度较高，变形较少，这部分一般不会出现问题。但为了配合轮胎与悬架伸展的活动空间，在制动轮缸的前部，会有一段软质的橡胶管。由于橡胶本身是有弹性的，承受制动系统的液压力会产生变形，造成管径的变化，降低了制动油液压的传递效果，使制动分泵无法产生稳定的制动力。这样的情况会随着使用年限及制动系统剧烈的操作而加剧变形的程度，而且橡胶用久了之后会有疲劳现象，原本应该传到制动分泵的压力会因为管路的弹性膨胀而损失，实际传到制动蹄片上的压力就会变小。

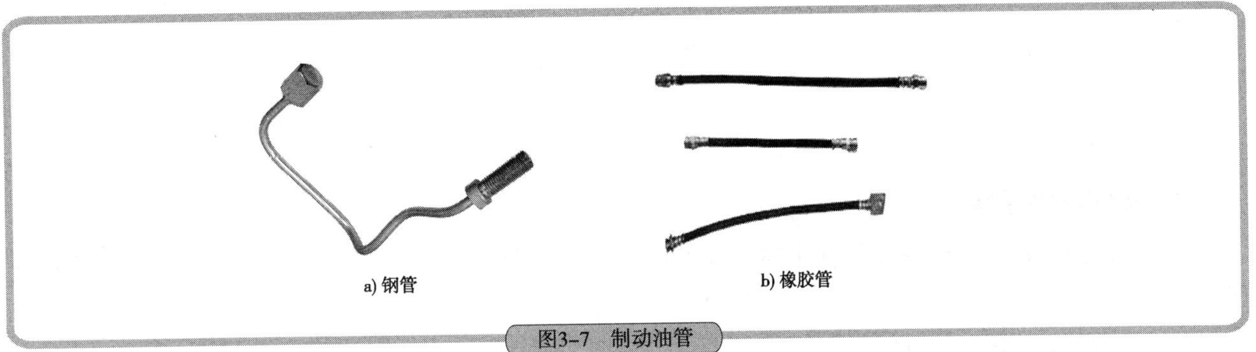

图3-7 制动油管

欲解决上述问题，可用能够承受高压、高温的金属油管代替橡胶软管。这里所说的金属油管并不是完全的金属，而是内为铁弗龙材质，外层包覆金属蛇皮管的管路。这种管路提供了优良的液压传递效果，使由制动总泵传来的液压能完全用来推动分泵的活塞，提供稳定的制动力。此外，金属材质也有不易破损的特性，可大幅减少油管破损造成制动失灵的几率。

5. 更换制动液

制动系统改装后，要相应提高制动液的等级。选用制动液主要应考虑沸点的高低。沸点越高的制动液，其等级也相应越高。以DOT3、DOT4、DOT5的规格而言，DOT3的干沸点为205℃，湿沸点为140℃；DOT4的干沸点为230℃，湿沸点为175℃；DOT5的干沸点为260℃，湿沸点为180℃。干沸点是指制动液还没有开封使用过时的沸点，此时耐温能力较高；由于制动液极易吸收空气中的水分，水分渗入制动液中，就成为低沸点的湿沸点工作状态了。

有些车种会限制所使用制动液的品牌，因为有些制动液会侵蚀橡皮制品，必须参考使用手册上的说明。更重要的是不要将不同的制动液混合使用。

制动液在使用中应定期对沸点进行测试，平均每4万公里就应该更换一次。若未达到这个里程，则每年都应该更换一次制动液，以确保其品质。制动液开封后保存时要将瓶口密封，以避免空气中的湿气接触到制动液。

二、轮胎升级改装

1. 轮胎升级理论

为了提高汽车的操控性能和驾驶乐趣，汽车必须具有良好的循迹性，从而提高转弯的速度、缩短制动距离、减少加速时的打滑现象。

1）影响汽车循迹性的因素

（1）下压力。汽车轮胎所承受的下压力来至于汽车自重、载荷及空气动力。其中空气动力产生的下压力对一般的道路用车来说并不需要很在意，但是对于比赛用车却是必须仔细考虑这个问题。空气下压力的好处是只会增加轮胎接地面积的垂直负荷却不会增加车重。由于车重不变轮胎不用负担额外的惯性和离心力，加上轮胎循迹性的提高，所以过弯速度得以提高，同时制动和加速时的循迹性也会获得提升。这也是赛车工程师对于尾翼、车身空力组件和地面效应持续不断的进行研究、发展与改进的原因。空力效应包含了车身下压力、车身扬升力和行进阻力，这3个力量是伴随发生的，而且所产生的力量和车速二次方成正比，也就是说速度提高为2倍时空力效应会增为4倍，这也说明了为什么空力效应只有在高速时才会变得明显。对一部针对比赛而生产的车辆来说，改善操控性的关键除了底盘悬架的改良调校以外，其次就是空力特性的改良。要改良车身的空力特性，最重要的就是要减少高速流动的空气对车身产生的上升力，因为上升力会减少轮胎的垂直荷重，破坏循迹性。目前的ITC、BTCC、JTCC等房车赛参赛车种车尾都有扰流尾翼的设计，最主要的作用就是在减少车身的上升力并产生一定的下压力。此外前扰流和车侧裙角也可减少进入车底的气流，减少车底气流对车尾产生的上升力。由于产生下压力和改变气流的同时都会伴随着产生行车阻力，所以改善车身空力特性的另一个重要课题就是要在伴随发生的压力、升力、阻力3种力量间进行协调、均衡与折中。

（2）胎压。任何一种轮胎都有一定的充气标准，也就是胎压的合理范围，如超出这个范围，轮胎的接地面就会变形，以致无法完全紧贴路面，从而影响到循迹性。当胎压太高时，会造成轮胎边缘两侧

无法完全贴地，接地面积自然跟着变小，接地面较小的情况下却有同样的负荷，当然性能表现要打折扣了。当胎压不足时，表面上看来轮胎接地面积似乎并没有减少，甚至有人认为是增加了，实际上虽然轮胎两侧依然紧密的贴地，但由于胎压的不足使得胎面中间的橡胶分子无法紧贴路面，造成的结果就和胎压过高一样。这也可说明为什么有人的轮胎使用了一段时间以后，出现中间或两侧磨耗比较严重的情况，就是由于长期胎压过高或不足所造成的。

（3）扁平率。轮胎胎壁高度与轮胎宽度的比例称之为扁平率。扁平率对循迹性的直接影响并不大，但是对轮胎的滑移角有影响。扁平率较低的轮胎在相同的负荷情况下会有较小的滑移角。在轮胎宽度不改变的情况下，只改变前两轮或后两轮的扁平率，就会因为前后轮滑移角的不同使操控的平衡产生变化。

（4）轮辋尺寸。轮辋直径的大小和轮胎的循迹性并无直接的关系，但是如果配合轮胎扁平率的降低而加大轮辋的直径却可增加轮胎的接地面积，同时也影响了行驶舒适性和轮胎的转向反应。轮胎制造商都会为每一条轮胎设定一个适用轮辋宽度的范围，超出了这个范围将会对行车安全造成很大的威胁。轮辋的宽度会对轮胎接地面的轮廓有直接的影响，如果轮辋太窄，轮胎就会变得鼓鼓的，会减少轮胎边缘的抓地性。反之如果轮辋太宽，则轮胎中间部分的抓地性就会减低。从实际的测试结果得知，采用轮胎公司所建议的宽度上限的轮辋，可让轮胎的性能得到充分的发挥。

（5）轮胎的材质。产生轮胎的材料主要是橡胶，它对轮胎的循迹性有着决定性的影响。胶质软的摩擦系数就高，橡胶分子对地面也有更佳的附着力，整体的循迹性将会提升。但这只有在轮胎还没有过热时才成立，因为不同的轮胎都有不同的工作温度范围和最佳的工作温度。软质的轮胎虽有较佳的循迹性，但磨耗也比较快，因此在赛车场上轮胎材质的选用不仅要考虑抓地力还要考虑轮胎的过热临界点，更要考虑磨耗。材质的选择必须考虑轮胎的荷重、工作温度以及磨耗。对一般道路用胎来说，通常会选用较硬的材质，一方面是为了高速公路上的需要，另一方面是为了轮胎寿命的考虑。

2）增加轮胎循迹性的方法

轮胎是汽车与路面接触的唯一装置，可通过以下3种方法增加轮胎的循迹性（抓地力）。

（1）增加轮胎与地面的摩擦力。增加轮胎与地面的摩擦力应从以下2个方面入手：

① 增加路面的摩擦系数。摩擦系数是路面所能提供的对轮胎的抓附能力，摩擦系数越大抓附力越大。柏油路面、水泥路面、砂石路面各有不同的摩擦系数，所能提供对轮胎的抓附力也各有不同。

② 增加轮胎本身的摩擦系数。选择较软的轮胎是达成这个目的的主要途径，较软的轮胎可提供较强的抓地力，但是相对的磨耗也较快。这里所谓“软的轮胎”指的是轮胎胎面的橡胶材质较软，这和高扁平率轮胎和胎压不足所造成行路性较软是完全不同的。

（2）增加轮胎接地面积。增加轮胎和路面接触的面积有以下3种方法：

① 换用较宽的轮胎。这是增加轮胎与地面接触面积最简单、最有效的方法。

② 选用胎纹较少的轮胎。如此可增加轮胎与地面实际的接触面积，但是也会影响其在湿滑路面的抓地表现。

③ 胎压及悬架的精确调校。在既定的接地面积下，经由正确的轮胎胎压及悬架的精确调校可把轮胎的潜力完全发挥。即使是行驶在平坦的直路上轮胎的接地面积都会小于静止时的，行经不平路面或是过弯时更会因为上下的跳动或是侧向的受力，而造成接地面积的大幅减少，甚至悬空。悬架改良最终的目的就是随时使轮胎尽可能的保持与地面接触，尤其是在过弯或是行经不平路面时。

（3）增加轮胎的垂直荷重。轮胎的垂直荷重是车辆本身施予轮胎的重量加上空气动力学效应所产生的下压力的总和。轮胎的表面会因为垂直荷重的增加而与地面更紧密的接触，轮胎的抓地性能也得以更充分的发挥。有别于大家所认知的，增加轮胎的垂直荷重并不会增加轮胎的接地面积，至少现代的高性能轮胎和赛车用轮胎几乎都是如此，增加垂直荷重所提高的是轮胎接地面积内每一单位面积橡胶分子和地面的附着力。在接地面积不变的情况下，轮胎循迹性的增加是由于对橡胶分子所施的压力增加。例如，在一个光滑平面上移动橡皮擦，在橡皮擦上方没有施加压力的情况下可以很轻易的自由移动橡皮擦；当用力压着橡皮擦时，要移动它就变得比较不容易，压的力量越大橡皮所产生的附着力就越强，也就是循迹性越好。轮胎的垂直荷重可由增加车重来达成，虽然这可增加轮胎的循迹性，但是由于轮胎承受的来自车重的负荷也增加，所以过弯速度、制动距离、加速表现都不会有所改善。事实上整体的性能表现反而会因为车重的增加而变坏。要在不破坏整体性能表现的情况下提高轮胎的垂直荷重，唯一的途径就是由车身空气动力学的设计来达成。

2. 为什么要对轮胎进行升级

依照汽车制造商的要求，轮胎尺寸是不能更换的。因为原车轮胎规格是综合性能的最佳选择。但是一方面，有些车主不满足于仅仅把车辆当成代步工具，他们希望在驾驶中体验操控乐趣，把车辆当成自己个性的延伸，主观上希望轮胎升级。另一方面，汽车制造商在选择原配轮胎时，会综合车辆的经济性，安全性及其他指标，但除非是生产高性能车辆，一般汽车制造商通常以成本为最优先考虑因素之一。因此，原厂所配的轮胎无论在外观还是在操控性能上往往不能满足消费者的需求，客观上需要对轮胎进行升级。

轮胎升级主要有以下5点好处：

（1）轮胎升级可增强操控稳定性。在外径相同的情况下，轮胎胎壁变薄，刚性提高。胎面加宽，接地面积增加，行驶更加稳定。转向盘路感增加，抓地力增加，加强了对路面的全面掌操感，提高了中高速的操控稳定性。

（2）轮胎升级可增加转弯能力。轮胎胎壁刚性提高，转弯支持力增加，因此过弯时轮胎的变形度将会变小，车辆的循迹性会因此提升，在出现紧急情况时的应变上也更显宽裕。

（3）轮胎升级可提高加速及制动效率。轮胎胎壁刚性得到提高，加速和制动时轮胎的变形小，可以更快地传送驱动力及制动力。同时由于胶料的不同，高性能轮胎有更好地抓地力，制动距离及加速时间因而缩短，提供更快反应的驾驶体验。

（4）轮胎升级可提升汽车安全性能。有了优异的操控稳定性和过弯能力，制动加速反应更加灵敏，轮胎升级让车主有更高的安全保障；同时选用铝合金轮辋，散热性能增强，可以让轮胎在长时间高速行驶后保持相当温度，降低爆胎几率。

（5）轮胎升级可使汽车外观更动感和时尚。低扁平比的轮胎和式样新颖、颜色各异的铝合金轮辋会使爱车看起来极富激情、动感十足、彰显个性。

轮胎升级在具有上述好处的同时也存在以下弊端：

（1）油耗增加。由于轮胎升级增加了接地面积，因此会略微增加油耗，但更好的胎壁刚性会降低轮胎变形造成的能量损失。

（2）噪声增加。升级后的轮胎一般有比较大的胎面花纹并加宽了胎面，这样会增加一些噪声。如果选择米其林、固特异及邓禄普等高性能品牌轮胎，会有助于改善轮胎的噪声。

（3）舒适性降低。由于胎壁刚性增加，会降低乘坐的舒适性。但改装就是为了给转向盘更加敏锐的反馈，因此如果非常在意舒适性，建议不要升级轮胎。

3. 轮胎升级的方式

轮胎升级主要有品质升级和规格升级两种。

◆1）品质升级

使用与原厂配套轮胎相同规格的轮胎，但是换用等级更高的，例如使用速度级别更高的，或者使用帘布层级更高的轮胎。通过品质的升级，可以获得更美观的胎面花纹，更好的排水性能，更小的滚动噪声，或更好的行驶稳定性等。

◆2）规格升级

轮胎的规格以外胎外径D、胎圈内径或轮辋直径d、断面宽B及扁平比（轮胎断面高H/轮胎断面宽B）等尺寸加以表示，如图3-8所示。轮胎规格升级主要是在车身底盘结构允许的范围内换用断面加宽的轮胎，其目的除了提高轮胎的行驶稳定性之外，也能使换胎后的车辆外观更加时尚，而且轮胎通常在进行规格升级的同时，也完成了品质的升级。轮胎规格的升级一般要伴随着轮辋的升级。

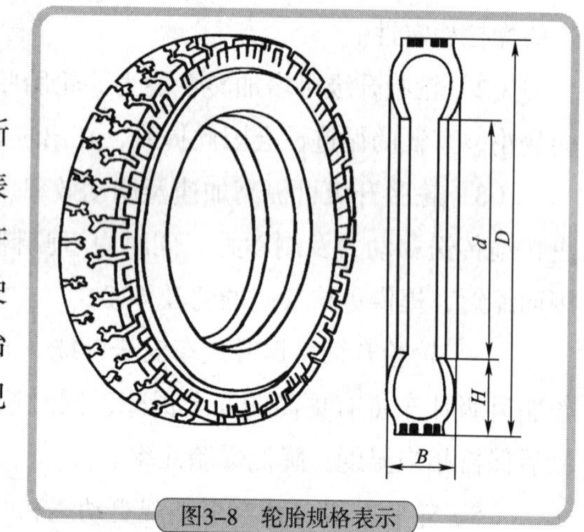

图3-8　轮胎规格表示

4. 轮胎升级的基本原则

◆1）轮胎直径基本不变

在进行轮胎升级时，无论是品质升级，还是规格升级，都要以不改变或者尽量减少改变轮胎直径为前提，原则是升级后的轮胎直径与原车轮胎直径的差比必须控制在3%（应不大于20mm）以内。

如轮胎直径改变过大会带来以下危害：

（1）车速表显示失真。车速表显示的车速是通过车轮转速和车轮直径的大小运算而来的，当轮胎的外直径变化时，车速表显示的车速也就不是真实的车速了。特别是当轮胎外直径增大时，实际的车速就比车速表显示得要快，在这种情况下，驾驶人就要注意对车速的控制了。

（2）制动防抱死系统（ABS）失准。ABS的工作原理就是通过测量四个车轮的转速，经电脑系统进行对比，从而判断四个车轮的行驶状态，然后再通过制动系统进行控制。所以，如果改装后前后轴轮胎的直径比发生变化时，ABS就会失准。

（3）汽车操控失常。直径增加得过多，在发动机传递到驱动轴的转矩不变时，会导致起步和加速无力，还会与轮罩及转向系统发生运动干涉，驾驶时感觉较硬，舒适度会下降。

在轮胎升级时，应通过精确的计算，保证轮胎直径基本不变。下面举例说明：

以规格为185/60R14的轮胎为例。轮辋直径为14in（355.6mm）。胎侧高度为185×0.6=111mm。因为轮辋上下各有一个胎侧高度，所以胎侧总高度为111×2=222mm。轮胎直径为355.6+222＝577.6mm。

如果想更换成规格为195/50R15的轮胎，则有如下一些参数。

轮辋直径为15in（381mm）。胎侧高度为195×0.5＝97.5mm。因为轮辋上下各有一个胎侧高度，所以胎侧总高度为97.5×2=195mm。轮胎直径为381+195＝576mm。

规格为185/60R14的轮胎与规格为195/50R15的轮胎相比，直径差为577.6–576=1.6mm，直径差比为1.6/577.6＝0.27%，在3%的允许范围之内，因此可以使用。

如果只想加宽胎面，但是不想改变轮胎的高宽比，也就是选用规格为195/60R14的轮胎，则有以下参数。

轮辋直径为14in（355.6mm）。胎侧高度为195×0.6=117mm。因为轮辋上下各有一个胎侧高度，所以胎侧总高度为117×2=234mm。轮胎直径为355.6+234＝589.6mm。

规格为185/60R14的轮胎与规格为195/60R14的轮胎相比，直径差为589.6–577.6=12mm，直径差比为12/589.6=2%，在3%的允许范围之内，但已经接近极限值。轮胎的直径改变会较大，在升级轮胎后一定要检查轮胎是否会和车轮内衬发生摩擦或碰撞，需要将减振器的缓冲因素考虑在内。

从上面的计算可以看出，轮胎的升级一般应遵循不改变或只改变很小车轮外径的原则。例如一汽-大众捷达前卫原厂轮胎规格为185/60R14，可以换装规格为195/50R15的轮胎；广州本田雅阁轿车和上海大众帕萨特轿车原厂都装备规格为195/65R15的轮胎，可以换装规格为205/55R16的轮胎。

2）充分考虑行驶状况

如果是日常代步或是经常长距离地行驶，那么轮胎的舒适性、静音状况是必须要考虑的重点。这类型轮胎的扁平率不会太低（起码在0.55以上），花纹比较细碎（对称型或者非单导向胎纹为主）且胎壁较为柔软。

开快车，经常高速过弯、急起步、紧急制动，那么轮胎性能更为重要，这时就必须牺牲一些行车舒适性与轮胎的耐磨度（以单导向胎纹为主）。当然，高性能车胎价格也会比较高。

若是经常在潮湿多雨地区行驶，轮胎的排水性就将会显得尤其重要。出于安全的考虑，建议选一组雨胎或者湿地胎。

若是经常在常年积雪的地区行驶，最好选择抗冰雪性的轮胎，以增加接触面积或提高抓地性。

改装轮胎时还应留意其他标注。若轮胎标注有MSlS或M-t-S，表示适用于泥地和雪地（Mud&Snow），通常在冬天下雪的地方使用。TUBELESS表示无内胎（俗话叫真空胎），TREADWEAR则是表示磨损寿命，数值越大表示轮胎越耐磨。

3）同一辆车轮胎尽量不要混用

同一辆车轮胎升级应同时进行，并且所有轮胎应该是相同尺寸、同类花纹、相同速度极限、磨损程度相近的。

特别情况下需要混用时，要遵守以下原则：

（1）在同一条轮轴两侧一定要装相同型号、磨损程度相近的轮胎；

（2）不要选用速度极限和载重指标低于原车标配的轮胎，所有轮胎的速度极限必须相同；

（3）如果子午线轮胎和其他轮胎混用，子午线轮胎装在后轴；

（4）如果不同宽度的轮胎混用，较宽的轮胎装在后轴；

（5）高性能跑车如果换装MalS的轮胎，则一定要4条轮胎同时换。

5. 轮胎的选用

1）轮胎品牌选择

2006年度全球轮胎30强排行榜如表3-1所示。其中世界十大轮胎品牌为米其林、普利斯通、固异特、大陆、住友橡胶、倍耐力、横滨橡胶、库珀、锦湖和东洋。现将4款知名的改装用轮胎介绍如下：

2006年度全球轮胎30强排行榜　表3-1

序号	品　牌	产地	序号	品　牌	产地
1	普利司通	日本	16	诺基亚轮胎	芬兰
2	米其林	法国	17	Sibur-Russkie Shiny	俄罗斯
3	固特异	美国	18	阿波罗轮胎	印度
4	大陆	德国	19	上海轮胎橡胶	中国
5	倍耐力	意大利	20	山东玲珑橡胶	中国
6	住友橡胶	日本	21	Amtel集团	俄罗斯
7	横滨橡胶	日本	22	J.K工业	印度
8	韩国（泰）轮胎	韩国	23	杭州中策橡胶	中国
9	库珀轮胎橡胶	美国	24	山东成山	中国
10	锦湖	韩国	25	下世纪	韩国
11	东洋轮胎橡胶	日本	26	西亚特轮胎	印度
12	正新橡胶工业	中国台湾	27	Nizhnekamskshina	俄罗斯
13	佳通轮胎	新加坡	28	风神轮胎	中国
14	三角集团	中国	29	BRISA普利司通-萨巴奇轮胎	土耳其
15	MRF	印度	30	P.T.Gajah Tunggal	印度尼西亚

（1）米其林Pilot。米其林集团自1889年发明首条自行车可拆卸轮胎与1895年发明首条轿车用充气轮胎以来，在轮胎科技与制造方面发明不断。米其林轮胎（图3-9）拥有最为出色的抑噪功能，给驾驶带来安静、舒适及更好的操控性。目前米其林全系列轮胎全部采用进口，因此售价很高，价格范围大致在800～5000元，目前已经成为保时捷、法拉利及宝马等多个品牌运动车型的配置。

为防止假冒的米其林轮胎，消费者在选购时要注意识别产品标志，如图3-10所示。合法渠道进口的米其林品牌轮胎的标志：

① 胎面粘有完好的（未经涂改和破坏）有关产品使用说明的中文标签；

② 轮胎胎圈处粘有条形码；

③ 轮胎胎侧有CCC模压标志。

a) 轮胎胎面粘有完好的（未经涂改和破坏）中文标签

b) 轮胎胎圈处粘有条形码 c) 轮胎胎侧的ccc模压标志

图3-9 米其林轮胎

图3-10 米其林轮胎防伪标志

（2）固特异Eagle Fl。固特异的Eagle F1轮胎（图3-11）拥有与众不同的外表，独有的V形单导向大花纹及狭长的沟槽确保了Eaglen在干、湿路面都有良好的表现。一体化胎面设计可以消除胎面下残存的空气，降低了行驶中的轮胎噪声，牢固的胎肩保证了轮胎的使用寿命。即使在极为潮湿的路面上，极端V形花纹设计也能保证将水分排出胎体，保证了驾乘安全。

（3）倍耐力P7。倍耐力P7（图3-12）专门为高速运动型轿车设计。其特点：

① 结合圆形曲线的侧向沟槽给与接触瞬间迅速排水的能力；

② 宽大的内侧胎块大幅提升制动及行驶时的舒适感；

③ 不对称的胎面花纹设计，美观精致；

④ 胎面接地面压力分布均匀，行驶阻力低，磨损均匀，这样使驾驶更顺畅，安全性能更好；

⑤ 坚固的外侧胎块及紧密的胎肩足以吸收侧向压力，强化转弯时的抓地力。

图3-11　固特异Eagle F1轮胎

图3-12　倍耐力P7轮胎

（4）普利司通Potenza RE750。普利司通Potenza RE750（图3-13）运用了UNI—T智能技术对轮胎的胎侧、胎体以及胎冠进行了改进。采用了可以提高在干路上行驶时牵引力的胎冠材料，而且胎面花纹也提高了驾驶者在湿地行驶时的方向控制感。交替连接的胎肩结构和胎面中央环绕圆心的加强筋保证了磨损均匀，而且可以有效地降低了由于不规则的轮胎花纹和路面摩擦产生的噪声。

图3-13　普利司通Potenza RE750轮胎

2）轮胎花纹选用

汽车轮胎花纹的作用是传递牵引力和制动力，使轮胎具有一定的对路面的附着性能，防止车轮空转和打滑，所以是行车安全的重要保证。对轮胎花纹的要求是：有较优的耐磨性能并且磨损均匀，有一定的防滑和附着性能，花纹胶块要耐刺扎、耐崩花掉块，花纹底部要耐屈挠龟裂，滚动阻力小、生热少、散热快，操作稳定性好。这些要求，有些是互相矛盾的不能同时满足，应根据实际使用条件有所侧重地选用。

（1）根据轮胎花纹形式选用。汽车轮胎常见的花纹形式有横向花纹、纵向花纹和混合花纹三类。横向花纹由于接触地面面积大，胎冠较平坦，所以耐磨耐刺扎，花纹自洁性好，纵向抓着力和防纵滑好，但散热差、噪声大。它适合中慢速行车，适用于一般和较差的路面。纵向花纹滚动阻力小，所以节油、散热快、噪声低，操作稳定性和防侧滑性好，但不耐磨不耐扎，适合高速行驶，适用于高速公路。目前国内的车辆大部分穿梭于城乡之间，辗转在国道和地方公路上，车速也时快时慢，这时应选用纵横交织形式的混合花纹。混合花纹冠部两道曲折纹槽中，一半是横向花纹的延伸，一半是斜向窄浅的连条，纵横连接贯通，可以加快雨天排水量，避免因排水不畅使胎面形成水膜而滑移。

（2）根据轮胎花纹深度选用。轮胎的用途不同，选用花纹深度也应不同。山区和粗糙路面，胎面磨损快，选用较深花纹；路面条件好，行车速度快，为了降低轮胎生热，提高散热速度以及减少滚动阻力，选用浅花纹；为保证轮胎在坏路面通过的性能，选用混合花纹时，最好选用深花纹；要求轮胎有较高的牵引性能时，选用特别加深的花纹。

轮胎花纹的深度可以根据轮胎每行驶1000km的磨耗量来估算，即轮胎每行驶1000km，斜交胎磨耗量为0.15～0.40mm，子午线胎磨损量为0.10～0.20mm。

轮胎在使用中，花纹将逐渐磨浅，车辆行驶时就容易打滑和增大制动距离。从安全角度考虑，花纹一定要保持有效的深度，即3～5mm，磨损不能超过极限，到了极限，应翻新后再使用。

6. 轮胎升级注意事项

轮胎的升级应该根据车辆的使用条件和用途而定，好的升级方案会使车辆的行驶性能得到很大的提高，而错误的升级甚至会影响到行车安全。

（1）明确升级目的。通过升级轮胎是要达到提高轮胎品质，还是提高外观的时尚性，这是选择轮胎升级方式的决定因素。

（2）考虑轮胎用途。如果这辆车每天都要使用，那么轮胎的耐磨性可能是最应该考虑的问题。运动型宽胎有很好的地面附着力，但磨损也很快，同时为了追求速度，胎面花纹也会尽量减少，因此轮胎在湿地上的表现不会很理想。

（3）减小负面影响。轮胎升级可以满足车主的个性需要，但也可能带来一些问题。如胎面宽度大的轮胎固然能够提高车辆的行驶稳定性，但并不是轮胎越宽就越好。宽胎与地面之间的摩擦力更大，随之而来的是油耗上升的问题，而且在胎面变宽之后，转向时沉重感会增加。轮胎的高宽比降低以后，轮胎的胎侧就会变薄，舒适性就会有一定的损失，而且这样的轮胎制造难度大，售价也会增加。因此适当的轮胎升级应该是在各项性能都得到提升的同时，将轮胎升级带来的一些负面作用降到最低。

（4）防止转向干涉。增加轮胎宽度不能对转向产生影响，轮胎升级后应进行仔细检查。检查方法是：将转向盘向左右两边打到头，看轮胎内侧和车身之间是否有足够的间隙。如间隙过小，需要改用偏距值（指车轮螺栓安装面到轮辋的中心线的距离）较小的车轮来增加轮距。

（5）减小尺寸误差。新轮胎的直径和原配轮胎的尺寸误差应尽可能小，否则要影响到牵引力、最高车速、速度表和里程表的显示。配备行车电脑的车型，如果改装的轮胎尺寸有偏差，则电脑显示的平均油耗、瞬时油耗、总里程、当前里程等都不准了，必须在行车电脑中加以修正。而且轮胎直径增加后，车轮在跳动中也可能与车身产生干涉。

三、轮辋与轮盖改装

1. 轮辋改装

轮辋又叫轮圈，是车轮周边安装轮胎的部件，如图3-14所示。轮胎升级并不只是升级轮胎，轮辋也要随之升级，轮辋的升级要考虑到美观、散热和轻量化。

1）轮辋的结构

轮辋主要由轮辐和轮框构成，如图3-15所示。根据轮辐和轮框的连接方式不同，轮辋分为一体式和分开式两种结构形式。一体式轮辋是将轮辐和轮框制造成一体；分开式轮辋是轮辐和轮框分开制造，再用螺丝固定。目前用于改装的轮辋多数都分开式，它的出现其实是由于20世纪70年代以前落后的制造工艺所致，其好处是一方面制造容易，因为轮框可用钢片卷成；另一方面方便维修和多型号互换，比如同一型号的轮辐可配宽窄不同的外框，令生产成本进一步降低。到了现在，分开式轮辋因为零件数多，生产工序多，而且外表看起来有精密、高贵的感觉，所以价格比一件式的轮辋还要贵得多，但分开式轮辋通常更重，而且刚度比不上锻造的一体式轮辋，选择哪种轮辋就要看个人的喜好和综合因素了。

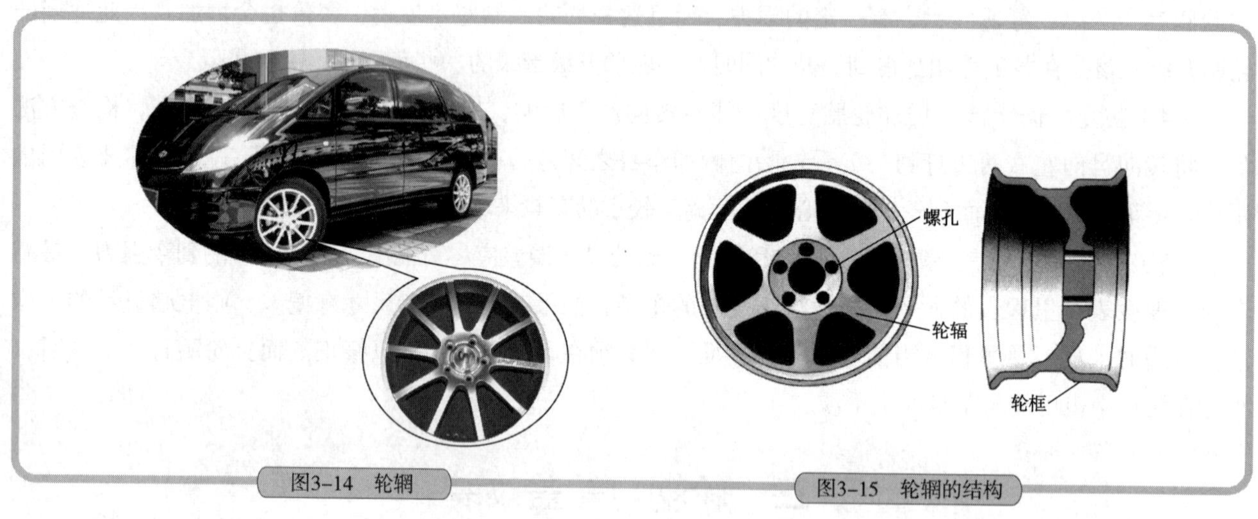

图3-14 轮辋

图3-15 轮辋的结构

◆ 2）轮辋的种类

（1）按制造材料不同轮辋分为铸铁轮辋、钢制轮辋和铝合金轮辋三种。

① 铸铁轮辋。一般用于中型载货汽车，其特点是造价低廉，但散热性不好。

② 钢制轮辋。一般用于大型载货汽车和普通轿车，相对铸铁轮辋其特点是散热性较好，但造价相应的要高出不少。

③ 铝制轮辋。一般用于高、中级轿车。

与铸铁轮辋和钢制轮辋相比铝制轮辋具有以下特点：

① 造型美观。铝合金轮辋外表是经抗腐蚀处理再静电粉体涂装，让人感到有一种美观、精致和豪华的感觉。

② 散热性好。在高速行驶时，轮胎与地面摩擦会产生较高的温度，制动毂和制动片摩擦会产生很高

的温度，在高温作用下，轮胎和制动片均会老化和加速磨损，制动效率下降，轮胎气压升高，爆胎和制动失灵的事故就有可能发生。铝合金的传热系数比钢材大3倍，可将轮胎和制动毂上产生的热量迅速传导到空气中去，避免了车轮在高速运转下产生的种种弊病。

③ 质量轻。铝材比重比铸铁和钢材都小，平均每只铝合金轮辋比钢质车圈要轻2kg左右，一辆轿车以5只车轮（包括一只后备车轮）计算可减轻质量10kg。减轻质量也就是节省燃料，对于千方百计追求轿车轻量化的汽车设计师来讲，使用铝合金轮辋是实现目标的一种手段。

④ 舒适性好。铝合金轮辋是精密的铸造件，精加工表面达到80%~90%，失圆度和不平衡重很小，特别是铝合金的弹性模数较小，抗振性好，能减少行驶中的车身振动，提高了整车的舒适性。

（2）按制造方式不同轮辋分为铸造和锻造两大类。

① 铸造。又分为重力铸造和低压铸造两种。重力铸造是把液态的合金倒进铸模里冷却成型。由于制造过程简单，铸模耐用，成为成本最低的制造方式。低压制造是用不大的压力把液态合金压进铸模里，令分子的分布平均，且砂孔少，造型可以更复杂和精致。

② 锻造。锻造的轮辋是利用几千吨的压力把一块合金压成轮辋的外形，生产成本比起铸造的要高。因为高压的缘故，合金分子之间的间隙缩小，相互作用力大，所以整个轮辋只需较少的材料就能达到足够的刚度，整体质量就更轻。

铸造和锻造的轮辋在性能上各有优胜之处。锻造的轮辋虽然刚度大，却有脆的缺点，在受到猛烈的撞击后容易完全断开，而铸造的轮辋受到撞击后会弯曲，不易断裂。如果在高速公路上碰到一块砖头的话，弯曲车轮的可控性相对大一点，可以让车比较安全地停下。由于欧洲人更注重安全性，因此欧洲车更多采用铸造轮辋。又因铸造轮辋刚度较小，欧洲普遍采用“热处理”工艺对轮辋进行加强，即把铸造出来的轮辋加热和快速冷却，反复几次，让轮辋变得刚度更强而且富有弹性。

（3）按轮辐类型不同分为多爪式、辐射线式和包覆式三种，如图3-16所示。

① 多爪式。采用传统的细条5爪或6爪型的设计，属于经典的耐看式样，这种设计对于制动系统的散热效率就很有帮助。至于一些3爪或4爪式样的轮辋，虽然更能够帮助散热，但是由于支撑条辐太少，加上国内的路况较差，其抗扭曲，耐撞击的能力和强度令人堪忧。

② 辐射线式。采用多辐式，甚至是类似树枝形状的造型设计，感觉很有运动气息，其平衡对称的镂空间隔，对散热很有帮助。

③ 包覆式。采用多个大面积的轮辐，具有豪华高档的感觉，不过对于散热功能来说却毫无作用，有些反而会因为造型的关系产生聚热的效果。

图3-16　按轮辐类型不同分类

3）轮辋升级注意事项

轮辋升级通常是用性能较好的铝合金轮辋取代重量大、散热效果差的钢质轮辋。

选择和安装铝合金轮辋时应注意以下9点：

（1）注意制造方式。如车主非常注重汽车的高速性能，那么可选用锻造的轮辋；如汽车更大程度上是一部运输工具，那么选铸造轮辋就比较适合。大部分品牌轮辋都有铸造和锻造的产品，有些轮辋上用forge、cast、heat treat之类的字眼注明生产工艺。若没有标注，那么就在店内多拿几款相同尺寸的轮辋，用手摸来进行感觉。

（2）注意产品性能。有相当多的车主在选择轮辋时是出于美观的目的，造型新颖的铝合金轮辋往往是他们的首选。除了美观的因素，轮辋的升级也要考虑到散热和轻量化。铝合金或镁合金制成的轮辋质量较小，散热效果比钢质的轮辋好，有些轮辋在设计造型时就已经考虑到了散热的目的。

（3）注意轮辋尺寸。在进口轮辋改装的整体尺寸方面有加大1英寸和加大2英寸的说法，意思是在原厂轮辋基础上把轮辋直径和宽度同时加大1英寸或同时加大2英寸。比如原厂使用14×6英寸的轮辋配

205/70 R14轮胎，加大1英寸即是用15×7英寸的轮辋，配上215/60R15的轮胎，就能达到既加宽轮胎又保持车轮直径不变的目的。同理，加大2英寸即是用16×8英寸的轮辋，配上225/50R16的轮胎。

这里有一个计算公式给大家参照：轮胎直径=轮胎宽度×扁平率×2＋轮胎内径（也即是轮辋直径）。无论加大1英寸还是加大2英寸，只要保证轮胎直径变化不大，都是可以接受的，当然计算出来的轮胎尺寸最好是市面常见的，比较方便购买。

（4）注意轮辋偏移度。轮辋的另外一个尺寸参数是轮辋偏移度。如果轮辋安装底面和轮辋中线在同一个平面，轮辋偏移度就是零；如果轮辋底面偏向外侧，轮辋偏移度就是正值；偏向内侧时则为负值。不同车的原厂轮辋偏移度可能不同，这是厂家设计汽车时决定的，比如越野车通常用接近零的轮辋偏移度值（甚至是负值），轿车则通常都是正轮辋偏移度的。改装时，选用较小轮辋偏移度的轮辋可让车轮向外移，使车看起来更威猛，比如轮辋偏移度45改成35，车轮就向外移动10mm（若把35改成45则车轮内移10mm）。相应地，如果把越野车的轮辋偏移度0改成-20则车轮会外移20mm。但是，当考虑换轮辋更改轮辋偏移度前，必须清楚这会给车的性能带来三方面的影响：一是车轮向外移之后，由于杠杆比的改变，悬架就会显得软了；二是车的转向特性会发生变化，增大了前轮轮距，会增加转向不足的特性；三是更改轮距可能造成轮胎偏磨、转向盘沉重、甚至转向盘颤抖的情况。

轮辋偏移度值的大小跟能否容纳大制动钳并没有直接的关系，轮辋偏移度值相同但轮辐形状不同的两个轮辋，可能有一个能容纳大制动钳而另一个不能。购买轮辋时最好还是把车带过去试装，不要只看数字与旧轮辋相同就买回去，退换都是很麻烦的事情。

（5）注意安装尺寸。PCD值（指车轮毂节距圆直径，表示的是每个孔中心连圆心到边缘的距离）通常写成4×100或5×114.3等，表示螺钉孔连成的圆圈直径为100mm或114.3mm、上4个或5个螺钉。这不需要担心，只要买轮辋时把车开过去试装，能装进去就一定不会错。

（6）注意轮辋大小。汽车改装最容易见效的办法是加大轮辋。这里说的加大可以指在轮胎外径不变的情况下加大轮辋以配合宽而扁的轮胎。采用加大的铝合金轮辋是改善性能和外观的很好的手段，因为制造轮辋的铝合金材料强度很高且自身质量特别轻。

按照使用的性能来说，一般来说较宽的轮胎/轮辋组合可以给汽车带来更好的操控性，但直径较大的轮胎/轮辋组合却没有什么好处，反而会增加汽车的非簧载质量。但现在很多的车都在改装时加大了轮辋，目的是效仿赛车的大轮辋，其好处是可以配置较大的制动钳和巨型制动盘，以提升散热效率和制动效能，但如果汽车的制动盘只有不到10英寸，而且又不打算选用一款外露制动系统的轮辋的话，建议车主选购轮辋时最多加大到1英寸就可以了，因为加大2英寸以上的大轮辋会自曝其短，暴露原厂不好看的制动钳和制动盘。

（7）注意干涉。在选择轮辋时还需要考虑到底盘悬架的因素，特别是较宽的轮辋不要与车轮内衬和悬架发生干涉。轮辋的造型要为制动器留出足够的空间，以便容纳更大的制动盘和制动钳。

（8）注意偏距。升级轮辋后根据轮辋宽度不同轮距会变。偏距大小也决定轮辋是否干涉。如果轮辋的偏距不合适，可用偏距垫片来做修正。一般用铝合金制造。厚度不宜超过10mm。

（9）注意检查。轮辋改装后，要认真进行检查，才能使用。首先检查轮框是否会磨到制动分泵、减振或者悬架系统的部件。其次，与加大尺寸的轮辋配合的轮胎的胎缘不能凸出前翼子板，以免在行车或转向的时候轮胎与翼子板发生摩擦，这样会损坏轮胎甚至发生爆胎等危险事故。另外，在行使过一段时间以后，需要定时检查平衡铅块和螺帽有无松动或者脱落。

2. 轮盖改装

轮盖是车轮装饰盖的简称，是一种用于遮挡轮辋的装饰品，如图3-17所示。遮挡轮辋的目的：一是大多轮辋均不够美观；二是轮辋横向面积较大，容易藏污纳垢。轮盖造型各异，外观精美，安装在车轮上使整个车身更加靓丽。轮盖位居轿车外形的醒目位置，是重要的外装饰件。

轮盖

图3-17 轮盖

◆1）轮盖的种类

轮盖按材料区分主要有铝合金盖和塑料盖两种。铝合金盖由铝合金铸造而成；塑料盖是用塑料粒子经注塑机注塑成形，在其表面用油漆涂装而成。

2）轮盖的选用

选购轮盖应注意以下事项：

（1）看质量。原材料的选用是产品质量的主要保证，表面油漆涂层的优劣，关系到产品外观、色彩、光泽度及牢度。正厂产品均采用进口的原材料及先进的工艺处理，保证了产品的质量和使用寿命。

（2）看造型。目前市面上轮盖的外形有很多种，如图3-18所示。选购时不仅要根据自己喜好，还要考虑与车身协调。

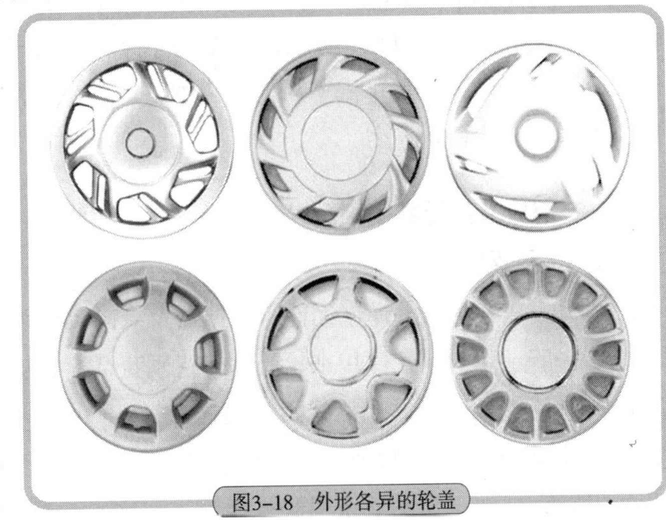

图3-18 外形各异的轮盖

（3）看价格。铝合金轮盖设计有闪亮的金属光泽，奇异的外形，但价格也很高；经电镀的塑料车轮装饰盖也具有较好的装饰效果，其价格要便宜得多。

（4）看安全性。车轮饰盖是安全件，除了外观装饰，更有其安全特性。轮盖是靠不锈钢丝卡簧和固定支夹固定在车轮轮圈上的，合格产品须经过制造商的拆卸力测试，以确保产品安全性。

（5）看装配性。要选择在自己车方便安装的轮盖。

在目前的汽配市场中，车轮饰盖系列混杂着一定数量的假冒伪劣产品，俗称“副厂件”。这些产品与正规产品相比，产品易磨损、变形，造成适应性下降，表面油漆涂层质量低劣，常见油漆发黄、剥落等问题，影响到轿车的整体外观。所以，在选购车轮饰盖时，不能只图价廉，还要考虑它是否物美。

3）轮盖的安装

轮盖的安装比较简单，只要用不锈钢钢丝卡和固定支夹固定在车轮轮圈上即可。安装时一定要仔细检查安装材料的质量，如安装材料的质量较差（卡口不紧，弹簧材料不过关），则易导致轮盖脱落，特别是在高速行驶中，脱落的轮盖对于行车、行人都是相当危险的。

四、悬架改装

悬架是车架（或承载式车身）与车桥（或车轮）之间弹性联结装置的统称。其功用是传递作用在车轮和车架之间的力和力扭，并且缓冲由不平路面传给车架或车身的冲击力，并衰减由此引起的振动，以保证汽车能平顺地行驶。汽车悬架改装主要是对弹簧和减振器进行改装，其目的是提高汽车行驶的平顺性、操纵稳定性和舒适性。

1. 悬架的结构与种类

1）悬架的结构

典型的悬架结构由弹性元件、减振器及导向机构等组成，个别结构则还有缓冲块、横向稳定杆等，如图3-19所示。弹性元件用来承受并传递垂直载荷，缓和由于路面不平引起的对车身的冲击。弹性元件的种类包括钢板弹簧、螺旋弹簧、扭杆弹簧、油气弹簧、空气弹簧和橡胶弹簧。减振器用来衰减由于弹性系统引起的振动，减振器的类型有筒式减振器、阻力可调式减振器、充气式减振器。导向机构用来传递车轮与车身间的力和力矩，同时保持车轮按一定运动轨迹相对车身运动，通常导向机构由控制摆臂式杆件组成，种类有单杆式或多连杆式的。有些轿车和客车上，为防止车身在转向等情况下发生过大的横向倾斜，在悬架系统中加设横向稳定杆，目的是提高横向稳定性。

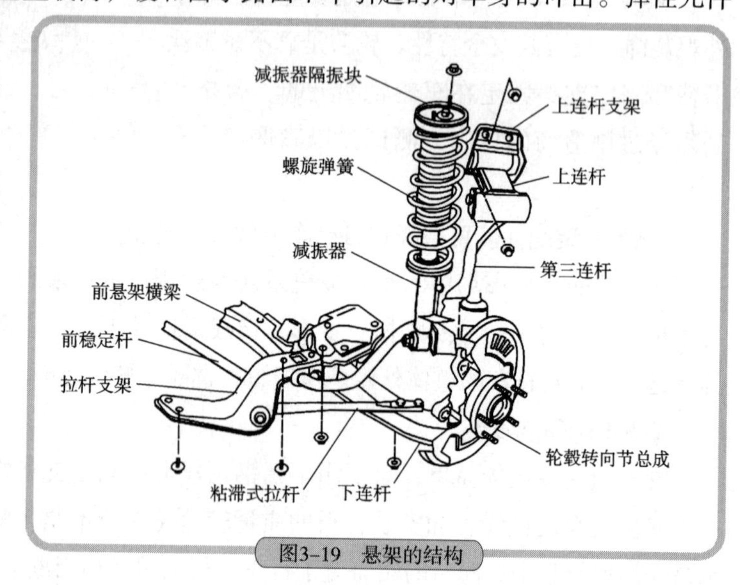

图3-19　悬架的结构

2）悬架的种类

悬架根据汽车导向机构不同可分为非独立悬架和独立悬架两种，如图3-20所示。

非独立悬架的结构特点是两侧车轮安装于一整体式的车桥上，当一侧车轮受到冲击力时会直接影响到另一侧车轮，当车轮上下跳动时定位参数变化小。非独立悬架具有结构简单、成本低、强度高、保养容易、行车中前轮定位变化小的优点，但由于其舒适性及操纵稳定性都较差，在现代轿车中基本上已不再使用，多用在货车和大客车上。

独立悬架是左右车轮都是单独地通过弹性悬架悬挂在车架或车身下面，每侧车轮可独立上下运动。

其优点：

（1）质量轻，减少了车身受到的冲击，并提高了车轮的地面附着力；

（2）可用刚度小的软弹簧，改善汽车的舒适性；

（3）可以使发动机位置降低，汽车重心也得到降低，从而提高汽车的行驶稳定性；

（4）左右车轮单独跳动，互不相干，能减小车身的倾斜和震动。

不过，独立悬架存在着结构复杂、成本高、维修不便的缺点。现代轿车大都是采用独立式悬架，按其结构形式的不同，独立悬架又可分为横臂式、纵臂式、多连杆式、烛式以及麦弗逊式悬架等。

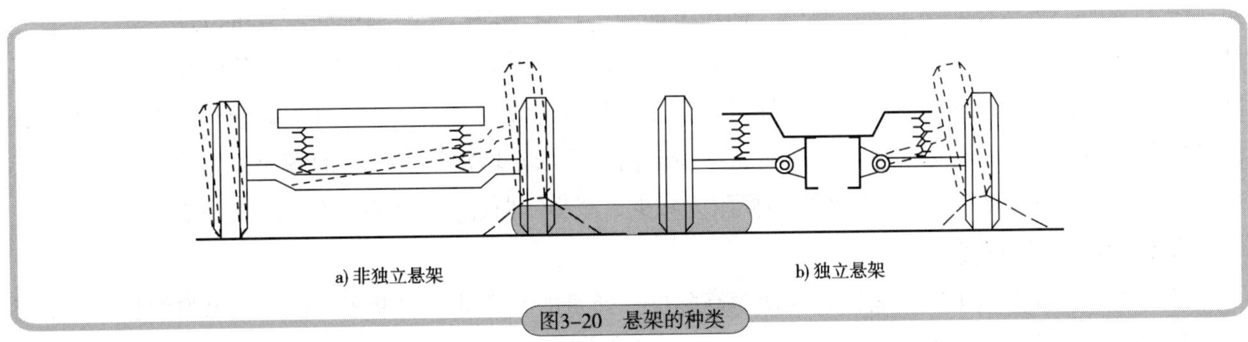

图3-20 悬架的种类

2. 弹性元件改装

对轿车而言，弹性元件多指螺旋弹簧。其作用是：

① 作为悬架系统或底盘与地面的缓冲，也就是维持舒适性；

② 使车辆在行经不平路面时保持轮胎的抓地性。

弹簧具有占用空间小、质量小、无须润滑的优点，但由于本身没有摩擦而无法起到减振作用。

1）改变弹簧硬度

为保持车辆的抓地性，应提高弹簧的硬度，但硬度提高后又会导致颠簸加剧，影响舒适性。为解决这个问题，可使用具有复合弹力系数的非线性弹簧，也就是一般所谓的渐进式弹簧。

渐进式弹簧能随着弹簧的压缩而增加弹性系数，行经颠簸路面时，弹性系数就会增加，维持车身稳定。而最初的弹性系数较软，则用来提高行经颠簸路面时轮胎的抓地性。渐渐变硬的弹簧可避免悬挂或弹簧出现坐底的情况。这能容许使用高度比原来低的弹簧，用以降低车身重心，并且在行经颠簸路面时维持最低而且最短的悬架行程，不致发生坐底的情况。要达成渐进式就是要做出弹性系数会随着受压缩而产生变化的非线性弹簧，因此目前的渐进式弹簧大多为采用不等螺距或圈径变化的弹簧。不等螺距弹簧受压缩时会产生局部弹簧线间接触，以使有效圈数发生变化，进而造成弹性系数是的变化。

改变弹簧硬度会对悬架的特性产生影响。增加前后悬架的弹簧硬度可以使行路性变硬，轮胎经过路面起伏时的循迹性会变差，提高抗侧倾能力；只增加前悬架的弹簧硬度可以使前轮行路性变硬，前轮的防倾阻力增加,，增加转向不足或是减少转向过度的倾向；只增加后悬架的弹簧硬度可以使后轮行路性变硬，后轮的防倾阻力增加，增加转向过度或是减少转向不足的倾向；减少前后悬架的弹簧硬度可以使行路性变软，轮胎经过路面起伏时的循迹性可能会变好，抗侧倾能力变差；只减少前悬架的弹簧硬度可以使前轮行路性变软，前轮的防倾阻力减少，减少转向不足或是增加转向过度的倾向；只减少后悬架的弹簧硬度可以使后轮行路性变软，后轮的防倾阻力减少，减少转向过度或是增加转向不足的倾向。

2）缩短弹簧长度

降低车高会提高汽车的舒适性，要使车高降低，弹簧的长度就必须缩短，但是如果弹簧长度降低过多，甚至会使弹簧在减振器的伸缩行程中脱落。为了避免这种情况的发生，大多数改装用弹簧都会在适当的范围之内缩短弹簧的长度，或者在长度不变的情况下采取上下不等间距的设计，也就是将弹簧设计成一端密、一端疏的形式。一般市面上的改装用弹簧都采用上下直径相等的弹簧，但是有些高端的改装

用产品在一支减振器上使用一长、一短两组弹簧。这样的设计，一来可以提供两种弹性系数，能够在保证舒适性的前提下提供很好的支撑效果；二来可以保证弹簧的长度符合减振器的伸缩行程。

通过缩短弹簧长度，使车高得到降低，同时降低了车身的重心，减少了过弯时车身重量的转移，提高了稳定性，同时车高的降低也可兼顾美观的效果。

值得注意的是，有些人改装弹簧时只换弹簧而不换减振器，这样的改装方式很容易使操控恶化。原因是原厂减振器的阻尼不能与改装用弹簧的硬度相适应，因而当弹簧产生伸缩作用时，原厂减振器无法在那么短的时间内抑制住弹簧的运动，这样就会导致车辆弹跳不止，不仅弹簧的改装效果难以发挥，同时也会缩短原厂减振器的寿命。

3. 减振器改装

1）减振器改装方式

减振器改装方式主要有两种：一种是形状和长度都与原厂减振器相同，但是内部阻尼系数经过强化的原厂型减振器；另一种是筒身上设计了螺纹，可以借助弹簧的固定位置或者筒身的长度改变来调整车高，也就是一般所谓的绞牙减振器。

（1）换用内部阻尼系数经过强化的原厂型减振器。原厂型减振器是现在改装应用最为广泛的一种，搭配不同的车种来设定不同的阻尼值，也可以选配不同品牌的弹簧，价格比较低廉。有一些原厂型减振器带有阻尼调整功能，但是这种类型的阻尼调整，没有很大的调整空间，只是用来搭配弹簧的硬度，以及对减振器在长时间使用后的衰减程度加以补正的，并不能带来很大程度的改变。因此在应用的时候不应该把阻尼值调到最硬的状态。其实经过选用好的原厂减振器已经可以将操控性能提升到很好的程度，并不需要购买太专业化的产品，这样不但可以节省开支，而且可以避免因为调整不恰当而产生的一系列问题。

改变减振器的阻尼系数会对悬架的特性产生影响。增加压缩和回弹行程的阻尼系数，可以使行路性变硬；只增加回弹行程的阻尼系数使轮胎在不平路面上容易弹离路面；只增加压缩行程的阻尼系数可以使防倾阻力较强，车辆在转弯时会变得较不安定。

（2）换用绞牙减振器。绞牙减振器（图3-21）是指有可调（弹簧）高度设计（俗称“绞牙”设计）的减振器，这种减振器的最大好处是可以很方便地独立调整车身四角的离地间隙。当汽车静止时，车身四个角的离地距离对该位置上车轮的负重有很大的影响。增加车身左后角的离地间隙，便增加左后轮及其对角线车轮（即右前轮）的负重，同时另外对角上的两只车轮（左前及右后轮）的负重则会减少。如果减少离地间隙则效果相反。因此在一定程度上可调高度式减振器可用来调校包括驾驶人和载（汽）油量的静止重量分布。

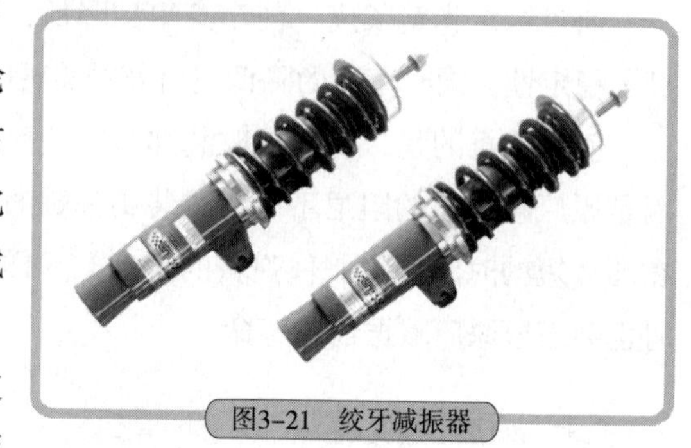

图3-21　绞牙减振器

绞牙减振器是现在悬架深度改装经常使用的减振器。这种减振器结构比较复杂，必须搭配专用的弹簧，因此价位较高，而且在车高以及阻尼的设定上有很多必须注意的地方。车高绝非越低越好，阻尼也不是越硬越好，设定过低会导致减振器伸缩行程不足，影响操控表现，缩短使用寿命，过硬的阻尼会产生严重的弹跳，操控性差。

在悬架系统中，需要减振器和弹簧的配合来减轻车辆在行使过程中的振动。减振器的压缩阻力和弹簧的硬度有加成的效果，一组弹簧只有一种性能表现，要改变弹簧的硬度唯有更换另一组不同弹力系数的弹簧，可调式减振器正可弥补这种缺憾。可调式减振器可以随路况调高减振器的阻尼，也相当于调硬了弹簧，调硬减振器要比换一组弹簧轻松得多。现在还有采用电子调整式的减振器，只要操作车内的旋钮即可轻易的改变阻尼，达到悬架设定微调的效果。

2）减振器改装注意事项

（1）注意汽车用途。如果车辆的用途主要是代步，那么可不用改装减振器。因为汽车经销市场上出售的原装整车，厂家都会使用较软而且较便宜的减振器，以降低成本并获得一般驾驶状态下最柔软舒适的行路性。如果是喜欢高速驾驶和汽车越野运动的，要选择阻尼大的，感觉硬的、操控性好的减振器。因此，改装减振器之前，先要认清自己的需求，在舒适性与操控性之间求得一个平衡点。然后就是改装减振器与弹簧，将两者合理搭配，就会有令人满意的绝佳表现。

（2）注意产品选用。减振器改装时，首先要选定品质好的品牌，然后再从这种品牌的系列产品中选出适合的规格型号。一支好的减振器必须有高精密度的柱栓及密闭性良好的油封，高品质的阻尼油（优质的阻尼油是阻尼衰退及消除气泡的最好方式），再加上填充高压气体的气室设计，最好也是可调式的。

目前，国内常见的品牌中欧系的KW、H&R、Bilstein、KONI，以及日系的GAB都是主流派产品，目前的新趋势则是针对特有品牌的专属改装套件品牌，如TOYOTA的TRD、Tom's，HONDA的Mugen，NISSAN的NISMO。

3）注意减振器与弹簧的搭配

在悬架改装过程中最棘手的问题就是减振器和弹簧的搭配，如果降低车身超过5cm或是弹簧硬度增加超过20%，就必须把减振器一并更换。硬的减振器要和硬的弹簧相互搭配，因为弹簧的硬度由车重来决定，较重的车就需要较硬的减振器。所以在赛车或高性能车上的减振器要比一般车上的硬，用以匹配较硬的弹簧。假如减振器太软会造成车身上下的摆荡，太硬又会造成太大的阻尼，使弹簧无法正常运作，而且会因为减振器的阻尼作用造成行驶时车高的改变。

根据经验，最适合多变路况的道路版悬挂搭配，是以较软的弹簧（渐进式的），配上较硬的可调式减振器，以减振器的硬度补偿弹簧强度的不足，加上可自由调整的阻尼，获得高度的路况适应性。

五、防倾杆加装

防倾杆又称横向稳定杆，它是一根连接同一轴（前轴或后轴）两侧悬架的有一定刚度、同时又允许一定范围内形变从而产生弹力的连杆，实际上就是一根轴向扭动的杆状弹簧，如图3-22所示。防倾杆是悬架系统的一部分，通过它的弹性，限制两个车轮的运动，以抑制车身产生倾斜。

1. 防倾杆的工作原理

汽车在转弯或通过凸凹不平的路面时会出现侧倾现象，防倾杆的作用就是抑制车身侧倾，从而提高

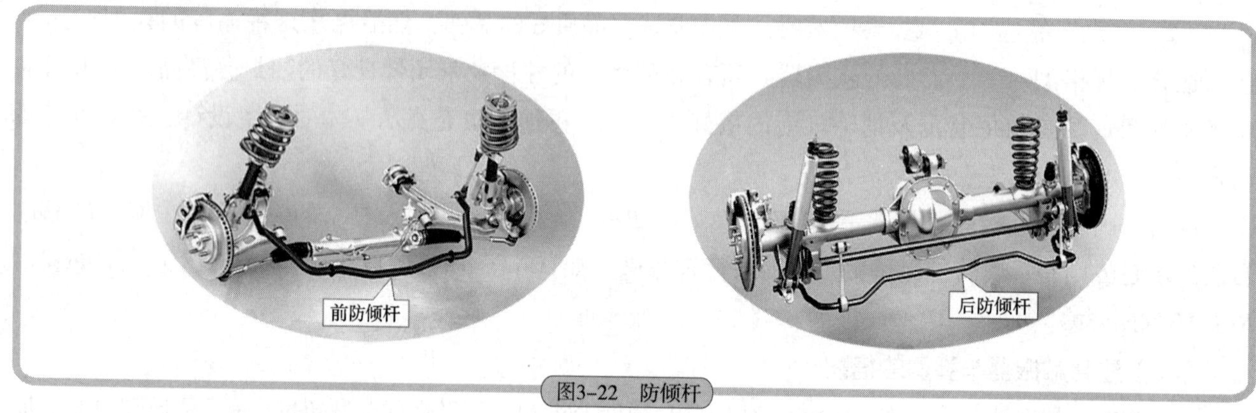

图3-22 防倾杆

汽车的操控性和舒适性。防倾杆的工作原理是：

当汽车转弯时会产生一个向外的离心力，在离心力的作用下，内侧车轮的悬架伸长，外侧车轮的悬架被压缩，这时防倾杆就会产生扭转形变从而产生弹性回复力，它会对外侧车轮的悬架施一个向下压的力，而对内侧车轮的悬架施一个抬起的力，施加在左右悬架的作用力是大小相等方向相反相互牵制的，这样就可尽量保持两侧悬架的高度一致，从而减少侧倾。

当汽车左右两轮行经相同的凸起或凹陷路面时，防倾杆并不产生作用，但如果左右两轮分别通过不同的凸起或凹陷路面时，即左右两轮的水平高度不同时，就会造成杆身的扭转，产生防倾阻力，抑制车身侧倾。也就是说，当左右悬架上下同步动作时，防倾杆不起作用，只有在左右悬架因路面起伏造成不同步动作时，防倾杆才起作用。

另一个防侧倾的方法就是增加弹簧硬度，但过硬的弹簧会降低乘坐的舒适性，同时造成行经不平路面时循迹性不良，从而需要用阻尼系数很高的减振器来抑制弹簧的弹跳。但是如果配合适当的防倾杆不但可以减少侧倾，更不必牺牲应有的舒适性和循迹性。因此，防倾杆和弹簧的搭配是达成舒适性和操控性妥协的最可行方法。

2. 防倾杆与悬架的关系

悬架系统的正常工作除了需要有好的弹簧和减振器以外还需要好的防倾杆辅助才行，因为弹簧和减振器只负责控制一只车轮，而前、后防倾杆却负责协调整个悬架系统。所以防倾杆虽然从外观上看只是两条钢梁，但其作用却不容小视。高性能防倾杆就是为了配合减振器、弹簧应运而生的，一般高性能防倾杆都是经过冷锻的弹力合金钢线材弯制而成，还需要经过特殊的硬化处理。为了获得更稳定的控制车体侧倾能力，高性能防倾杆直径会大于原厂一定水平，可按不同的直径配合不同设计特性的减振器及弹簧，以获得完美的悬挂系统性能表现。

防倾杆和弹簧提供的防倾阻力是相辅相成的，而且防倾阻力是成对发生的，即车头的防倾阻力和车尾的防倾阻力伴随发生，但由于车身配重比例及其他外力作用，使得前后防倾阻力并不平衡，这样就会直接影响车身重量转移和操控平衡，如果后轮的防倾阻力太大会造成转向过度，反之如果前轮的防倾阻力太大则会造成转向不足。为了改善操控，我们不但可以利用防倾杆来控制车身的倾侧，还可以控制车身防倾阻力的前后比例分配。防倾杆最重要的功能就是：达到操控平衡和限制转弯时车身侧倾，这样可以改善轮胎的贴地性。

汽车转弯时，对内侧车轮来说，防倾杆对车轮施的力和弹簧对车轮施的力是方向相反的，弹簧产生的力可把车轮压回地面，而防倾杆会使它离开地面。如果防倾杆太硬，会减少把车轮压回地面的力，这种情况如果发生在驱动轮，转弯加油时，可能会使内侧车轮的抓地力变小，造成轮胎空转，这对大功率但没有LSD（限滑差速器）的车来说是相当危险的，最理想的状态是把防倾杆所提供的防倾阻力控制在总防倾阻力的20%～50%之间，如果总防倾阻力太强，转弯时，可能造成内侧车轮离地，这样会造成100%重量转移，这种情况通常发生在弯内的非驱动轮上。车身的滚动会降低循迹性或转向的灵敏度，一部有最佳悬架几何设定的车有较低的滚动中心，同时，由弹簧提供的防倾阻力可将车身的滚动限制在合理的范围内。对一部有既定的悬架几何、重心高度和车重的车来说，改变防倾阻力能改变极限过弯时车身的侧倾程度。

3. 防倾杆的设定

汽车转弯时，如最极限的车身滚动会导致悬架系统产生超过 2° 以上的外倾角变化，那么表示这部车需要较多的防倾阻力。车身滚动时有超过 2° 的外倾角变化，就表示至少需要增加-2° 的外倾角，以便使轮胎在极限过弯时维持充分的轮胎贴地性。但是超过 2° 以上的外倾角设定会减少汽车直进时轮胎的接地面积，并且会破坏瞬间循迹性，也就是从汽车直线到弯道或从平路到倾斜路面的瞬间的循迹性。这对操控平衡、过弯速度、进弯和出弯的转向灵敏度都会有负面的影响，更会影响弯中的制动和加速表现。

限制车身滚动的另一个理由是：要限制滚动中心的纵向和侧向的位移变化，这对任何形式的悬架系统都是很重要的，尤其是对麦弗逊悬架系统而言更是如此。滚动中心的位移会导致突然的车身重量转移变化，造成车身操控平衡的破坏。对赛车来说把车身滚动限制在1.5° ~2° 内就可以把滚动中心的位移变化限制在可控制的范围内，但是对一般道路用车来说把车身滚动限制在4° 以内就算是非常理想的。

对防倾杆的设定来说，调整车身滚动的前后比例分配是很重要的，要完全由弹簧来抑制车身滚动，那么必须使用很硬的弹簧，如此一来便会降低行经不平路面的循迹性，使用防倾杆则可轻易的调整车身的操控平衡而不影响循迹性。因此在赛车所用的前后防倾杆通常都是可调式的，以便调校出最佳操控平衡，而一般道路用的往往是不可调的。

一般后驱车都将防倾杆装在前悬架，如此可增加前悬架的抗侧倾能力，减少过弯时后悬架的车身重量转移，这会延缓或消除过弯时驱动轮（弯内轮）的离地现象并增加转向弯外轮的负荷，增强转向不足的趋势。而加粗后防倾杆会增强转向过度的趋势；对前驱车来说，因为驱动轮在前轮，所以需要增加后防倾杆的硬度，如此一来可增加驱动轮的循迹性，并减少前驱车固有的转向不足特性。但如果后轮过弯时会离地或是车身的侧倾太严重，就应该考虑在前驱车的前轮加粗防倾杆以避免这种现象。对一部严重转向不足的车来说，通常只要加粗前防倾杆就可大幅改善转向不足的现象。

4. 防倾杆改装的方法

防倾杆有软硬之分，太软的防倾杆对于独立悬架的车会造成过多的外倾力，减少轮胎与地面的接触

面积，太硬则会造成轮胎无法紧贴地面，影响操控性。防倾杆的硬度是由制作的材质、杆身、杆径、杆臂的长度以及和杆身所成的角度所决定。杆身的长度越长则硬度越软，反之杆臂的长度越长却会增加其硬度。受限于车宽所以杆身的长度几乎不太能改变，但杆径和杆臂的长度却是比较容易调整。一般来说防倾杆的材质都大同小异，所以要改变防倾杆的硬度都是由改变杆径来达成。此外由于杠杆原理的作用，改变悬架臂与防倾杆臂的连接点就可改变杆臂的力矩，而可调式防倾杆就是由这里着手。

此外，把固定防倾杆的橡皮垫换成硬的材质会有您意想不到的效果，在实际的测试中，使用一根直径20.3mm的防倾杆配上硬质的衬垫和使用直径25.4mm的防倾杆配上橡皮衬垫具有同的效果。

防倾杆改装后可对防倾效果进行检测。其方法是：先用照相机拍下改装前汽车转弯时的照片，并在照片上量出侧倾角度。更换较硬的防倾杆后，再按照现样的方法拍一次，比较两次的角度就可判断出不同。

电器设备改装

随着电子技术的高速发展，大量先进的电器设备产品不断涌现，为汽车电器设备升级改装创造的有利条件。汽车电器设备改装主要是对点火系统、照明及信号装置、汽车音响、车载电器、车载免提、车载GPS、防盗系统等进行改进或加装。此部分内容很多，本章着重介绍点火系统、照明及信号装置的改装，其余内容分布在其他章节专题介绍。

一、点火系统改装

发动机点火系统的作用是按照发动机各缸的点火次序，在一定的时刻供给火花塞以能量足够的高电压，使火花塞两极间产生足够强的电火花，点燃被压缩的混合气，从而使发动机作功。对原厂点火系统的改装是为补充原有点火系统之不足，缩短充磁所需时间、提高二次电压、降低跳火电压、延长火花期、减少传输损耗。其改装可从以下5个方面着手：

1. 火花塞改装

火花塞的基本结构如图4-1所示，其作用是把高压线圈产生的高压电（1万V以上）引入发动机汽缸，在火花塞电极的间隙之间产生火花来点燃混合气。

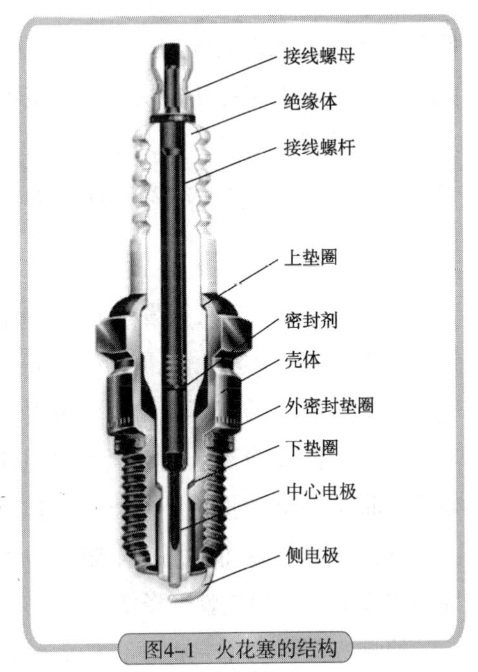

图4-1 火花塞的结构

火花塞的种类繁多，从电极材料上看，主要有镍锰合金、铂金、铱金等，普通火花塞的电极材料一般由镍锰合金制成，高质量的火花塞都是采用铂或铱等贵金属来制造电极，铂、铱金属的熔点比较高，耐高温高压，质量较好，因此铂、铱金火花塞可以发出更强更稳定的火花。从价格上看，国产普通的火花塞通常为十几元，铂金火花塞、铱金火花塞通常为60～100元。从使用成本上看，原厂装配的国产普通火花塞每3万km需更换一次，而性能更好的铂、铱金火花塞可以使用6万到8万km，甚至10万km再更换。在发动机高转速的行驶条件下，使用了铂、铱金火花塞的车辆可以发挥更强的动力性，而其高温稳定性的优势，也可使发动机更安静、工作更顺畅。从电极形式上看，有无爪、单爪、双爪、三爪、四爪等，两爪以上的为多爪火花塞，火花塞主要是为了让点火时的火花放电较平均，容易产生火花，混合气的燃烧效率也就会更好。从火花塞的热值上看，有冷型的火花塞和热型火花塞。冷型的火花塞外部绝缘体较短，优点是热能传送至冷却系统的路程较短较快，使得点火延后，适用于高转速或高性能的发动机；热型火花塞，绝缘体较长，优点是价格较低，缺点在于热能传导至冷却系统的路径较长，导热效率也会因而变差，致使火花塞所产生的热能较难散发，适用于低性能或压缩比低的车种。

火花塞的改装以更换为主，即根据发动机需要选择合适的火花塞进行更换。若选择不正确，不仅不能提升发动机的工作功率和车辆的动力，还会造成发动机功率下降、怠速不稳、急加油时供油量不足的现象。因此，更换火花塞，要根据发动机的类型和原车火花塞的工作温度进行选择。火花塞的热值是衡量热负荷能力的指标，它必须和发动机的性能相匹配，最简单的方法就是采用与原车相同热值型号的改装火花塞进行更换即可。如果更换的火花塞的热值与原车的不匹配，会造成火花塞的工作温度过高或过低。火花塞的工作温度过高，混合气在进入燃烧室时会被过热的火花塞点燃，形成过早点火；火花塞温度过低，火花塞绝缘体很快会被燃烧不完全的沉积物所污染，使绝缘体裙体表面的绝缘电阻降低，减弱点火火花的能量，严重时会出现缺火现象。更换火花塞需要拆除发动机的一些外围部件，如果不是非常有经验的话，最好还是到改装店进行。

2. 高压线改装

高压线是将高压线圈发出的高压电传输到火花塞的导线，如图4-2所示。一组优良的高压线必须具备最少的电流损耗及避免高压电传输过程产生的电磁干扰。

图4-2　高压线

一般汽车上的高压线由于包覆材质的限制，设计成带电阻形式，以防止电磁干扰，但这电阻值却会降低导线的传输效率，造成电流的损耗。若将导线包覆的材料改为矽树脂，则干扰的问题可获得解决，电阻值也可大幅降低，高压电流因传输而造成的损耗就可降低。

原装高压线内部是铜线，外面包着的是耐热橡胶；矽制线内部是碳芯，外边包着两至三层矽树脂作绝缘及防热。铜线的导电能力极高，甚至比矽导线用的碳芯线更好，但头尾插头的导电性稍差，并且在发动机高转速时会发出很大的电磁波干扰车内的音响系统，而外面的橡胶也会因为发动机的高温而烧熔。

3. 高压线圈改装

高压线圈是点火系统的核心部件，其作用是将电源的12V的低压电转变为15～20kV的高压电。提高高压线圈的能量，火花塞就能产生足够能量的火花，这是点火系统适应现代发动机运行的基本条件。

改用材质较佳或一、二次线圈圈数比值比较高的高压线圈，均能产生较高的高压电流，并且能承受较高的电流输出负荷。点火电压的提高对火花期的延长有直接、正面的影响。

目前有许多车种都将分电器和高压线圈设计在一起，若要改装高压线圈则必须将原有高压线圈的线路外接，另外装一组改装用高压线圈。

4. 电容放电点火系统改装

电容放电点火系统利用每次的点火间隔将点火能量储存于电容器的电场中，点火时一次性释放。因此，改装电容放电点火系统能产生比传统点火系统更大的点火能量和更长的点火持续时间。

电容放电点火系统包括一个与高压线圈的初级线圈相连的电荷储存装置，该高压线圈有与点火系统相连的次级线圈；还有一个用来使电荷储存装置放电的开关装置，以便为初级线圈提供初级电流，使点火装置产生火花。开关装置在电荷储存装置完全放电时，切断初级回路中的初级电流，在初级线圈中感应出一个反向电动势，再次产生火花，从而增加整个点火持续时间。该系统中还设有调整电荷储存装置放电率的装置，以先获得一个产生火花的第一放电速率，而后再获得一个低的放电速率，维持该火花，从而增加总的点火持续时间。

5. 点火增强器加装

汽车加装点火增强器是一种提高点火能量的装置，如图4-3所示。该装置采用白金触发一个集成电路触发器控制大功率开关三极管，完成电感式电子点火。采用一个延时电路，保证点火系统电源自动断电，一定程度上减少了瞬间高压的产生，保护蓄电池和点火线圈，大大延长其使用寿命。该装置具有放电迅速，能量充足，打出的火花粗壮、明亮，点火强度提高1.5～2.5倍。可在不同发动机汽缸燃烧条件下充分点火，低温启动更加顺畅，燃烧更加完全。经测试，扭力提升可达5%～15%，输出功率提升15%，全转速行驶顺畅，动力充沛，省油最高可达5%。

图4-3　点火增强器

点火增强器的改装步骤是：

（1）剪线。找到点火线圈12V供电线，并剪断，如图4-4所示。

（2）接线。黑色线按线，红色线按原厂12V供电线，黄色线接入点火线圈供电线，如图4-5所示。线路接头处要用烙铁焊接牢固，并用绝缘材料包扎好。

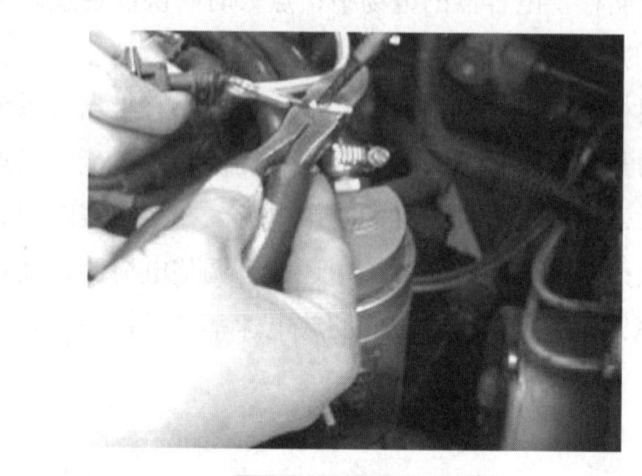

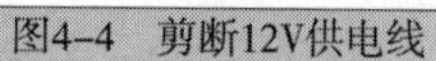

图4-4　剪断12V供电线

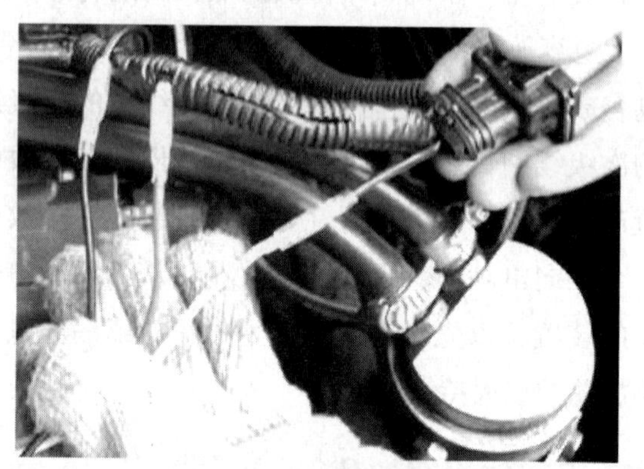

图4-5　接线方法

（3）装入支架。线路连接完成后，将点火增强器装入不锈钢支架，如图4-6所示。

（4）固定。找到合适的位置将点火增强器固定好，并理清线路，如图4-7所示。

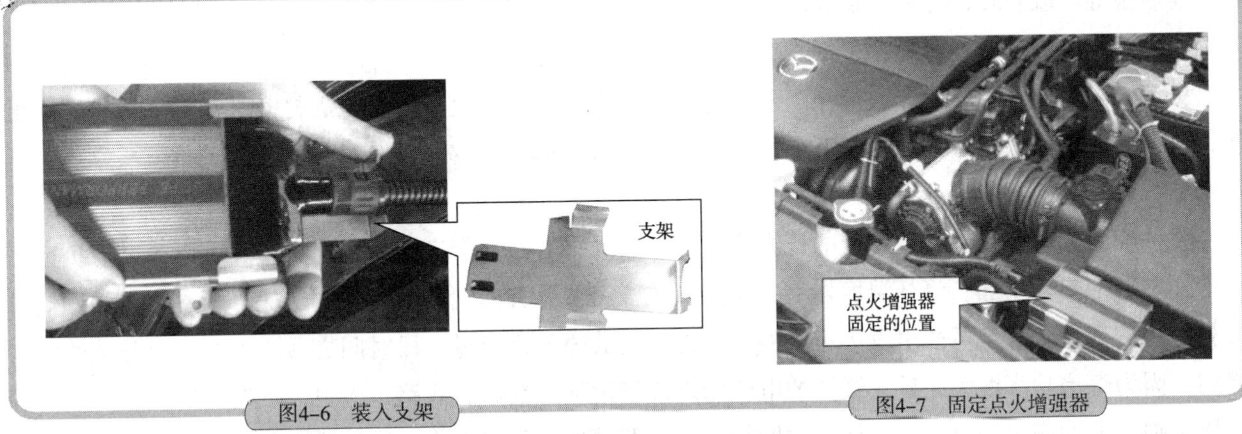

图4-6　装入支架

图4-7　固定点火增强器

二、前照灯改装

前照灯俗称大灯，一般国产车的原厂大灯出厂时的色温为3000K，经过一年使用会降到2500K，甚至2000K，这时如果继续使用的话，会明显影响照明质量。采用新型高效的车灯能够提高亮度，放宽视野，从而提高夜间行车的安全性。汽车大灯改装主要有更换大功率灯泡、加装大灯增亮线、加装大灯增亮器、换用氙气灯等改装。

1. 更换大功率灯泡

更换大功率灯泡就是将原车的55/60W（H4）的普通卤素灯泡直接换成90/100W的大功率灯泡，其余部分不需要做任何改动，是一种最普遍、最简单的改装方式。

1）改装原理

更换大功率灯泡的原理就是将原先比较小的灯泡改换成功率比较大的灯泡。目前市面上的90/100W的灯泡非常多，其中国产品牌很多，价格都比较经济；进口的以Philips（飞利浦）的最多，著名的有银战士、蓝战士等。改装后，功率明显增大，灯光发蓝或发白，效果有一定的提升。

2）安装方法

更换大功率灯泡，安装非常简单，和普通更换灯泡的程序完全相同，只需打开大灯后罩，将灯泡更换，再将原插头插上即可。费用也比较经济，就是一对新的灯泡的花费。

3）使用效果

此种改装方式，能够提升一定的灯光亮度，但是效果有限。带来的是线路、开关及电源电力负荷严重增加、灯泡热能增加、灯杯温度增加，容易造成线路及开关的超负荷烧毁，加速灯杯水银老化，造成灯杯的烧熔变形，甚至可能引发火灾事故。最常见的故障就是经过一段时间之后，大灯组合开关的触点烧灼。因为灯泡功率增大之后，线路的电流随之成倍增加，在原有线路（电阻）不变的情况下，线路的电压耗损，即功率损耗也会呈几何次方增加，大灯两端的电压将下降，导致线路负荷增大。所以，为安全起见，将灯泡功率换大的同时，应将线路进行一定程度的改造。加装继电器控制，直接从蓄电池取电，增加大灯后部的散热。否则不但灯光亮度的提升效果不明显，反而增加了安全隐患。

目前市场上还有一小部分100/140W的灯泡，功率更大，但是效果提升仍然并不明显。而且会带来电源和导线以及灯杯的负荷的严重增大，有很大的安全隐患，建议不要使用。

2. 加装大灯增亮线

大灯增亮线主要由继电器和线束组成，如图4-8所示。大灯增亮线安装在大灯与蓄电池之间，通过降低线路的电压损耗，使大灯两端的电压与蓄电池电压基本接近，达到增光效果。通常与更换大功率灯泡配合改装，来提高大灯亮度。由于改装较简单，花费较低，所以现在很多车都采用这种增亮方式。

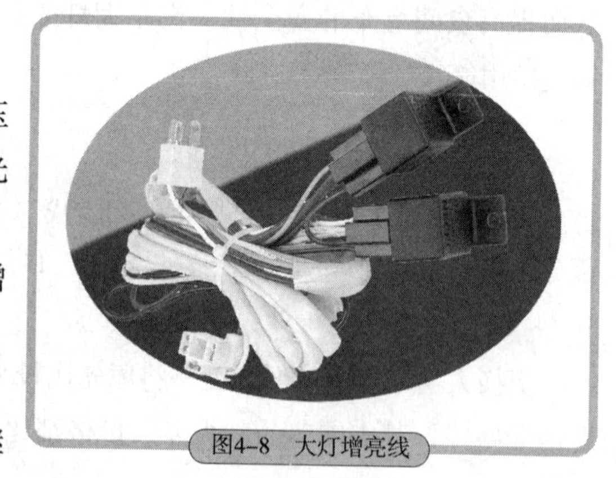

图4-8　大灯增亮线

1）改装原理

大灯增亮线的改装方式是在原线路中加装一套由2个继

电器、2个熔断器、2个大灯插座、1个大灯插头、2路火线和搭铁线的大灯增亮线套件。其增亮原理就是降低线路的电压损失，从而达到增亮效果。原来的大灯电路要从电源→线束→熔断器→开关→线束→大灯→线束→搭铁→电源，经过很长的导线才能连接蓄电池。由于受导线电阻、开关触点、插头及接线接触状况等的影响，会导致线路的电阻增大，大灯两极的端电压会下降；而大灯增亮线不会额外增加大灯两端的电压，而是利用一个控制继电器将大灯直接与蓄电池用精良导线连接，于是路径缩短了，电阻也小了，大灯的电压与蓄电池保持基本一致。因此，亮度与原线路相比会有所增加，不会出现大灯因为开关、插头和电线的接触不良而亮度减弱的情况。

2）安装方法

安装基本分如下7步：

（1）关闭汽车电源；

（2）将靠近电池一侧的原车大灯插座拔出，插在增光线的控制插头上（H4型为品字型三爪）；

（3）将另一侧的原车大灯插座拔出，包扎、固定好（悬空不用），再将增亮线的2个输出线插座插在两个大灯上；

（4）将输出线上的接地耳线连在车体金属部分上（搭铁）；

（5）将增亮线（即2个继电器）固定在车体上；

（6）将红色电源输入线接在电池正极（＋），线内藏有保险管；

（7）检查走线并固定。

3）使用效果

使用此方式的大灯增亮线电路，再配合加大灯泡功率，可以使汽车大灯的亮度有一定程度的提高，肉眼视觉有明显改变。通过测量灯泡两极的端电压，也可以有将近1V的电压恢复，有一定的效果。

此加装方式安装方便,不用改动原车线路即可直接装配，经济性、实用性强，通用性广；任何车辆均可直接装配；可以减轻整车火线承载力负荷，保护大灯开关和延长使用寿命，防止车辆的火情隐患；可以达到提高整车电器稳定性的效果并且不会对车辆本身产生任何副作用。但是，该方法对于原车带大灯继电器的车辆效果不明显。

3. 加装大灯增亮器

大灯增亮器是采用升压的方法，把汽车大灯电压由原来的12V提高到14.8V，使大灯绕过低效率发光区，提高灯丝发光效率，在不影响或少影响寿命的情况下，大大提高了亮度，能使60W卤素灯泡产生150W的晶钻光芒（色温4800K以上），亮度提高200%以上，可接近于HID氙气灯的亮度，如图4–9所示。

图4–9　汽车大灯增亮器

1）改装原理

由于汽车上用的是12V蓄电池，人们认为汽车大灯的工作电压为于12V。实际上，汽车大灯的额定工作电压是不能按12V设计的。这是由于汽车上大灯工作电压都没有稳压装置，汽车启动时和高速运行时你会明显看到大灯比平时亮很多，因为这时为14V到15V电压，灯泡必须要适合14V到15V电压下工作才能在汽车上正常使用，如果按12V电压设计大灯，在这样不稳的电压条件下工作，灯泡会频繁地烧坏。灯泡在工作时，大部分时间都在12V或低于12V电压下工作，这并不是灯泡发光效率最高的状态，因为灯丝没有烧到足够的工作温度，发光效率不在最高的状态。灯泡的实际工作电压适应15V电压，而灯泡的主要工作时间内却是12V电压。这就是灯泡为什么会亮度不足的原因。要想得到高的发光效率，灯丝的温度就必须提高，而提高温度的唯一办法就是提高电压。用增压型汽车大灯增亮器就最好的解决方法，能以最低的成本获得最好的照明效果。升压式大灯增亮器采用升压的方法为汽车前照灯单独提供两路或四路恒定的工作电压，电压不随发动机转速变化，也不用改变原车大灯的配光，不增加原车线路负荷，安装方法同增光线基本一样简单。相对于卤素灯400～600小时（正常使用约2～3年）的寿命和成本来考虑，是安全又实用的方案。

2）安装方法

升压式大灯增亮器有三根线：一根红线为＋12V输入线；一根黑线为负极，在负极搭铁的车上是搭铁线；第三根蓝线是升压后的+14.8V的输出线。大部分车是负极搭铁的，如果不清楚一定要测量一下，增亮器的极性是不可以接错的，接错就会烧坏。接线时尽可能地接在原来的控制继电器到蓄电池中间，这样用一个增亮器就可以控制两个大灯，如果接在原来继电器后边，就需要用两个增亮器，一个增亮器控制两个大灯的远光灯丝，另一个控制近光灯丝。

安装步骤是：

（1）关闭汽车电源。

（2）检查大灯增亮器标称电压功率是否相符。24V增亮器用于24V车，12V增亮器用于12V车。

（3）在继电器控制大灯的车上，安装时升压式汽车大灯增亮器时，将增亮器安装在控制继电器到蓄电池中间。如图4-10所示，将靠近电池处的线断开，把增亮器如图所示接在回路中，红线接蓄电池，蓝线接继电器一端即可。

（4）已安装有增亮线的车上，安装升压式汽车大灯增亮器时，可利用现有的增亮线，如图4-11所示，将靠近蓄电池处的线断开，把增亮器如图所示接在回路中即可。

注意：增亮器和走线都须固定在远离热源和避免摩擦的通风处。

3）使用效果

汽车大灯增亮器能提高大灯的工作电压，使灯丝工作时产生足够高的温度，这样才能有高的发光效率，也就是提高了电光转换效率，在不影响寿命的前提下，充分提高了灯泡的亮度。有人认为电压提高后会影响灯泡的寿命，实际上现实使用中得到的灯泡寿命不是真正的使用寿命，而是未充分展开工作能力状态下寿命的延长。所以把工作电压适当提高不会对寿命有多大影响。并且，对汽车发电机输出的10V~15V的不稳定电压进行稳压处理，形成14.8V的稳定电压，提供给大灯，使灯丝温度提高，提高了发光效率，使灯光亮度大大提高，同时由于采取了稳压、限流、预热缓冲等措施对灯泡提供了保护，限制了不稳定电压经常性的冲击，这都是车上原来不具备的，有了这些保护措施，就能使大灯寿命实际上影响不大。汽车大灯增亮器由继电器控制，熄灯后没有电流，不会造成原车蓄电池亏电等情况。

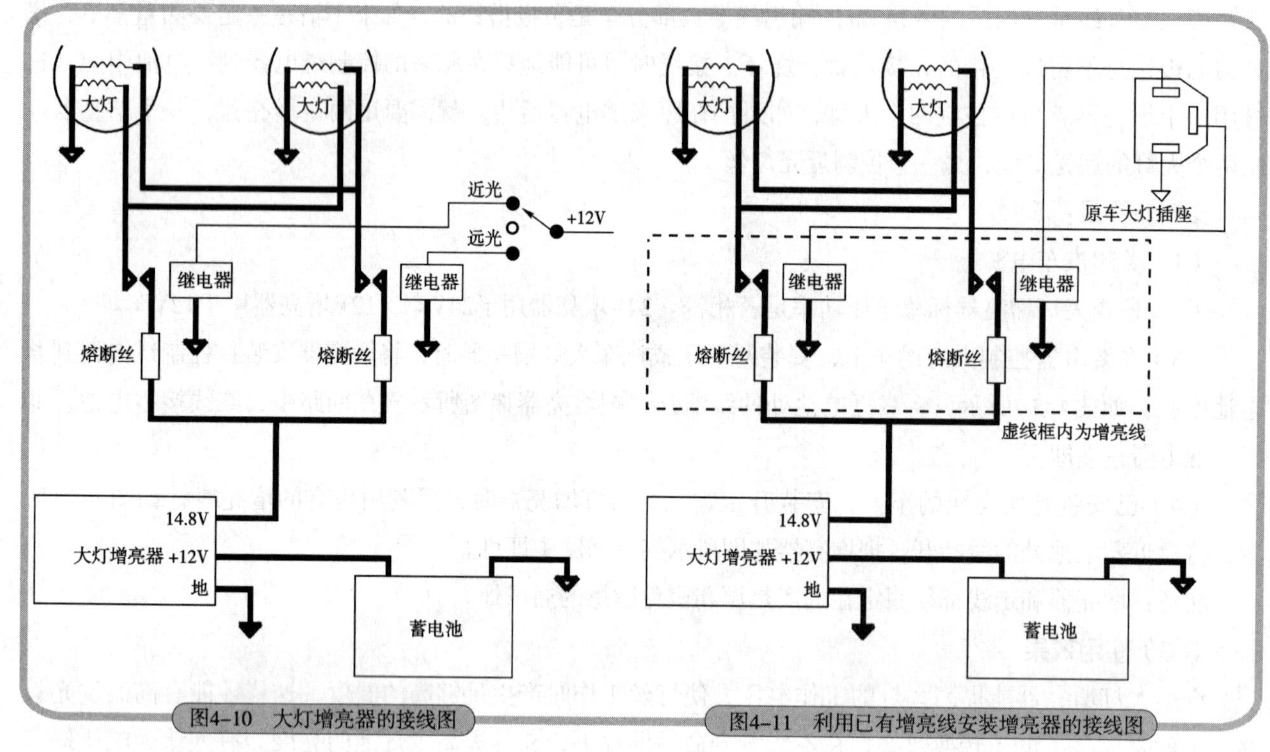

图4-10 大灯增亮器的接线图

图4-11 利用已有增亮线安装增亮器的接线图

4. 改装氙气灯

氙气灯简称HID（High Intensity Discharge）灯，又称高强度放电灯或气体放电灯。该灯可使灯泡的使用寿命和亮度发挥到极至，且聚光效果好，色泽柔和，灯光白亮，如图4-12所示。

由于氙气灯性能优越，亮度、色温、防眩目和耐用性等方面都比卤素灯好，因此越来越多的中高级轿车均使用氙气灯，氙气灯与普通卤素灯对比见表4-1所示。目前奔驰E级车、宝马7系列、丰田凌志、本田阿库拉等高档车都使用了这种新型前照灯，国产的奥迪A6、帕萨特2.8、马自达、别克君威等也采用了氙气灯。

表4-1

氙气灯与普通卤素灯对比

光 源	外罩玻璃	发光方式	色 温	亮 度	消耗电力	光 色	使用寿命
卤素灯	石英玻璃	燃烧钨丝发光	3000K	700 ~ 1000	55W/5.5A	黄白色	300 ~ 500h
氙气灯	抗紫外线石英玻璃	高压气体电弧发光	大于4000K	3200	35W/3.5A	日光色	2500 ~ 3000h

1）氙气灯的组成与工作原理

一套完整的氙气灯组件包括：氙气灯泡2支；安定器2个；高压启动器2个；线束固定扣12个；线束2条；安定器支架2个；启动器支架2个；螺钉、螺母、垫圈14个；电源连线2条；如图4-13所示。

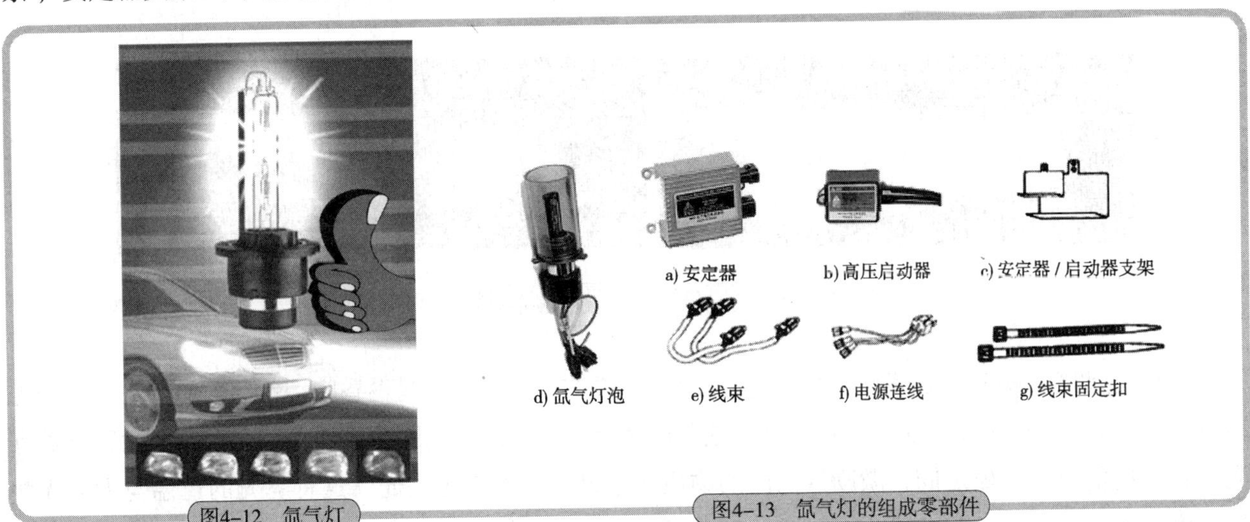

图4-12 氙气灯

图4-13 氙气灯的组成零部件

氙气灯的工作原理是：接通电源后，首先将车上的12V电压在几微秒内升压到23 000V的高压脉冲电加在石英灯泡内的金属电极之间，激励灯泡内的物质（氙气、少量的水银蒸气及金属卤化物）在电弧中电离产生亮光。由于高温导致碰撞激发，并随压力升高使线光谱变宽形成带光谱。在灯开关接通的一瞬间，氙气灯即产生与55W卤素灯一样的亮度，约3s达到全部光通量。灯内高压氙气以缩短灯被点亮的时间，灯的发光颜色则由灯泡内的氙气、水银蒸气和少量金属卤化物所决定。

2）氙气灯的特点

氙气灯具有主要以下6个特点：

（1）亮度大。氙气灯可以输出高达3000lm（流明——光通量的计量单位）的亮度，而一般卤素灯泡只能产生1000lm左右的亮度，300%的亮度提升对于提高夜间及雾中驾驶视线清晰度有着明显的功效，如图4-14所示。而且传统卤素灯泡会随着使用时间增长，灯丝发黑，亮度明显下降；氙气灯则即使使用1000小时后维持率也在70%以上。车灯亮度的提高有效扩大了车前方的视觉范围，从而提供了更为安全的驾驶条件。

图4-14　氙气灯与卤素灯亮度比较

（2）色调好。普通的卤素汽车灯的色温在3000K左右，晚行车时显得昏暗。氙气前照灯仿制太阳光的自然色调，使光亮非常完美，如同昼光。这是因为氙气灯通过高压脉冲电加在完全密闭的微型石英灯泡（管）内的金属电极之间，激励灯泡内的物质在电弧中电离产生亮光。这种亮光的色温与太阳光相似，但含较多的绿色与蓝色成分，因此呈现蓝白色光，这种蓝白色光大幅提高了道路标志和指示牌的亮度。

（3）能耗低。一般的卤素灯功率为55/60W（H4）以上的电力，而氙气灯功率恒定为35W。在各种电子、电气设备日增的情况下，从前照灯上节约20W的电力有着十分重要的意义，大大减轻了汽车电力系统的负担。

（4）性能好。氙气灯的亮光具有很好的稳定性及连续性，且一旦发生故障，氙气灯不会瞬间熄灭，而是通过逐渐变暗的方式熄灭，使驾车人能在黑夜行车中赢得时间，紧急靠边停车。此外，氙气灯还有助于缓解人们夜间行驶的疲劳与紧张，增加了驾驶的舒适性与安全性。

（5）寿命长。卤素灯利用钨丝加热发光，钨丝随着使用时间的增长而逐渐蒸发。而氙气灯没有灯丝，它是利用两电极之间放电产生的电弧来发光（情形类似于电弧焊）。因此不存在因灯丝烧断而报废的问题，使用寿命比卤素灯长得多。品质再高的卤素灯泡最多也只能连续使用400h，而氙气灯使用寿命相当于汽车平均使用周期内的全部运行时间。

（6）保护功能完备。由于安定器采用比较先进的电子电路，所以有非常完备的电路保护功能。

① 超压保护。能够防止在电压过高时烧毁灯泡以使车主及时发现车辆故障。当电源直流电压超过16V时，安定器自动停止工作，并使输出功率不超过45W，保护安定器，避免HID灯泡损坏。

② 欠压保护。能够防止灯泡将汽车电池的电能全部用完，造成汽车不能正常启动。当电源直流电压低于9V时，安定器自动停止工作，避免损坏蓄电池。

③ 空载保护。是当安定器未接灯泡，处于空载状态时，自动停止工作，避免高压电伤害工作人员。

④ 短路保护。当安定器遇意外情况，处于短路状态时，也能自动停止工作，避免损坏。

⑤ 反接保护。当安定器在安装时，操作失误导致输入电源正负极接反时，安定器自动停止工作，保证安定器不被损坏。

3）氙气灯的选购

选购氙气灯应注意以下6点：

（1）根据不同车型选择不同型号。氙气灯有H1、H3、H4、H7、9004、9005、9006等多种型号，如图4-15所示。选购时应根据不同车型选择不同型号的氙气灯。以EOS氙气灯为例，常用车型的近光灯和远光灯分别应选用的氙气灯型号见表4-2所示。选购时先在车灯的玻璃下角找到该灯的型号，然后仔细按照车型对照选购相应车灯即可。

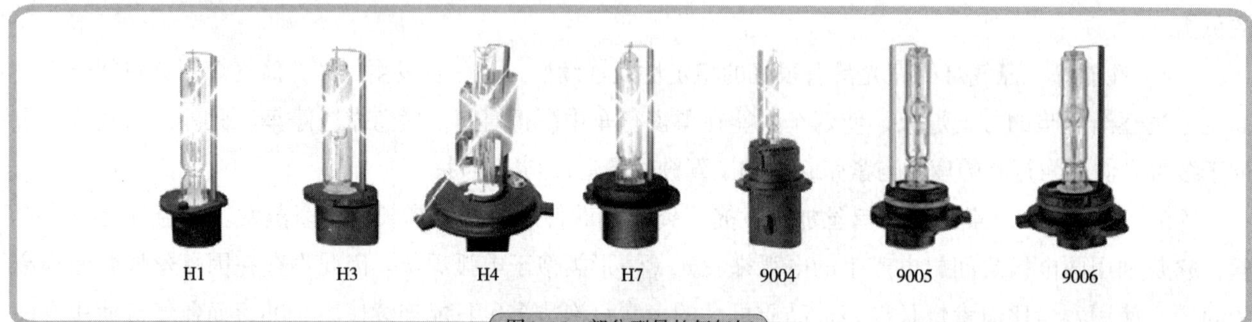

图4-15 部分型号的氙气灯

常用车型与EOS氙气灯型号对照表

表4-2

车　型	近光灯	远光灯	车　型	近光灯	远光灯
奔驰Benz	HID H1	H7	赛纳Xsara	H7	H1
奔驰MERCEDES E-Class-95	H7/D2R	H7	毕加索Picasso	H4	H4
奔驰MERCEDES S-Class	H7	H7	爱丽舍Elysee	H7	H7
宝马BMW3 Series	9006	9005	蒙迪欧Mondeo	H7	H1
宝马BMW X5	HID H1	9005	嘉年华Fiesta	H4	H4
宝马BWM 系列3（E36）95-98	H7	H7	陆风Landwind	H4	H4
宝马BWM 系列5（E39）95	H7/D2S	HB3/D2S	君威Regal	H7	H1
宝马BWM 系列3 Compact	HB4	HB3	新世纪Buick Century	H1	H1
奥迪Audi A4	HID H1	H7	别克Buick GL8	H4	H4
奥迪Audi A6	HID H1	H1	凯越Excelle	H7	H1
奥迪Audi A8	HID H1	9005	赛欧Sail	H4	H4
奥迪A6AUDI	H1	H7	西耶那Siena	H7	H1
奥迪A8AUDI	H1/D2S	HB3	派力奥Palio	H7	H1

续上表

车　型	近光灯	远光灯	车　型	近光灯	远光灯
奥迪100 AUDI	H4	H4	伊兰特Elantra	H7	H1
大切诺基Grand Cherokee	9006	9005	特拉卡Terracan	H4	H4
北京吉普Jeep	H4	H4	东方之子Chery	H7	H1
北京吉普切诺基Cherokee	H4	H4	猎豹Liebao	H4	H4
北京吉普BJ2020	H4	H4	中华Brilliance	H1	H1
帕萨特PASSAT-B5	H7	H1	瑞风Rifine	H7	H1
帕萨特PASSAT2.8V6	HID D2S	H7	普力马Premacy	H4	H4
帕萨特PASSAT	H7	H1	福美来Family	H4	H4
桑塔纳 SANTANA	H4	H4	帕杰罗Sport	H4	H4
桑塔纳2000（时代超人）	H4	H4	欧蓝德Outlander	H4	H4
捷达JETTA	H4	H4	菱帅Lioncel	H4	H4
捷达王JETTA	H1	H1	奥德赛Odyssey	H1	H1
新捷达王JETTA	H1	H1	思域Civic	H4	H4
马自达Mazda6	H1	H1	雷克萨斯Lexus	HID D2S	9005
马自达323F	H4	H4	凯美瑞Camry	H7	H7
马自达929	H4	H4	日产NISSAN 蓝鸟Bluebird	H4	H4
本田HONDA CR-V	H4	H4	菲亚特 FIAT 帕里奥 Palio	H4	H4
广州本田雅阁98Accord	HB4	HB3	风神蓝鸟	H4	H4
雅阁Accord	9006	9005	夏利/夏利2000	H4	H4
本田思域Civic	H4	H4	沃尔沃850 95>	H1	H1
本田奥德赛Odyssey	H1	H1	三菱帕杰罗91	H4	H4
本田飞度	H4	H4	大宇雷诺斯98/10	H4	H4
飞度Fit	H4	H4	凌志LEXUS LS400 90	H4	H4

续上表

车　型	近光灯	远光灯	车　型	近光灯	远光灯
丰田佳美97 Camrry	H4/H7	H4/H7	丰田巡洋舰97	H4	H4
依维柯 IVECO 3010/4010	H4	H4	福特FORD 全顺95 Transit	H4	H4
上海通用王朝/世纪 别克 BUICK	H1	H1	羚羊	H4	H4
上海通用商务车（GL8）别克 BUICK	H4	H4	长安铃木	H4	H4
上海通用赛欧 Sail	H4	H4	奥拓ALTO	H4	H4
富康Citroen	H4	H4	云雀速波	H4	H4
富康两厢/三厢	H4	H4	金龙小金龙	H4	H4
红旗Red Flag	H4	H4	东南富利卡	H4	H4
红旗7200	H4	H4	吉利豪情/美日	H4	H4
索纳塔Sonata	H7	H7	陆地巡洋舰Land Cruiser	H4	H4
索纳塔Sonata2.7V6	HID D2S	H7	花冠Corolla	9006	9005
宝来BORA	H4	H4	霸道Prado	H4	H4
高尔夫GOLF	H7	H1	威驰Vios	H4	H4
高尔GOL	H4	H4	威姿Vizi	H4	H4
超越者SANTANA3000	H7	H1	帕拉丁Paladin	H4	H4
标致PEUGEOT307	H7	H1	风度Cefiro	9006	9005
蓝鸟Bluebird	H4	H4	阳光Sunny	9006	9005

（2）选择合适的色温。色温以绝对温度K来表示。色温在3 000K左右时，光色偏红；色温在5 000K左右时，光色偏蓝；色温在6 000K以上时，光色偏白。不同色温的光，具有不同的照明和视觉效果。人类眼睛能够接受的色温在2 300～7 500K左右，而在实际使用中合适的色温则在3 200～5 000K，这样车灯的亮度和穿透力对于照明是很合适的。可见，氙气灯的色温并非越高越好，当氙气灯的色温超过6 000K

时，光色太白太亮，会给行人和其他车辆带来危险，因此在美国和欧洲都禁止使用6 000K以上的车灯，建议消费者应选用6 000K以下的氙气灯。

（3）选择合适尺寸的灯泡。如果氙气灯泡与原卤素灯泡的大小、尺寸不同，发光部分可能偏离了焦点位置，从而会出现车灯不聚光、无正确的远光功能等负面影响。此外，装氙气灯对车辆前围保险杠及格栅有一定的尺寸要求，需仔细测量后再予以改装。

（4）选择品质好的品牌产品。目前国内汽配市场上氙气灯的品牌也比较繁多，主要有三类：第一类是欧洲产品，如飞利浦、海拉、博世、欧斯朗等，品质上佳，价格很高；第二类是韩国产品，如劲光等，品质也都可以，价格也比较适中；第三类是国产的产品，一般也都是国外的散件在国内企业组装的，如台湾的红武士、浙江的爱博特等，品质一般，价格也比较低。

（5）根据车辆实际情况选择。氙气灯因其性能优越、成本较高，所以价格也较贵，比卤素灯的价格要贵得多。目前市场上最好的卤素灯每套价格为900多元，而氙气灯一般都要4000元左右，贵的要5000多元，所以车主应该根据自己的实际情况来选择。如果你的车已用了近10年，就没有必要换灯；如果是新车且档次还较高，有条件的话应换成氙气灯，因为氙气灯几乎与汽车的使用年限相同，而卤素灯仅有几年的寿命，折合起来不如装氙气灯划算。

（6）防止假冒伪劣氙气灯。现在市场上有一种假冒氙气灯，这种灯是在卤素灯泡的玻璃管上添上一层或多层的蓝色镀膜，以此来过滤其他颜色的光波，使只有蓝白两种颜色的光透出来，乍看起来灯是亮了一些，其实是眼睛的错觉。这样的灯泡实际投射光线的功率已大打折扣，直接导致灯泡照射范围缩小，甚至还比不上完全未经改进的原厂车灯，直接危及到行车安全，选购时要特别注意。

4）改装方式

将汽车上原厂装配的卤素灯改装为氙气灯的方法主要有以下3种：

（1）换总成。“换总成”就是将原卤素前照灯总成全部更换成氙气前照灯总成，包含灯罩、灯壳、反光罩和氙气灯组在内的全套大灯总成，而且一般是远近光都换成了氙气灯（也有只换近光，远光仍是卤素灯的总成的，价格稍低）。这种方式灯光效果最好，不需要进行灯泡焦点的调试和光束的聚焦位置的调整，因为先前厂家已进行了整体设计和匹配调整，所以不存在灯泡与反光罩配合的问题，只需要在总成安装完毕之后，做大灯的上下、左右方向光束的调整就行了。

这种改装方式的主要缺点就是价格很高，普通品牌价格都要4000～10 000多元，国际大品牌的价格都在10 000多元以上（像宝来的海拉总成要11 000多元），而且型号受厂商的限制，不一定每种车型的都有用以改装的相应大灯总成，一般中高级轿车、豪华轿车，以及市场保有量较大的车型有，但市场保有量不大的车，就不一定有了（比如北京吉普的切诺基越野车就没有）；另一方面改装程序也较为复杂。

（2）换灯泡。“换灯泡”就是将原车前照灯中的卤素灯泡换成氙气灯泡（含灯泡座）。这种改装方法简便易行，但存在很大的安全隐患：

① 由于前照灯的反射镜与配光镜都是为原卤素灯泡度身定造，在改换光源后，由于氙气灯泡与原卤素灯泡的尺寸大小都不尽相同，发光部分必然偏离了焦点位置（即由于氙气灯发光部位置偏移所致），因此新的氙气光源与反射镜及配光镜的配合不可能达到原有的效果。可见，这种改法虽然可以提高前照灯的光源照明亮度，但却不能产生法规要求的光型。相反出现了包括不聚光、失去近光切割线（即明暗截止线）、无正确的远光功能（带远光功能的产品也有，但光形并不理想）等严重的负面效果。

② 由于更改了原车的电路，一旦出现产品质量问题，可能会引起短路甚至起火。为此，建议车主将汽车上卤素灯改装为氙气灯尽量不要采用此种方法。

（3）另行加装。“另行加装”就是不改动原车的照明系统，而是将氙气灯作为辅助灯，另外开辟一个照明系统，将灯安装于汽车头部或顶部的相应位置。这种改装相对比较灵活，用户可以根据车辆的前围造型和自己的喜好挑选适合的产品，选择合理的安装位置进行安装，满足个性化的需求。氙气辅助灯以远光灯为主，外径一般小至80～90mm，大至200mm，分别适合货车、越野车和轿车等不同车型。氙气辅助灯可以满足高速公路驾驶以及赛车驾驶的特殊需求，射程可达千米以上。此种改装方法对于车辆前围保险杠及格栅有一定的尺寸要求，需仔细测量后再予以改装。

5）安装方法

氙气灯线路连接如图4-16所示，安装步骤与方法如图4-17所示。

安装氙气灯时应注意以下事项：

（1）安装氙气灯，需待发动机完全冷却后进行。安装过程中请勿打开车灯电源，以防高压伤人。

（2）安定器一定要安装在离发动机等热源或水箱等水源较远的地方，否则，过度潮湿会导致安定器的漏电和老化，安定器安装的稳定性也会对氙气灯的使用效果有很大影响。

（3）安定器也不要装在车内过热的地方，最好置于透气性和散热性较好的位置。

（4）安定器的高压线部分不易缠绕，以免影响绝缘，或产生过大的磁场，从而影响汽车的其他电器设备。

（5）连接线必须固定、不能受挤压或悬挂晃动。

（6）灯光的焦距要调到合适位置，灯碗要固定好，否则极有可能造成散光，或者照射来车视线，形成安全隐患。

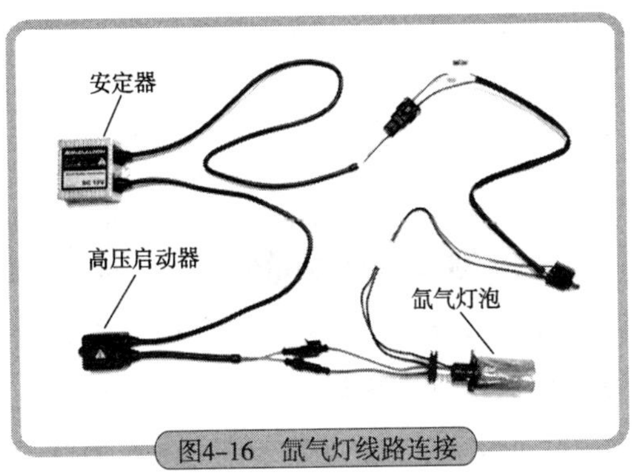

图4-16 氙气灯线路连接

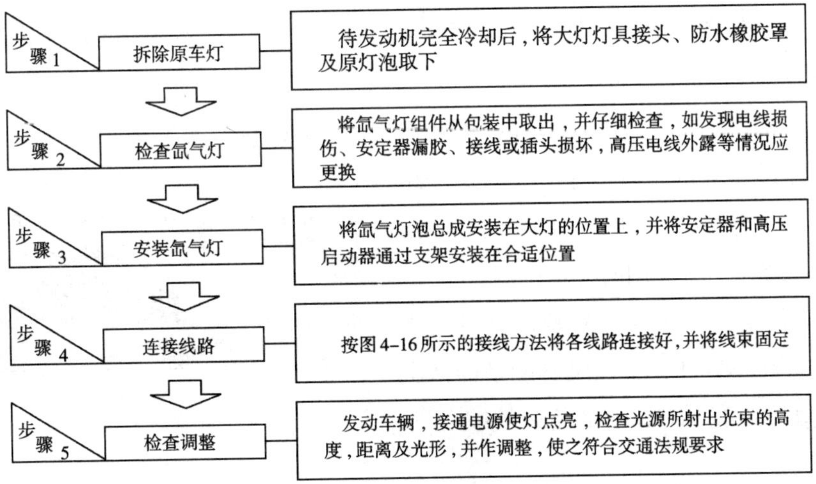

步骤	项目	方法
步骤1	拆除原车灯	待发动机完全冷却后，将大灯灯具接头、防水橡胶罩及原灯泡取下
步骤2	检查氙气灯	将氙气灯组件从包装中取出，并仔细检查，如发现电线损伤、安定器漏胶、接线或插头损坏，高压电线外露等情况应更换
步骤3	安装氙气灯	将氙气灯泡总成安装在大灯的位置上，并将安定器和高压启动器通过支架安装在合适位置
步骤4	连接线路	按图4-16所示的接线方法将各线路连接好，并将线束固定
步骤5	检查调整	发动车辆，接通电源使灯点亮，检查光源所射出光束的高度，距离及光形，并作调整，使之符合交通法规要求

图4-17 氙气灯的安装步骤与方法

三、信号灯改装

1. 加装高位制动灯

高位制动灯俗称高位刹车灯，它是安装在汽车尾翼或后风窗玻璃内侧，汽车制动时便会发光的车灯，如图4-18所示。高位制动灯与汽车原装制动灯同时明灭，但其比原装制动灯更醒目，光亮更美观。

图4-18 高位制动灯

1）高位制动灯的作用

（1）制动警示作用。由于汽车原配制动灯一般均装在尾灯旁边，制动时该灯亮起，但不够醒目。高位制动灯不仅装在醒目的位置，而且灯管长，亮度大，起到制动灯的辅助警示作用。

（2）转向警示作用。有些高位制动灯还可在汽车转向时起到警示作用。当汽车右转弯时，右边一组红灯闪亮；当汽车左转弯时，左边一组红灯闪亮（图4-19）；当汽车制动时，所有灯同时亮。

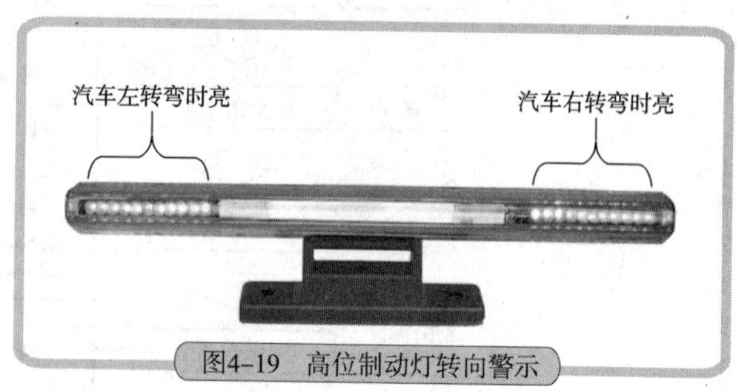

图4-19 高位制动灯转向警示

（3）闪光装饰作用。很多高位制动灯具有闪光功能，在夜间只要打开小灯开关，在没有制动的情况下，灯光就会呈流动型闪亮，有较好的装饰效果。

2）安装方法

以安装德国Hella 高位制动灯为例，如图4-20所示。该高位制动灯包装内含有四个镁镀层反光碗的灯体一只（带3M胶），hella原厂线束一套，线卡两只（不需要剥剪线路及包绝缘胶布了），3M玻璃清洁

剂一包，OSRAM 5W灯泡四只，德文安装手册一份（带示意图）

安装工具主要有：单面刀片、镊子、打火机、绝缘胶布、20cm直钢尺、水彩笔等。安装步骤如图4-21所示。

图4-20　德国Hella 高位制动灯

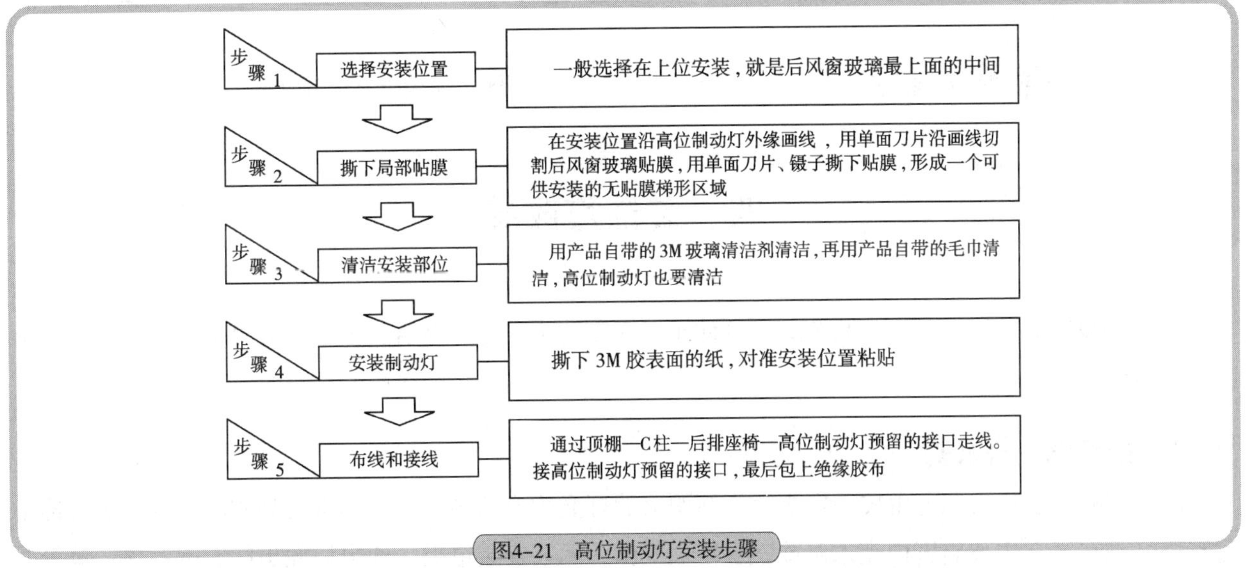

图4-21　高位制动灯安装步骤

2. 加装车头示宽灯

车头示宽灯（两个）是对称安装在汽车头部两侧，具有示宽和装饰作用的车灯，如图4-22所示。

车头示宽灯安装比较简单，先撕下灯底部的双面胶保护纸，然后粘贴在车头合适位置并压紧，再将导线连接在小灯线上即可，如图4-23所示。

图4-22 车头示宽灯

图4-23 车头示宽灯的安装

四、装饰灯改装

各种造型精美、灯光各异的装饰灯，可使车辆在夜间更加光彩夺目，不仅可突出车辆个性，而且增添几分神秘。

1. 加装汽车霓虹灯

汽车霓虹灯是指汽车上由按一定规律不断明灭的灯光构成的画面。我们常见到的广告及建筑装饰中的霓虹灯是在真空中玻璃管内充入氖或氩等惰性气体，两端安装电极，通电后发出红、蓝、绿、黄等不同颜色的光。汽车霓虹灯的发光体是晶体霓虹发光片，这种高科超薄的平面型光源，厚度仅为0.3mm左右，相当于名片厚度，如图4-24所示。

1）汽车霓虹灯的组成

汽车霓虹灯主要由电源、驱动器、发光体及信号线等组成，如图4-25所示。电源可由汽车蓄电池供电，也可由干电池供电；驱动器可控制画面中的灯光按一定规律明灭，发光体为晶体霓虹发光片，具有质量轻，利用空间小等特点。

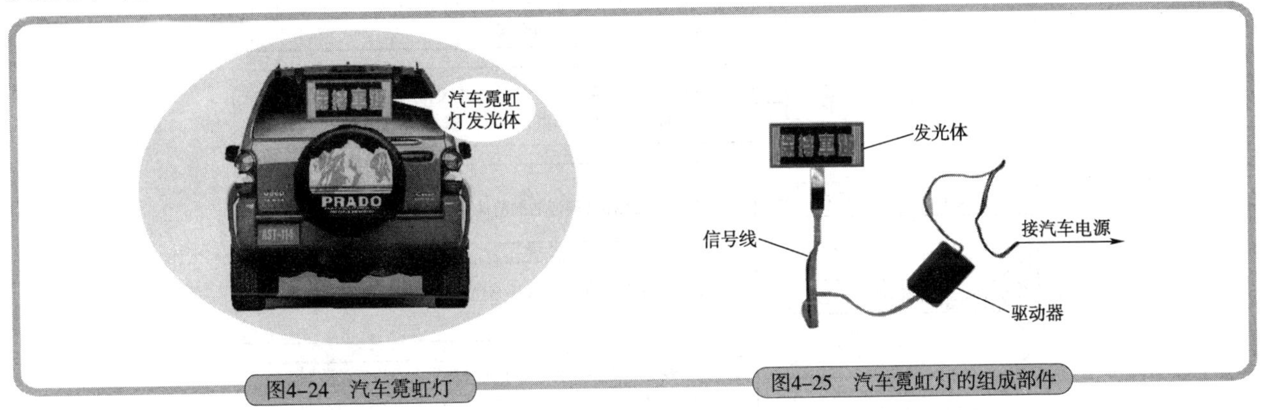

图4-24 汽车霓虹灯

图4-25 汽车霓虹灯的组成部件

2）汽车霓虹灯的特点

（1）发光片可产生蓝、蓝绿、绿、橙、白、紫、粉红、红等色光，色彩丰富，更显酷车本色。

（2）平面超薄的发光片，亮度均匀、无明暗区，完全不闪烁，给人以宁静、祥和之感。

（3）整体发光，所有区域均能保持一致的光强，其亮度稳定、柔和，更为逼真地反映出画面的清晰层次。

（4）高科超薄晶体霓虹发光片对烟、雾穿透力强，能见度高，不产生有害射线。

（5）发光片工作时不发热，避免了与热量积累相关的一系列问题。

（6）超薄晶体霓虹发光片的耗电量极低，用普通9V电池即可启动。

（7）晶体霓虹发光片为软体结构，有较好的绕曲度，适应于弧形曲面体上的配合。

（8）耐压、抗震，不会因为遭受外界冲击或挤压而损坏、失效。

（9）在-40℃～70℃的温度条件下均能正常工作。

（10）使用寿命长， 在良好的工作条件下，其寿命可超过10 000h。

3）汽车霓虹灯的安装

汽车霓虹灯的安装步骤与方法如图4-26所示。

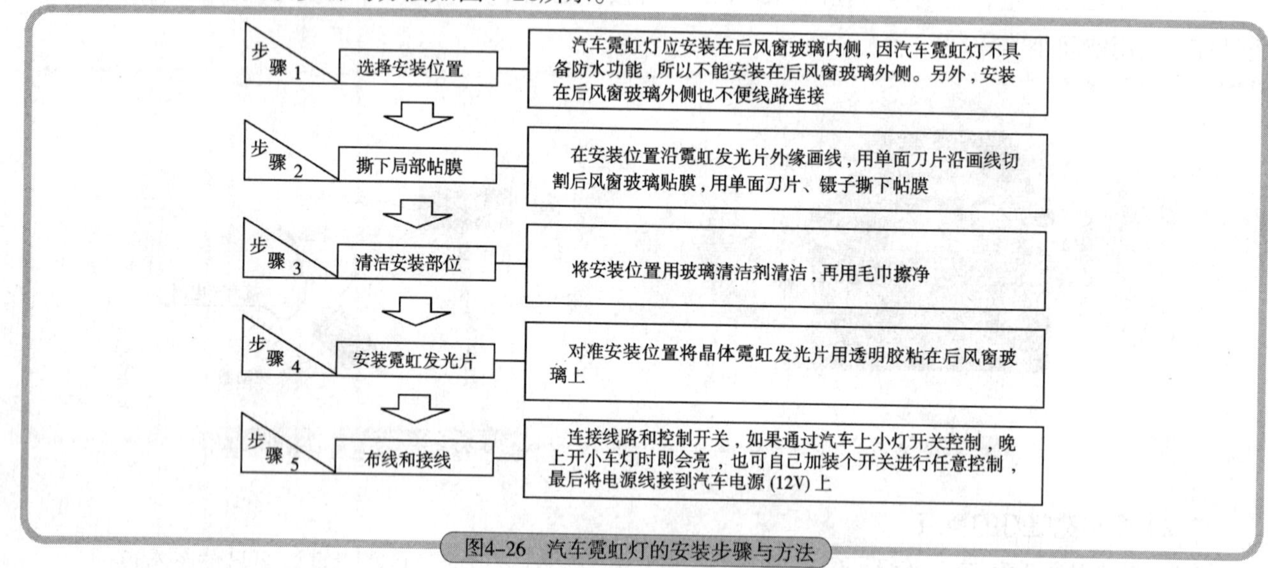

图4-26 汽车霓虹灯的安装步骤与方法

2. 加装汽车底盘灯

汽车底盘灯是安装在汽车底部，具有照明、警示、装饰等功效的车灯，如图4-27所示。

图4-27 汽车底盘灯的照射效果

1）汽车底盘灯的作用

汽车底盘灯集安全性、实用性、装饰性为一体。该灯不仅可用于照明，还可作为制动警示、转向灯及停车显示。比如说打左转向灯，底盘灯左边也会跟着亮起；制动时，底盘灯会全亮；汽车停止时，则是一闪一闪，达到警示效果。在夜间、雾天、雨天以及能见度差的路上，它可以很好的为行人或者其他车辆提供自己车行驶或停车时的位置标识，以减少事故隐患。

另外，当夜间检查汽车底盘或者查看更换轮胎时，底盘灯还能提供照明，同时还有非常好的装饰效果。

2）汽车底盘灯的基本结构

以超炫LED底盘灯为例，其基本结构是：外管采用了防水防震PVC管，中间有防震衬扣，里边灯管为节能超亮LED灯，如图4-28所示。另外，底盘灯自带安装支架及安装电源线，电源线以颜色区分正负极，安装非常方便。

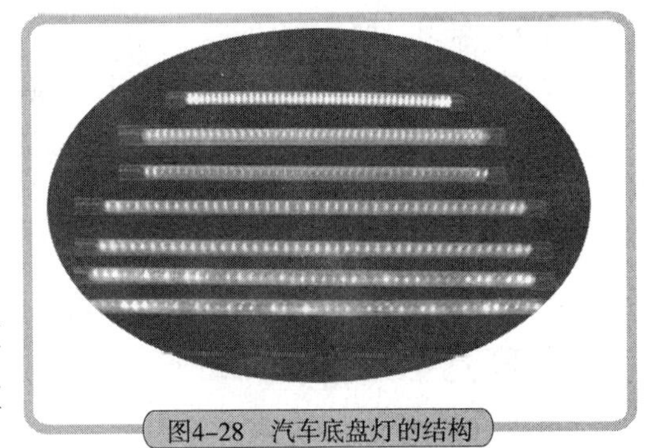

图4-28　汽车底盘灯的结构

3）汽车底盘灯的特点

采用最新科技的汽车底盘灯具有下列性能特点：

（1）采用LED产生色光，颜色鲜艳靓丽、光线均匀。

（2）具有全亮、快速全闪、慢速全闪、顺向扫描、逆向扫描、快速顺向扫描、来回扫描、声控扫描等多种闪烁效果。

（3）具有良好的防水性能和抗冲击性能，且平时不用维护，不用擦洗。

（4）耗电量低，功率只相当与一个汽车大灯的功率，使用时不会给汽车蓄电池和发电机带来过多的负担。

（5）质地轻巧便于安装，一次安装长期使用。

4）汽车底盘灯的安装

汽车底盘灯接12V车用电源，不需变压器可直接安装于车上。其安装方法是：

（1）将汽车放置升降台或者地沟上合适位置。

（2）汽车底盘灯分别安装于汽车底盘的前、后、左、右四边底部，如图4-29所示。

（3）灯管安装有粘贴式和螺钉连接式两种。粘贴式安装是将灯管安装底座上的双面胶保护膜撕下，然后把灯管粘在要安装的位置即可。螺钉连接式安装先应根

图4-29　汽车底盘灯的安装

据底盘灯的两端安装支架的孔位置，在汽车底盘铁板上钻孔，然后用产品自带的螺钉拧紧即可。

（4）灯管采用专用的电源线并接，连接时将红线与红线相接，黑线与黑线相接。

（5）检查所有灯管工作状况，如果正常，将灯管用螺钉予以固定。

（6）安装时应注意：

① 连接灯管的专用电源线如过长，应剪短至合适的长度；

② 为防短路造成的危险，在线路上应安装熔断丝，并用带熔断丝的那头电源主线接入汽车灯光电源。

3. 加装汽车外部顶灯

汽车外部顶灯是安装在汽车顶部，夜间发出高雅闪光的装饰性车灯，如图4-30所示。

1）汽车外部顶灯的结构

汽车外部顶灯由发光体、电池、底座及双面胶等组成，如图4-31所示。其中发光体包括光控电路、动态感应电路及发光电路。

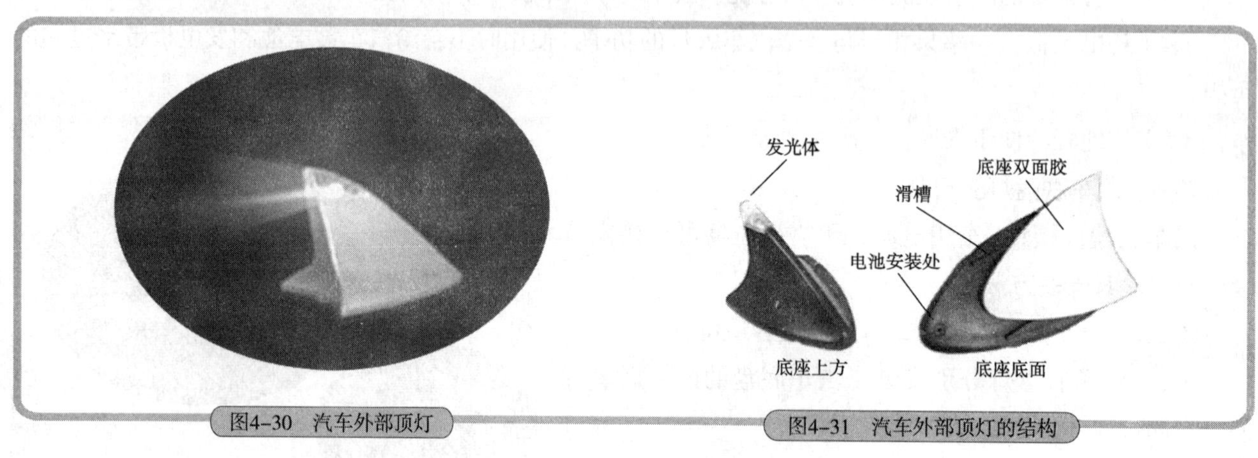

图4-30 汽车外部顶灯

图4-31 汽车外部顶灯的结构

2）汽车外部顶灯的安装

汽车外部顶灯通过底座上的双面胶粘贴在汽车顶部，独立的电路设计，无需改动或连接汽车本身电路。夜间汽车开动时便会发出闪光，白天或停车时不闪光。

◆ 3）汽车外部顶灯电池更换

汽车外部顶灯由二颗纽扣电池供电，电池装在底座内，底座上设有滑槽，当需要更换电池时，应顺着滑槽平推，先取下底座，然后便或轻易更换电池。

4. 加装车尾装饰灯

车尾装饰灯是安装在汽车后备箱盖的两侧，形似飞翔的翅膀，夜间发出光亮的装饰灯，如图4-32所示。

车尾装饰灯的安装方法是：先将所附的软性海绵贴于本体底部，然后将本体底部的金属部位卡在汽车后备箱盖侧，从盖内用所配螺钉将灯体卡紧固定即可，如图4-33所示。导线如接于小灯可在夜间常亮，如接于制动灯可作为制动提示灯使用。

安装时应注意，车尾装饰灯的导线应留有足够长度。由于后备箱盖在打开和关闭时，装在其上的车尾装饰灯也随之运动，若灯线过短，在打开后备箱时，会造成导线过分拉紧，甚至拉断。为此，安装车尾装饰灯时，连接的导线不能过短。

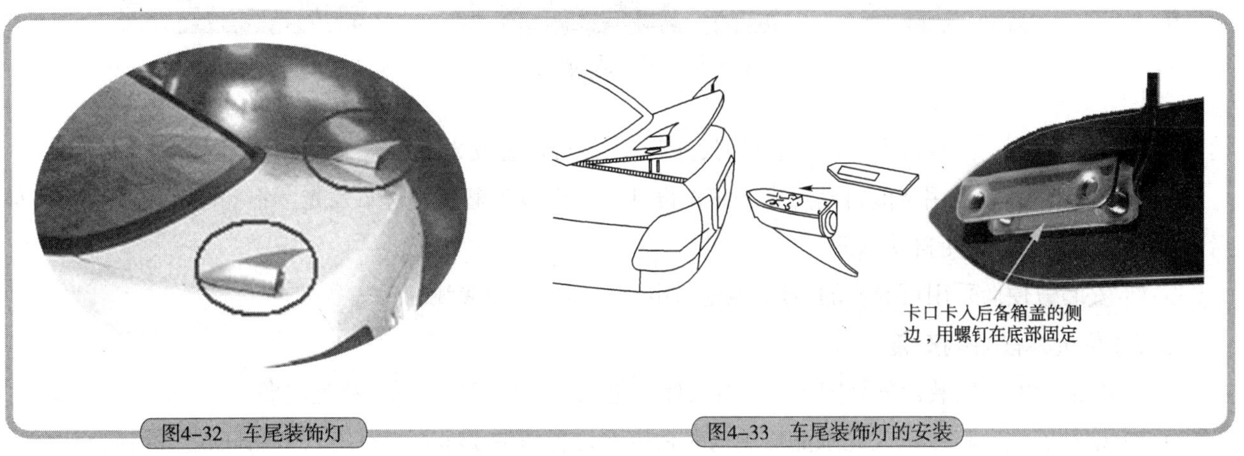

图4-32　车尾装饰灯

图4-33　车尾装饰灯的安装

5. 加装闪光水晶灯

闪光水晶灯是安装在汽车仪表台上，夜间汽车行驶中发出柔和漂亮七彩光的车内装饰灯，如图4-34所示。

◆1）闪光水晶灯的特点

（1）高雅美观。该灯采用精致的高透光度水晶，配以多种激光内雕图案，格调高雅、美观亮丽、发光柔和、变换无穷。

图4-34 闪光水晶灯

（2）自动控制。只有在夜间汽车运动时，闪光水晶灯才会发光，无需人为操控。

（3）节能设计。采用智能自动感光、感振设计，白天和车辆静止时不发光，不耗电，夜间汽车停车后两分钟，闪光水晶灯便自动熄灭。

（4）安装方便。采用可更换的7号干电池供电，无需外接电源线。

◆2）闪光水晶灯的安装

（1）接通电源。安装前先将闪光水晶灯底座的电池绝缘片拔掉，以便接通电源。

（2）粘贴安装。将放置闪光水晶灯的仪表台表面位置清洁干净，再将闪光水晶灯底座的强力不干胶保护层撕掉，对准位置粘在仪表台上即可，如图4-35所示。

3）闪光水晶灯电池更换

水晶灯在使用中，当灯光暗淡时，只要将水晶灯底座的上下盖分开，取出旧电池，装上3节7号新电池即可。

图4-35　闪光水晶灯的安装

6. 加装太阳能迷你闪光精灵灯

太阳能迷你闪光精灵灯是利用太阳能储能，安装在汽车前窗、后窗等位置，发射出超强闪光的车内装饰灯，如图4-36所示。

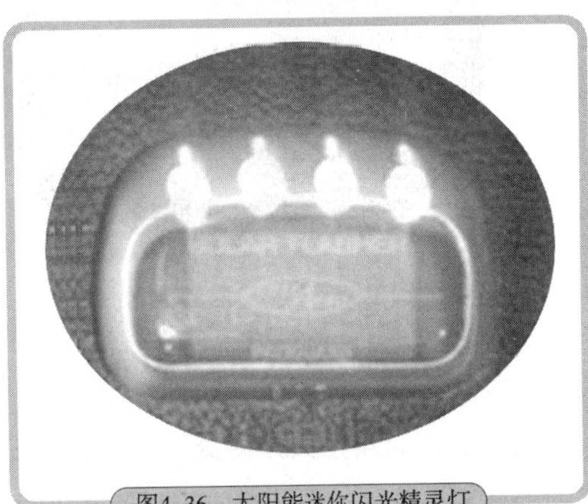

图4-36　太阳能迷你闪光精灵灯

1）太阳能迷你闪光精灵灯的特点

（1）自动储能。该灯设有内置光线感应器，会自动感应光线的强度，利用太阳光线充电，一个白天充的电能可供应7个晚上用电。在白天处于储能状态，不会发光。

（2）自动控制。该灯设有内置振动感应器，夜间汽车行驶时，4个灯同时闪烁；夜间停车后，它会自动进入工作状态，四个LED灯按顺序自动依次闪亮，黑暗处停放可以起到警示作用。

（3）手动调节。该灯设有强、弱、关三个挡位开关，可以自由手动调节。

（4）安装方便。内置太阳能电池，安装时无须配线和插头。

2）太阳能迷你闪光精灵灯的安装

（1）安装位置。太阳能迷你闪光精灵灯可安装在前风窗玻璃右下角、后风窗玻璃内侧及车门内侧。当装在前风窗玻璃右下角时，能起到很好的装饰作用；当装在后风窗玻璃内侧时，可更好的提醒后面的车保持距离；当装在车门内侧时，可提示侧面的行人注意，同时当打开车门时，能提醒后车注意。

（2）安装方法。产品附带双面胶和固定支架，支架为一铁片，可任意弯曲，自己选择一个最佳角度，安装时通过双面胶将太阳能迷你闪光精灵灯粘贴在个人喜好的安装位置即可，如图4–37所示。

7. 加装闪光排挡头

闪光排挡头是安装在变速手柄头部，具有闪烁彩光的车内装饰品，如图4–38所示。

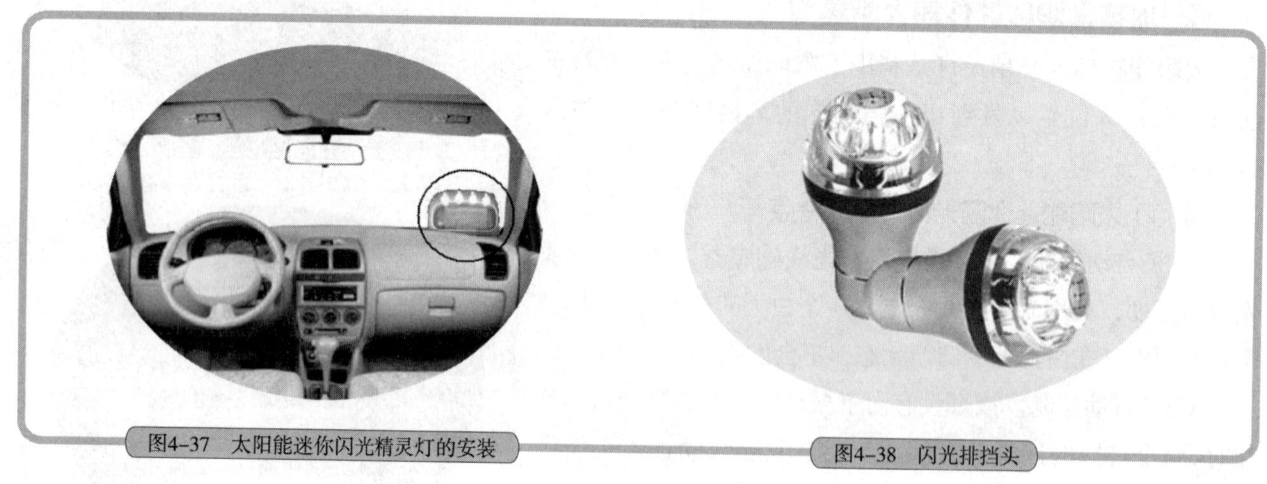

图4–37　太阳能迷你闪光精灵灯的安装

图4–38　闪光排挡头

1）闪光排挡头的特点

（1）不锈钢与高透亚克力材质，更显豪华。

（2）可调多种不同闪烁方式，具有丰富的表现力。轻按排挡头顶部，就会有发光变化，每按一次都会有不同的发光效果，红、黄、绿色不断渐变，有时闪烁多种彩光，每一次闪光都不同，奇妙之极，极富个性。

（3）自动控制，白天可自动关闭闪灯功能。

（4）内装两颗长寿纽扣电池，LED高亮低耗能发光。

（5）体积小，寿命长。

（6）安装简易，车主可自己动手安装。

2）闪光排挡头的安装

（1）当闪光排挡头与原装排挡头口径一样时，只要卸下车上原装排挡头，拧开闪光排挡头下端螺帽，把排挡头的孔插入汽车排挡杆即可，如图4–39所示。

（2）闪光排挡头与原装排挡头口径不一样时，可使用闪光排挡头产品附件中配备的配件和小工具[排挡杆帽4个（不同大小），紧固螺钉2个，紧固工具1把]，用这些配件和小工具可以保证每台车都能正常安装。

图4–39　闪光排挡头的安装

8. 加装车内声控灯

车内声控灯是一种灯光可随音乐闪烁的车内装饰灯。车内声控灯的种类较多，常见的主要有以下几种。

1）四功能声控LED霓彩七彩灯

该灯具有霓彩照明、音乐声控、七彩灯快闪及七彩慢闪四大功能，可安装在车内任何地方或直接替代原车上的车顶灯，如图4–40所示。

图4–40　四功能声控LED霓彩七彩灯

2）声控声乐闪灯

声控声乐闪灯安装于车内，直接从汽车点烟器获取12V电源。该灯可随着车内音乐的节拍，发出强劲的闪光。12个超亮蓝灯同时闪亮，形成一条耀眼的光柱。音量灵敏度可调，适合不同需要，如图4–41所示。

3）声控大炮

声控大炮是一种可随音乐闪烁的车内装饰灯，该灯有多种颜色和组合，有3个一组、6个为一组等，如图4-42所示。

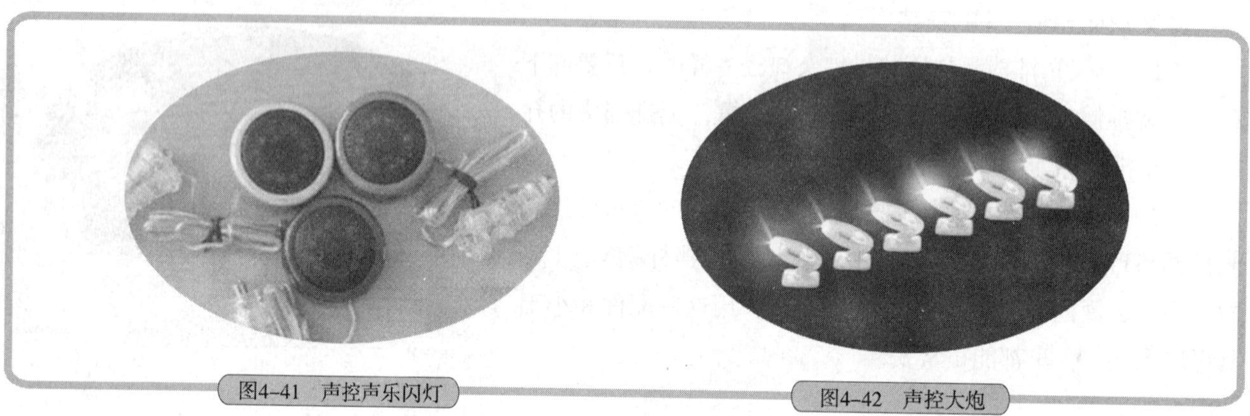

图4-41　声控声乐闪灯

图4-42　声控大炮

4）声控飞碟

声控飞碟是一种多层面车内声控装饰灯。上部有来电闪、振动闪、声控闪，中间是振动闪，下部是来电闪，如图4-43所示。

图4-43　声控飞碟

车身外部改装

车身外部改装是通过加装大包围、天窗、尾翼、贴纸等改装件，改变汽车的外观，从而使汽车更加靓丽、豪华和时尚，以满足人们审美观和个性化需求。

一、大包围加装

汽车大包围是车身下部宽大的裙边装饰。汽车安装大包围后，可使汽车外观豪华、气派、美观、霸气，更显个性特征，其装饰效果如图5-1所示。

图5-1　汽车大包围的装饰效果

1. 加装大包围的作用

（1）可使车身加长、重心降低，给人以雍容气派、奔放热情之感；

（2）可使车身的曲线更柔顺，棱角更清晰，车型线条更顺畅，造型更优美，给人以整体和谐的愉悦感受；

（3）可改善车身周围气流的运动特性，提高汽车行驶的稳定性；

（4）可使汽车外形大变，更显个性特征，使汽车锦上添花，充分展示艺术的完美。

2. 大包围的组成

汽车大包围由前包围、后包围和侧包围组成，如图5-2所示。其中，前、后包围有全包围式和半包围式两种形式。全包围式是将原来的保险杠拆除，然后装上大包围，或是将大包围套在原保险杠表面，覆盖原保险杠；半包围是在原来保险杠的下部附加一装饰件，这样可不用拆除原保险杠；侧包围又称侧杠包围或侧杠裙边。

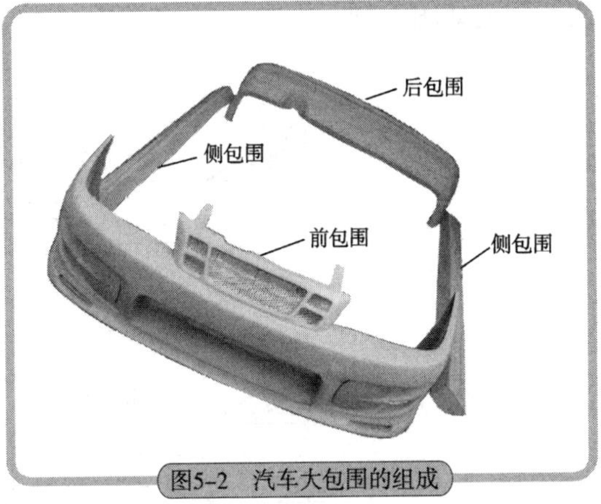

图5-2 汽车大包围的组成

3. 大包围的制作材料

1）塑料

此材料具有细微成分和性能可进行调整且成形性好等特点，用塑料制作的大包围套件的质量相对较高，是各名牌汽车改装厂生产大包围的主要材料。但塑料对成形所需的模具和生产设备要求较高，所以产品售价也较高。

2）玻璃钢

用玻璃钢制作的大包围套件，虽然在细腻程度等方面不如塑料件，但因制作方便，且对模具和生产设备要求不高，所以多数生产商首选玻璃钢作为生产大包围的材料。

3）PU（合成橡胶）

PU类的包围，具有较大的温度适应范围，气温在-80℃～50℃之间都不会出现变形，此外它还具有较好的耐冲击能力。

4. 大包围的设计与制作

目前，在汽车装饰市场有与各种汽车配套的大包围可供选择，但这些大包围均是批量生产的，难以体现个性特征。如车主想为自己的爱车安装更具个性化的大包围，可请汽车改装专家设计制作一套只属于自己爱车的大包围，这样可使自己爱车的外观是街上独一无二的了。现以玻璃钢材料为例，其设计与制作工艺如图5-3所示。

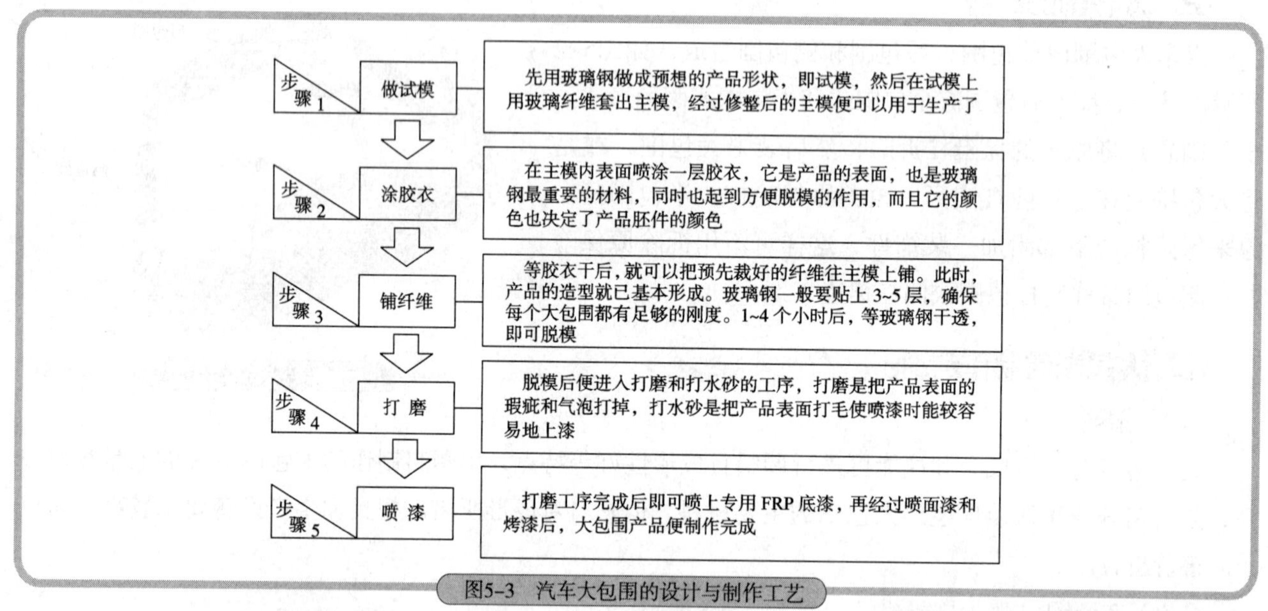

图5-3 汽车大包围的设计与制作工艺

5. 大包围的选用

选择大包围应遵循以下原则：

（1）配套性原则。目前装饰件生产厂家生产的大包围总成件，基本上都是以特定的车型为准而设计制作的。在制作中，又根据制作的材质和工艺而分为标准型、豪华型。在选择时应根据不同的车型，选择与之配套的大包围。

（2）协调性原则。各包围件的造型和颜色要与车身融为一体，做到总体平衡协调。

（3）安全性原则。汽车安装大包围后决不能影响整车性能和行车安全，选择大包围时要考虑路面状况，只有完全在平坦良好道路上行驶的汽车才能加装大包围，所有饰件离地面应保持一定距离（至少20cm）。

（4）标准性原则。大包围的材料及制作工艺不同其质量有较大差异，选择的大包围组件要符合国家有关规定，应选用高质量的产品，并应选择在正规的、有经验的汽车装饰店进行安装。

（5）观赏性原则。选择的大包围组件要美观大方，赏心悦目，符合人们审美需求。

6. 大包围的安装

安装大包围的步骤如图5-4所示。其操作要领是：

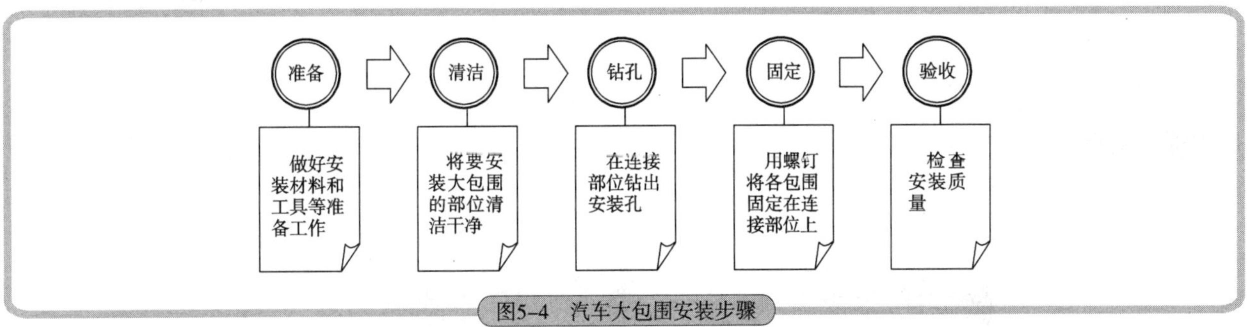

图5-4　汽车大包围安装步骤

1）准备

将包装好的大包围拆封，并检查其质量。同时，准备好安装螺钉和工具。常用的安装工具有手电钻、锤子、螺钉旋具、活动扳手、钳子等，如图5-5所示。

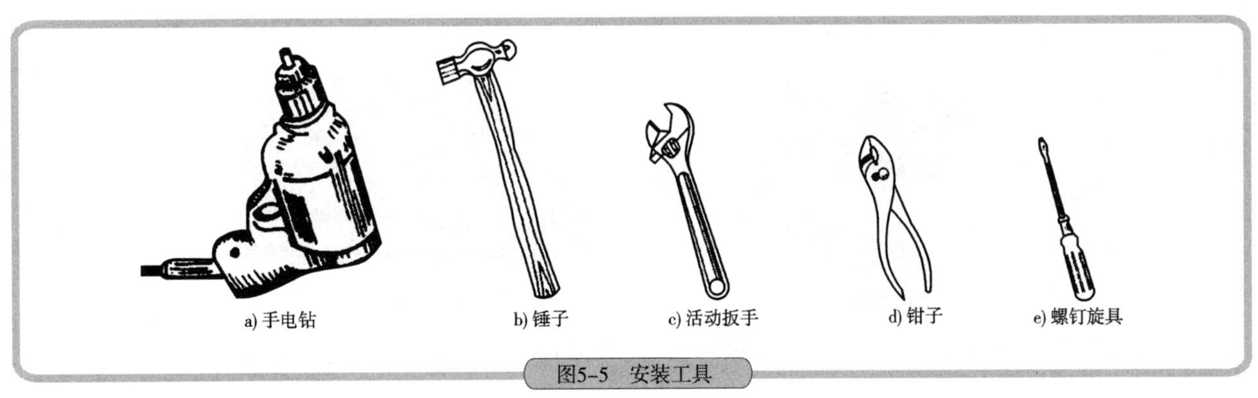

图5-5　安装工具

2）清洁

将安装大包围的部位进行清洗和擦拭，清除泥土和油污，使安装部位达到清洁、干燥。

3）钻孔

按大包围安装位置的要求，钻好安装孔，并去掉孔边周围的毛刺，如图5-6所示。

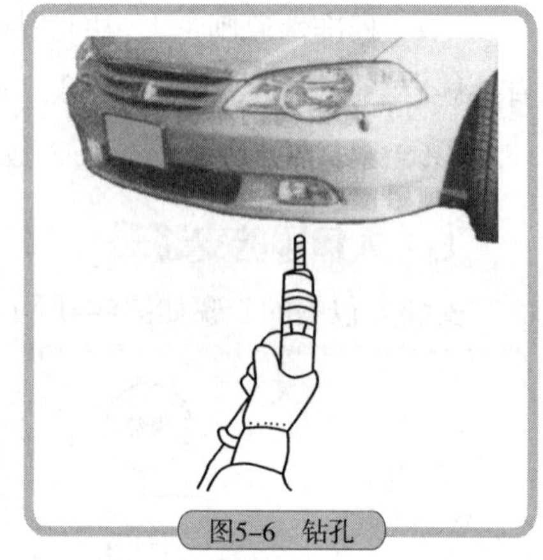

图5-6 钻孔

4）固定

将前包围、侧包围和后包围依次插入安装部位，对准安装孔，然后用螺钉固定拧紧，如图5-7所示。

a) 安装前包围

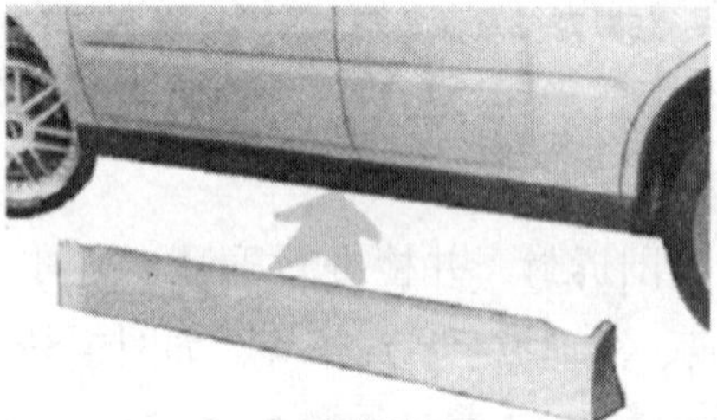

b) 安装侧包围

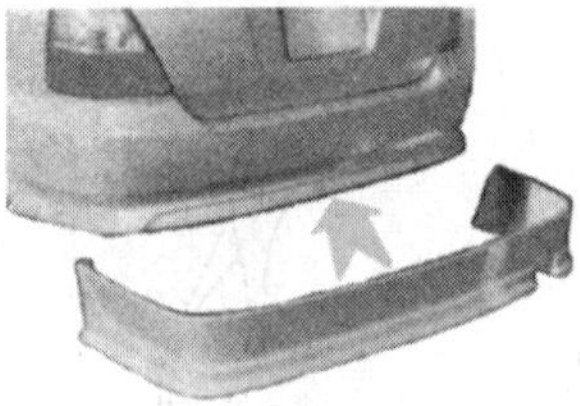

c) 安装后包围

d) 安装完毕

图5-7 插入安装部位

◆5）验收

检查安装质量，发现错位、不合缝等质量问题，及时采取补救措施。

7. 加装大包围的注意事项

对车主来说，加装汽车大包围应注意以下事项：

◆1）注意行驶道路

汽车加装大包围后使最小离地间隙变小，只适合在平坦和良好的道路上行驶。为此，汽车是否加装大包围，要根据汽车经常行驶的道路情况而定，如果汽车经常要在不平的路面上行驶，不能加装大包围。

◆2）注意产品质量

大包围的质量直接影响到汽车的外观，如果大包围材质脆弱，刚性过大，就很容易碎裂，那样不仅增加了更换成本，也平添了不少麻烦，为此应选用高质量的大包围。

◆3）注意改装安全

由于大包围的材料抗撞击能力较差，所以选用需要拆掉原车保险杠才能安装的大包围将影响到汽车的安全性。如果一定要选用拆杠包围，可将原杠中的缓冲区移植到大包围中，以起到保护作用。

◆4）注意商家选择

应选择信誉好、有经验的专业改装店加装大包围，因为这些改装店加装质量有保证，也有可靠的售后服务。目前已经有一些国产的大包围知名品牌，虽然价格贵一些，但品质却有所保证，有的品牌还为大包围提供了保险，免除了车主的后顾之忧。

二、天窗加装

汽车天窗是在汽车顶部设置的窗口，如图5-8所示。加装天窗的主要目的是有利于车厢内通风换气，有了天窗还为驾车摄影、摄像提供了便利条件。

1. 天窗的种类

1）按驱动方式分

汽车天窗按驱动方式不同可分为手动式和电动式。

手动式天窗是通过人力开启和关闭的天窗，此类天窗结构比较简单，价格也较便宜，且便于安装。

电动式天窗是以电力为动力而进行开启和关闭的天窗，此类天窗档次较高，价格较贵，安装时由于要布线，安装难度较大。

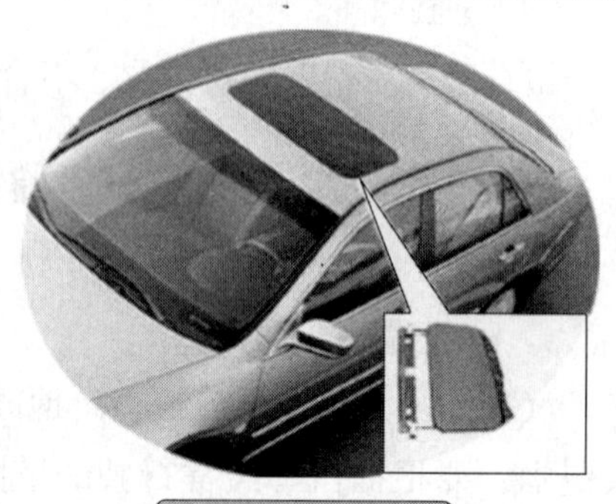

图5-8 汽车天窗

2）按结构形式分

汽车天窗按结构形式不同可分为外倾式、外滑式、内藏式和敞篷式等，如图5-9所示。

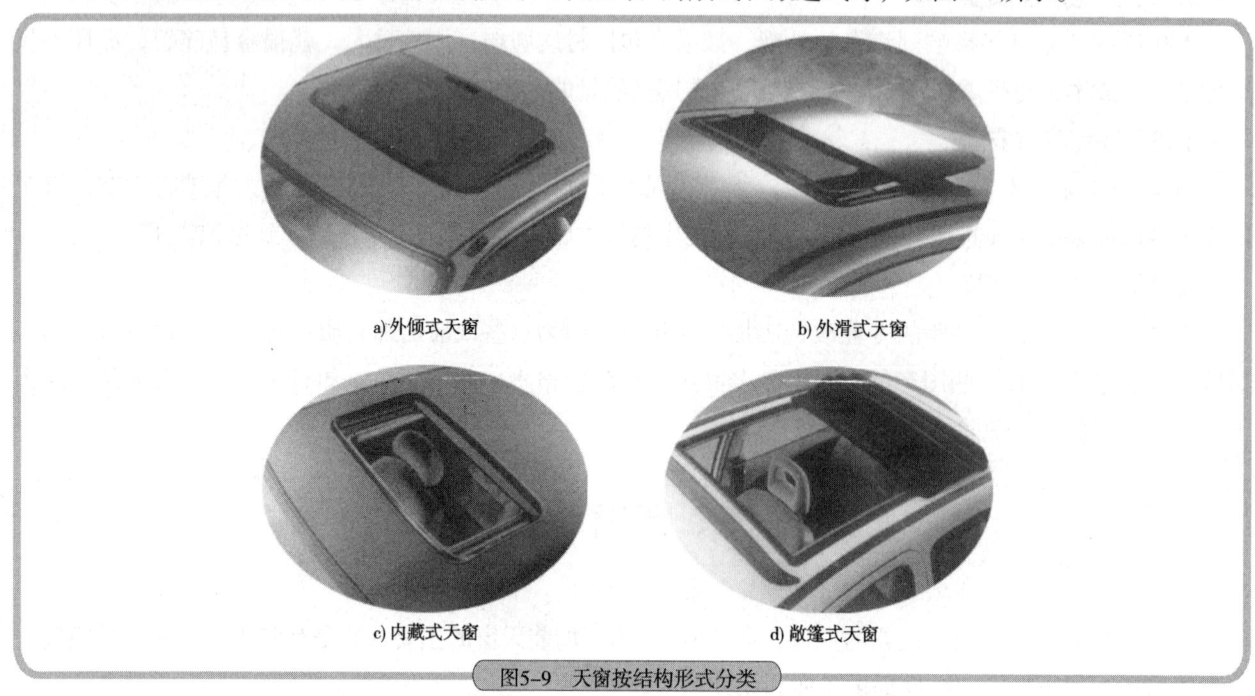

a) 外倾式天窗　b) 外滑式天窗　c) 内藏式天窗　d) 敞篷式天窗

图5-9 天窗按结构形式分类

外倾式天窗开启时玻璃向外向后（前）倾斜，其结构原理与大公交车上的天窗相似，只不过制造用的材质及精密度要高些。

外滑式天窗开启时，先向上略升起，再向后滑动；关闭时，先滑动到原起动位置，然后向下关闭。

内藏式天窗在开启后可以保持不同的弧度，具有防夹功能和自动关闭功能，配有独立的内藏式太阳挡板，天窗的玻璃还具有防紫外线功能和隔热功能。此类天窗由于功能齐全，使用方便，多用于大中型轿车上。

敞篷式天窗开启时分段折叠在一起，敞开的空间大，结构紧凑。该天窗使用高品质的特殊材料组合而成，具有防紫外线和隔热的效果。此款天窗非常前卫，适合年轻人口味。相对于前三款天窗，敞篷式天窗的密闭防尘效果要略差一些。

2. 天窗的作用

1）换气

换气是汽车开天窗最直接、最主要的目的。没有安装天窗的汽车，遇到车内空气污浊，如废气、吸烟、夏季车内霉变等，常用打开侧窗的方法给车内换气，这种方法不仅使乘客感到不舒服，而且车外污浊的空气和噪声也进入车内，汽车在污染严重的城市道路上行驶时，为减少车外污浊空气进入车内，乘客一般都不得不关上侧窗。而在车窗密闭的汽车里，二氧化碳、细小微粒大量积聚，空气的污浊程度往往比车外还要严重。这是因为来自前方的污浊气体流经风口进入车内，同时车内的空气缓慢地经车尾排口溢出，其中的微粒会滞留在车内，并在车内环流。据测算，车内乘客总吸入的微粒是街上行人的10倍，长期吸入必然对人体造成危害。同时，封闭的车厢内氧气减少，二氧化碳增多，直接导致人体疲劳、精力分散、反应灵敏性降低，甚至有困倦、头疼等症状。天窗作为一种新型的换气设备，可以很好地解决车厢内通风换气问题，它采用负压换气，抽去车内浑浊的空气，增加新鲜空气的流动，改善空气循环，始终保持车内新鲜空气的流通，提高车内乘座的舒适性，减少司机的疲劳驾驶。

2）节能

开启天窗可降低车内温度，加强冷气效果，节省能源。经测试，阳光暴晒下的车内温度可高达

60℃，这时打开天窗，比开空调降低车内温度速度快2～3倍，并可降低能耗30%左右。

3）除雾

春夏两季雨水多、湿度大，前风窗玻璃容易形成雾气。打开车顶天窗至后翘通风位置，可以轻易消除前风窗的雾气，改善视觉效果，保证行车安全。使用天窗除雾，不仅快捷，而且不必担心雨水被吹进车内。

4）开阔视野

天窗可以使我们的视野开阔，并且能够亲近自然、沐浴阳光，驱除被封在车厢内的压抑感，如图5-10所示。

图5-10　安装天窗可尽情享受自然风光

5）提高汽车档次

天窗不仅是一种很好的换气设备，还起到美观装饰作用。目前，大部分进口高档汽车上基本都配有天窗，在国产轿车还未普及前，将自己的爱车装上天窗，从而使汽车的档次也随之提高。

3. 天窗的换气原理

打开天窗换气，是利用负压原理，汽车在行驶过程中，气流在汽车顶部快速流动，当天窗处于打开状态，便形成车内的负压，将车内的空气抽出，同时从进气口补充进来经过过滤的新鲜空气。采用这种先排气、后进气的换气方式，可加快空气的更新速度，且整个气流极其柔和，没有寒风扑面的感觉，进入车内的灰尘亦大大减少。

4. 天窗的选购

选购天窗应重点把握以下3个原则：

1）质量第一原则

天窗的质量是保证正常使用的关键，目前市面上出售的天窗大多数是德国、美国、法国、意大利及荷兰等国的产品。由于天窗对技术、材料和加工工艺的要求很高，在选择天窗时需谨慎，务必选择质量好、工艺成熟、在国外相当知名，在国内也有专业完善的售后服务体系的品牌天窗。判别天窗质量应从天窗的外观、框架刚度、机械结构及电控装置等方面认真判别，高质量的天窗应外观光滑平顺、框架刚度较好、机械结构合理、工艺精致。

2）配套协调原则

选购的天窗应与车型配套，并与汽车的档次相协调。天窗的种类繁多，一般每一款天窗都可以搭配几种车型，顾客可根据自己喜欢的驱动方式和所驾驶的车型选择适合的天窗，什么样的车安装什么样的天窗这一点很重要。一般手动外滑式、手动外倾式、电动外滑式主要适用于经济型轿车，而内藏式天窗适用于高档商务车。部分汽车天窗产品所适用的车型如表5-1所示。

3）尺寸稍大原则

对于不同规格的天窗，应选择尺寸比较大一点的，这样天窗安装后边框离纵梁越近，安全稳定性越高。相反如果尺寸太小，会使天窗在行驶颠簸中形成“打鼓”现象。

部分进口汽车天窗产品简介　　表5-1

图示	简介	
	型号	水晶101
	产地	德国
	尺寸（mm）	400×770
	功能	上掀三挡，玻璃可拆式
	适用车型	桑塔纳、捷达、富康、福莱尔、奇瑞、赛欧、奥拓、蓝鸟、夏利、起亚、派力奥、吉利、英格尔、悦达、波罗
	型号	玛瑙手动750型
	产地	德国
	尺寸（mm）	455×750
	功能	手动上掀，外滑，滑动遮阳板
	适用车型	桑塔纳、捷达、富康、福莱尔、奇瑞、赛欧、奥拓、蓝鸟、夏利、起亚、派力奥、吉利、英格尔、悦达、波罗

续上表

图示	简介	
	型号	玛瑙电动外滑820型
	产地	德国
	尺寸（mm）	503×842
	功能	自动关窗，安全防夹，拉动遮阳帘，荧光开关
	适用车型	宝来、桑塔纳、捷达、富康、本田、红旗、奇瑞、蓝鸟、起亚、派力奥、海马、普力马、赛弗、波罗
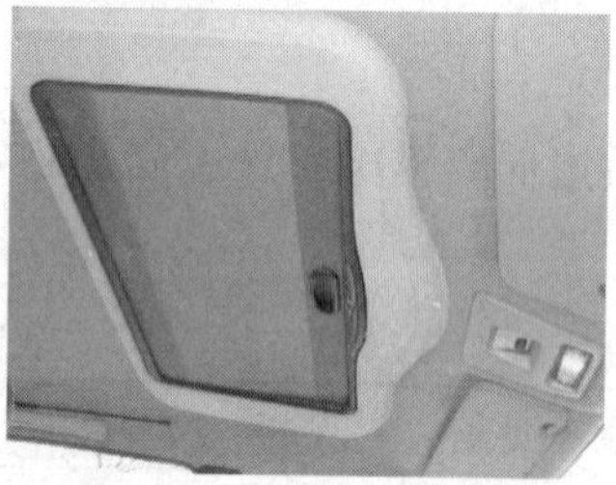	型号	玛瑙电动外滑超级300型
	产地	德国
	尺寸（mm）	370×810
	功能	自动关窗，安全防夹，二挡程序控制，拉动遮阳帘，荧光开关
	适用车型	奥迪、帕萨特、福莱尔、赛欧、奥拓、桑塔纳、捷达、富康、福莱尔、奇瑞、赛欧、奥拓、蓝鸟、夏利、起亚、派力奥、吉利、英格尔、悦达、桑塔纳、捷达、富康、本田、红旗、奇瑞、起亚、派力奥、海马、普力马、赛弗、波罗
	型号	玛瑙电动外滑750型
	产地	德国
	尺寸（mm）	455×750
	功能	自动关窗，安全防夹滑动遮阳板
	适用车型	奥迪、帕萨特、福莱尔、赛欧、奥拓、桑塔纳、捷达、富康、奇瑞、夏利、起亚、派力奥、吉利、英格尔、悦达、本田、红旗、蓝鸟、海马、普力马、赛弗、波罗
	型号	玛瑙电动外滑860型
	产地	德国
	尺寸（mm）	493×860
	功能	自动关窗，安全防夹滑动遮阳板，荧光开关
	适用车型	桑塔纳、本田、红旗、奇瑞、蓝鸟、起亚、中华、别克、海马、普力马、赛弗

续上表

图 示	简 介	
	型号	钻石电动内藏TVS43型
	产地	德国
	尺寸（mm）	475×800
	功能	自动关窗，安全防夹，二挡程序控制，自动遮阳板，荧光开关
	适用车型	奥迪、帕萨特、福莱尔、赛欧、奥拓、桑塔纳、捷达、富康、奇瑞、蓝鸟、夏利、起亚、派力奥、吉利、英格尔、悦达、本田、红旗、海马、普力马、赛弗、波罗
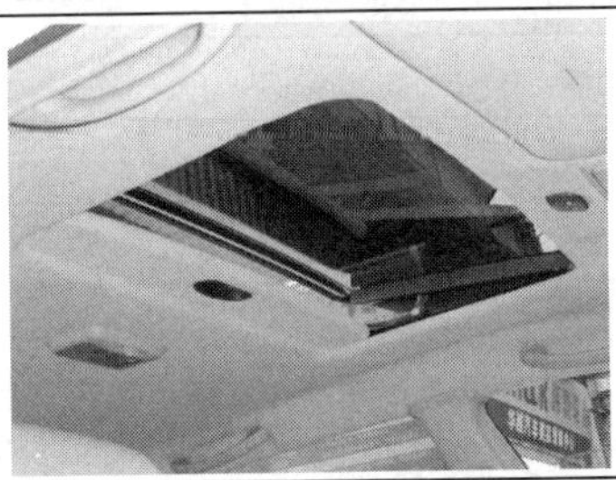	型号	钻石电动内藏TVS435型
	产地	德国
	尺寸（mm）	475×862
	功能	自动关窗，安全防夹，二挡程序控制，自动遮阳板，荧光开关
	适用车型	奥迪、帕萨特、福莱尔、赛欧、奥拓、桑塔纳、捷达、富康、奇瑞、蓝鸟、夏利、起亚、派力奥、吉利、英格尔、悦达、本田、红旗、海马、普力马、赛弗、波罗
	型号	TOPLIN-T220手动
	产地	德国
	尺寸（mm）	432×816
	功能	卷式双遮阳帘，手动，可拆式玻璃
	适用车型	奥迪、帕萨特、福莱尔、赛欧、奥拓、桑塔纳、捷达、富康、奇瑞、蓝鸟、夏利、起亚、派力奥、吉利、英格尔、悦达、本田、红旗、海马、普力马、赛弗、波罗
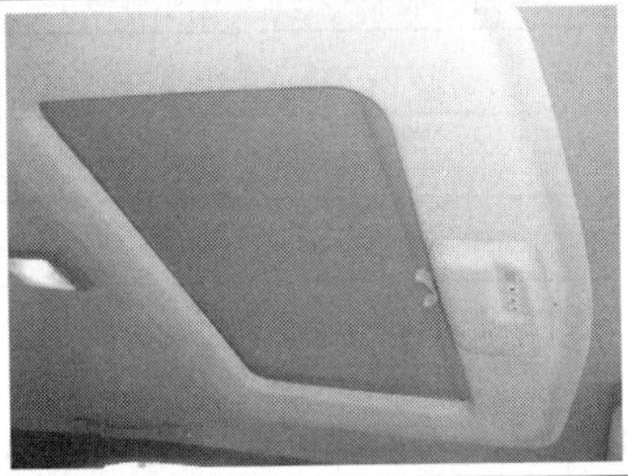	型号	爱德夏百利电动外
	产地	德国
	尺寸（mm）	500×840
	功能	自动关窗，安全防夹，卷式遮阳帘，可拆式玻璃，阅读灯
	适用车型	奥迪、帕萨特、福莱尔、赛欧、奥拓、桑塔纳、捷达、富康、奇瑞、蓝鸟、夏利、起亚、派力奥、吉利、英格尔、悦达、本田、红旗、海马、普力马、赛弗、波罗

续上表

图示	简介	
	型号	蓝宝石
	产地	德国
	尺寸（mm）	880×1100
	功能	自动关窗，安全防夹，二挡程序控制，荧光开关，超大开口折叠敞篷天窗
	适用车型	奥迪、帕萨特、福莱尔、桑塔纳、捷达、富康、奇瑞、赛欧、蓝鸟、夏利、起亚、派力奥、本田、红旗、海马、普力马、赛弗、波罗
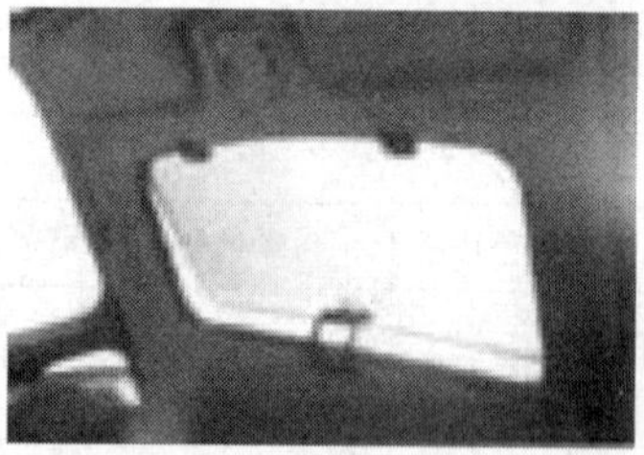	型号	ASC-S4000
	产地	美国
	尺寸（mm）	480×894
	功能	上掀，玻璃可拆式
	适用车型	奥迪、帕萨特、福莱尔、赛欧、奥拓、桑塔纳、捷达、富康、奇瑞、蓝鸟、夏利、起亚、派力奥、吉利、英格尔、悦达、本田、红旗、海马、普力马、赛弗、波罗
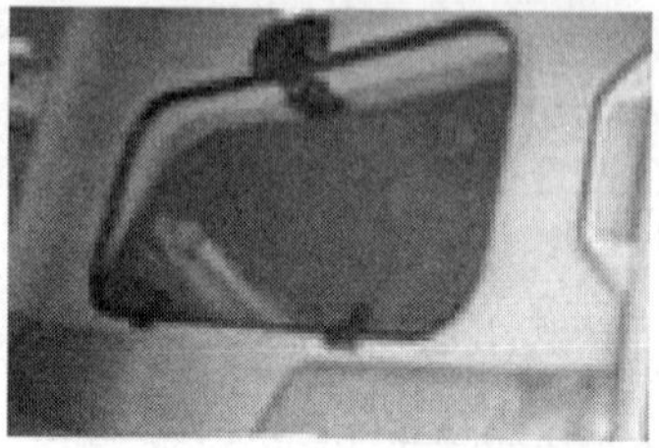	型号	ASC-S3000
	产地	美国
	尺寸（mm）	429×816
	功能	上掀，玻璃可拆式
	适用车型	奥迪、帕萨特、福莱尔、赛欧、奥拓、桑塔纳、捷达、富康、奇瑞、蓝鸟、夏利、起亚、派力奥、吉利、英格尔、悦达、本田、红旗、海马、普力马、赛弗、波罗
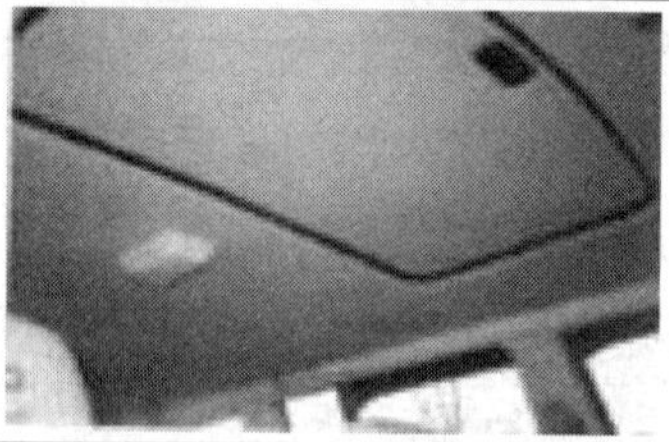	型号	ASC内藏925
	产地	美国
	尺寸（mm）	492×925
	功能	自动关窗，安全防夹，荧光开关，自动遮阳板
	适用车型	普力马、切诺基

5. 天窗的安装

选购了好的天窗，还必须进行高质量的安装，如安装质量较差，使用一段时间后，便会出现天窗开启不灵、车顶渗水等现象，汽车天窗安装步骤如图5-11所示。其操作要领如下：

图5-11　汽车天窗安装步骤

1）准备

（1）将包装好的天窗拆封，检查天窗质量及所配附件的数量，如图5-12所示。

（2）准备好钻孔、切割等机工具，如图5-13所示。

（3）为防止安装中将内饰弄脏，应对座椅等车内部件进行遮盖，如图5-14所示。

2）定位

定位即确定安装天窗的位置，其方法是：

（1）将配套的安装定位尺纸安放到车顶外部进行定位度量，如图5-15所示。

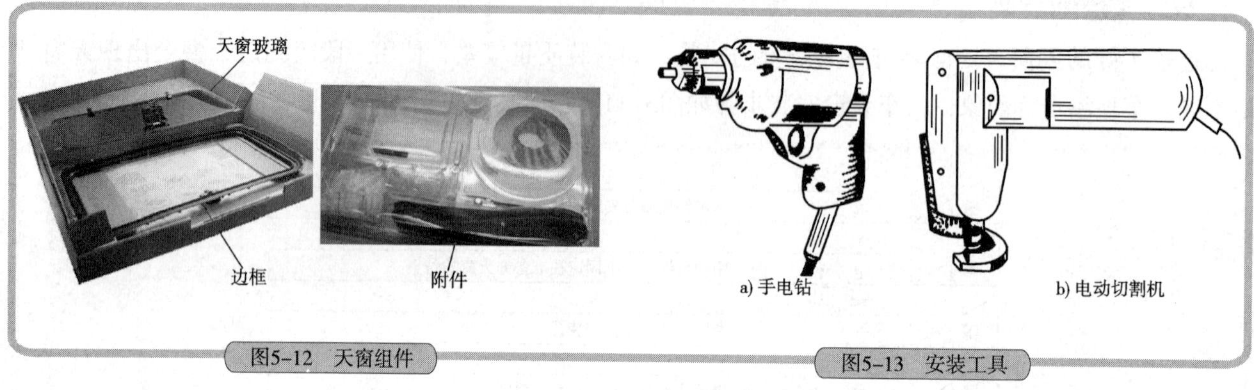

图5-12　天窗组件

图5-13　安装工具

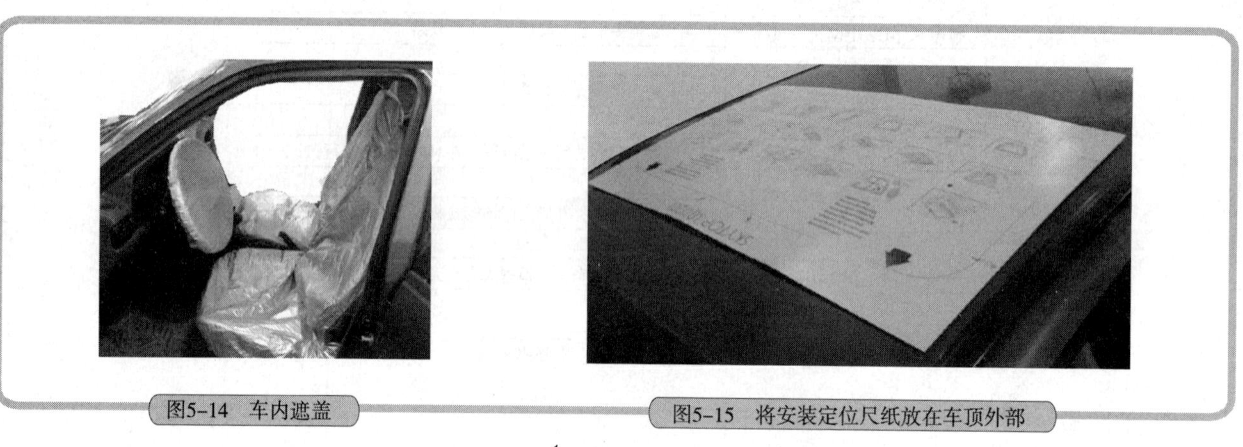

图5-14　车内遮盖

图5-15　将安装定位尺纸放在车顶外部

（2）裁剪内饰定位纸。

（3）在定位纸上的钻孔位打孔，并把螺钉穿插进去，如图5-16所示。

（4）在车内的内饰定位纸也有相应的定位螺钉安装位，从外定位纸穿插过来的螺钉同时穿过内定位纸，内外旋紧螺钉，就可把车顶钢板和内饰板定位好。

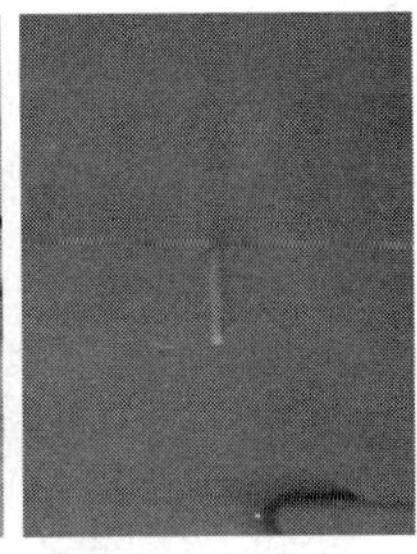

图5-16 钻孔并穿插螺钉

3）开孔

用电动切割机沿定位纸上的切割线将车顶切割出安装天窗的方孔，如图5-17所示。

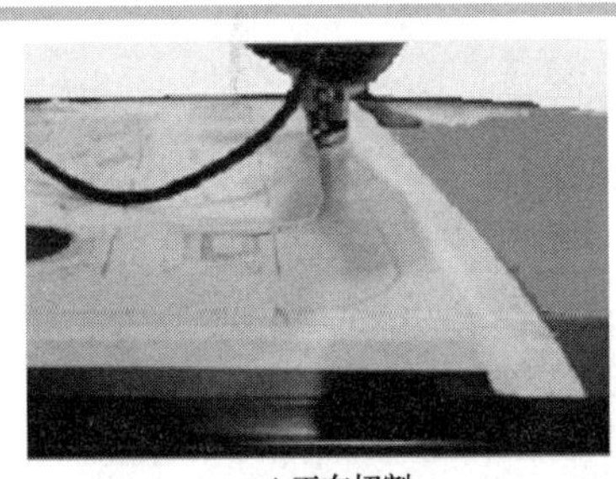

a) 正在切割

b) 完成切割

c) 切割后的效果

图5-17 开孔

4）整修与涂漆

（1）在切割边缘用磨具磨挫，把尖角刺手的边缘磨平，如图5-18所示。

（2）开孔时产生的铁屑及橡胶颗粒等脏物应用吸尘机和高压气流发生器进行清除，如图5-19所示。

图5-18 整修

图5-19 清除脏物

（3）在铁皮切割边缘涂上防锈漆，如图5-20所示。

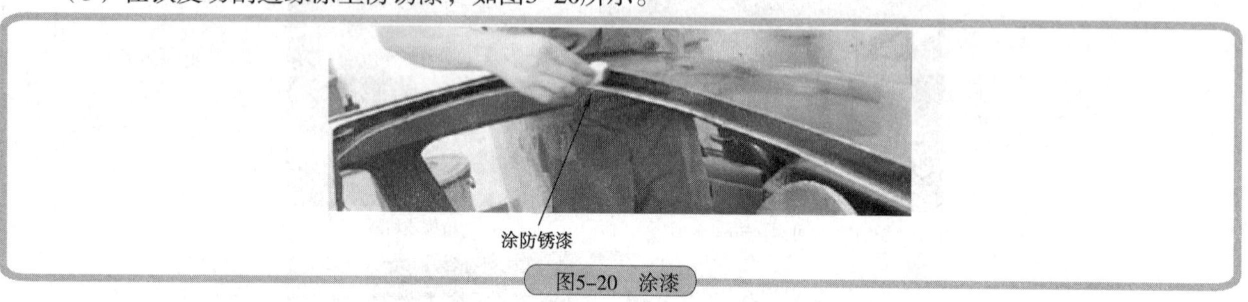

图5-20 涂漆

5）安装电动机及布线

（1）将电动天窗的电动机安装在仪表盘下部，如图5-21所示。

（2）布置并连接天窗线路，如图5-22所示。

6）安装天窗总成

（1）先安装天窗外框架，如图5-23所示。

（2）安装内框架和饰板，如图5-24所示。安装天窗框架时，内外两层框架的合并是关键技术，直接关系到天窗是否出现渗漏。其安装的窍门是内外两层框架边合并边做密封处理，这样一般不会发生漏水现象。

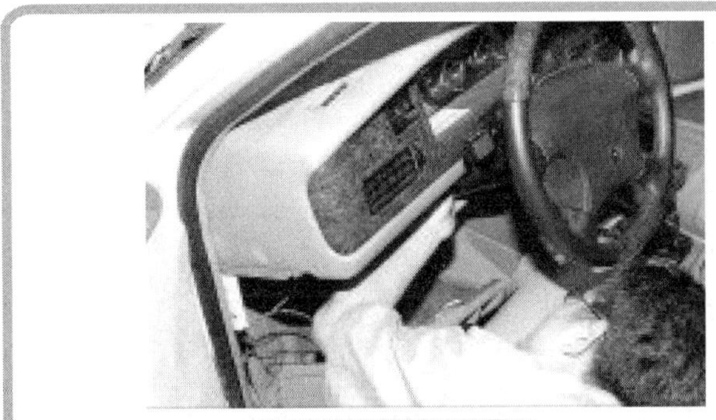
图5-21 安装电动机

图5-22 布线

图5-23 安装外框架

图5-24 安装内框架和饰板

（3）安装天窗主体部分，如图5-25所示。

图5-25 安装天窗主体

7）调试

基本安装好后，要对调试。其主要内容有：

（1）调试天窗的水平面平衡度。

（2）调试天窗四个角，要确保都不会翘起来。

（3）调试天窗与车顶结合程度，要保证结合紧密。

8）清洁

（1）将汽车外部清洁干净，清除安装天窗时留下的印迹和脏物。

（2）用吸尘器将安装天窗时车顶落下的脏物彻底清洁干净，如图5-26所示。

（3）拆除内饰遮盖物。

9）淋水测试

为防止日后天窗漏雨，在安装后必须进行淋水测试。其方法是：

（1）将汽车开到淋水位。

（2）用高压水流模拟淋雨试验，如图5-27所示。

（3）检查天窗周围有无渗漏。

确认密封良好，安装没有问题即可交车。

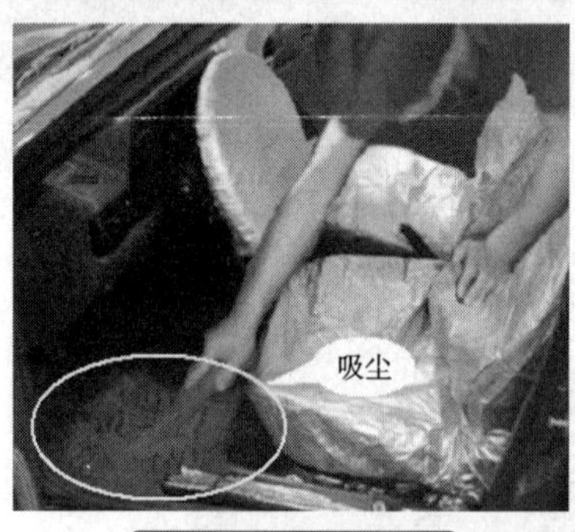

图5-26　清除脏物

图5-27　淋水测试

10）加装天窗注意事项

（1）选择适合该车种的天窗进行改装，包括车顶弧度及尺寸大小。

（2）汽车天窗最好在封闭的车间安装，要使用专用安装工具，并严格执行操作规程。

（3）天窗内外两层框架的合并是关键技术，要边合并边做密封处理，只要安装得科学合理，一般不会发生漏水现象。内藏式天窗一般在边框上有4～6个固定支撑点，用螺钉固定在车门纵梁上，无须车顶承重。外倾式天窗，安装后一般要用12～16个螺钉将天窗的内外框架夹紧在车顶上，使天窗与车顶基本连成一体。

（4）加装天窗时，除了天窗自带的零件之外，尽量不要用额外的加强梁进行补救。虽然加了加强梁后能够减少一些车身的细微变形，但这些加强梁采用的是局部焊接，由于车顶相对较薄，焊点强度一般不会很大，所以对车顶的结构不会起到实质性的加固作用，在发生事故时这些横梁还可能成为一把把锐利的武器，会对司乘人员的安全造成直接的威胁。

6. 加装天窗车主须知

1）安装服务商的选择

汽车加装天窗对安装技术、安装材料及装配工艺要求很高，在选择天窗安装服务商时需谨慎，务必选择有完善设施，经验丰富安装服务商，为此安装前应对安装店仔细考察。

（1）要找一家有封闭车间的安装店，安装汽车天窗是一项非常精细的工作，安装过程中绝对不能受到任何外界干扰。

（2）要观察一下店家对所经销天窗的性能、材质、规格及产地是否精通。

（3）要看一下店家是否有天窗厂家授权的安装证书，因为安装天窗需要的专业技术性非常强。

（4）要选择有专业工具的店家很重要，如果天窗切口处理得不好会直接影响到汽车今后的防水问题。

（5）了解安装商是否有完善售后服务保障体系。天窗不仅要有精细的安装，还需要定期对天窗的密封机构、滑动机构、泄水机构、驱动机构进行有效的保养，这些保养都是由专业的天窗安装商来完成。

因此，安装天窗时，应了解安装商是否有完善售后服务保障体系，这样安装后的保修及零配件更换才能得到保障。

◆2）加装天窗车主疑虑问题

（1）汽车安装天窗会不会影响车身结构和安全性？目前，国内大部分车型都是承载式车身，车身是由框架组成的，碰撞受力在车身的纵梁，而车顶只是由薄薄的钢板覆盖起到隔音、挡雨的作用。以奥拓车为例，除车顶两侧的龙骨外，没有其他支撑。安装天窗后，由于车顶的前半部分增加了天窗的横、纵向骨架，不但不会使车顶的强度下降，反而会使车顶更加牢固和结实。所以只要经过专业设计与精细施工安装的天窗，您完全不用担心结构与安全问题。

（2）安装天窗后会不会漏水？加装天窗后是否会出现漏水现象，主要取决于天窗的品质和安装质量。品质好的天窗与车顶间用特制的密封材料和紧固件连接，外倾式天窗玻璃板和框架之间用密封圈防水，内藏式天窗四周设有排水管，将进入天窗周围的水排走，不会让雨水渗入车内。安装方面，只要选择正规的天窗安装公司，按照专业标准规范进行操作，安装时进行防锈处理和淋水测试，是不会出现生锈和漏水问题的。

（3）安装天窗后会不会干扰电路？电动天窗的线路是直接连接在蓄电池上的，不隶属于任何分支，所以不会干扰其他电路。同时，天窗线路有自己的熔断丝，能确保自身线路安全。

（4）安装天窗后会不会产生噪声？开启侧窗时会引起灌风现象，产生的噪声较大。而天窗的换气原理类似于排风扇，它是把车内空气向外抽，与侧窗相比天窗所产生的噪声是微不足道的。

（5）天窗玻璃破碎会不会伤及乘客？天窗由按国际标准生产的钢化安全玻璃制成，强度非常大，一旦破碎后，会变成颗粒状，不会对乘客造成伤害。

（6）后加装是否比原装差？后装天窗与原装天窗相比有以下特点：

① 从时间上看，目前国内配备天窗的汽车，选择面比较小，离普及还有相当一段时间，而后加装天窗可以满足车主先用为快的需求。

② 从可选择性上看，原装天窗一般是一种车型配一种型号的天窗，车主在选定车型后天窗型号也随之被选定，后加装天窗则有多种型号供客户挑选。

③ 从售后服务上看，原装天窗无专门天窗售后服务，后加天窗对其后加装产品设有专门的维修、保养和售后服务部门。可见，只要选择品质好的天窗，并严格按照操作规程进行安装，后加装天窗不会比原装天窗差。

三、尾翼加装

汽车尾翼是指在车尾上方安装的附加板，如图5-28所示。汽车尾翼又称“扰流板”、“鸭尾”、“定风翼”，国外一些人根据它的形状形象地称它为“雪橇板”。汽车尾翼是受到飞机机翼的启发而产生的。在轿车的尾部安装一个与水平方向呈一定角度的平行板，这个平行板的横截面与机翼的横截面相同，只是反过来安装，平滑面在上，抛物面在下，这样汽车在高速行驶中会产生与升力同样性质的作用力，只是方向相反，利用这个向下的力来抵消车身的升力，从而保障了行车的安全。目前不少轿车都装有尾翼，借以提高轿车的稳定性。

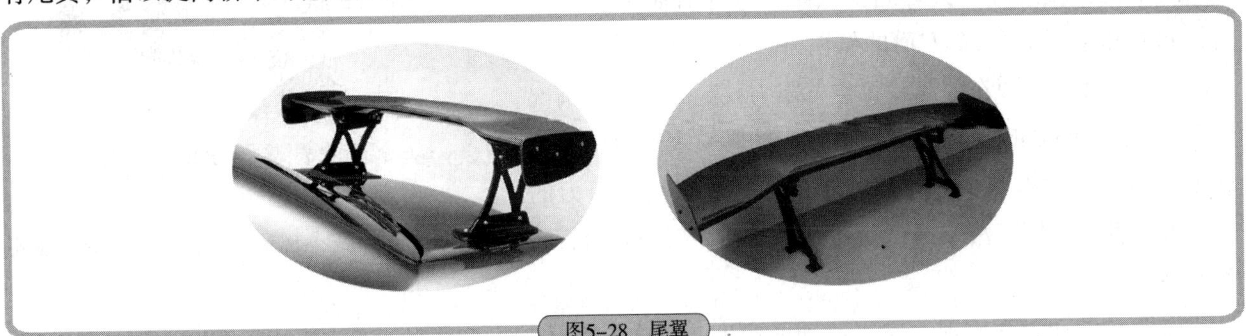

图5-28　尾翼

1. 尾翼的作用

1）减少汽车尾部升力

汽车高速行驶时，如车尾的升力比车头的升力大，就易导致汽车转向过多、后轮附着力减小、高速稳定性差。在汽车尾部安装尾翼，可改善空气动力学性能，使空气对汽车产生一种有利于汽车行驶稳定的作用力，即加大对地面的附着力而抵消一部分升力，减轻汽车的高速发飘，减小风阻影响，使汽车能紧贴着道路行驶，从而提高了高速行驶的稳定性。

2）降低燃油消耗

由于尾翼能降低汽车的空气阻力，因此加装尾翼对于节省燃油也有一定帮助。据计算，对于排气量为1.6L的轿车，如果装上尾翼能把汽车的空气阻力系数降低20%，如果汽车在高速公路上以100km/h的速度行驶，则能节省燃油约10%。

3）改善车型外观

尾翼优美的造型使车身的流线型更加突出，车身外部更加美观，使轿车平添许多妩媚与生气，如图5-29所示。

图5-29 装上尾翼的汽车外观

2. 尾翼的扰流原理

汽车在行驶过程中会遇到空气阻力，这种阻力可分为纵向、侧向和垂直上升3个方面的作用力，并且空气阻力与车速二次方成正比，所以车速越快，空气阻力就越大。一般情况，当车速超过60km/h时，空气阻力对汽车的影响表现得就非常明显了。为了有效地减少并克服汽车高速行驶时空气阻力的影响，人们设计使用了汽车尾翼，其作用抵消一部分升力，控制汽车上浮，减小风阻影响，使汽车能紧贴着道路行驶。

根据空气动力学原理，空气流动的速度与压力成反比。即空气流速越快，压力越小；空气流速越慢，压力越大。例如飞机的机翼是上面呈正抛物形，气流较快；下面平滑，气流较慢，形成了机翼下压力大于上压力，产生了升力。如果轿车外形与机翼横截面形状相似，在高速行驶中由于车身上下两面的气流压力不同，下面大上面小，这种压力差必然会产生一种上升力，车速越快压力差越大，上升力也就越大。这种上升力也是空气阻力的一种，汽车工程界称为诱导阻力，约占整车空气阻力的7%，虽然比例较小，但危害很大。其他空气阻力只是消耗轿车的动力，这个阻力不但消耗动力，还会产生承托力危害轿车的行驶安全。因为当轿车时速达到一定的数值时，升力就会克服车重而将汽车向上托起，减少了车轮与地面的附着力，使汽车发飘，造成行驶稳定性变差。

为了减少轿车在高速行驶时所产生的升力，汽车设计师除了在轿车外型方面做了改进，将车身整体向前下方倾斜而在前轮上产生向下的压力，将车尾改为短平，减少从车顶向后部作用的负气压而防止后轮飘浮外，还在轿车前端的保险杠下方装上向下倾斜的连接板。连接板与车身前裙板联成一体，中间开有合适的进风口加大气流度，减低车底气压，这种连接板就是导流板。在轿车行李箱盖上后端做成像鸭尾似的突出物，将从车顶冲下来的气流阻滞一下形成向下的作用力，这种突出物就是尾翼。导流板限制空气流过下部车身（使汽车下面的湍流处于最小值，并且使空气的流动阻力降低），而且使前部的车轮不致抬起。边裙引导气流离开后轮，这样可减少气流扰动和气流阻力。尾翼改变了车身后端气流的方向，减少了气流的阻力并可阻止后部车轮抬起，如图5-30所示。

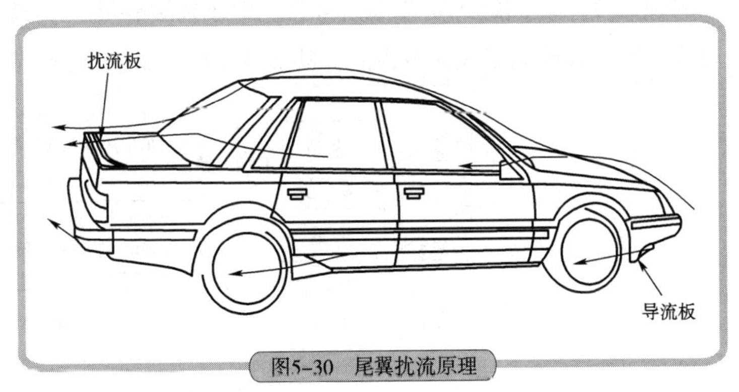

图5-30 尾翼扰流原理

3. 尾翼的种类

汽车尾翼按材料不同可分为玻璃钢尾翼、铝合金尾翼和碳纤维尾翼三种。

1）玻璃钢尾翼

这类尾翼造型多样，有鸭舌状的、机翼状的、也有直板式的，比较好做造型，不过玻璃钢材质比较脆，韧性和刚性都不大，价格比较便宜。

2）铝合金尾翼

这类尾翼扰流和散热效果不错，而且价格适中，不过重量要比其他材质的尾翼稍重些。

◆3）碳纤维尾翼

碳纤维尾翼刚性和耐久性都非常好，不仅重量轻而且也是最美观的一种尾翼，现在广泛被F1赛车采用，不过价格比较昂贵。

4. 尾翼的安装

尾翼的安装方式主要有粘贴式和螺栓固定式两种。粘贴式安装不需在行李舱盖上钻孔，不会发生漏水现象，但其稳固性和可靠性要差一些，如粘贴质量欠佳或粘胶质量不良，使用一段时间后，有剥落掉下的现象发生。固定式安装牢固可靠，但因需要钻孔，会破坏行李舱盖的面貌，且安装不好会发生漏水现象。现以螺栓固定式安装为例，其安装步骤与方法如图5-31所示。

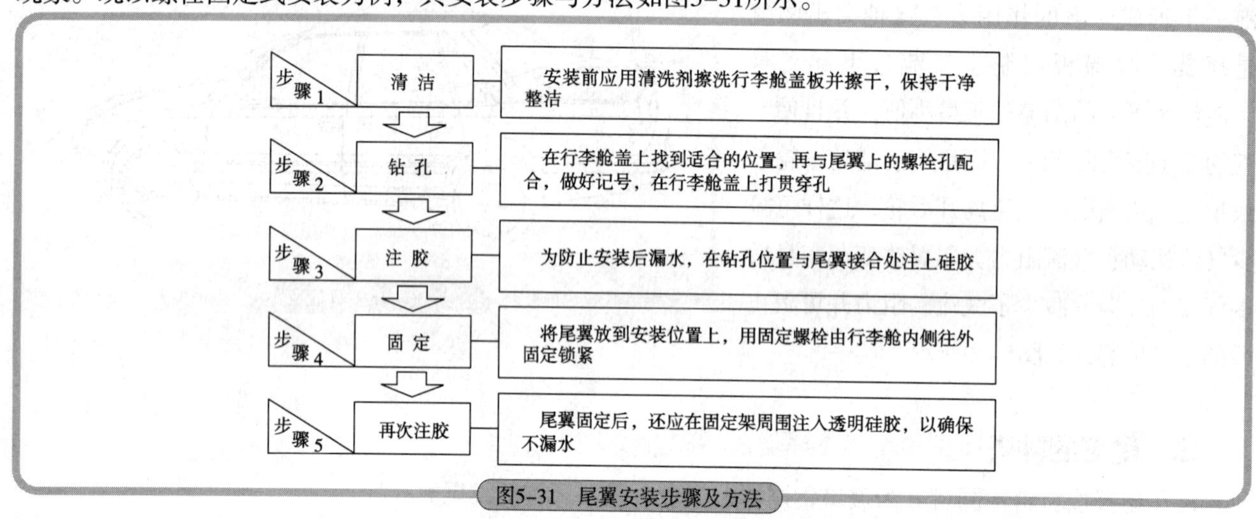

图5-31 尾翼安装步骤及方法

四、车身贴纸

车身贴纸是在车身外表贴上各种图案的车贴，使车身更加多彩艳丽，如图5-32所示。车身贴纸不仅能突出车身轮廓线，还能协调车身色彩，给人以丰富的联想和舒适的心理感受。

1．贴纸的种类与构成

1）种类

贴纸按形状不同可分为贴花和彩条两种；按产地不同可分为进口贴和国产贴两类；贴花按图案不同可分为文字、漫画、景物等种类。贴花的品种规格很多，大小差异很大，大型公交车上用大的贴纸，轿车上用的是中小型的。有的已制成系列产品，为对应的车型配套；有的是通用产品，可供多种车型选用。

2）构成

贴花一般由图案层和背纸层组成，新品表层还有一层保护膜。图案层绝大部分都是用塑料膜经过彩色印刷或彩色涂装加工而成，正面是图案，背面是黏性贴面，贴面上有优质的粘胶涂层，具有足够的粘贴强度，如图5-33所示。

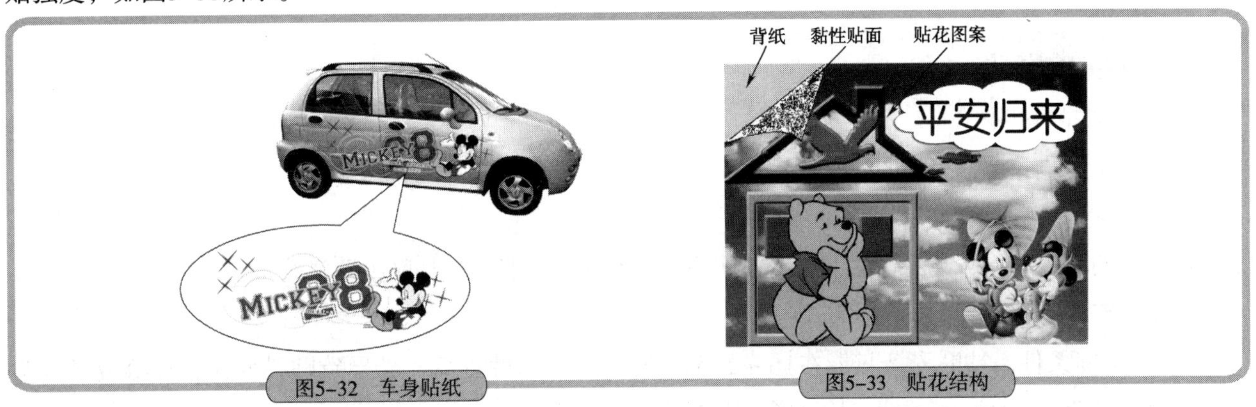

图5-32　车身贴纸　　图5-33　贴花结构

彩条有2种类型：

（1）没有可撕离表层的彩条，它由彩条层和背纸层组成，彩条层正面是彩条图案，背面是粘性贴面，如图5-34a）所示。

（2）有可撕离表层的贴膜，它由背纸层、彩条层及外保护层组成，彩条层也是有彩条图案和粘性贴面两面，如图5-34b）所示。

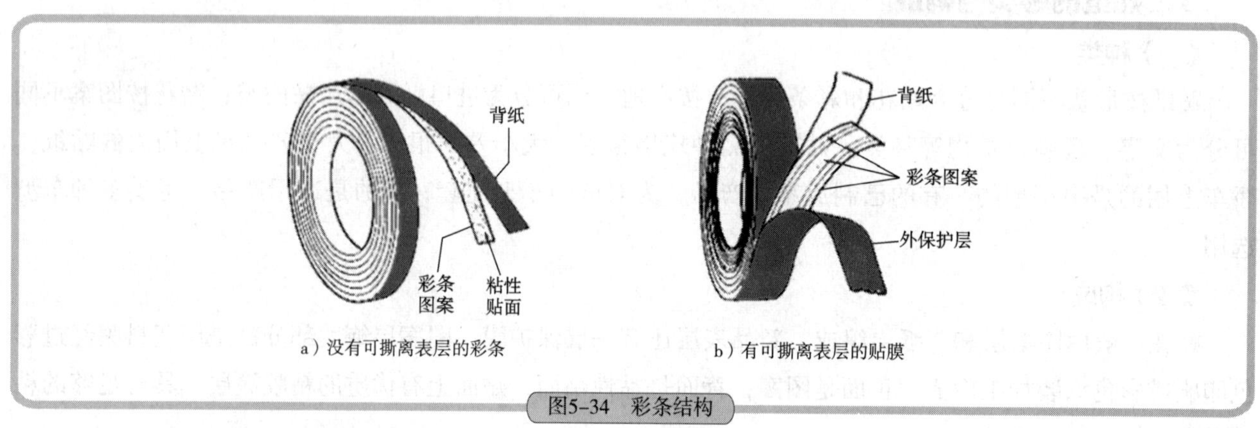

a）没有可撕离表层的彩条

b）有可撕离表层的贴膜

图5-34　彩条结构

2. 贴纸的粘贴

1）贴花的粘贴

贴花的粘贴步骤与方法如图5-35所示。

2）彩条粘贴

在贴纸的粘贴中，贴花的粘贴工艺比较简单。相对而言，彩条的粘贴则要复杂得多。

粘贴时首先应满足以下条件：

（1）温度条件。粘贴彩条只能在16～27℃之间进行。温度过高，会导致贴膜变大，湿溶液迅速蒸发。温度过低会影响贴膜的柔性，从而影响附着效果。

（2）车身待粘贴表面应符合的条件。为了使彩条正常地贴上去，车身表面必须没有灰尘、蜡和其他脏物。为此，应使用水和中性清洗剂将车身表面彻底清洗干净，必要时还应进行抛光处理。

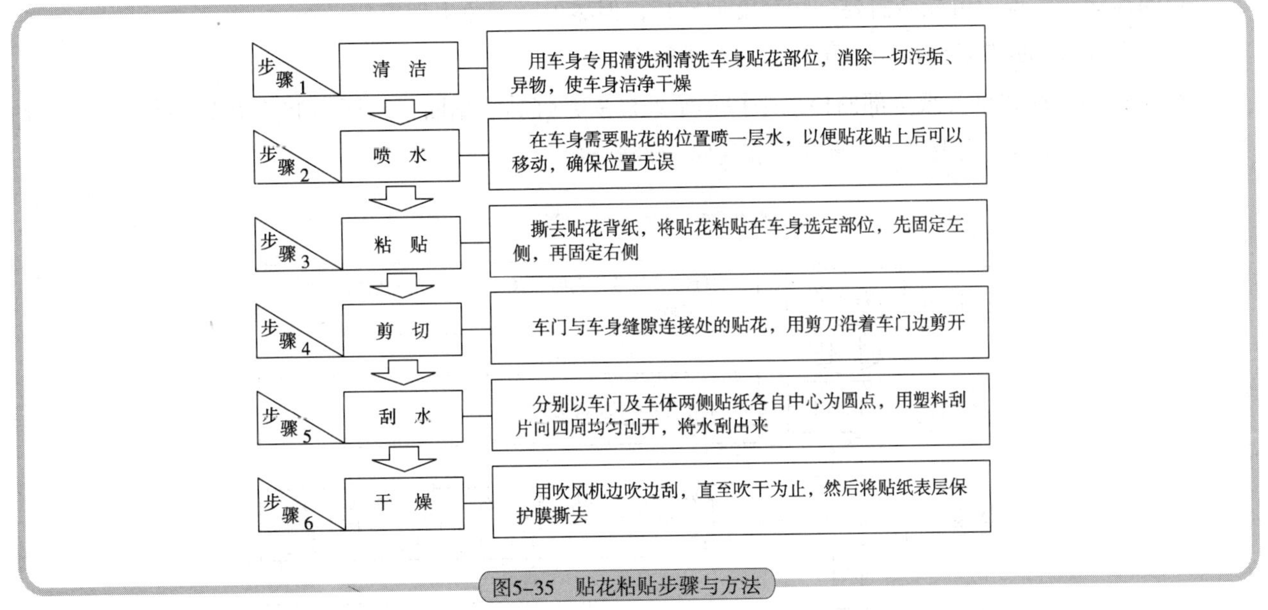

图5-35 贴花粘贴步骤与方法

3）彩条的3种粘贴方法

（1）直线形彩条粘贴。现以没有可撕离表层的彩条为例，其直线形粘贴的步骤与方法如图5-36所示。粘贴时应注意以下事项：

① 拉紧彩条时应注意不要拉长，如果在粘贴时彩条被拉长，以后就会产生起皱。

② 一个长条要一次完成粘贴，不能分段粘贴，以保证直线度。

③ 手指不要弄脏彩条粘性贴面。由于手指皮肤上的油脂会影响彩条的附着性能，会导致彩条粘贴不上或日后容易脱落。

（2）曲线形彩条粘贴。曲线形粘贴比较复杂，应使用底图的帮助（如曲线板）或用画线笔绘制导向图。现以没有可撕离表层的彩条贴膜为例，其曲线形粘贴的步骤与方法如图5-37所示。粘贴时应注意以下事项：

① 曲线运动过程中可能会需要一些轻度地拉长，但尽可能避免出现拉长。

② 在不好操作的某些情况下，可两手交替进行粘贴。

③ 彩条粘贴前如将背纸全部撕掉，手持彩条处极易弄脏黏性贴面，从而影响其附着性能。为此，粘贴过程中，应边贴边撕去背纸，不要一下将背纸全部撕掉。

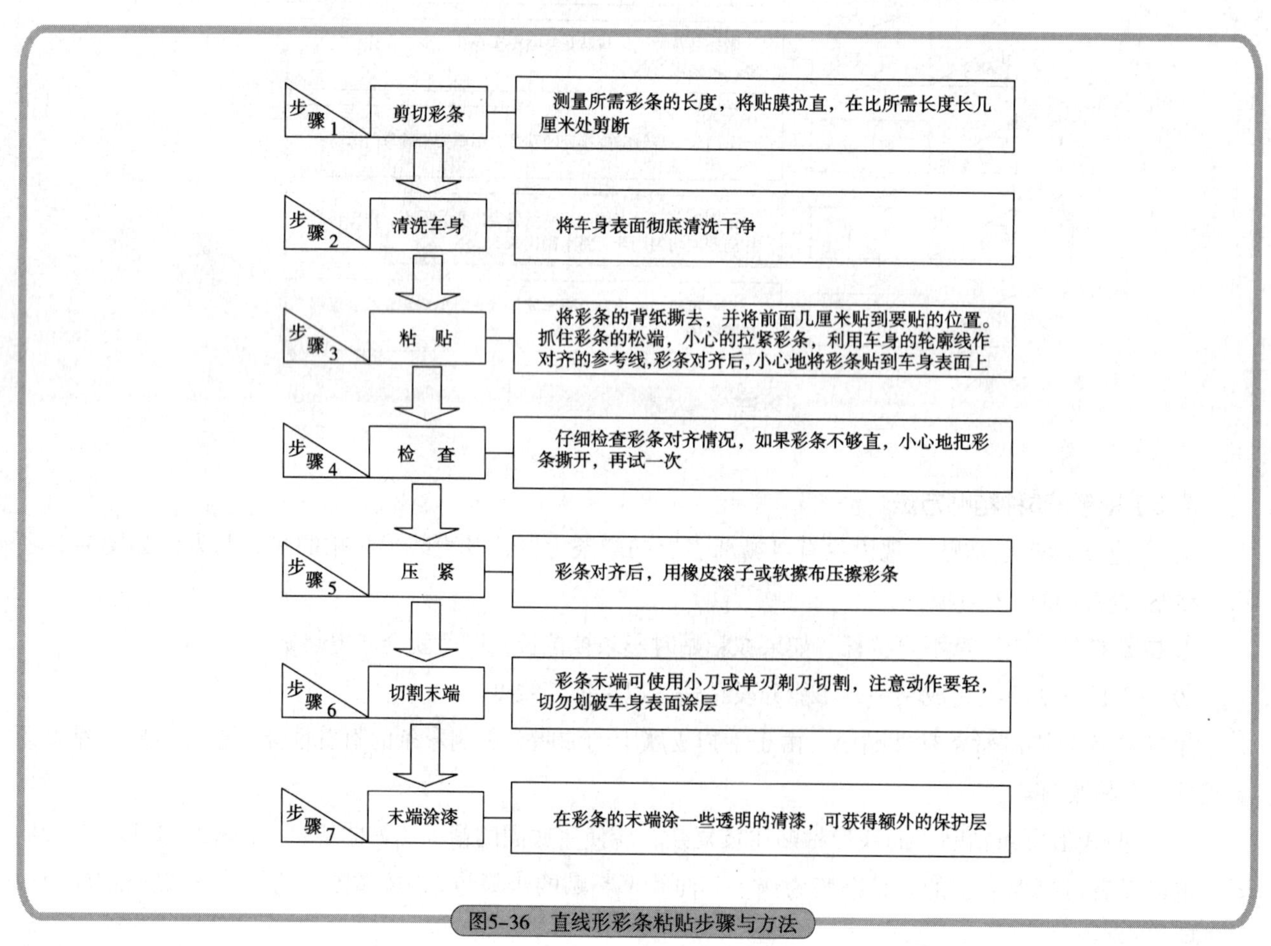

图5-36 直线形彩条粘贴步骤与方法

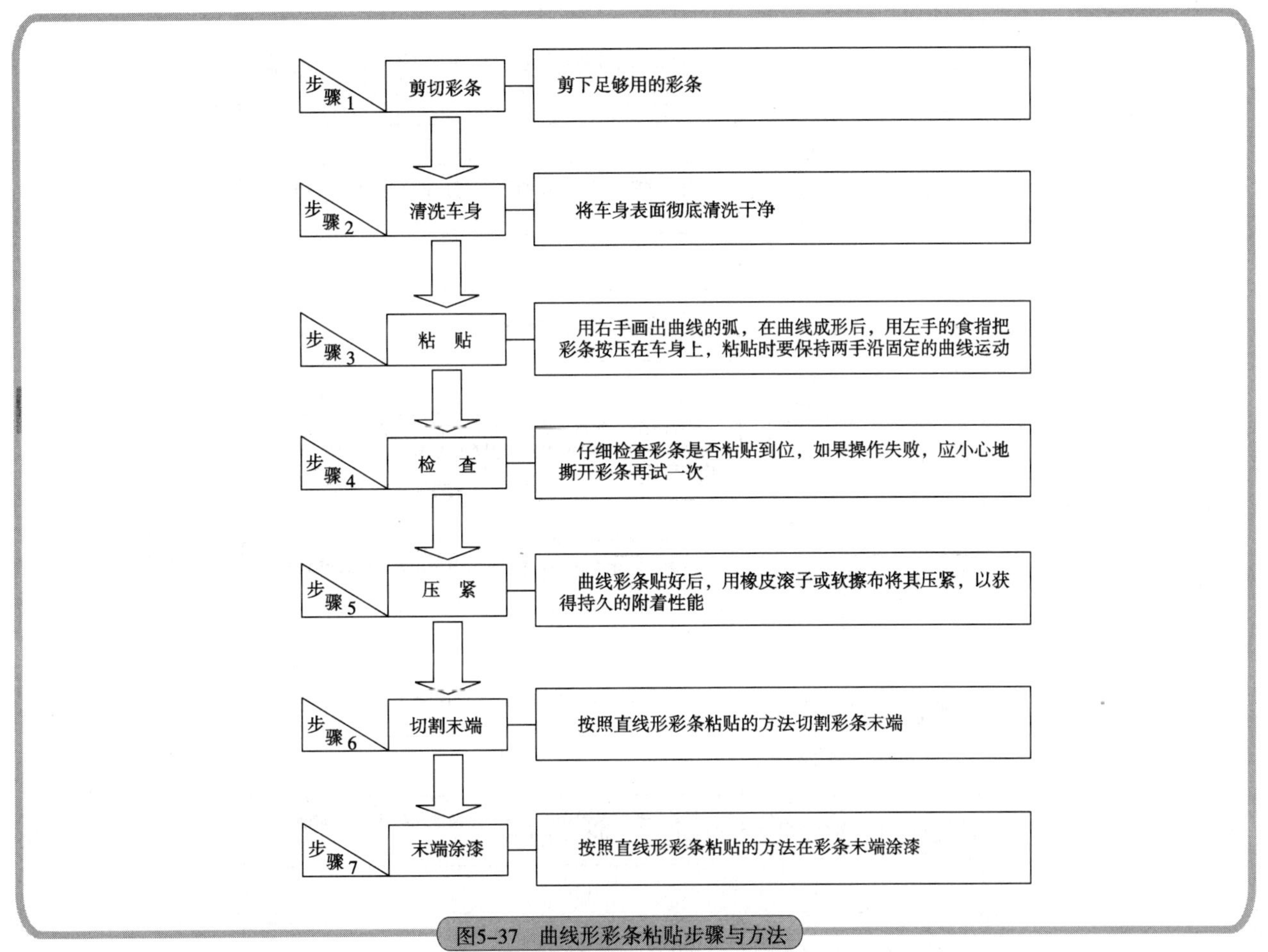

图5-37　曲线形彩条粘贴步骤与方法

（3）宽幅彩条粘贴。宽幅彩条贴膜一般为有可撕表层的贴膜，当彩条宽度达到或超过76mm时，最好采用湿贴的方法，其粘贴步骤与方法如图5-38所示。粘贴中应注意，在压紧彩条时速度不要太快，如速度过快或过于用力，会导致彩条起皱，所用的压力足够将溶液和空气挤出去即可。

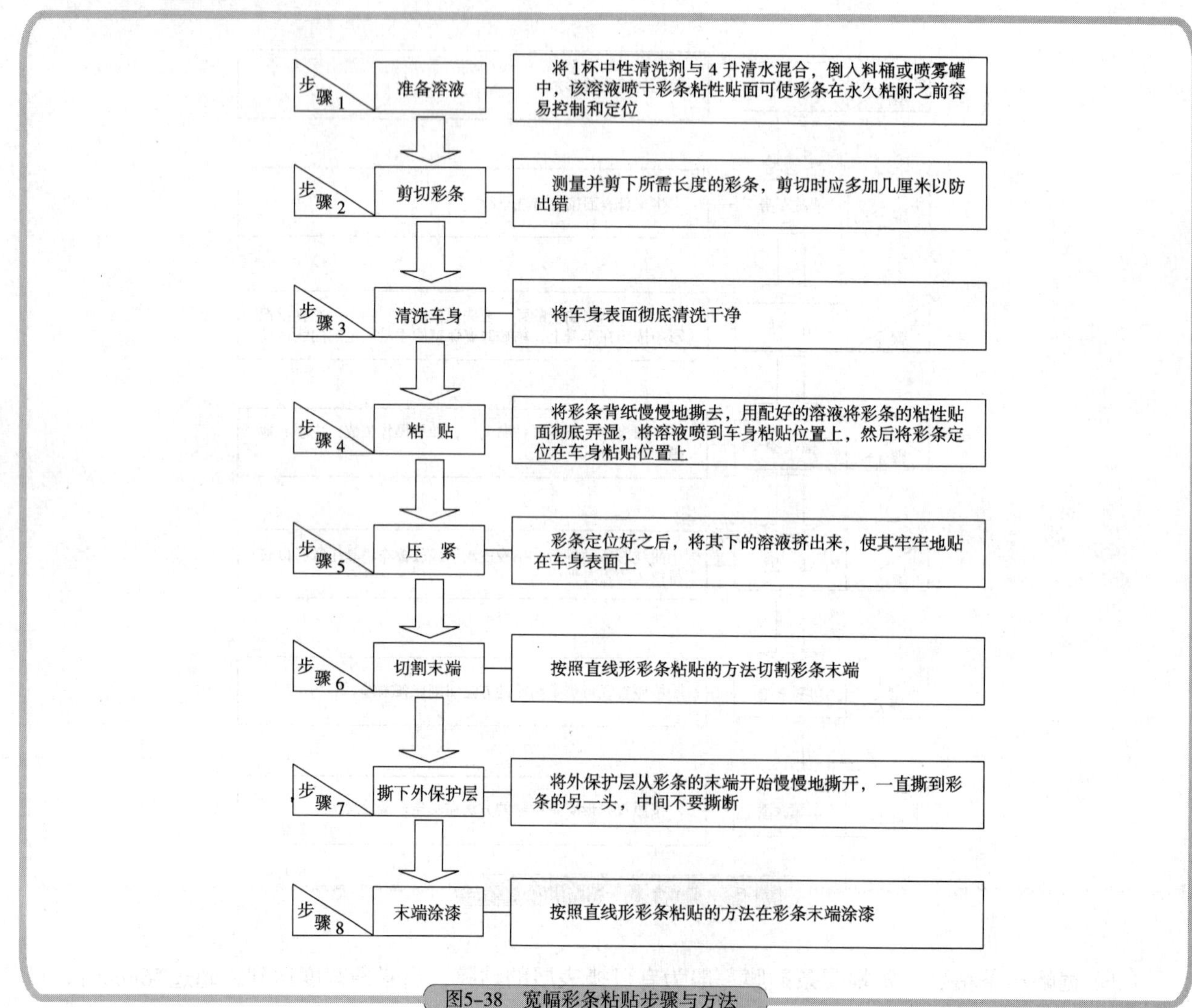

图5-38 宽幅彩条粘贴步骤与方法

车内改装

汽车内部包括驾驶室和轿车、客车的车厢，它是司乘人员在汽车运行中的生活空间。汽车内部改装是对车内饰板、座椅等进行改装，以营造温馨、舒适的车内环境。

一、车内饰板改装

车内饰板改装是在仪表板、中控板、变速杆头、门扶手、转向盘等部件外表面镶嵌桃木或仿桃木材料的改装，如图6-1所示。桃木或仿桃木材料具有美观、高雅、豪华等特点，其独有的花纹图案可获得特殊的装饰效果，高中档轿车在车内配置桃木材料可显示豪华气势，中低档轿车在车内配置仿桃木材料可提高档次。因此，目前桃木或仿桃木内饰非常流行，它体现了轿车装饰的高档化。

图6-1　车内饰板改装

1．车内饰板改装的材料

目前比较流行的车内饰板改装材料主要有桃木和仿桃木。

1）桃木与仿桃木

桃木亦名“降龙木”、“鬼怖术”，是用途最为广泛的伐邪制鬼材料，桃木所以具有这等神力，源于古人认定桃树为百鬼所惧的神秘观念。其实汽车上使用的桃木并不是真正的桃木，而是胡桃木、核桃木和樱桃木，而真正的桃木是山桃木，也就是水果中桃子的母体。山桃木这种木材处理起来非常困难，它本身是果树，所以含有过高的糖分和果树胶，为了使它做成成品后不变形、不开裂，要经过泡、煮、焐、烘、凉等81道工序处理，处理周期长达三个半月。

由于天然的优质桃木数量少、制造工艺颇为复杂，因此导致成本偏高，于是仿桃木饰板应运而生。仿桃木是采用一种名为“转印”的技术，模仿桃木花纹制做的一种材料，即用一张具有桃木纹路的薄纸（业内叫“木纹纸”），通过专业的技术转印到塑料板上，出来的效果和真桃木几乎相同。

车内桃木饰板已具有悠久的历史，早在19世纪末20世纪初的贵族马车上已能追寻到它的踪影。半个世纪前英国劳斯莱斯汽车公司率先把它移植到了汽车上，当时的英国汽车内饰工艺师们以手工制作桃木和真皮内饰件，设计出了一辆具有皇室气派的高级轿车。其后著名汽车生产厂家如奔驰、宝马、美洲虎等陆续采用此内饰设计。至今世界各大车厂的高档至中档汽车都有采用，形成没有此等内饰装置的轿车都不能称为豪华轿车的市场心态，就是30年前我国的“大红旗”轿车也不例外。

国内率先制作豪华桃木饰板，用于转向盘、变速手柄等部件装饰的是一汽轿车股份公司，并首先在“小红旗”轿车上采用。上海通用与广州本田也随后进行试装，在1999年的北京国际汽车展览会上展出了有豪华内饰的别克和雅阁样车，一汽-大众的奥迪C5，上海大众的长江与桑塔纳时代超人也展示出了豪华内饰的样车。可见，国内各大汽车厂家认定进行车内桃木豪华装饰是提高档次与增加竞争力的必然选择。

2）桃木饰板的鉴别

（1）真桃木与仿桃木的鉴别。现代科学技术可令仿桃木做得惟妙惟肖，以假乱真，纹路、光泽与真的桃木材料极为相似，鉴别时主要通过纹路图案进行区别。成批生产的塑料仿桃木饰板的纹路图案一般是件件都一样，而真桃木饰板的纹路图案却是独一无二的。

（2）桃木饰板质量的鉴别。专业鉴别桃木饰板的优劣通过检测仪器对其硬度、附着力、耐酸碱和耐紫外线等进行检验，车主一般通过眼看、手摸等进行鉴别。其简易的鉴别方法是：一是看原材料的质量，纹路是否清晰，有无裂痕；二是看油漆情况，光油是否均匀，附着力好不好，光泽度、丰满度如何，表面有无灰尘（在喷光油的时候非常容易沾到灰尘，如果设备不好，厂房设计不好的话，就会有很多尘在上面）；三是用手摸一摸，看其硬度怎样，对于一件桃木饰板来说，硬度是非常重要的，如果硬度不好，做出来的桃木饰板很容易被刮伤，手表、戒指等小饰件都可能在上面留下痕迹而影响到美观。

2. 车内饰板改装方法

1）车内饰板改装的部位

车内饰板改装的部位主要有：转向盘、中控板、仪表盘、音响、烟灰盒、门扶手、门拉手、变速手柄、扶手箱等部位，如图6–2所示。

图6–2　车内饰板改装的部位

（注：图中改装不一定都集中在某一种车型中）

2）车内饰板的安装

安装车内饰板最好选用原厂标准件，原厂标准件是桃木片与原装置的标准塑料或金属件复合为一体的部件，其表面经过非常严格的亮漆处理，面漆经过硬度、耐光性、高温90℃与低温–40℃等长时间循环试验。用原厂标准件安装，不须用胶水或其他胶贴。

由于汽车厂自行开发至批量生产的复杂程序，新款或改装的车款须1～2年才能全面推向市场，因此未能及时满足国内市场对新产品的需求，形成有大量用户在购买新车后寻求改装以达到豪华效果的市场行为，但目前市场上有各种所谓的豪华车内饰件，绝大部分不是原厂件的产品，用户安装后不但不能达到原厂豪华内饰设计的效果，反而影响汽车的质量与安全性能。以转向盘为例，它是汽车上很重要的安全件，与车辆操控有直接关系。

目前市场大部分可购买到的豪华转向盘都不是原厂转向盘。主要分2种，一种是在原来转向盘上加皮套或桃木塑料套，此装置大大影响驾驶人对车辆转向的操控，因为加上外套后转向盘总圆径与抓手部分的小圆径都加大，影响转向的行程，而外套使用时间长了与原转向盘的接触也不稳固。另一种是在自制转向盘上加一个通用的连接器。此装置比第一种的危险性更大，因为原厂转向盘的骨架是经过非常严格的原厂测验，除了保证正常使用外，发生意外时不会断裂。而上述转向盘绝大部分是没有原厂骨架，只是自制木圆架或金属圈，车辆遇到撞击，驾驶人是非常危险的，而通用连接器不能把转向盘与转向柱像原厂一样直接联接在一起。汽车厂在作整车设计时，驾驶人的操控舒适性与安全性是非常重要的，而转向盘是驾驶人操控最多、最直接的部件，决不能使用不符合原厂标准的部件。

大部分的桃木饰件需要用胶水或双面胶纸粘贴，表面是一层印刷木纹的软塑料或薄木片，胶贴完成后会发现大部分的圆弧位置没法贴合或很容易松脱，脱落后的胶纸或胶严重影响原塑料件的外观，整体效果除了不如原厂原件的效果外，加上外贴件的厚度，更会影响一些开关按钮的行程。车辆在夏季露天停放，车厢内温度可达80～90℃，部分表面软塑料因承受不了高温而脱落或发出异味。而表面桃木薄片因没有经过特殊加工处理，无论在夏季或冬季，都容易因热胀冷缩而破裂。

二、座椅改装

1. 真皮座椅改装

目前比较流行的汽车座椅改装就是将原车的绒布座椅改装成真皮座椅。真皮座椅是座椅表层包着一层真皮的座椅，真皮是天然的、头层的皮革，经过剖层处理的二层皮等不能称为真皮。那么，什么是天然皮革？皮革的层数又是怎么回事？天然皮革是指各种动物皮革，皮是指未经加工鞣制的各种动物皮，革是指经加工鞣制的各种动物皮。天然皮革主要有黄牛皮革、水牛皮革、猪皮革、羊皮革、马皮革等，这些皮革的皮质特点如表6-1所示。

动物皮的皮质特点

表6-1

名　称	皮质特点
黄牛皮革	毛孔细小，呈圆形，分布均匀紧密，毛孔伸向里面，革面丰满光亮，皮板柔软，纹细，结实，手感坚实而富有弹性
水牛皮革	皮层表面凹凸不平，革面粗糙，毛孔较粗大，稀少
猪皮革	毛孔粗大，一个毛孔三根毛，呈三角排列，毛眼相距较远，皮层表面不平整，革面粗糙，柔软性差
羊皮革	分山羊皮革和绵羊皮革两种。山羊皮革面纹路是在圆弧上排列2～4个粗毛孔，周围有大量绒毛孔；绵羊皮革皮板薄，手感柔软，毛孔细小，呈扁圆形，由几个毛孔构成一个组，排成长列，分布很均匀，但不结实
马皮革	毛孔椭圆形，不明显，比牛皮革孔略大，斜入革内呈山脉形状有规律排列，革面松而软，色泽昏暗

上表所列的皮革中唯有牛皮可做汽车座椅。牛皮可进行多层分割（最多可分为8层），最外层的为头层皮，质量最好，次之为二层皮，其强度、弹性和透气性都不如头层皮。

牛皮按等级不同可分为A级皮、B级皮、C级皮。A级皮为黄牛皮的头层皮，是所有汽车真皮座椅中最为常见的使用材料，表面细腻手感柔软，几乎看不到毛孔，质地结实又非常具有韧性，因而加工出的座椅极为美观。B级皮为水牛皮的头层皮，同黄牛皮相比他的优势是结实耐磨，缺点是不够柔软、手感差、韧性差、表面粗糙、毛孔清晰，加工出的座椅同黄牛皮相比外观稍差。C级皮为黄牛或水牛的二层皮。

1）真皮座椅的特点

目前，经济型轿车多数都无原厂配备的真皮座椅，为营造更舒适、温馨的车内空间，越来越多的没有原装真皮座椅配备的轿车开始更换真皮座椅。

（1）真皮座椅的优点。真皮座椅早已成为高档轿车的标准配置，不少中低档轿车也配置了真皮座椅，那么有真皮座椅的优点呢？如图6-3所示。

① 豪华气派。真皮座椅高贵的品质、精美的造型、多彩的色调，可提高汽车配备档次。

② 美观耐用。让汽车能够在视觉上、触觉上，甚至在味觉上都有一个好的心理感觉，给汽车增光添彩。同时，真皮结实耐磨，使用寿命长。

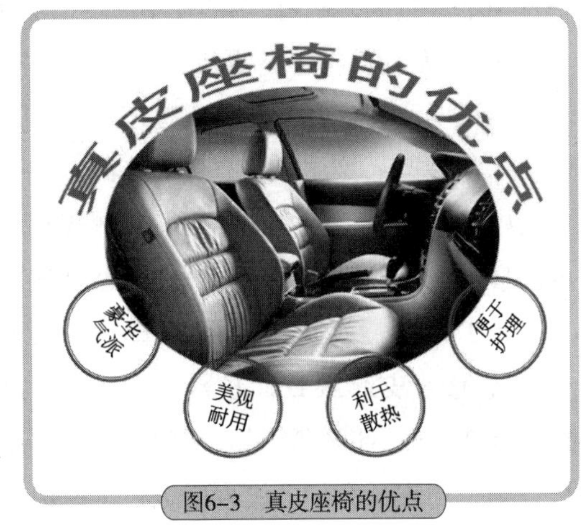

图6-3 真皮座椅的优点

③ 利于散热。真皮座椅的散热性比绒布座椅要好，在炎热的夏日，真皮座椅只会表面较热，轻拍几下，热气会很快消散。长时间坐在皮椅上时，也会将体热散去，而不像绒布座椅那么吸热。

④ 便于护理。真皮座椅不像绒布座椅那么容易藏污纳垢，顶多只是灰尘落在座椅的表面，不会堆积在座椅的较深处而不易清理。即使真皮沾上污垢，只要喷上真皮清洗剂，然后用干净布一擦即可。

（2）真皮座椅的缺点。

① 易刮伤。真皮如碰到尖锐的物品，表面容易受到损伤，所以在使用时要特别小心。

② 易老化。真皮座椅受热后会出现老化现象，从而过早失去光泽。

③ 易滑。真皮座椅在乘坐上要比绒布座椅滑，虽然厂家在座椅表面做皱褶或反皮处理，以降低滑感，但与绒布比，同一椅型真皮座椅的乘坐感还是要滑一些。

2）真皮的鉴别方法

现在市面上出售的一种复合皮是二层皮的表面附上一层胶膜，表面精致，看上去很像头层皮，有些商家以此冒充头层皮，欺骗用户，应注意识别。从专业性的角度上讲，鉴别皮革要从皮的气味、比重、耐光性、耐迁移性、雾化性、热黄变、耐摩擦性等方面来判断。由于多数车主不具有这方面的专业知识，判断起来比较困难，不妨用图6-4所示的简单方法进行鉴别。

（1）查。

① 要检查有无皮革来源、皮革厂标、皮革测试表、皮革使用授权书等基本资料。

② 要检查皮革背面有无生产日期、皮厂名称等标示。生产日期不宜过久，超过3年的皮革应注意有无发霉现象。

③ 有无真皮标志，真皮标志是在国家工商行政管理局注册的证明商标，凡佩挂真皮标志的皮革产品都具有三种特性：一是该产品是用优质真皮制作的；二是该产品是做工精良的中高档产品；三是消费者购买佩挂真皮标志的皮革产品可以享受良好的售后服务，真皮标志图案如图6–5所示。

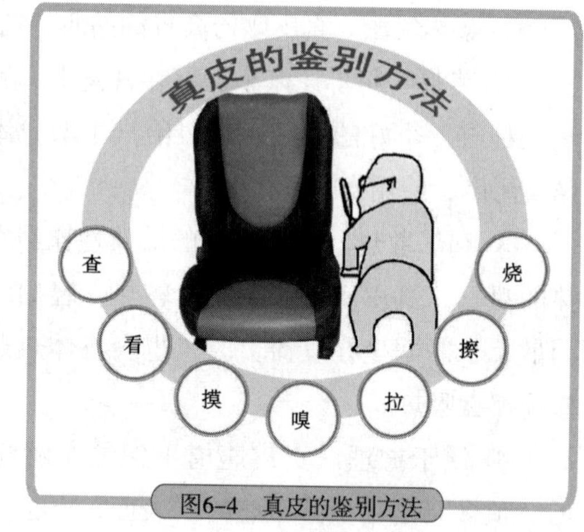

图6–4 真皮的鉴别方法

（2）看。就是用眼睛的直观感觉进行鉴别，真皮皮面光滑，皮纹细致，色泽光亮且没有反光感，厚度在1.0～1.2mm，且厚薄均匀。如果皮纹不明显，只是异常光滑，则说明皮子在加工过程中进行了磨面处理，或是用二层牛皮喷上颜色后压出皮纹制成。

图6–5 真皮标志

（3）摸。就是用手摸皮面，质量好的真皮摸起来手感好，柔软舒适、滑爽而且富有弹性，若皮面板硬或发粘均为劣质皮。

（4）嗅。就是闻一闻皮革的气味，真皮有自然的皮香味，装上车后再次打开车门，有一股令人舒适的香气，劣质的皮革通常带有强烈的刺激味。

（5）拉。用两只手拿住皮子的对角，然后稍用力向两边拉，真皮拉起来变形不大，牢靠度较好、弹性好，延伸率和张幅适中，同时有一种刚柔相济、挥洒自如的感觉。若皮面出现缝痕或露出浅白的底色，则说明皮子的弹性及染色工艺不过关。

（6）擦。用潮湿的细纱布在皮面上来回擦拭七八次，并查看布上是否粘有颜色，若有脱色现象，则说明是劣质皮。

（7）烧。用燃烧的办法可很快辨别出真皮革与人造革。其方法是：从真皮革和人造革背面分别撕下一点纤维，点燃后，凡发出刺鼻的气味、结成疙瘩的是人造革；凡是发出毛发气味，不结硬疙瘩的是真皮。

3）真皮座套的选购

（1）商家选择。一般有实力的商家，裁剪、缝制、安装都是流水作业，缝制安装时间短、速度快、质量好。具有规模的商家还可提供上门服务，只要打一个电话，商家派人上门拆卸座椅，并把皮样带给您选择，把座椅包上真皮后，交回来装在车上。

（2）产地选择。同是真皮座套，由于产地不同，技术不一样，质量和价格也就相差甚多。世界皮革产地很多，其中欧洲（北欧、意大利、奥地利、德国等地）皮革工业的历史较为悠久，真皮中最高档次的当属意大利黄牛皮，其质地厚实，柔软光滑，有弹性。其次是泰国水牛皮，它水分充足，质地柔软，价格也低一档次。如果轿车属于一般档次，也可选择国产牛皮，国产牛皮一般质地较硬、色泽均匀度欠佳，但价格比较便宜。

（3）颜色选择。汽车座椅专用的真皮颜色不多，主要有红、黄、黑、浅灰等。要根据轿车的颜色和车内的环境协调搭配，这样不仅坐着舒服，看着也觉得高雅华贵。

4）改装工艺

（1）改装方式。将原车绒布座椅改装成真皮座椅的方式有拆换和加装两种。

① 拆换。所谓拆换，是指先将原有的绒布座套拆除，然后再缝制新的真皮座套换上。这种改装方式的好处是店家完全可以按照原来的椅型及椅面上缝隙，重新缝制一张完全符合座椅造型的真皮。这样做，不仅可以保持原设计时的线条，更可确保在长久使用的情形下，椅面不至于变形或易位。

② 加装。所谓加装，是指店家有配套的成品真皮座套，只需将其套在座椅上即可。这种改装方式的优点是拆装自如，价格也相对便宜，其缺点是长时间使用容易变形、易位。对此不足现在已有解决的办法，就是将真皮座套通过固定胶固定在绒布座椅上，不仅牢固，而且贴合紧密。

（2）改装程序。真皮座椅的制作与安装程序如图6-6所示。

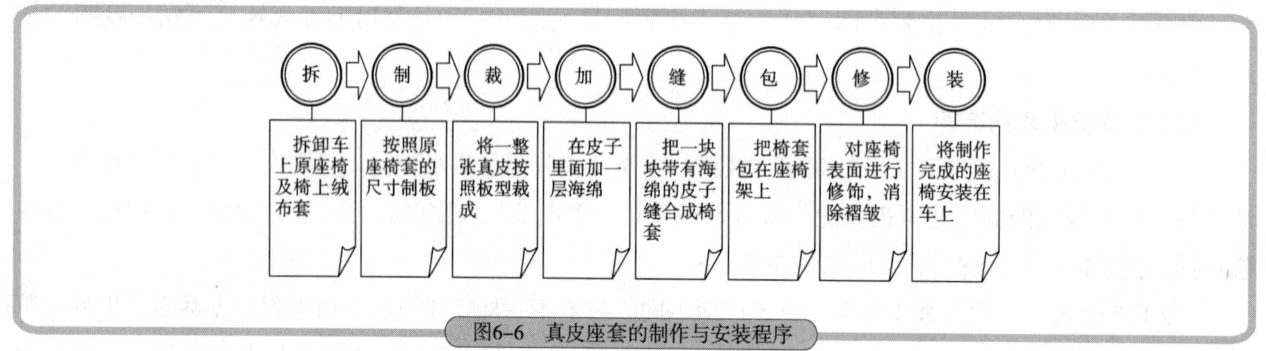

图6-6　真皮座套的制作与安装程序

（3）改装操作要领。

① 拆。“拆” 就是拆卸座椅，因车内空间较小，操作不便，所以当工人们接手一辆改装真皮座椅的汽车时，第一步要做的便是安全的把车上的座椅拆卸下来，然后再将原来的绒布套一一拆下，露出座椅内部的海绵。拆卸座椅时应注意以下事项：

一是要使用专用工具。因为汽车在制造中，对座椅的安全性有严格规定和要求，没有专用工具很难将座椅拆下。如用非专用工具硬撬猛敲，盲目施工，将造成拆卸部位变形，再装时，难以保证原车的安全可靠性。

二是要防止安全气囊爆开。对于一些带安全气囊的车型，首先要搞清气囊的位置，然后动作尽量放轻，避免出现对气囊的撞击。

② 制。“制”就是制板，即按照椅套各板块尺寸做出模板，制板的好坏，很大程度上决定着真皮座套制成后是否得体、好看。技师应根据原车的绒布套、座椅的形状以及座椅海绵的形状，进行详细的分析和比较，一步步制作出大小不一的“板”。这个过程非常复杂，也非常费时。一套真皮座椅要几十块“板”来组成。但当“板”第一次制作成型，以后同样型号的座椅就不需要再进行制板了。

③ 裁。“裁”就是裁皮，把一整张真皮按照板型裁成大小不一的小块。裁皮的方式大约有刀裁、剪裁和机器裁三种。机器裁皮与剪裁很少用，一般都以刀裁为主。技师在裁皮的时候，手、脚、身体各个

部位都要紧密配合，并做到细致专注。裁皮时要考虑皮料的正确选用，牛背部位的皮是一张牛皮中最结实的，一般用于座椅的靠背及坐垫部分，因为座椅的这两处长期受压、受摩擦。牛肚、牛脖部位的皮质较差，一般用于座椅的裙部或不易看到的部位。另外，皮与布一样都有一定的拉伸方向，有的皮椅坐了一二个月后就出现凹凸现象，多数是因为裁皮方向不当造成的。

④ 加。“加”就是加海绵，皮子裁好以后，要在皮子里（注：“里”是里外的里）面加一层海绵，海绵要先用机器砸在皮子上，行业内称之为“跑片儿”。

⑤ 缝。“缝”就是缝合，把一块一块带有海绵的皮子，按着固定的位置缝合到一起。缝制应采用缝纫机进行操作，做工要细，成品表面能看到的只有明线和“做缝”，明线必须横平竖直，“做缝”要在3mm以上。否则，皮套在使用过程中可能由此开裂。缝制真皮座套应由缝纫技术非常熟练的工人操作，确保一次完成，不能修改，否则，皮料上会留下明显的针孔。

⑥ 包。“包”就是把椅套包在座椅架上，包好的真皮座椅表面不能有褶皱。要做到这一点，固然和板型是否合适有很大关系，但真皮很厚很硬，再合适的板型也不可能做到一点褶皱也不出，因此当板型不能起作用的时候，包这个过程就开始起辅助作用了。工人们先把已经缝合好的各个部位的真皮套在座椅上，然后通过卡钉、卡条、钢筋、铁丝这些东西来和座椅进行固定，之后再用手进行拍打、抚平等初步整型工作。这个过程下来以后，整个真皮座椅就初具形状了。

⑦ 修。“修”就是对座椅表面的褶皱进行修饰，对于一些形状复杂的座椅，椅套包好后还会有一些细小的褶皱，了达到完美，还要进行最后的修饰工作。修饰的工具是烤枪，用烤枪在座椅上的一些死角进行吹烤。这个过程要注意烤枪的温度和烤枪和皮子之间的距离，虽然汽车专用皮都经过专门耐高温处理，但几百摄氏度的烤枪如果长时间对着一处来烤，汽车真皮也同样受不了。

⑧ 装。“装”就是装复，这是最后一道工序了。把已经完成的、近乎完美的真皮座椅按原来的位置安装车内。由于车门、车内的空间有限，座椅的尺寸又较大，且比较重，装复时既要避免划伤椅面，又不能碰到车漆，所以必须按照安装工艺要求去做。否则，稍有不慎，就会前功尽弃。

2. 儿童安全座椅加装

汽车儿童安全座椅是汽车上安装的、根据不同年龄段（或体重）儿童体型设计的、能有效提高儿童乘车安全的一种专用座椅。汽车安装这种座椅，不仅可使车祸对儿童的伤害降低到最大程度，而且为儿童舒适地乘坐和家长精心地照顾提供了便利，如图5-13所示。

欧洲经济委员会（Economic Commission of Europe，简称ECE）就有关机动车上儿童乘客的安全防范系统而颁发的ECE R44标准中对汽车儿童安全座椅的定义是：能够固定到机动车辆上，由带有卡扣的安全带组件或柔韧性部件、调节机构、附件等组成的儿童安全防护系统。也可与附加装置如可携式童床、婴儿提篮、辅助性座椅或碰撞防护物等组合而成。在发生汽车碰撞或突然减速的情况下，可以减少对儿童的冲击力和限制儿童的身体移动来减少对他们的伤害。

随着汽车工业的高速发展和道路条件的改善，汽车行驶速度不断提高，尤其是高速公路的出现，使汽车超过了火车，成为第一大运输方式。随之而来的交通安全问题也日益突出，引起了公众的广泛关注。成人安全带、安全气囊相继问世，挽救了无数人的生命。但安全带、安全气囊等安全设施都是为成人设计，均不适合儿童使用。为此，进入20世纪70年代，欧洲发达国家开始研制适合儿童的安全设施——汽车儿童安全座椅。

80年代后，欧美等发达国家相继出台相关的法规，强制儿童乘车必须使用汽车儿童安全座椅，使汽车儿童安全座椅得以迅猛发展及快速普及。大力推广儿童安全座椅是近年来国外发达国家针对儿童的交通安全问题采取的一项重要措施，美国国家交通安全委员会就在许多医院开展了向新生儿免费赠送儿童安全座椅活动。在政府的推动下，美国各大汽车厂商，如通用公司、克莱斯勒公司等，也开展了儿童安全运动，主动为用户解决儿童安全座椅的安装问题。美国50个州都有相关法律规定有关汽车儿童安全座椅的安装和使用。强制使用汽车儿童安全座椅的年龄，最高的为加州和华盛顿州为5岁以下，最低的是得克萨斯州为1岁以下。同时在澳大利亚、加拿大、英国、德国、日本、新加坡以及中国台湾等国家及地区都对儿童安全座椅有明确的规定，给予了很大程度上的关注。儿童安全座椅在发达国家相当普及，在大型商场和汽车用品专卖店几乎都有销售，且使用非常广泛而且有效。许多国家的法律规定：小于12岁和身高低于150cm的儿童必须被安全地置于正式批准生产的合适的儿童保护装置内。

为使儿童不仅能享有幸福的童年，而且也能享受到乘坐汽车的安全与舒适，我国于1992年7月1日就立法规定坐在汽车前座的8岁以下的儿童，必须使用儿童安全车座。安全车座应该配合孩童身躯的大小，而且应该绑妥在座位上。3个月后，法律进一步规定，所有坐在汽车后座的8岁以下儿童必须坐在儿童坐垫上，并系好安全带。这包括六座位或以下的小型货车与双座位的机动车。

1）汽车儿童安全座椅的作用

汽车儿童安全座椅的作用如图6-7所示。

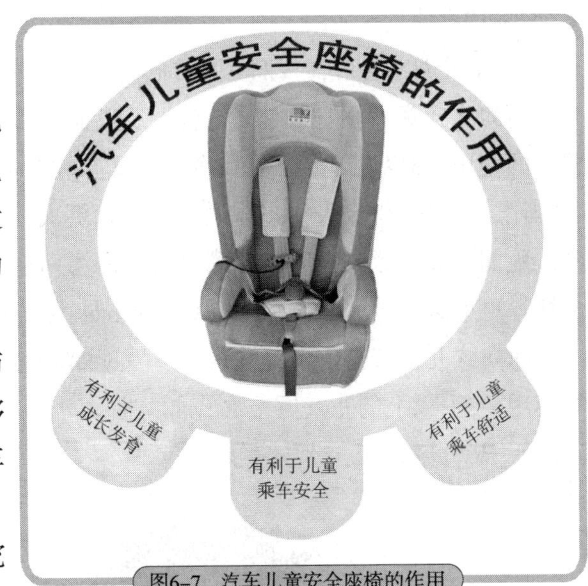

图6-7 汽车儿童安全座椅的作用

（1）有利于儿童成长发育。处于成长发育期的儿童，骨骼还比较柔软和脆弱，难以承受汽车行驶中产生的剧烈振动与颠簸。另外，儿童的脑部在0～3岁期间发育最为显著，在此时期，给予适当的刺激，并在适当的环境中成长，对于运动神经，提高思考能力、想象力、潜在能力都大有好处，但脑部组织经常受到强烈振动与冲击将影响脑部发育。因此，为使经常乘车的儿童能够健康地成长发育，减小乘车时产生的外界冲击力量，车主家庭有儿童的，应尽快在轿车上安装儿童安全座椅。

（2）有利于儿童乘车安全。有关交通安全的研究显示，汽车在48km/h的速度下发生碰撞，足以在一个7kg的婴儿身上产生140kgf的前冲力，是一个婴儿体重的20倍，其后果可想而知。婴儿即使由系上安全带的成人抱着，也并不安全。在碰撞时所产生的强大冲击力，足以使婴儿从成人手中飞脱。若抱着婴儿的成人没有系上安全带，成人极可能与婴儿一起冲向仪表板或风窗玻璃，从而对婴儿造成伤害。因此，为了孩子的安全，应在车内安装儿童安全座椅。

（3）有利于儿童乘车舒适。儿童因身材矮小，坐在成人座椅上，很不舒服。若想靠上座椅后背，则腿不能弯曲；若想让腿能够弯曲，则又靠不上座椅后背，且腿弯曲后脚也不能着地。所以是靠着不舒服，不靠着也不舒服。为儿童量身裁体设计制作的儿童安全座椅较好地解决了这一问题，使儿童乘车舒适快乐。各种舒适的儿童安全座椅如图6-10所示。

◆2）儿童安全座椅的种类

（1）儿童安全座椅按照使用儿童的不同年龄段可分为婴儿用座椅、幼儿用座椅及学童用座椅。

婴儿用座椅适合0～1岁之间还不会坐的婴儿使用；幼儿用座椅适合1～4岁的幼儿使用；学童用座椅适合4～12岁的学童使用。

（2）儿童安全座椅按照安装方向的不同可分为后向式和前向式两种座椅。

后向式儿童安全座椅是儿童坐上后正面向后的一种座椅，如图6-8所示。这种座椅尤其适合3岁以下婴儿的使用。3岁以下婴儿的骨骼十分脆弱，特别是颈部，最容易受到致命的伤害。一般说来，儿童与成人相比，头部比例要大得多，颈部受力就更大。大多数的撞车事故都有紧急制动的过程。如果婴儿向前坐，脆弱的儿童颈部极容易受到过大的冲力而造成伤害。后向式儿童安全座椅，有椅背、靠垫、颈部安全枕等重重保护，最大程度地吸收了撞击冲力，使得儿童幼小脆弱的颈部得到最好的保护。

前向式儿童安全座椅是儿童坐上后正面向前的一种座椅，如图6-9所示。这种座椅适合3岁以上儿童的使用。3岁以上的儿童更喜欢前向式儿童安全座椅，主要是因为坐在前向式儿童安全座椅上视觉大为改善，便于欣赏来自大自然的美好景色。

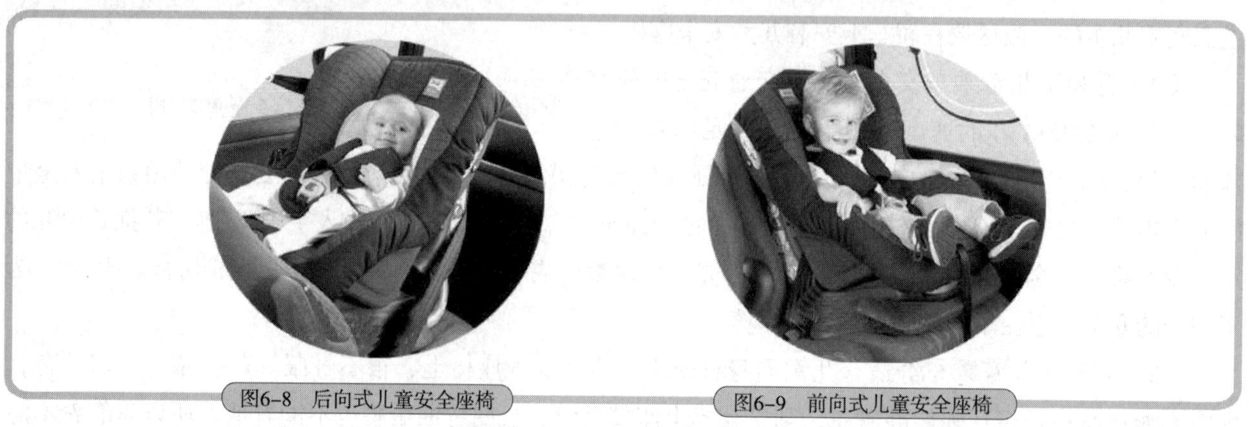

图6-8　后向式儿童安全座椅

图6-9　前向式儿童安全座椅

3）儿童安全座椅的基本结构

汽车儿童安全座椅的结构有提篮型、舒适型、加强型等形式，如图6–10所示。不同形式的儿童安全座椅其结构不尽相同，现以加强型儿童安全座椅为例，其主要由底座架、座椅、安全带及调节机构等组成，如图6–11所示。具中座椅是根据儿童不同年龄段的体形设计的，并采用高弹海绵及透气面料制作，具有柔软、舒适等特点；安全带为五点式，具有四种调节位置组合，适合不同体形的儿童使用；座椅的仰角可通过调节机构进行调节，确保儿童乘坐舒适。

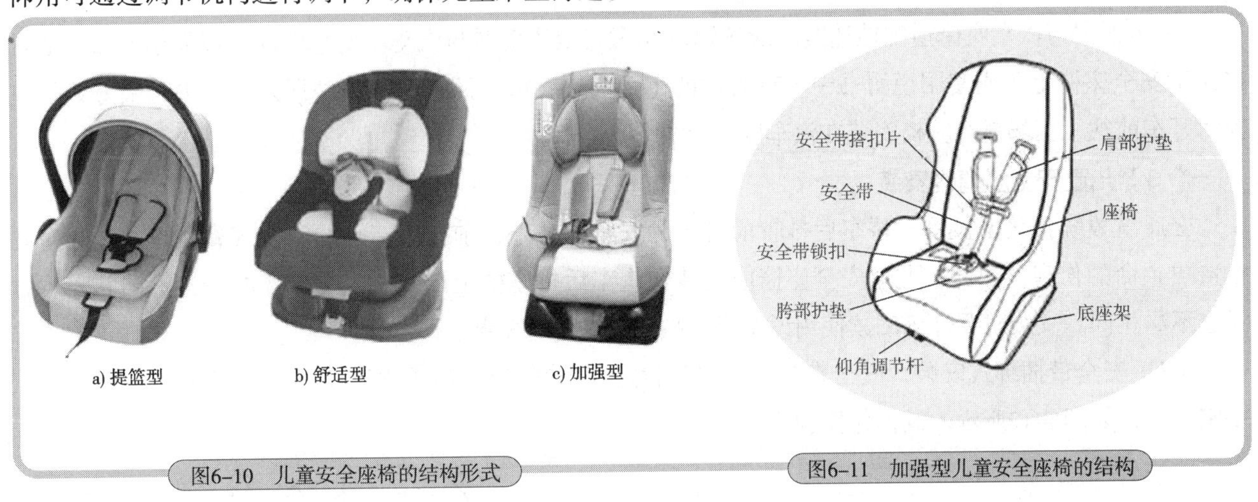

图6–10　儿童安全座椅的结构形式

图6–11　加强型儿童安全座椅的结构

4）儿童安全座椅的选购

（1）根据有关安全标准选购。选购儿童安全座椅时，需查看其符合的最新安全标准。目前世界上主要有以下4个标准：欧洲ECE R44/03标准、美国JPMA/ASTM、加拿大CMVSS 213、日本JIS等。其中ECE R44标准是欧洲经济委员会（ECE）就有关机动车上儿童乘客的安全防护系统的论证而颁布的第44号法令，最早的ECE R44标准是1982年生效的，最新的ECE R44/03标准于1995年9月生效。该标准中有详实的碰撞测试，提高安全带系统安全性以及有关打开安全卡扣等诸多严格的规定。

（2）根据儿童的不同年龄段选购。1岁以下的婴儿应选择后向式儿童安全座椅，因为婴儿的头部相对较重，且颈部软骨和韧带较脆弱，通过与汽车行驶的反向安置，可以有效保护婴儿脊骨以防止伤害。1～3岁幼儿可选择后向式儿童安全座椅，也可选择前向式儿童安全座椅，但最好还是选择后向式儿童安全座椅，这样更为安全。3岁以上儿童,由于身体已经较大,且比较好动,应使其有较大的活动空间,应选择前向式且有可调节后背的儿童安全座椅。

（3）根据儿童的体形选购。儿童的体形有胖有瘦，体重有一定的差别。儿童安全座椅的型号很多，要选择与儿童体形相当的儿童安全座椅，使儿童乘坐舒适。

（4）根据与汽车座椅适配性选购。所选购的儿童安全座椅要与汽车座椅相匹配，以便于安装。通常在儿童安全座椅上（或使用说明书中）有对应的车型列表，可对照选购。为确保万无一失，最好是买座椅时开车前往，当场就将座椅安装在汽车座位上看是否合适。

5）儿童安全座椅的安装

交通事故统计数据显示，轿车后排较前排更为安全。另外，前排座椅上的安全气囊在打开时会对儿童造成致命的伤害。因此，儿童安全座椅应安装在汽车后排座椅上。儿童安全座椅的结构不同其安装方式也不尽相同，安装时要仔细阅读使用说明书，按照要求进行安装。

（1）安全带捆绑式安装。安全带捆绑式安装就是利用汽车座椅上的安全带将儿童安全座椅捆绑在汽车座椅上，如图6-12所示。其操作要领是：

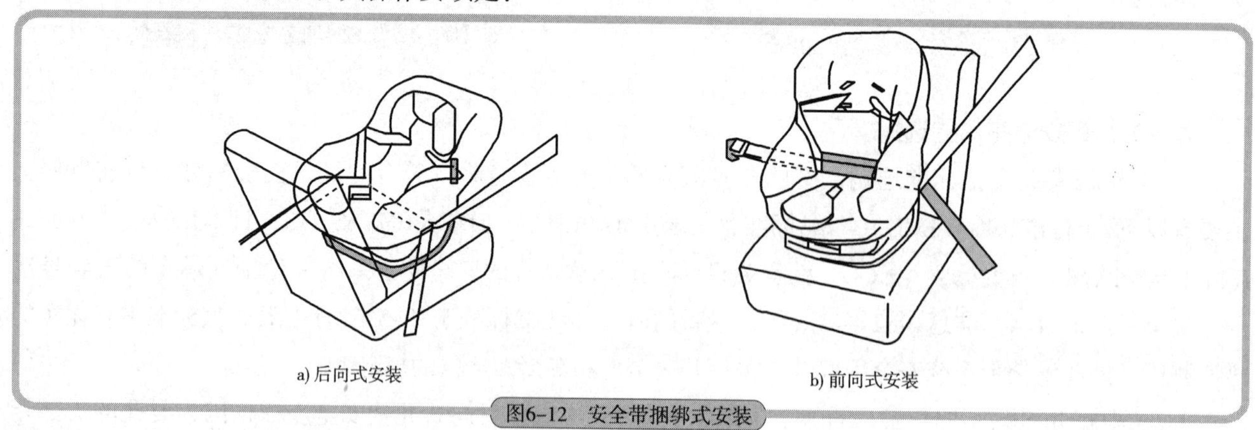

a) 后向式安装　　b) 前向式安装

图6-12　安全带捆绑式安装

① 先将儿童安全座椅放置在汽车座椅上，再把汽车座椅上的安全带按照正确的路径绑在儿童安全座椅上。

② 用膝盖压在儿童安全座椅上，尽力拉紧安全带并扣好。

③ 检查安装是否牢固，如果儿童安全座椅捆绑不够紧，在汽车发生碰撞时，坐在座椅上的儿童有可能撞上前排座位的背部，碰伤脸部或头部。为此，座椅捆绑之后，应抓住座椅底部，试着向前方及左右晃动，如果晃动的幅度达2.5cm，这说明座椅绑得不够紧，应重新捆绑。

（2）锁扣安装。锁扣是儿童安全座椅上附加的标准化安装装置，它包括3个锁扣和1根系绳。其中3个锁扣，2个在座位底部，1个在上部。

锁扣安装必须在配有相应金属插槽的汽车上进行，金属插槽与儿童安全座椅的锁扣相吻合。

不同的儿童安全座椅采用锁扣安装的方法不尽相同，安装时应仔细阅读使用说明书，按照要求进行安装。

6）用固定装置安装

有些儿童安全座椅上设计有安装的固定装置，安装操作简单方便。如沃尔沃公司研制开发了一个装有国际标准固定器的产品，该产品的结构中有一个起支撑作用的框架，该框架把国际标准固定器附件安装在靠背和坐垫之间，框架不需要附加固定装置，在椅背上嵌入一个支架以便在车尾发生碰撞时固定好框架，框架很容易地被附着在汽车两个预备好的金属夹上，当儿童安全座椅安装好了之后会听到“咔嚓”一声。该系统叫做Volvo ISOFIX国际标准固定器。ISOFIX系统是安装儿童安全配备的国际标准，为了易于安装，轿车应在座椅上提供ISOFIX扣锁，以确保正确、快捷地安装和拆卸。

三、车内电器加装

1．车载冰箱加装

车载冰箱是放置在车内的一种冷藏保温装置，用于放置饮料和食物，为驾乘人员提供旅途饮食便利。车载冰箱不仅具有结构精巧、无噪音、无污染、绿色环保、节能轻便等特点，而且造型精美、色彩绚丽、小巧玲珑，使车内更显尊贵典雅，如图6–13所示。

1）车载冰箱的种类

（1）车载冰箱按功能可分为储能型冰箱、冷热型冰箱和车家两用型冰箱。

① 储能型冰箱。此种冰箱的外壳由保温材料制成，利用储能盒（袋）在其他处制冷或加热后放入箱内，来保持物品温度，俗称保温箱，如图6–14所示。储能型冰箱的优点是不耗车上电能（车上的电都是燃油转化来的），价格也比较低廉；缺点是不能长时间保温，而且空间较小。

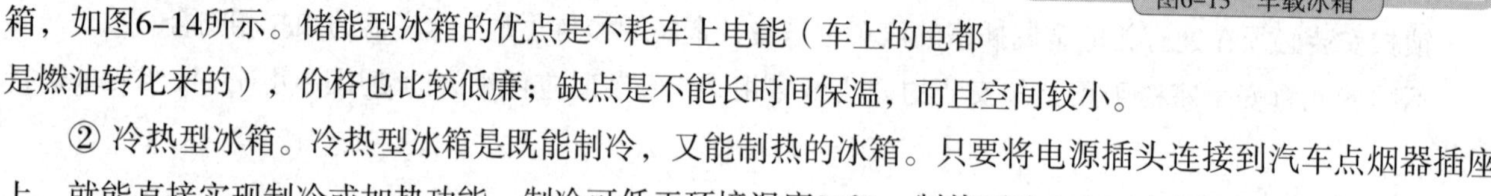

图6–13　车载冰箱

② 冷热型冰箱。冷热型冰箱是既能制冷，又能制热的冰箱。只要将电源插头连接到汽车点烟器插座上，就能直接实现制冷或加热功能。制冷可低于环境温度20℃，制热可达65℃，如图6–15所示。

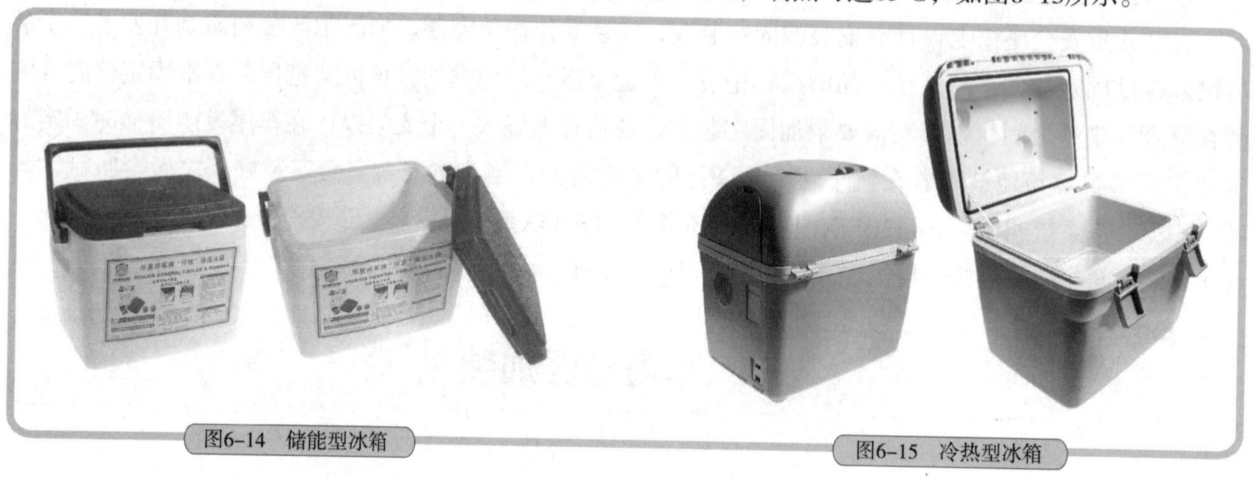

图6–14　储能型冰箱

图6–15　冷热型冰箱

③ 车家两用型冰箱。此种冰箱有两种电源连接方式，既可连接汽车上的12V直流电，又能连接家庭中的220V交流电。从而保证了既能放在汽车上使用，也可以放在家中使用，如图6–16所示。车家两用型

冰箱大多数为冷热型冰箱。在车内使用时，可放置于车内座位或车尾箱，直接连接车内点烟器的12V直流电源。在酷热的夏日，它能提供清凉透心的冷饮；在寒风刺骨的严冬，它能提供温暖的食品。无论是郊游、观光旅游、野餐、露营、垂钓、长途行车，还是在塞车的途中，它都能提供适温舒心的饮料和食品。迷你的外观设计，卓越的实用功能，令爱车更增几分靓丽，生活更添几分色彩。在室内使用时，接室内220V交流电源。可以用来存放饮料、食品。

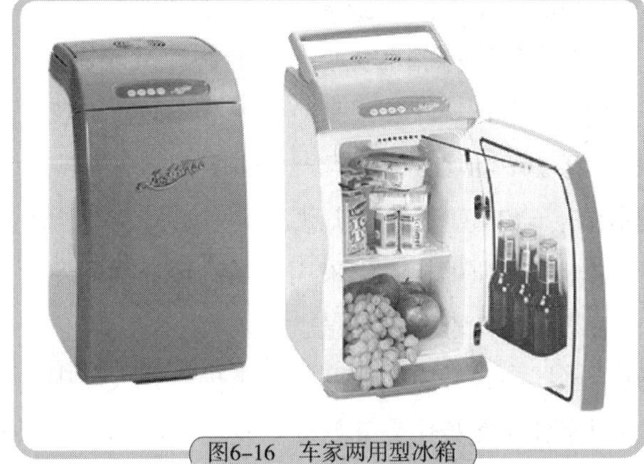

图6-16　车家两用型冰箱

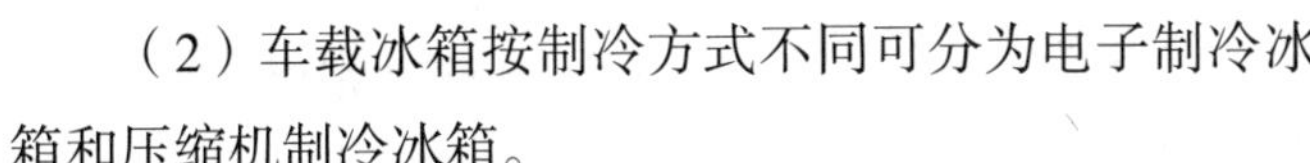

（2）车载冰箱按制冷方式不同可分为电子制冷冰箱和压缩机制冷冰箱。

① 电子制冷冰箱。电子制冷冰箱以先进半导体技术，实现电子制冷加热，如图6-17所示。半导体制冷技术基于1834年发现的帕耳帖效应，即在两种不同的金属结合点通电，根据极性的不同，两种金属会分别出现冷热效应。电子制冷冰箱利用这一点，将批量的金属结合点聚合，增加冷热效应，再将金属表面的冷或热源用散热铝片和风扇使其流动，这样可以形成冷热的效果。

电子芯片的温度在这种条件下可达到零下5℃，但是经过传导，反射到冰箱壁，再由冰箱壁传导到箱体内部，温度衰减到5℃，但只是比较理想状况下的温度。还有一个重要的指数是这种冷热箱的温度与周围环境的温度只能够达到温差20℃。

现在国内有的工厂在冰箱内安装两组芯片，声称能够达到-5℃～6℃。实际上，这种冰箱的能耗极大，很容易烧毁汽车蓄电池，这是比较危险的。另外，其宣扬的温度值也是

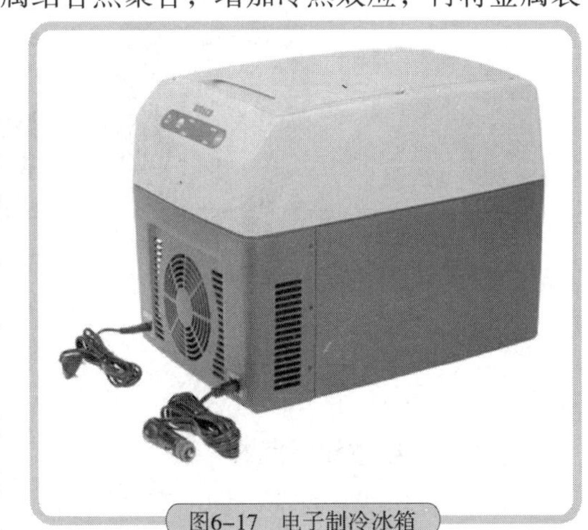

图6-17　电子制冷冰箱

芯片周围的温度值,这是在误导消费者。

电子制冷冰箱的优点是既能制冷又能制热，环保、无污染，体积小，成本较低，工作时没有震动、噪音、寿命长。缺点是制冷效率不高，容量较小。

② 压缩机制冷冰箱。压缩机制冷冰箱以压缩机、变频器为依托，利用汽车12V直流电源实现制冷，如图6-18所示。压缩机制冷冰箱采用无氟全封闭压缩机，它采用的是冷热交换的原理，当蒸发板中的制冷剂从液态转为汽态时，热量就会被吸走。压缩机将制冷剂压缩收集后传送到冷凝器中，并将吸收到的热量排放到大气中，制冷剂重新回到液态状态回流到冷凝板中，开始新一轮的制冷循环。压缩机是传统冰箱的传统技术，制冷温度低，可达-18℃。制冷效率高，体积大，是未来车载冰箱发展的主流方向。缺点是重量较重，比较耗电，价格较高。

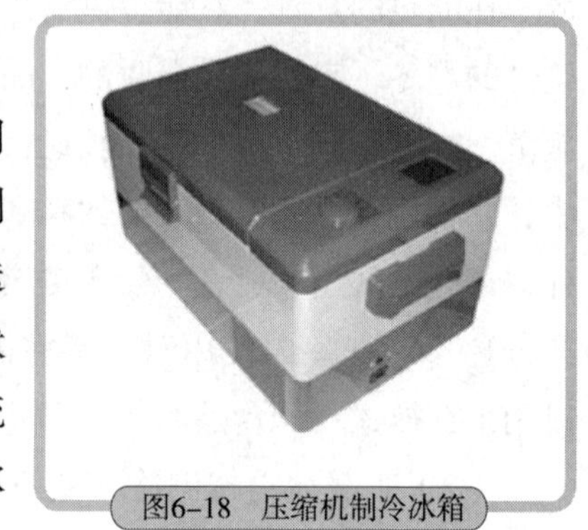

图6-18　压缩机制冷冰箱

（3）按结构形式可分为立式车载冰箱、卧式车载冰箱及扶手式车载冰箱，如图6-19所示。

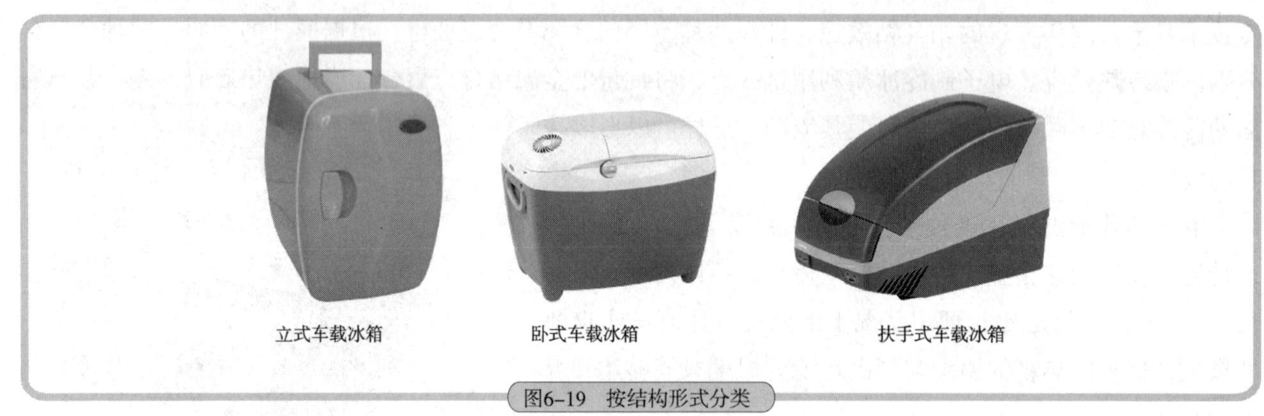

立式车载冰箱　卧式车载冰箱　扶手式车载冰箱

图6-19　按结构形式分类

2）车载冰箱的选购

（1）看功能。目前市面上车载冰箱的种类比较齐全，购买时应根据车主的实际需要确定其功能。如只是短时间内储藏食物，购买储能型冰箱就可以了，这种冰箱不同电，且价格便宜；如车主是单身，临时住租用的房屋，购买车家两用冰箱是不错的选择，平时把冰箱放在家里，旅行时提到车上即可；如车主想要制冷效果比较好的冰箱，那么就选择压缩机制冷冰箱；如车主对制冷效果要求不高，那么就选择电子制冷冰箱。

（2）看结构。车载冰箱的结构形式主要有立式、卧式和扶手式，购买时应根据车内空间大小合理选择。如车内空间较小，最好选择扶手式车载冰箱，它放在主座与副座之间，或放在后排座椅中间，既不占车内空间，又美观，且使用方便；如汽车行李舱空间较大，选择立式或卧式车载冰箱均可。另外，车载冰箱的颜色及款式要与车内的装潢相协调。

（3）看质量。考察一个车载冰箱的质量，主要看它的制冷及保温效果。衡量冰箱质量的好与坏，从一个细节就能轻松判断出来，消费者只需打开冰箱盖，试一下密封条的手感，如果它缺乏韧性和严整性，随便合上盖子从外表看不出破绽，实际密封效果不会好。很好理解，一个有可能爬进蟑螂的车载冰箱，其他方面能好到哪里去。

3）车载冰箱的安装与使用

（1）储能型冰箱的安装与使用。储能型冰箱无需安装，只要放入车内即可。使用方法是：当需要冷藏时，先把储能盒（袋）平放在家用电冰箱或电冰柜中，冷冻10h后放入储能型冰箱中，置于食品、饮料、水果等物品的上部或侧部，盖严上盖即可。箱温可稳定在15℃以下长达20h。当需加热时，先把储能盒（袋）平放在微波炉中加热2min，温度升到60℃～70℃后平放入储能型冰箱中，置于食品、饮料等的底部或侧部，盖严上盖即可。箱温可稳定在40℃以上长达4h。

（2）冷热型冰箱的安装与使用。冷热型冰箱的安装非常简单，只要将冰箱固定在车内合适位置，然后电源插头插入点烟器插座即可。使用方法是：当需要制冷时，将冷/热开关拨至制冷挡；当需要加热时，将冷/热开关拨至加热挡。

（3）车家两用型冰箱的安装与使用。以ST244型车载冰箱为例，其安装与使用方法如下：

① 在车内安装与使用的方法是：第一，在车内使用需将箱体固定在车内合适位置，并保持良好的通风。第二，把“交流、直流”开关置于直流挡使用；选择“冷/热”开关挡位，对应指示灯亮，该机开始

工作。第三，把直流电源线的一端插入冰箱上的直流插孔，另一端插入车内12V点烟器插座，电流应大于5A。第四把“制冷、制热”开关置于开挡，或是把“交流、直流”开关置于开挡，该机即可停止工作。第五，在加热中，当箱内温度升至70℃±5℃时，电源会自动切断，当温度低于60℃±5℃电源自动接通继续加温。

② 在家庭安装与使用的方法是：第一，把交流电源线的一端插入冰箱上的交流插孔，另一端插入220V交流电源插座。第二，把“交流、直流”开关拨置交流挡；选择“冷/热”开关挡位，对应指示灯亮，该机开始工作。第三，把制冷、制热选择开关置于关挡，或把交流、直流转换开关置于关挡，该机即可停止工作。第四，在加热中，当箱内温度升至70℃±5℃时，电源会自动切断，当温度低于60℃±5℃时，电源自动接通继续加热。

（4）车载冰箱安装与使用注意事项。

① 车用冰箱在汽车上使用时，只能用12V直流电。

② 通风口与散热孔要保持畅通。

③ 制热工作状态下，箱内适合放加热过的食品，不太适合放冷冻食品。

④ 当从制热功能转换时，应关掉电源，5min后再启动。

2. 车载饮水机加装

车载饮水机是汽车上配备的用于装载饮用水，并可制冷和加热的电器产品。使用车载饮水机，驾乘人员夏天可以喝到冰镇的冷水，冬天可以喝到沸腾的热水，既满足了一般驾乘人员的饮水需要，也为喜爱泡茶、冲咖啡的朋友提供了方便。

1）车载饮水机的种类

车载饮水机按适用车型分为轿车专用型饮水机、客车专用型饮水机和货车专用型饮水机。

（1）轿车专用型饮水机。轿车专用型饮水机外形精美，设计合理，装在汽车前排座位中间，即是扶手箱，又是饮水机，电源插入点烟器插孔内，加水时可提出车外，自动保温，无打孔安装，是广大朋友的必备品，如图6–20所示。

（2）客车专用型饮水机。客车专用型饮水机采用新型低压高效电子加热元件，不怕干烧，使用寿命长。并且采用电动顶开式出水嘴，乘客在旅行中可一手扶扶手，一手接水，有效防止在接水时摔倒，如图6–21所示。

图6–20 轿车专用型饮水机

图6–21 客车专用型饮水机

（3）货车专用型饮水机。货车专用型饮水机是针对货车及各种工程车辆日夜奔波，解决驾乘人员途中冲茶、泡方便面，及时补充人体所需要的水分，提高工作效率而专门研制的一种新型车载饮水设备。该饮水机采用超薄型设计，可壁挂安装，占用空间小，水桶可随意放置，机器自动吸水，适合于货车，也可用于空间比较小的商务车、小中巴、卧铺客车等，如图6–22所示。

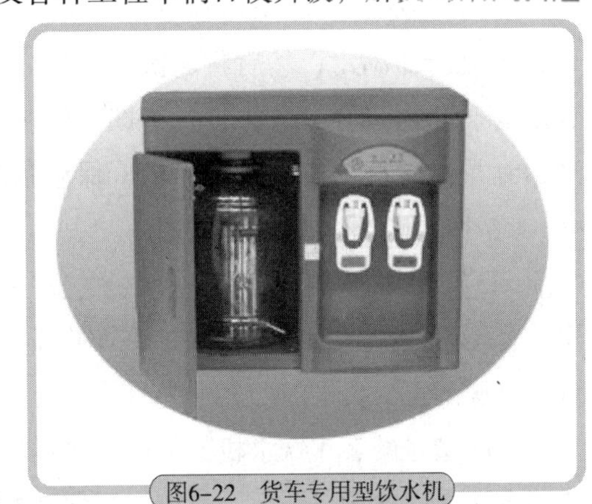

图6–22 货车专用型饮水机

2）车载饮水机的特点

现以轿车专用型（PY–12）饮水机（图6–23所示）为例。其具有以下特点：

（1）采用新型半导体致冷（热）原件，热效率高，耗电低，寿命长，且加热时无明火，安全可靠。

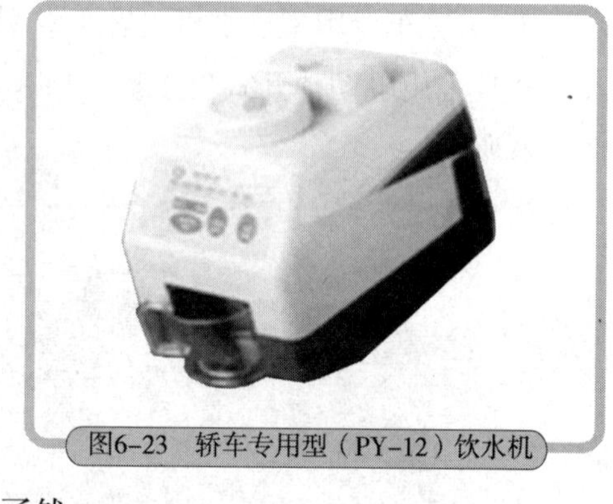
图6-23　轿车专用型（PY-12）饮水机

（2）采用微电脑程序控制，具有自动加热或制冷、自动保温、无水自动断电、电泵出水等功能。

（3）具有低电压自动保护功能，汽车发动机在停止运转后饮水机能正常使用，若忘记关闭电源，电压降到11V，机器会自动关机，不会损害蓄电池和影响汽车起动。

（4）饮水机内设有水处理过滤装置，可使用纯净水、矿泉水、白开水或自来水，且采用隐蔽式出水嘴，具有防尘功能。

（5）采用薄膜轻触开关，手感好，操作方便，工作状态一目了然。

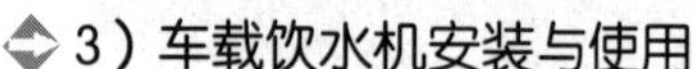
3）车载饮水机安装与使用

（1）轿车专用型饮水机的安装与使用。轿车专用型饮水机一般安装在前排两座椅之间，如图6-24所示。有些机型随机配备有可调节长、宽、高的无打孔安装支架。安装时，先根据自己车型的安装位置将支架长短、宽窄、高低调整好，然后将支架安装在车上，再将饮水机放在支架上即可。

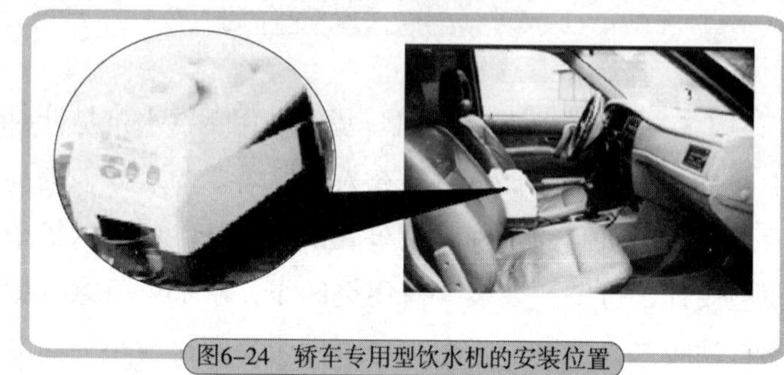
图6-24　轿车专用型饮水机的安装位置

使用方法是：首先将饮水机注水口盖打开，向机内加满水；然后将电源插头插入汽车点烟器插孔内，轻触开关，机器即开始工作；当达到最高温度后机器自动停机，保温指示灯亮，此时即可按出水键接水饮用。

（2）大中型客车专用型饮水机的安装与使用。客车专用型饮水机一般安装在车内前方位置，直接固定在车底板上，然后将两根电源线分别连接在汽车电源的正、负极即可。

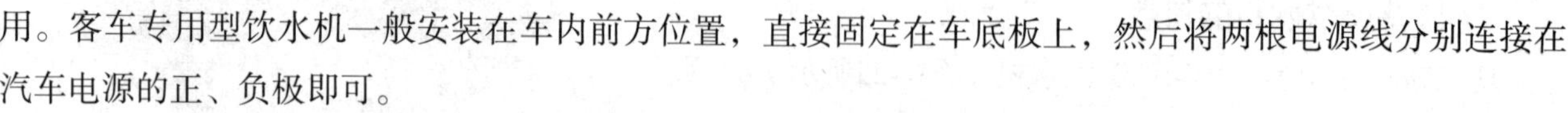

不同型号的客车饮水机其使用方法不尽相同，现以PYK-24系列客车专用饮水机（图6-25）为例，其使用方法是：电源打开后，机内电泵便开始自动吸水，此时可听到机内有轻微“嗒嗒”的响声，约2分钟

后吸水停止。若想饮用热水，可打开加热开关，机器便可自动进入加热状态，红色指示灯亮，待到绿色灯亮时说明水沸腾，即可饮用。若想饮用冷水，加热开关可不打开，此时机器不耗电，处于待机状态。当水瓶内没有水时，机器会有蜂鸣报警声，提醒该换瓶了。

图6-25 PYK-24系列客车专用饮水机

（3）货车专用型饮水机的安装与使用。有些机型的货车专用饮水机（如PY-24型）随机配有可延伸式安装支架，安装时，先用自攻螺钉在车内合适位置将支架装好，然后将饮水机挂在支架上，接上车身电源，并在下方用小锁片固定即可。

PY-24型货车专用饮水机的使用方法是：打开注水口盖，向饮水机水箱加水，水位可通过外壳上的提示查看。打开电源开关后，机器上的红色加热指示灯亮，便开始加热，待转为绿色时，水已烧开至沸，即可饮用。当熄火停车（即当电压低时）红色保护灯亮，此时机器会自动停止工作。如需要继续烧水，可将电源开关重新开启一次。

3. 车载微波炉加装

车载微波炉是安装在车内通过微波烹制食品的车载装置，如图6-26所示。该装置具有结构简单、体积小巧、携带方便、使用可靠等特点。

1）车载微波炉工作原理

车载微波炉首先将车载蓄电池12V（或24V）的低压电经高频直接升压至4000V，然后驱动磁控管发射微波烹

a) 正面 b) 背面

图6-26 车载微波炉

制食品。微波是一种电磁波，这种电磁波的能量不仅比通常的无线电波大得多，微波一碰到金属就发生反射，金属根本没有办法吸收或传导它；微波可以穿过玻璃、陶瓷、塑料等绝缘材料，但不会消耗能量；而含有水分的食物，微波不但不能透过，其能量反而会被吸收，微波炉正是利用微波的这些特性制作的。

微波炉的外壳用不锈钢等金属材料制成，可以阻挡微波从炉内逃出，以免影响人们的身体健康。装食物的容器则用绝缘材料制成。微波炉的心脏是磁控管，这个叫磁控管的电子管是个微波发生器，它能产生每秒钟振动频率为24.5亿次的微波。这种肉眼看不见的微波，能穿透食物达5cm深，并使食物中的水分子也随之运动，剧烈的运动产生了大量的热能，于是食物“煮”熟了。这就是微波炉加热的原理。用普通炉灶煮食物时，热量总是从食物外部逐渐进入食物内部的。而用微波炉烹饪，热量则是直接深入食物内部，所以烹饪速度比其他炉灶快4至10倍，热效率高达80%以上。目前，其它各种炉灶的热效率无法与它相比。

2）车载微波炉的安装与使用

（1）安装与操作。车载微波炉安装非常简单，只要将其放置在车内合适位置，然后将插头插入点烟器插孔即可。车载微波炉分为“HIGH”、“M.HIGH”、“M.LOW”三种控制模式。“HIGH”代表“快速烹调”，此时微波炉的功率最大，烹调食物最快；“M.HIGH”代表“烹调少量食物和水”；“M.LOW”代表“解冻”，对冷冻食品通常在烹调前需要先解冻，则使用此设置。

（2）使用注意事项。车载微波炉在使用中应注意以下事项：

① 车载微波炉不要放置在汽车音响附近。否则，汽车音响中的磁性材料会降低微波炉的工作效率，车载微波炉也会使汽车音响产生噪声而影响收听效果。

炉内未放烹饪食品时，不要通电工作。不可使微波炉空载运行，否则会损坏磁控管，为防止一时疏忽而造成空载运行，可在炉腔内置一盛水的玻璃杯。

② 凡金属的餐具，竹器、塑料、漆器等不耐热的容器，有凹凸状的玻璃制品，均不宜在微波炉中使用。瓷制碗碟不能镶有金、银花边。盛装食品的容器一定要放在微波炉专用的盘子中，不能直接放在炉腔内。

③ 微波炉的加热时间要视材料及用量而定，还和食物新鲜程度、含水量有关。由于各种食物加热时间不一，故在不能肯定食物所需加热时间时，应以较短时间为宜，加热后可视食物的生熟程度再追加加热时间。否则，如时间太长，会使食物变得发硬，失去香、色、味。按照食物的种类和烹饪要求，调节定时及功率（温度）旋钮，可以仔细阅读说明书，加以了解。

④ 带壳的鸡蛋、带密封包装的食品不能直接烹调，以免爆炸。

⑤ 一定要关好炉门，确保连锁开关和安全开关的闭合。微波炉关掉后，不宜立即取出食物，因此时炉内尚有余热，食物还可继续烹调，应过1min后再取出为好。

⑥ 炉内应经常保持清洁。在断开电源后，使用湿布与中性洗涤剂擦拭，不要冲洗，勿让水流入炉内电器中。

⑦ 定期检查炉门四周和门锁，如有损坏、闭合不良，应停止使用，以防微波泄漏。不宜把脸贴近微波炉观察窗，防止眼睛因微波辐射而受损伤。也不宜长时间受到微波照射，以防引起头晕、目眩、乏力、消瘦、脱发等症状，使人体受损。

3）防止车载微波炉微波泄漏

由于车内空间狭小，人员相对微波炉距离较近，如微波炉微波泄漏，微波辐射将会对驾乘人员身体健康带来不利影响。人体受到过量的微波辐射将会出现头昏、睡眠障碍、记忆力减退、心动过缓、血压下降等症状。研究发现，当人眼靠近微波炉泄漏处约30cm，微波泄漏能量达1mW/cm^{2}时，会突然感到眼花，眼底检查见视网膜黄斑部上方有点状出血。

为防止车载微波炉微波泄漏，在使用中应注意以下事项：

（1）使用车载微波炉必须按照说明书的规定正确操作。

（2）不要碰撞、扭曲炉门。

（3）当车载微波炉使用一段时间后，应当经常检查炉门有无机械性损伤，若开启不正常应及时送到专业部门维修。

车载微波炉微波泄漏的检测方法是：先准备一根短小的荧光灯管（如6W、8W或应急灯管），在夜间关闭所有车灯，使检测环境处于黑暗中。在微波炉处于工作状态后，将灯管靠近炉门缓慢地移动，如灯管不亮，说明微波炉没有微波泄漏，或者泄漏量在安全标准范围内；若灯管发亮或微亮，说明灯管所在的相应位置有微波泄漏，应立即停止使用，进行修理。

4. 车载净湿器加装

车载净湿器是一种融空气净化和加湿于一身车用产品，其作用是营造健康、舒适的车内环境，如图6–27所示。

图6–27 车载净湿器

1）车载净湿器的功能

（1）净化功能。能附着空气中的灰尘及各种有害物质，起到净化车内空气的作用。另外，车载净湿器配备的抗菌净水过滤器，其滤芯具有良好的导水性及过滤性，彻底滤去水中的杂质，令车内空气清新滋润。

（2）加湿功能。车载净湿器采用冷雾加湿，可显著改善冬季车内空调热风引发的热燥状况，也可大大缓解夏季车内空调冷风造成的乏力现象，更可使肌肤彻底告别因空气干燥引发的过敏等不适症状。

（3）美容功能。车载净湿器产生的超精细冷雾颗粒，可防止皮肤产生粗糙、干裂等症状，令肌肤更娇嫩，更健康，常葆青春姿彩，特别适合天生爱美的女性车主。

2）车载净湿器的性能特点

以沃尔仕车载净湿器（图6–28）为例，其具有以下性能特点：

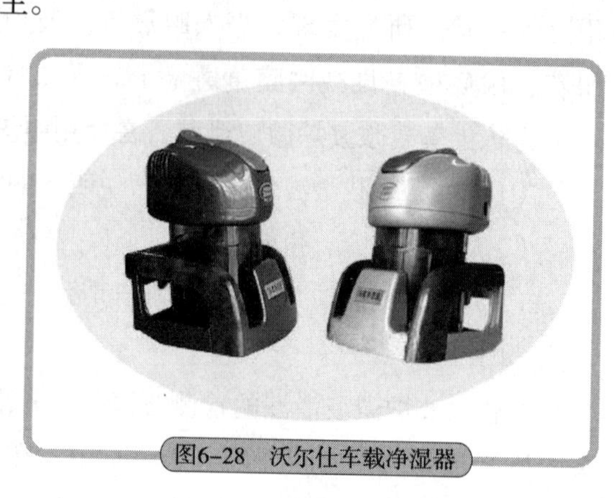

图6–28 沃尔仕车载净湿器

（1）高频振荡芯片由航天特种材料制成，频率高达420万次/秒（普通加湿器超声波振荡元件振荡频率为23 000次/秒），产生的超精细冷雾颗粒仅为普通加湿器雾化颗粒的1/200。

（2）车载净湿器的滤芯为欧美国家政府实验室专用的

高科技产品，具有极强的导水性和过滤性。

（3）专用水特别添加了美国专利技术的营养原液，对车内的甲苯、甲醛、二甲苯等有害气体有明显的抑制效果。

沃尔仕车载净湿器技术参数如表6-2所示。

沃尔仕车载净湿器技术参数 表6-2

项　目	参　数	项　目	参　数
型号	W800	使用温度	0～45℃
毛重	1.5kg	定时装置	4h
额定功率	AC220V DC12V	适用范围	车载室内两用
喷雾液容量	140mL	机器尺寸	76×79×127mm
喷雾能力	30mL/h	外箱尺寸	345×205×100mm

3）车载净湿器安装与使用

车载净湿器安装与使用非常简单，汽车专用净湿器一般放置在控制台上方，使用时将插头插入点烟器即可。车家两用净湿器配备有家用电源转换器，使用时通过该转换器连接电源即可。

车载净湿器使用中应注意以下事项：

（1）在车内相对湿度小于80%时使用，

（2）使用温度低于40℃的清洁水。

（3）不要在无水状态下开机。

音响改装

音响是指在一定的听闻环境内，声源及听音环境所形成的听音效果，一般所说的音响是指音响器材及设备。如果把聆听音乐的环境改在可移动的汽车内，为适应恶劣条件而特别设计的音响器材、设备、线材配件及相关产品，就称为汽车音响，如图7-1所示。汽车音响可为驾乘人员播放动听的歌曲、幽默的相声、精彩的小品及各种信息，从而减轻驾乘人员旅途寂寞和疲劳，营造轻松、欢乐的车内环境。汽车音响改装是为了提高音响效果，满足车主个性化需求所进行改装。

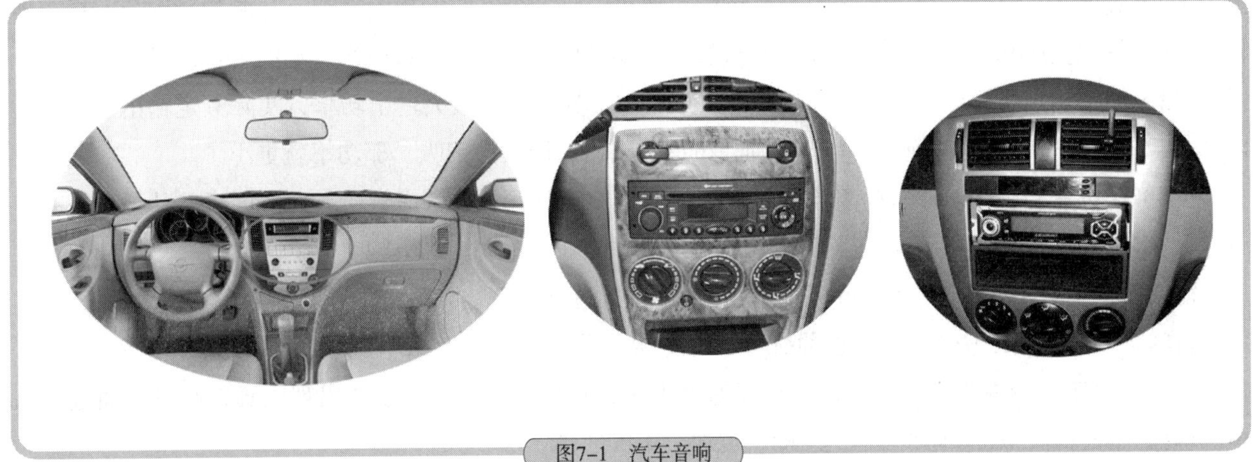

图7-1 汽车音响

一、汽车音响改装的目的与种类

1. 汽车音响改装的目的

对于汽车生产商来说，汽车音响在整车中并不是一个重要的部件，更不是安全性部件，因此汽车厂对于汽车音响仅限于作为内饰来考虑，也就是说所花费的成本、技术都是能少则少，不会更多地考虑音质及功能的内容。对于经济型轿车为降低整车价格，必须压缩音响成本，现在车价越来越低，汽车音响的所占汽车价格的比例也就越低，而且要求汽车音响的绝对成本也越低，原车音响也就只有采用小功率、少功能的主机和廉价低质扬声器，更不会说有低音炮系统了。因此，原车音响只能勉强使用，音量一大就会失真，有的根本不能听，更谈不上欣赏强劲的音乐了。概括起来原车音响主要有以下不足：

（1）功能少。原车音响主机只限于很少的基本功能，一般为CD收音机，甚至是卡带/收音，而DVD、GPS导航、蓝牙、USB、电视等功能就更少了。

（2）效果差。原车忽视了音响的安装环境，如车门是一个空间不规则、充满孔洞的薄钢板，扬声器装在上面会有超过50%的音乐表现力由于这种安装环境缺陷损失掉，导致原车音响的听音效果差。

（3）功率输出小。原车主机的输出功率一般标称35W，这是最大输出功率，实际额定输出功率应为12W。更有些汽车没有4声道输出，只有前面2声道输出，后面没有喇叭，那功率就更小了。

（4）扬声器档次低。原车扬声器一般是非常低档的喇叭，不会考虑音质方面的因素，甚至只是有声而已。原车扬声器一般配置是：

功率：低配置车型中一般标称5W，高配车型一般标称20W。

材料：一般采用纸盆扬声器，这种材料不耐高温、不防水、易变形，且抗震性差。

性能：由于低音控制力不好，振动时音盆收不住，音量稍大一些，就会出现失真；高音是通过一个小电容作为分音器，效果很差，音色发闷、混浊，不够通透。

效果：整套扬声器基本上不影响收听广播，但在重播音乐时，明显感觉力不从心。特别是配置为2声道输出的音响主机，全车只有一对扬声器，只是有声而已，谈不上任何音质、音效享受。

配置为4声道输出的音响主机，虽然比2声道有明显提升，但仅有12W额定输出功率的主机，加上仅有5~20W扬声器、而且是劣质的，其音响效果会那到哪里，不言而喻。

（5）没有低音系统。需要享受好音质的音乐，那就一定少不了足够好的低音反应，但原车音响系统根本不会考虑到低音效果，所以原车音响就不会有真正的低音效果了。

人们在车内的时间越来越多，越来越多的有车族对爱车不应再仅仅是代步工具，更应该是一个能提升驾驶乐趣的移动的影音世界。但汽车生产商无法根据每个人的欣赏品味及个人爱好来设计各种音响系统，对音乐有着不同品味的音乐爱好者就更无法在大批生产的车内欣赏自己喜欢的音乐的。当车主需要更好的音响效果、需要更多的便利功能、需要更好的音乐享受，那就一定要考虑升级、改装汽车音响系统。

2. 汽车音响改装的种类

汽车音响改装根据不同需要分为比赛、展示及实用三种类型。

1）比赛型音响改装

比赛型音响改装就是大规模的修改汽车内饰，并且加装超量的喇叭，从而产生超过人体承受极限的声音。改装目的是为了参赛获奖而不是为了欣赏音乐。图7–2为一组音响改装大赛的参赛车图片，从图片中可以看出，参赛车除了要完成对音响系统的改装之外，还要针对音响的特点对内饰做个性化的改动。在车内安装如此多的喇叭，不仅会过多的占用车内空间，而且所有的喇叭一同开动所产生的声音也不是耳朵所能承受的。

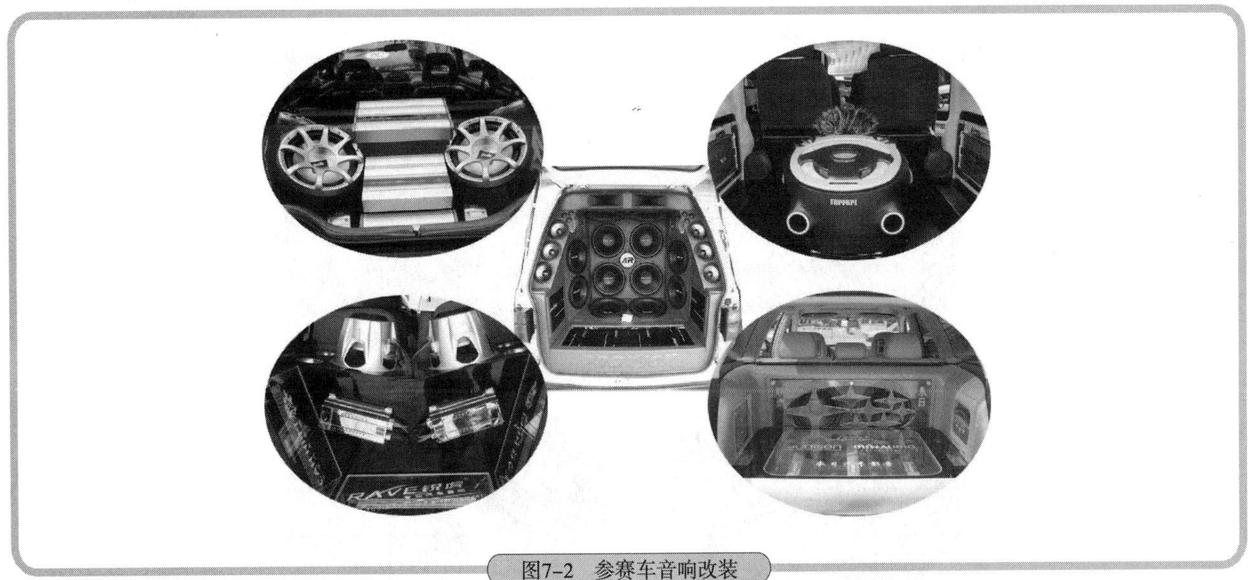

图7–2 参赛车音响改装

2）展示型音响改装

展示型音响改装是为了宣传厂商的音响产品。其特点是使用改装器材品种多，造型夸张。图7–3为某品牌音响的展示车，车的内外都经过重新设计。尽管整车非常惹眼，但是耗资50万元，造价非常昂贵。展示型音响改装在设计时只考虑宣传效果，不考虑环保，大量使用胶水和油漆喷涂。如果每天都开着它上班，恐怕车主早就甲醛中毒了。展示型音响改装与比赛型音响改装一样，并不具备实用价值。

图7-3　展示型音响改装

3）实用型音响改装

实用型音响改装是以日常使用的音响系统为主，经过简单的车内改造达到提升音质的目的。图7-4中这辆车将原车单碟CD主机改装成DAB收音单碟CD主机；将原车前门小功率纸盆喇叭，更换成6.5寸分体喇叭，加装分体高音；并且在储物盒内安装6碟MD驱动器，是典型的实用型音响改装。

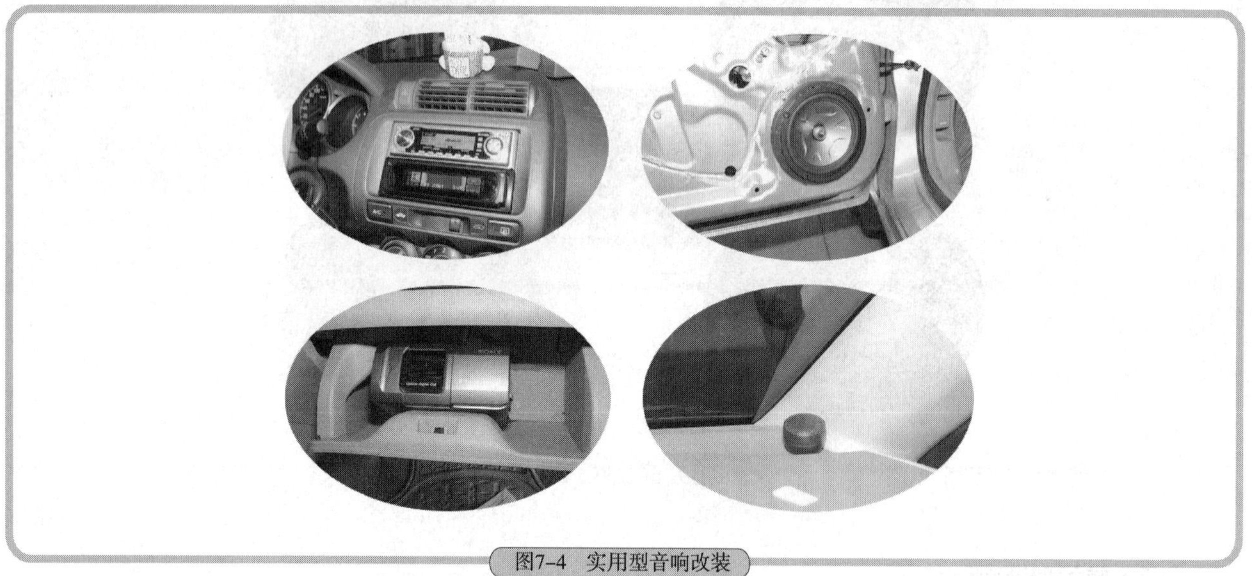
图7-4　实用型音响改装

大多数车主都会选择实用型改装，这种改装就是尽量使用原车位置，少改动原车的内饰风格，少占用车内空间。而且实用型音响改装不会减少原车的重要功能，如备胎、工具、灭火器等。在这种情况下将音响的音质提高到最佳状态。

二、汽车环境对音响设备的要求

1. 汽车环境对音响的不利影响

由于汽车的自身特点，给汽车音响的使用带来一系列的不利影响：

（1）接收环境不断变化。汽车在行驶中，所处的地区、地形、气候等因素均在不断发生变化，使无线电波强度也随之发生不稳定的变化。

（2）声音传播差。车内空间狭小，一般只有房间的几十分之一，例如日本产2L级汽车的容积约为$10m^2$房间的1/10。另外，由于在车内有各种各样形状的障碍物，形成音响的无序环境。导致声音不能很好地传播，从而在听觉上产生压迫感。

（3）混响时间短。一般房间或音乐厅的混响时间为300～1000ms，而车室内的混响时间在100ms以下，非常短暂，造成混响不足。所以，在听觉上不易产生临场感，而且长时间会产生疲劳。

（4）听音位置不均衡。家用音响系统的扬声器位置，对于聆听者的位置是对称的，而汽车音响系统扬声器的位置对于聆听者的位置是非常不对称的。所以，在听觉上声场会偏向离听音者位置较近的扬声器的方向。

（5）吸音特性各异。吸音是指声音在传播过程中遇到物体后，一部分能量被吸收的现象。当然，各种材质对声音的吸收力是不同的，而且同一种材质对各个频率的吸收力也有差异。也正因为如此，即使是车种相同，也会由于内部装饰品材料和人数的不同而影响声音效果。一般车内的篷壁、座椅和地毯等表面材料为棉织品、化纤制品和皮革，皮革面料对声音的吸收比棉织品和化纤制品要小。因此，利用皮革装饰的汽车，在听觉上中、高频的听音效果较佳。

（6）噪声影响大。汽车所产生行驶振动噪声、发动机噪声、轮胎行驶噪声等，对音响的听音效果都会产生不良影响。在听感上特别对低频音域有影响，从而破坏了音质和音乐的力度感。随着行驶速度的增加，噪声逐渐向高频部分扩展，行驶噪声会遮住低频域的声音，从而使音质劣化。汽车音响受汽车行驶噪声的影响非常大，平常能感受到的现象有：汽车在行驶时比在停止状态低频域显得不足；另外，随着行驶速度的增加，高频也将显得不足。

（7）电磁干扰大。汽车发动机点火装置及其他电器共用一个汽车蓄电池，对AM/FM（调幅/调频）接收会产生很大的干扰。由于汽车音响无线电接收灵敏度较高，而音响特性的真实度越高，汽车的电子电器装置所发出的电噪声也越容易接受。

（8）随车颠簸。在汽车行驶中，汽车音响随汽车一起运动，由于汽车的振动冲击等易引起光盘称动，导致音响声音失真。

（9）热辐射影响。汽车音响一般装在前控制台下方，距发动机较近，受发动机热辐射的影响盒式磁带易伸长。

针对上述不利影响，为提高音响效果，应采取以下措施：

① 采用高等级，性能可靠的元器件；

② 元器件焊接装配要绝对牢固，个别的元器件要用强力胶固定；

③ 汽车磁带放音部分多采用横向放置方式，上下卡紧保证稳定放音；

④ CD部分使用多级减振措施，就是将CD所放的信息提前3s存入芯片，当CD机受到强烈振动时，激光头要进行保护停止工作，这时芯片存储的信息放出，所以感觉不到放音有停顿现象；

⑤ 采取防潮措施，在元器件表面喷涂防潮剂保护线路。

2. 对汽车音响设备的要求

由于汽车音响使用环境较差，所以汽车音响设备应具备以下特殊要求：

（1）应使用直流电源。一般的音响和电视机都使用交流电源，便携式音响使用干电池，而汽车视听装置的电源是用汽车上12V（或24V）蓄电池。因此必须使用直流电。

（2）抗干扰性能要强。为防止汽车本身产生的电磁干扰，汽车音响必须采用抗干扰性能强的电路和元器件。一般汽车音响的电源都有电源扼流圈，外壳必须采用全密封的搭铁铁壳进行隔离。

（3）抗振性能要好。汽车在各种不同的路面上行驶，对汽车视听装置的振动很大，要求元器件焊接装配要牢固，引脚尽量折弯焊接。

（4）天线应采用外置式。为了减小汽车发动机对收音机的干扰，天线一般采用机外拉竿天线。当天线损坏时，收音部分收不到电台广播。

（5）应有防尘措施。汽车行驶时，尘埃很多，故视听装置需进行必要的封装，防止或减少尘埃的影响。

（6）要选用耐热元件。由于汽车内温度较高，视听装置难于散热，故选择的元器件耐热性能要好，工作要稳定，焊锡温度不能过低。

（7）接收灵敏度要高。汽车驾驶室有屏蔽作用，加上汽车飞速行驶，有时离发射台很远，故要求广播的接收灵敏度要高。

（8）应采用电感式调谐。为了防止汽车在行驶中振动对调谐的影响，汽车收放机应采用电感式调谐，即在一塑料骨架上绕一定匝数的线圈，在滑块上固定若干磁芯，用调谐杆推动磁芯在固定通道内旋进旋出，从而改变电感量大小，达到调谐目的。当磁芯位置全部旋入通道时，电感量最大，此时调谐的电台为频率最低端。反之，当磁芯全部旋出通道时，电感量最小，此时调谐频率为最高端。

（9）应采用低阻抗大功率喇叭。为了获得较大的功率，除了功放级采用BTC方式外，喇叭采用1.6～4Ω的低阻抗大功率喇叭，并用很粗的喇叭引线。喇叭口径多为10～15cm。高级汽车音响采用同轴2分频或3分频的15～20cm喇叭。

（10）应具有夜光照明功能。汽车在夜间行驶时，为了收音和放音的方便，按键应设有透光的照明。设计这种照明装置时，不能影响LCD数字显示效果。

（11）设备体积要小。由于汽车受到内部空间的限制，视听装置的体积应尽量设计的小些。因此，选择的各种机械配件和电子元器件，都应该使用体积小、散热好的。

（12）采用现代新技术。针对汽车音响使用环境差的特点，现代汽车音响系统中采取了以下一些最新技术加以弥补。

① BBE：相位补偿技术。其主要作用是减小信号失真，提升中、高频音质，使声音更自然地还原。

② DSP：数字声场处理器。通过数字信号处理对声场进行模拟，如模拟礼堂、体育场、教堂、舞厅等声场，以克服汽车车内声场的压迫感。

③ LPS：听音位置选择功能。通过内部对前、后、左、右声道信号的处理，将声场定位在车内的不同位置，以克服车内声场的不对称性。

④ DHE：数字泛音增强技术。其作用是提高低音，使低音更加雄厚（主要作用于MD）。

三、汽车音响的特点与组成

1. 汽车音响的特点

汽车音响与家用音响（图7-5）比较具有以下特点：

1）外形体积小

汽车控制台上为音响设计的安装空间较小，按DIN标准规定为（长）183×（高）50×（深）153mm³，在这有限的安装空间中，汽车音响一般只能使用高密度贴装元件，采用多层立体装配结构形式。相比之下，家用音响的体积则不受此限制。

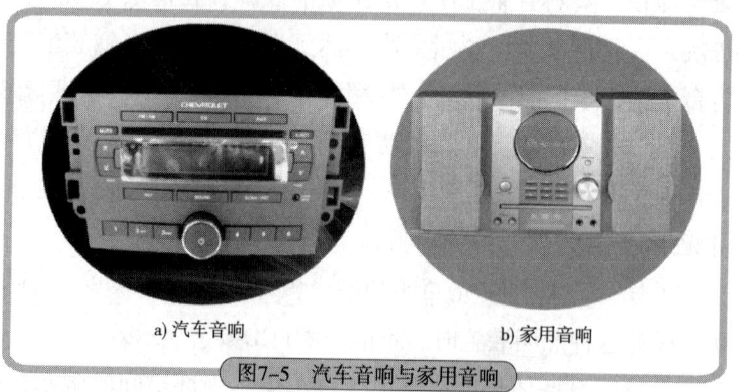

a) 汽车音响　b) 家用音响

图7-5　汽车音响与家用音响

2）使用环境恶劣

汽车音响的使用环境较家用音响要差得多，主要表现在：

① 汽车音响的安装部位距发动机较近，故经常在温度较高的条件下（最高达70～80℃）工作，同时汽车音响还要承受室外温度的变化，如在太阳照射下仪表板的温度可达70～80℃，寒冷地区达-30～40℃；

② 汽车在不同等级的路面上行驶，致使汽车音响经常受到震动和冲击；

③ 在冬季或阴雨天气，车厢内湿度较大。

3）采用低压直流供电

家用音响使用的是交流电，而汽车仅能提供低压12V（或24V）直流电。电压变化将直接影响音响的输出功率，这就要求供电用线的材质阻抗非常小。其中，蓄电池接柱采用合金表面镀金材料制造，使导电性能加强。主机输出方面采用BTL工作方式，可获得4×40W的功率；使用低阻抗的扬声器以获得更大的功率。在功率放大方面采用开关电源升压方法，将电源电压升至35V～40V，这样在电压波动时，可保证输出功率的稳定。由此就要求汽车音响的功放具有大电流线性好、饱和压降小、效率高，并且具有过热、过流、短路等保护措施。

4）抗干扰的要求高

家用音响受外界干扰较小，而汽车音响一般与发动机的点火装置以及各种用电设备都共用一个蓄电池，这就会因为电源电流变化对汽车音响造成干扰，汽缸高压点火也会通过空间磁场变化对AM/FM接收进行干扰。因此汽车音响中都装有一个用以滤除上述干扰的CHOCK（扼流圈）元件，针对电源电压波动干扰进行滤波，磁场干扰则一般采用全密封的冷轧铁皮壳进行隔离，高级汽车音响则装有专用干扰的集成电路。

5）接收灵敏度高

无论是传统汽车音响，还是采用DTS（数字调谐技术）的音响，汽车音响对AM/FM波段的接收灵敏度都要高于家用音响，一般对AM波段的接收灵敏度要求小于50μV，FM波段的接收灵敏度小于3μV。这样，才能使汽车在高速公路上飞速行驶或是穿行于高楼桥梁时，捕捉信号稳定可靠，保证正常收听。

6）对配件品质的要求高

与汽车音响相配套的扬声器由于受安装空间的限制，一般不能选得很大，前置扬声器口径一般在4～6in之间，后置扬声器一般为12或14in，最大的也不超过18in。这就要求扬声器具有较高的品质，以达到理想的音质效果。扬声器的引线一般采用镀银（镍）铜排，以降低接触电阻，减少线损。

此外，汽车音响还有许多家用音响所不具备的功能。例如，用语音控制执行指令的音响，无需用手操纵，只需说话即可完成操作；在转向盘上安装可控制音响各种工作状态的按钮，手握转向盘的同时也可以控制音响，及高级音响中的各种提示功能的操作（VOICE GUIDE）等。有的音响根据车速快慢气压对人耳膜产生压力的变化，音量电位随着自动增减，使乘客感到音量无任何变化。风声和发动机噪声以及道路噪声会使音乐细节难以捕捉，为了克服这个问题，动态道路噪声控制（DRC）可增强低音和高音，另外还可加重轻柔的乐段。

2. 汽车音响系统的组成

汽车音响系统主要由主机、功率放大器、扬声器、天线、声音处理设备及附件组成，如图7-6所示。其电路连接如图7-7所示。主机专业上称之为“音源”，主要有无线电调频装置及录音再生机（收音机、卡带机和CD机等）；功率放大器的作用是将经过前级放大的音频信号进行功率放大（电流放大），用来驱动扬声器；扬声器在汽车音响中作为还原设备进行声音的还原，是决定车厢内音响性能的重要部件；天线用于接收广播电台的发射电波，通过高频电缆向无线电调频装置传送；声音处理设备包括均衡器、声音处理器、电子分频器等；附件包括电源分配器、熔断器、线材、接头等。

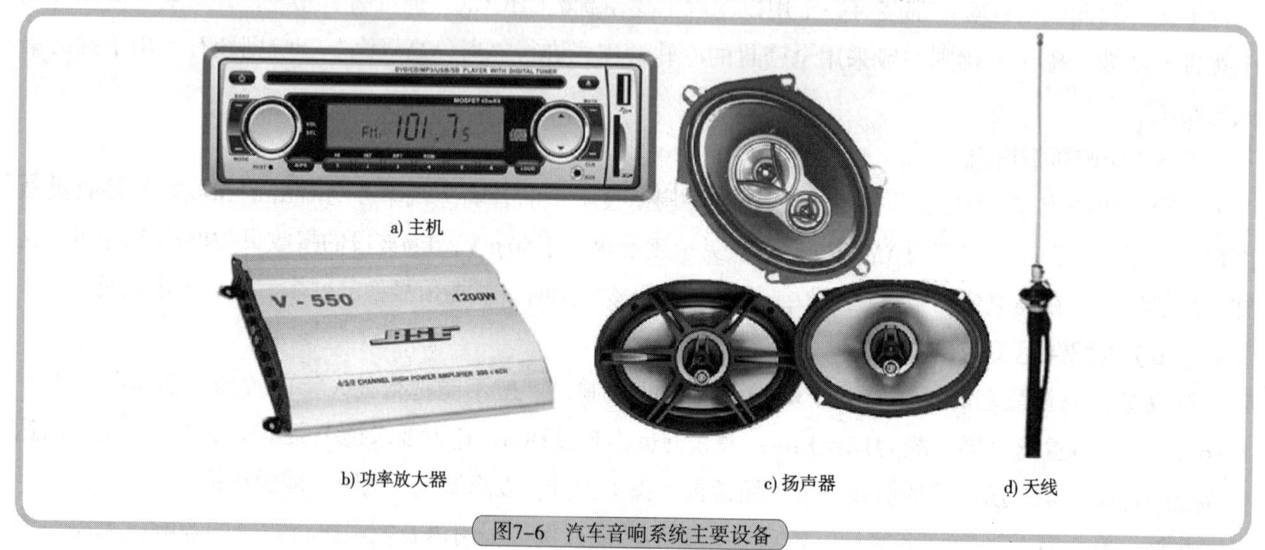

a) 主机
b) 功率放大器
c) 扬声器
d) 天线

图7-6 汽车音响系统主要设备

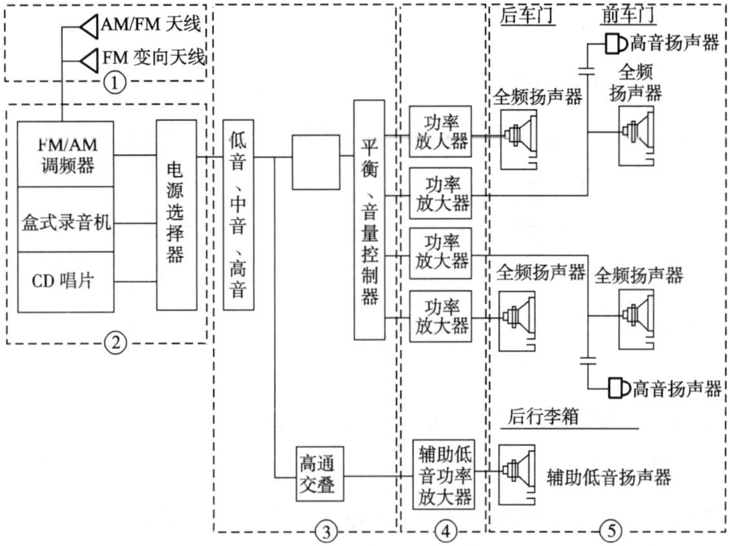

图7-7　汽车音响系统电路

1）主机

汽车音响主机主要有收音机、卡带机和CD机三种。目前汽车上单一的收音机已很少，收音机大多与CD机组合在一起，统称为CD机，如图7-8所示；卡带机使用录音磁带作为音源，使用的是模拟技术，其频响范围窄，噪声大，已经不能满足欣赏音乐的需要，属于过时产品（本章不再介绍）；CD机使用的是数字技术，现在很多CD机还具有播放VCD、DVD、MD、MP3等功能。

（1）汽车收音机。汽车收音机主要由天线、收音机电子控制器ECU、扩音器等组成，其ECU包括高频放大电路、调频电路、中频放大电路、滤波电路以及低频放大输出电路，如图7-8所示。各种电路的功用分别是：

① 高频放大电路。将天线所接收的电波选择所需要的信号加以放大。

② 调频电路。将已放大的高频信号在本电路中加上振荡信号，再从二个信号音差的频率数取出中间频率信号。

③ 中频放大电路。将已取出的中频信号放大，本电路影响收音机的灵敏度。

④ 滤波电路。从已放大的中频信号中分离并取出低频信号，改变电波的强度。在此电路中具有自动音量调整电路，能自动调整音量的大小。

⑤ 低频放大输出电路。从滤波电路中所取出的低频信号输出太小，经此电路放大后具有充分的驱动功率，能使扩音器发生作用，本电路也具有音量调整电路，也能调节音量的大小。

一般对汽车用收音机的要求是：安装方便，适应于汽车的工作环境，具有体积小、质量轻、耐振性强、灵敏度高等特点。

（2）汽车CD机。CD机又称激光唱机，是以光盘为载体播放音乐的设备，如图7-9所示。该设备采用了先进的激光技术、数码技术、计算机技术和各种新型元器件，具有高密度记录、放音时间长（60～75min）、操作简便、选曲快速等优点。它能逼真地重放录制的内容，层次分明，有临场感。其音响技术指标很高，动态范围大，频响宽度达5～20 000Hz，失真度小到0.003%，抖晃率极低。

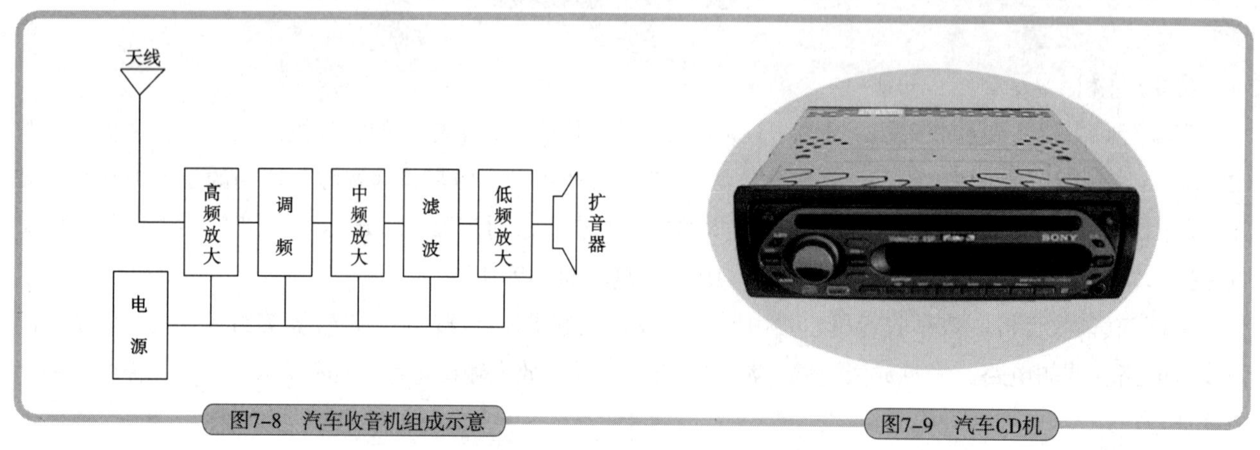

图7-8　汽车收音机组成示意

图7-9　汽车CD机

① CD机的结构。

CD机主要由光盘驱动系统、激光拾音器、伺服系统、信号处理系统、信息存储系统及控制系统等组成，如图7-10所示。其中激光拾音器是CD机的关键部件，它由激光二极管、光学系统（包括分光棱镜、瞄准透镜、目标物透镜及1/4波长片）和反射光接收系统（光检测器即感光二极管）等组成，如图7-11所示。

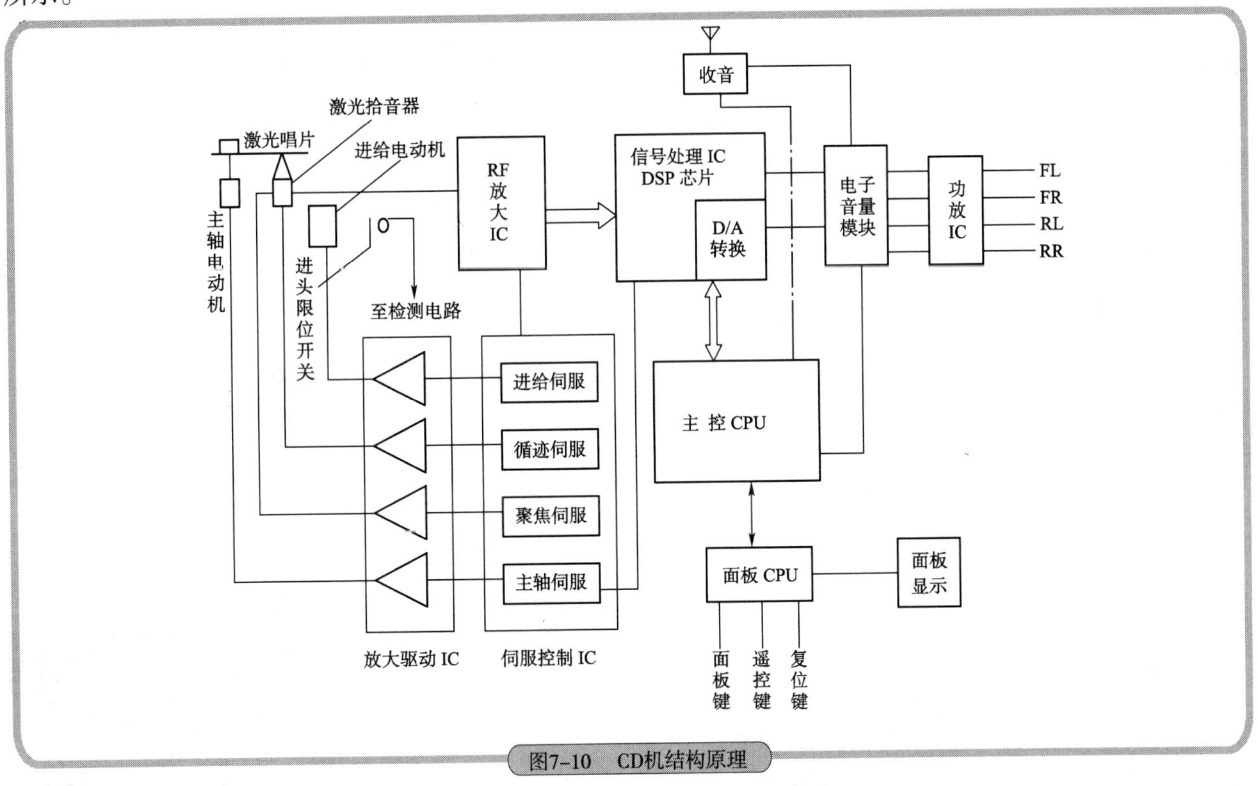

图7-10 CD机结构原理

② CD机的工作原理。

信号流程：激光拾音器从激光唱片上读取信号，经RF放大电路放大，形成RF信号，然后经DSP（数字信号处理器）IC处理，形成左右音频信号，送入到电子音量处理模块，经处理后转换成四声道（FL、

FR、RL、RR）音频信号，再经后级功率放大电路放大后输出，直接驱动扬声器喇叭。

伺服系统：激光拾音器从激光唱片上读取信号，经RF放大电路处理后，部分送到伺服电路，经处理后形成伺服误差信号，再经误差放大驱动IC放大，然后去控制聚焦、寻迹、进给电动机和主轴电动机工作，使激光拾音器准确无误地读取碟片上的信号。

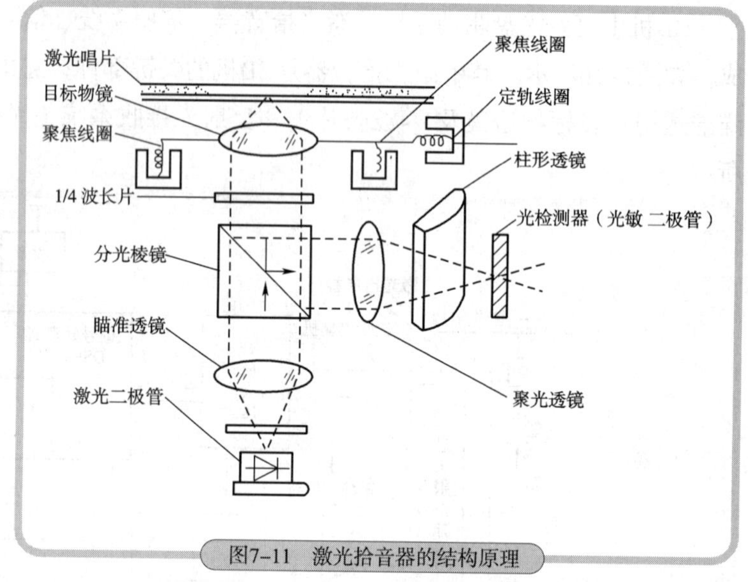

图7-11 激光拾音器的结构原理

控制功能：从操作面板上发来的控制指令经面板CPU编译成不同的主控CPU可接收的脉冲信号，再经主控CPU对相应器件进行控制，从而实现操作控制功能。在控制进程中面板CPU驱动显示屏进行相应的显示。

③ CD机的性能指标。

CD机的性能指标如表7-1所示。

CD机的性能指标　表7-1

序号	项 目	概 念	性能指标
1	频率响应	是指CD重放时能反应的声音的频率范围	CD机的频率响应很宽，达5~20000Hz，超过人耳感受范围。频率响应范围越宽，高低音越丰富
2	信噪比	是指有用信号与噪声之比，比值越大，噪声越小	CD机信噪比一般都大于90dB
3	抖晃率	是指激光头检测信号时的瞬时波动情况，以百分之零点几计，比值越小越好	CD机抖晃率小到几乎测不出的程度，近似为0%
4	失真度	是反映经放音后还原原声音的逼真程度，失真度越小越好	CD机失真度一般小于0.05%
5	声道分离度	是指立体声左右声道之间信号相互不串扰的程度，声道分离度越大越好	CD机声道分离度大于90dB

④ CD机的种类。

汽车CD机按激光唱片的数量可分为单碟、三碟、六碟、八碟、十碟、十二碟等。不同种类CD机的特点如表7-2所示。

不同种类CD机的特点 表7-2

序号	种　类	特　　点
1	普通单碟CD机	一般价格较低，容易安装，CD碟片在进出仓时易划伤，减震较差（高档机除外），必须用手换盘（CD碟易赃污），输出功率小（如果负载过重温度过高时，激光拾音器保护影响使用，甚至使激光拾音器老化）
2	三碟和高档单碟机	价格较高，从性能价格上讲不如买多碟机，可是有些车型对多碟机无安装位置，也只好采用这种机型
3	多碟机	价格很高，最大的好处就是装碟多，存储量大，直接用主机控制换碟，方便且不易赃污，减震效果好

2）功率放大器

功率放大器简称功放，其作用是将从调音台输出的音频信号经过压限器，均衡器、激励器进行加工处理，最后将这个音频信号的能量进行放大后来推动音箱，把声音送入声场。

（1）功放的结构与工作原理。功放一般由前置放大、驱动放大及末级功率放大三个部分组成。专业用的功放把这三部分一起安装在同一机箱里，为保证功放长期稳定可靠地工作，放声音质好，其中最佳接配前置放大与驱动放大组成一体叫前级，末级功率放大单独成为一级叫后级。

功放的工作原理其实很简单，就是将音源播放的各种声音信号进行放大，以推动音箱发出声音。从技术角度看，功放好比一台电流的调制器，它将交流电转变对直流电，然后受音源播放的声音信号控制，将不同大小的电流，按照不同的频率传输给音箱，这样音箱就发同相应大小、相应频率的声音了。由于考虑功率、阻抗、失真、动态以及不同的使用范围和控制调节功能，不同的功放在内部的信号处理、线路设计和生产工艺上也各不相同。按当前音响消费的需求，民用音响中的功放已基本定型为两大类，即纯音乐功放和家庭影院AV功放。

（2）功放的性能指标。

① 输出功率。车载功放的输出功率有标称功率、额定功率、工作功率和音乐峰值功率四种。标称功率是功放的最大不失真功率，指在负载为4Ω、总谐波失真小于1%，输入1kHz的正弦波信号的情况下，功放所能输出的功率。额定功率也称连续正弦波功率，通常是标称功率的1/2。工作功率是功放工作时所输出的功率，它与输入信号大小有关，输入信号为零时，工作功率也为零；输入信号越大，其工作功率也越大；其值是动态的。音乐峰值功率指瞬态音乐信号在总谐波失真小于1%时，最高的峰值功率。它只表明功放的瞬态特性，通常会超过额定功率的4～8倍。

② 频率响应。表示功放的频率范围和频率范围内的不均匀度。高质量的功放的频率响应在20Hz～20kHz内，不均匀度应保持在（正负）0.5dB以内。

③ 信噪比。指功放输出的各种噪声电平与信号电平之比，用dB表示，这个数值越大越好。一般功放的信噪比都在80dB的比值以上，高质素的产品往往达105dB，对于追求声音品质纯净的车主，这个数值不容忽视。

④ 失真度。理想的功放应该是把输入的讯号放大后，毫无改变的忠实还原出来。但是由于各种原因经功放放大后的信号与输入信号相比较，往往产生了不同程度的畸变，这个畸变就是失真。用百分比表示，其数值越小越好。失真度可结合功放另两个重要的指标“额定功率”和“最大功率”一齐讨论。一台功放在其Rms功率情况下工作，失真应该比较小，一般在0.5% ～ 0.01%这个范围。Peak 功率或桥接时，信号可能产生变形、削波（播形信号不完整）等失真，失真度的比值也会因此增高，约0.5%～1%都是正常的。失真度比值越小，音响效果越理想，这也是衡量一台功放的重要指标。

⑤ 输入灵敏度。这是针对不同厂家，不同品牌的主机、前级音源而设置的调校电平，范围由100mV～4V甚至更高，调音时须与音源匹配。

⑥ 输入阻抗。一般要求功放输入阻抗要高，输出阻抗要低，输入阻抗越高，能更有效地阻隔各类杂讯，常见值为10kΩ或更高。

⑦ 负载能力。车用功放在立体声时阻抗为2~8Ω，个别特别设计的功放，阻抗可以低至0.1Ω，能力不凡。这个时候，一台功放，则可以并接几十个低音单元，营造理想的声压级（声压指声音对人耳产生的压强，它是衡量音响系统能力的标准，因为声压越高对系统的要求越高，国内最高记录越为141.5dB、

国外为176.5dB）。

⑧ 工作电压。功放的电压一般都是12V，和车内的供电电压一致（有的车型是24V）。为使信号动态范围更大，增强输出功率，一般在功放内都采用逆变升压技术，将12V电压升压至35～40V。似便电压波动时，功放的电源电路会自动调整电压，从而保证输出功率的稳定性。目前该技术已在功放内普遍使用。

⑨ 阻尼系数。指扬声器阻抗与功放输出阻抗的比值，该系数的大小会影响重放音质，通常阻尼系数大，表明功放的输出内阻很低。

⑩ 转换速率。单位时间内功放最高放大级将较强的信号激励放大为高压、强电流的交流音频的能力。比值高，转换能力好，音乐的层次及动态，在结合扬声器时能更接近原声音地还原重现。

（3）功放的种类。功放按电路工作状态可分为A（甲）类放大器、B（乙）类放大器、AB（甲乙）类放大器和D（数字）类放大器。

① A（甲）类放大器。A类放大器的工作原理是输出器件（晶体管或电子管）始终工作在传输特性曲线的线性部分，在输入信号的整个周期内输出器件始终有电流连续流动，这种放大器失真小，但效率低，约为50%，功率损耗大，一般应用在家庭的高档机较多。

② B（乙）类放大器。B类放大器有两只晶体管交替工作，每只晶体管在信号的半个周期内导通，另半个周期内截止。该机效率较高，约为78%，但缺点是容易产生交越失真（两只晶体管分别导通时发生的失真）。

③ AB（甲乙）类放大器。AB类放大器兼有A类放大器音质好和B类放大效率高的优点，被广泛应用于家庭、专业、汽车音响系统中。

④ D类放大器。D类（数字）放大器与传统的模拟功放是两种不同的工作原理，它属于开关型的音频功放，D类使用的是PWM技术，是一种开关频率随着时钟脉冲周期而变化的放大器。其优点是失真小、抗干扰能力强、散热器面积小、体积小、质量轻、电源功耗小、转换效率高、具有AB类的音质。目前主要是成本较贵，随着现在软硬件技术的发展成本降低，数字功放的应用会越来越多。

3）扬声器

扬声器俗称喇叭，它作为高保真放声系统的最后一个环节，其作用是把功放输出的信号能量不失真地转变为空气振动的声能。通常把扬声器、音箱和分频器三者的组合称为“扬声器系统”。

（1）扬声器的结构与工作原理。汽车音响中常见的电动式锥形纸盆扬声器主要由3个部分组成:.

① 振动系统，包括锥形纸盆、音圈、定心片等；

② 磁路系统，包括磁体、导磁板等；

③ 辅助系统，包括盆架、防尘盖等，如图7-12所示。

音圈是锥形纸盆扬声器的驱动单元，它是用很细的铜导线分两层绕在纸管上，一般绕有几十圈。音圈与纸盆固定在一起，当声音电流信号通入音圈后，音圈振动带动着纸盆振动。定心片用于支持音圈和纸盆的结合部位，保证其垂直而不歪斜。定心片上有许多同心圆环，使音圈在磁隙中自由地上下移动而不作横向移动，保证音圈不与导磁板相碰。定心片上的防尘盖是为了防止外部灰尘等落磁隙，避免造成灰尘与音圈摩擦，而使扬声器产生异常声音。

扬声器的工作原理是：当处于磁场中的音圈有音频电流通过时，就产生随音频电流变化的磁场，这一磁场和磁体的磁场发生相互作用，使音圈沿着轴向振动，进而带动纸盆发出不同频率和强弱的声音。由于扬声器结构简单、低音丰满、音质柔和、频带宽，但效率较低。

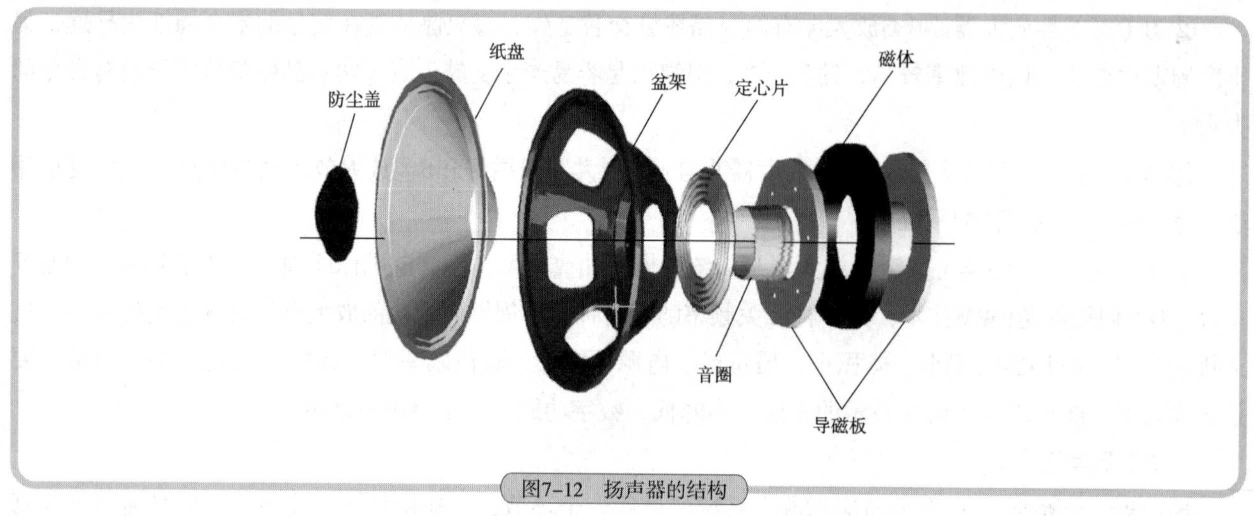

图7-12　扬声器的结构

（2）扬声器的种类。扬声器按放声频率可分为低音扬声器、中音扬声器、高音扬声器、全频带扬声器等，如表7-3所示。

各种扬声器的特点

表7-3

序号	种 类	概 念	特 点
1	低音扬声器	主要播放低频信号的扬声器	此种扬声器为使低频放音下限尽量向下延伸，因而扬声器的口径做得都比较大。一般情况下，低音扬声器的口径越大，重放时的低频音质越好，所承受的输入功率越大。
2	中音扬声器	主要播放中频信号的扬声器	此种扬声器可以实现低音扬声器和高音扬声器重放音乐时的频率衔接。由于中频占整个音域的主导范围，且人耳对中频的感觉较其他频段灵敏，因而中音扬声器的音质要求较高
3	高音扬声器	主要播放高频信号的扬声器	此种扬声器为使高频放音的上限频率通达到人耳听觉上限频率20kHz，因而口径较小，振动膜较韧。和低、中音扬声器相比，高音扬声器的性能要求除和中音单元相同外，还要求其重放频段上限要高、输入容量要大
4	全频带扬声器	指能够同时覆盖低音、中音和高音各频段的扬声器，可以播放整个音频范围内的电信号	此种扬声器大多做成双纸盆扬声器或同轴扬声器。双纸盆扬声器是在扬声器的大口径中央加上一个小口径的纸盆，用来重放高频声音信号，从而有利于频率特性响应上限值的提升。同轴式扬声器是采用两个不同口径的低音扬声器与高音扬声器安装在同一个中轴线上

4）天线

汽车天线通过对接收到的信号经过电子放大，过滤信号，使收音机声音更清晰，频道更多。汽车天线主要有杆式天线、玻璃天线及自动天线三种。

（1）杆式天线。杆式天线是一种可伸缩的金属棒，长约1m，通常安装在前挡泥板或车顶等处，如图7-13所示。

（2）玻璃天线。玻璃天线是在后风窗玻璃的中间层埋入0.3mm以下的细导线，通常通过印刷银浆的方式实现，如图7-14所示。与普通柱式天线相比，由于天线隐藏在玻璃上，因此也叫隐藏式天线。玻璃天线可以实现TV、FM、AM、GPS等信号的接受。

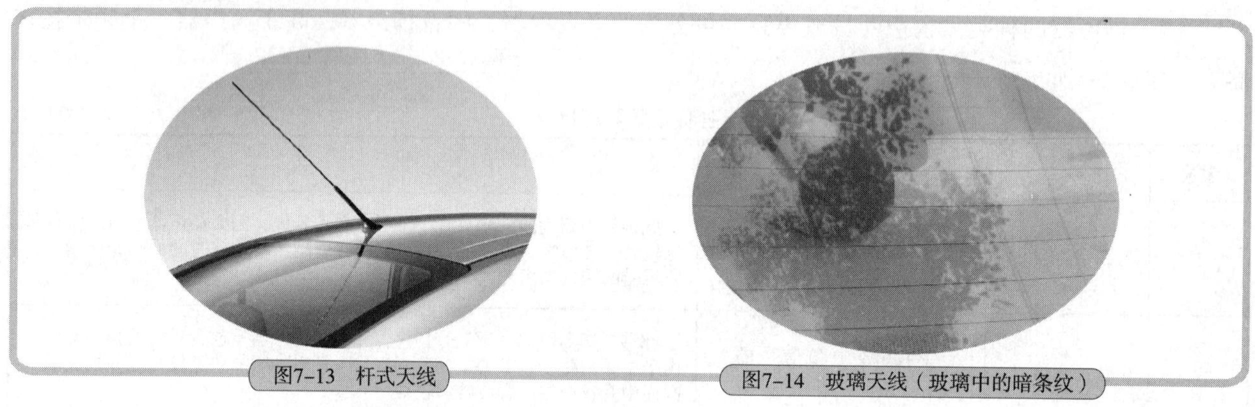

图7-13　杆式天线

图7-14　玻璃天线（玻璃中的暗条纹）

（3）自动天线。自动天线是具有自动伸缩功能的天线，如图7-15所示。自动天线由电动机、减速器、卷索器、推拉索、继电器及开关等组成，如图7-16所示。电动机为永磁可逆直流电动机，由继电器改变电动机电枢电流的方向，即可改变电动机旋转方向，通过减速器、卷索器、推拉索驱动天线伸缩。自动天线还设有限程开关，当天线伸、缩运动至极限时限位开关将切断电路。

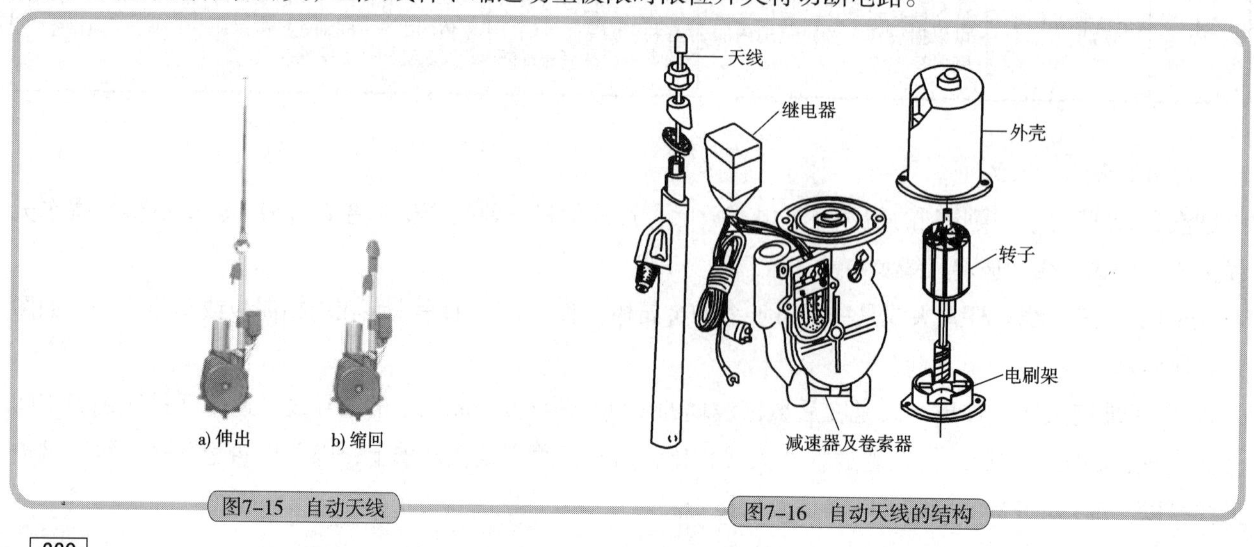

图7-15　自动天线

图7-16　自动天线的结构

四、汽车音响主机升级改装

1. 将原车配备的卡带机改为CD机

现在大多数汽车出厂时就已经配置了CD机，如原车配置的是卡带机可更换为CD机。目前市场上CD机的品牌很多，在此推荐几款，仅供参考，如表7-4所示。

CD 机 品 牌 推 荐 表7-4

序号	品牌及型号	图　示	参考价格	特　点	适合人群
1	Alpine（阿尔派）CDE-9841		930元	1组前级输出，白色LED显示面板，做工精细，音质优美。其弱项是除了播放CD外，没有其他任何功能	对音质要求完美的音乐发烧友们
2	Pioneer（先锋）DEH-2750		970元	良好的品牌支撑，具有读取MP3盘功能，并支持多碟播放，可连多碟盒，同时可选择3种模式的响度。其弱项是操控性不是很好，音质一般	要求价位适中的稳重中产阶级人群
3	JVC KD-AR400		980元	时尚的面板风格，多彩色显示器，可控制CD/MP3替换器的CD接收机，独具可手动翻转的面板功能，同时兼容MP3盘。其弱项是音质一般，价位偏高	追求新鲜感喜欢MP3音乐的时尚人群
4	Sony（索尼）CDX-S2210S		910元	强大的品牌支持，时尚的面板风格，其采用S-MOSFET技术，大幅度降低噪音及电路板之间的信号互相干扰，并提高了声音的速度感觉、能量感及透明感。其弱项是功能较少，兼容性不高	一向支持该品牌的忠实人群
5	GoRun（歌韵）GoRun-6110		950元	国内首款可插U盘、SD/MMC卡的汽车数码音响主机，可以兼容时下流行的绝大部分的U口产品（包括IPOD在内），音质清晰悦耳，具有断点续博、一键静音功能。其弱项是面板设计风格中庸，但也符合汽车内饰实用主义时尚	网络数码接触频繁的各类白领时尚人群

总之，汽车音响主机的选择还是要根据个人的喜好以及功能需求来决定。此外，有些汽车改装音响更换主机后，收音效果大不如前了。主要表现：

① 收音不清晰，噪声很大；

② 很多以前能收到的电台，现在却收不到了。

出现以上情况的原因是：很多车为了整造型的美观，放弃了外置天线，而是采用了一种新型的风窗玻璃印刷天线。这种天线的接收信号能力比外置天线要差一些，厂家为了解决这个问题，在天线接收端设置了一个“信号放大器”，来提高收音的灵敏度。这个天线放大器是需要电源才能工作的。而在改装音响换主机时，很多改装人员不明白这一点，而没有接“信号放大器”的电源，导致了收音效果差的现象。

对此解决的方法是：

（1）部分日系车（如骐达），原车主机后面有一条专用的天线信号放大器的供电线。针对这些车型，换主机时直接把新主机电源线组中的一条蓝色线（天线启动线）接到这条线上就行了，操作相对比较简单。

（2）很多欧洲车型（如大众车系），没有设计专用的天线信号放大器电源线，而是与天线同轴电缆内的芯线共用。针对这种车型，不能直接把新主机的电源线组中的蓝色线直接接到天线同轴电缆的芯线上，否则会损坏主机。正确的接线方法是：

① 剪断天线电缆，把两端的电缆的屏蔽层和芯线剥开，如图7–17所示。

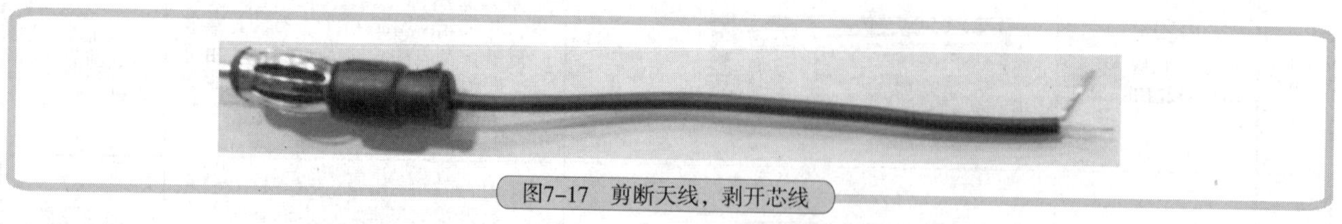

图7–17　剪断天线，剥开芯线

② 加装电容。在两端剪断的两条同轴电缆芯线之间串上一只标示为“103”（0.01UF，此电容的大小没有严格的要求，从0.001～0.1UF的都可以）的小瓷片电容，如图7–18所示。在接外天线一端要预留一个接线头备用，两端的屏蔽层铜丝还是直接接在一起。

③天线加工完成后，把新主机的电源线组中蓝色线（天线启动线）接在上一步中在预留好的接头上，用绝缘胶布包好，插到主机上即可，如图7-19所示。

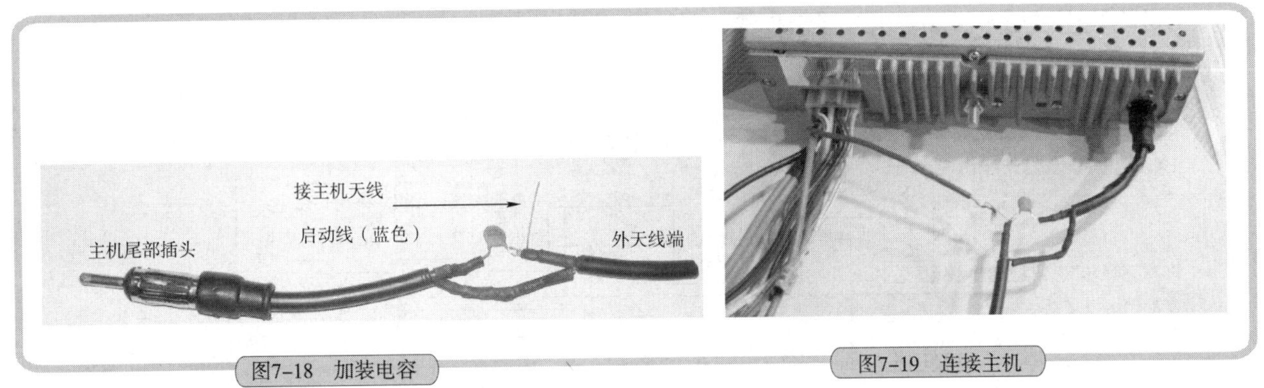

图7-18　加装电容

图7-19　连接主机

2. 将CD机升级为VCD机

1）CD机升级原理

解码器是将汽车CD机升级实现VCD功能的器件。它利用原CD机的伺服机构、面板控制及显示功能，再加上解码器（或解码板）来共同完成声音视频功能的实现。在原有CD机的基础上，取出RF信号到解码器，作为它的信号源，然后解码器对它进行解码，将声音图象信息分离，视频信号经处理后直接输送到显示器，实现视频功能；处理后的音频信号则返回到原CD机的音频通道（CD机的音频通道要断开），再经CD机的后级音量控制模块和功率放大，从原CD机输出。

有些解码板（如D板、F板）需将CD机的音频信号引入到解码板，即将改机线的左右声道输入线接在CD音频通断开后靠前级的一边，这样播放CD碟片时，可保持原CD机的音色，即与改机前一样。

有些CD机在改机后播放CD有声音而播放VCD没有声音，这表明有静音需要解除，参照资料解除即可；但有的CD机是数字静噪的，需外加电路板才能解除。

解码器（或解码板）的工作状态受CD机的播放状态自动控制。当播放CD或VCD碟片时，解码器的检测电路检测到RF信号，解码器通电开始工作，显示图像；当CD机在收音或卡式状态时，解码器检测不到

RF信号，解码器电源断开，不工作，无显示。

2）操作步骤

CD机改装连线如图7-20所示，操作步骤如图7-21所示。

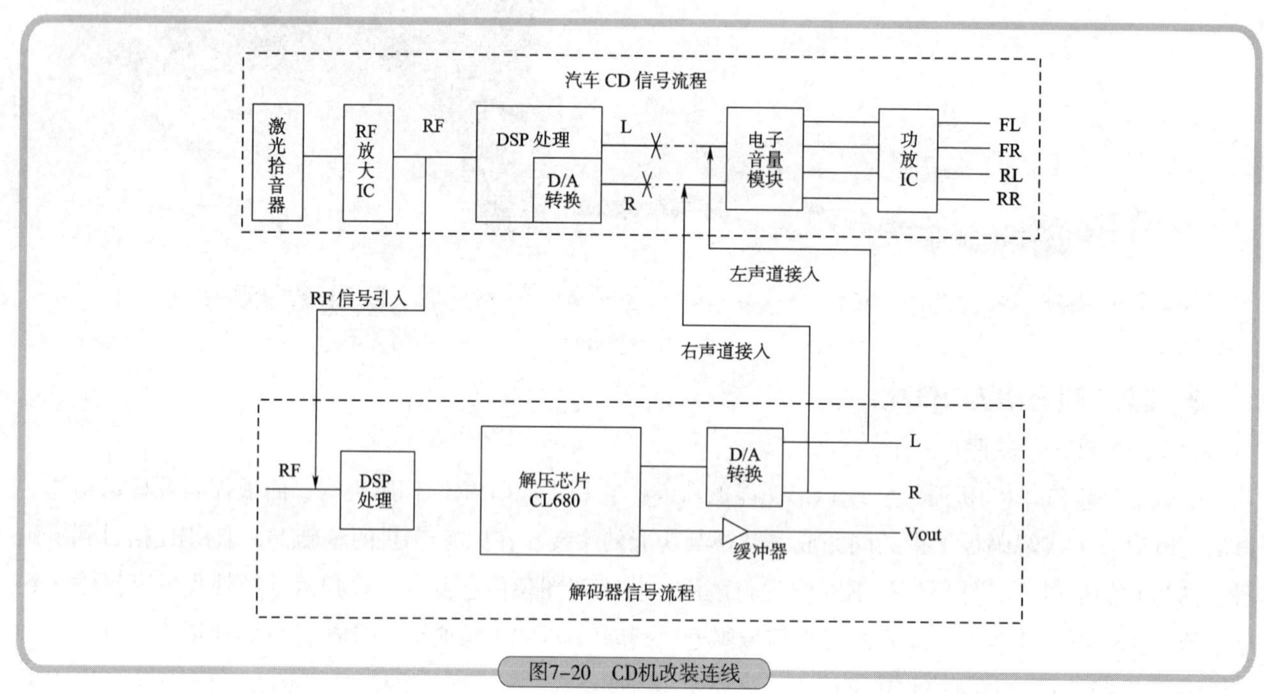

图7-20　CD机改装连线

3. 加装车载MP3

1）为什么要加装车载MP3

有人可能要问，汽车上已经有了CD机，个人MP3也可随身携带到车上使用，为什么还要加装车载MP3呢？下面就来进行一下比较：

（1）车载MP3与车载CD机比较。车载MP3与车载CD机比较如表7-5所示。

步骤1	功能测试	测试 CD 机的全部功能是否正常，在播放 VCD 碟片时，读碟、选曲是否正常
步骤2	寻找 RF 点	在碟机电路板上伺服部分查找有“RF”、“ARF”、“RFO”、“RFI”、“EFM”丝印的焊点即是
步骤3	选取电源点	+12V 要靠近碟机电源输入接口处；地线：选大面积地
步骤4	接 线	焊上 RF 信号线，电源线，播放 VCD 碟片，检查图标、活动画面是否正常
步骤5	查找音频点	在碟机的电路板上寻找有“Lch”、“Rch”丝印的焊点即是
步骤6	接入音频	断开音频点、接入音频：①可在适当的位置将音频通道中串联的电阻或者电容去除；②将改机线中的音频输入按左右声道接入断点的输入端，音频输出接在输出端（靠近功放）
步骤7	通电测试	如果播放 CD 有声音，播放 VCD 没有声音，表明有静音要处理，参照改机技术资料处理
步骤8	P^+P^- 的使用	P^+P^- 为电源控制点。P^+：接在播放碟片时为高电平（4V 以上），否则为低电平（0V）的焊点；P^-：接在播放碟片时为低电平（0V），否则为高电平（4V 以上）的焊点。P^+,P^- 两者只用其一

图7-21　CD机升级操作步骤

车载MP3与车载CD机比较

表7-5

序号	比较项目	车　载　MP3	车　载　CD机
1	改装操作	无须改线或安装，即插即用	必须连线并安装
2	使用费用	网上有超过50万首MP3歌曲及相声、戏曲可免费下载	必须花钱购买碟片
3	适应性能	为无线射频及数字解码技术的结晶，无论怎样颠簸都不怕	遇到震动、颠簸必然会出现跳碟，影响收听
4	存储性能	存储小巧、方便，一般一首MP3在3～4MB，1GB容量可以存放300首歌左右，可连续播放约17个小时，并能随时删除或下载最新歌曲	CD碟片一张只能刻十几首歌，并且是一次性的，不能反复刻录新歌，CD碟片多了存放及寻找都很不方便
5	返修率	低于万分之三	在千分之五左右
6	价格	仅为中档车载CD机的五分之一	车载MP3的五倍

（2）车载MP3与个人MP3比较车载MP3与个人MP3比较如表7-6所示。

车载MP3与个人MP3比较

表7-6

序号	比较项目	车　载　MP3	个　人　MP3
1	收听方式	可通过车内音响喇叭播出，无须带耳机，从而确保行车安全，真正实现好音乐可以大家一起共享	必须带耳机听，不适合年长者、行政人员或商务人士使用，并且无法与朋友共享
2	用电及使用时间	通过车内点烟器供电，无须充电或购买电池，更不受电池时间限制，想听多久就听多久	必须长时间充电或购买电池，并且使用时间不可能过长
3	特殊功能	USB充电功能可以方便用户边听音乐边给手机充电。	无此功能
4		播放位置，音量，频率断电可记忆，使用非常方便	
5	返修率	低于万分之三	百分之一左右

通过上面比较可以看出，车载MP3有其独特的优点，所以加装车载MP3是很有必要的。

2）车载MP3的功能

目前大多车载MP3都有蓝牙功能，采用高性能专业级的蓝牙模块，WMA /MP3解码芯片，高保真、低背噪发射芯片，能够播放SD卡和USB存储器里面的音乐文件。通过无线发射到汽车音响，如果用户手机带蓝牙功能则可以使用蓝牙功能将机器自动切换到免提通话的状态，通话结束后又自动切回到音乐播放状态，还可以将您手机里的MP3音乐通过无线发射的方式发射到您的汽车音响，不需要改装您的爱车即可轻松使您的驾驶途中既可以享受音乐又可以免提使用手机通话，娱乐安全两不误。

3）车载MP3的性能特点

不同的车载MP3产品其性能特点不尽相同，现以实捷车载MP3（图7-22所示）为例，其性能特点是：

（1）OLED彩屏显示：发射频率/来电显示/歌曲序号/音量大小/音效模式。

（2）蓝牙车载免提与车载MP3完美结合：来电自动切换，带来电显示自动加连接、重播、拒接、私密接听等功能。

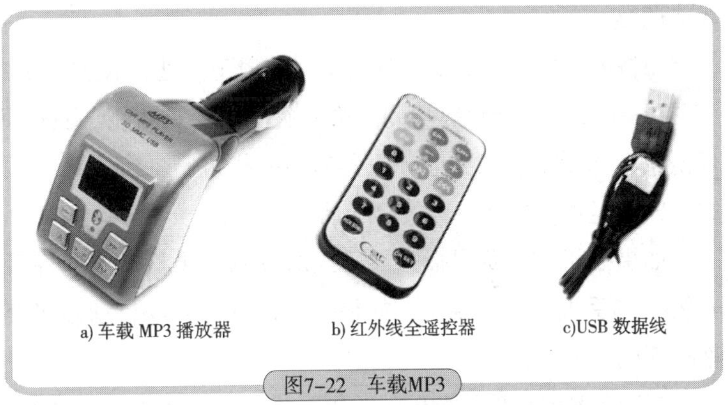

a) 车载 MP3 播放器　　b) 红外线全遥控器　　c)USB 数据线

图7-22　车载MP3

（3）支持蓝牙2.0，支持立体声A2DP，兼容市面所有蓝牙耳机。来电时实现语音报号（能支持中英日等九国语言，此功能可选，根据客户的要求而定）。通话时消回音和噪声处理。

（4）采用2V/24V外接电源供电，USBHost、SD/MMC卡的MP3、WMA格式文件。

（5）206个发射频点，具有歌曲和频点记忆功能，支持直接数字点歌，点频率，具有11种音效模式。

（6）红外线全遥控操作：数字选曲/频率选择/音量大小调节/音效模式调节。

（7）含FM发射功能，可将通话语音，手机音乐，U盘/SD/MMC卡上的MP3、WMA音乐通过FM发射到汽车音响中播放出来。

（8）前端可自由折叠，适合不同车内环境。

（9）直接汽车点烟器供电。

4）车载MP3的使用方法

实捷车载MP3的使用方法：

（1）播放音乐。将产品插入到汽车点烟座，用里面有MP3或WMA音乐文件的SD卡或U盘插入相应的插座，播放器检测到里面的音乐文件后将自动进入播放状态，按键切换播放/暂停。

打开汽车音响于FM收音状态，调整汽车音响的发射频率和汽车收音机的接收频率一致，汽车音响就能播放出机器的音乐。

（2）调整发射频率。按“CH–”键和“CH+”键可以从87.5～108MHZ之间调整FM的发射频率，长按快速调整。

短按向左键或向右键。播放上一曲或下一曲，长按音量减小和音量增加。

（3）使用蓝牙免提功能。第一次使用免提功能需要对码。对码的方法是：打开手机的蓝牙功能并进行搜索，当手机搜索到蓝牙机器后将手机进行捆绑，第一次捆绑需要在手机输入初始密码0000。连接完成后即可通过免提接听和拨打电话。

如果手机与该免提播放器已经对过码，手机设置允许蓝牙自动连接的情况下，该免提播放器上电的时候会与手机自动连接。（如果手机设置未允许自动连接蓝牙，手机会提示是否连接，不同手机型号会略有不同）

当蓝牙MP3在播放音乐的时候手机来电，播放器将自动切换到手机免提状态，按一下蓝牙接听键即可实现免提通话功能，通话结束后又自动切换回到音乐播放状态，也可以直接按蓝牙接听键挂断结束通话。

（4）4点说明。

① a2dp功能。带有a2dp功能的手机（即带立体声蓝牙），可以通过AV连接功能（有的手机叫音乐拓展播放等不同的叫法，连接方法与上述一样），可以在汽车音响上播放手机内的音乐。

② 不同手机的不同蓝牙服务可同时连接，但同一服务只能同时连接一部手机。如A手机连接好了手机通话功能，B手机要连接通话功能就一定要把A手机断开，但是B手机若有a2dp功能（A手机没有连接a2dp功能的情况下），B手机也可以单连接a2dp功能。 即A手机可以免提打电话，B手机也可以通过该蓝牙播放器播放音乐。此时如果来电或拨打电话，会自动电话优先。电话结束后会自动转入a2dp播放

功能。

③ 优先级：不同功能都在使用的情况下，优先级如下：手机通话>a2dp播放、U盘音乐播放、SD卡音乐播放。

按此优先级次序，任何高优先级的功能被激活，低优先级的会被暂停，高优先级的功能结束后，低优先级的会恢复。

五、汽车音响的配置

1. 汽车音响配置原则

1）系统协调原则

系统协调原则是指汽车音响系统的档次要与汽车档次相协调，即高档汽车应配置高档音响，中档汽车应配置中档音响，低档汽车应配置低档音响。高档汽车通常车内噪声较小，车体较厚，隔音效果不错，配置一套高档音响可获得满意的音响效果。如果将低档汽车配置高档音响，由于低档汽车的听音环境较差，难以获得好的音响效果而造成浪费。

2）搭配协调原则

搭配协调原则是指配置汽车音响时一定要考虑一套音响各个组成部分的平衡，即主机、功放、扬声器和线材等都要进行恰当的选择，不可偏废。如果主机与扬声器的音质不匹配，主机功率或功放率与扬声器功率不匹配，选择扬声器只看功率不看灵敏度，都属于不合理的搭配。此外，依照车主喜好的音乐风格也是很重要的。主机、功放、扬声器都应按同一风格配置。

3）大功率输出原则

大功率输出原则是指在一套音响系统中，主机或功放的输出功率一定要大，因为它们的输出功率越大，表明它们能够控制的音频线性范围越大，这也就意味着其驱动扬声器的能力越强。而小功率的功放不仅容易引起声音上的失真，更会导致烧毁功放或者喇叭线圈。

4）音质自然重放原则

频响曲线的平滑性是评判一套音响系统优劣的主要参数。所谓频响，是表明系统再现音域范围的指标。从理论上讲，人耳能感受到的频率范围是20Hz～20kHz，但在实际中，我们分辨不出40Hz以下、18kHz以上的频率，但是高质量的CD机的频响却能达到这一范围。

众多的技术参数不能完全说明音响系统的好坏，只能表明该音响系统的技术特性、指标。衡量一套音响系统好坏最直接有效的方法就是亲耳试听，即以个人听感为主、技术为辅。在听感方面：一是临场效果要好；二是音乐整体平衡感要强；三是对于移动的声响，有较好的表现，要有层次感。当然，欣赏一套器材的音响效果，与听者的欣赏水平、文化素质、现场情绪等因素是分不开的。

2. 汽车音响配置方式

（1）主机＋4个扬声器，如图7-23所示。这种配置的目的是加大内置功放的功率。所有主机上标明的功率输出值都是峰值功率。由于主机内空间的限制，内置放大器的效果还无法达到外置放大器的强劲及高清晰的解析度。该配置能满足一般音乐欣赏的需要。

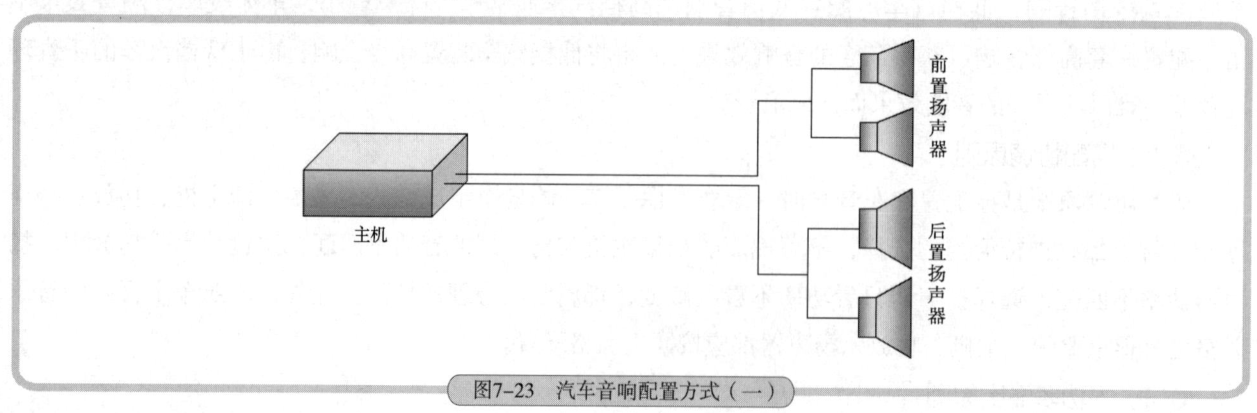

图7-23　汽车音响配置方式（一）

（2）主机＋1个四声道功放＋4个扬声器，如图7-24所示。这是一套标准的搭配方式，最适合于欣赏传统音乐、流行歌曲及交响乐等。

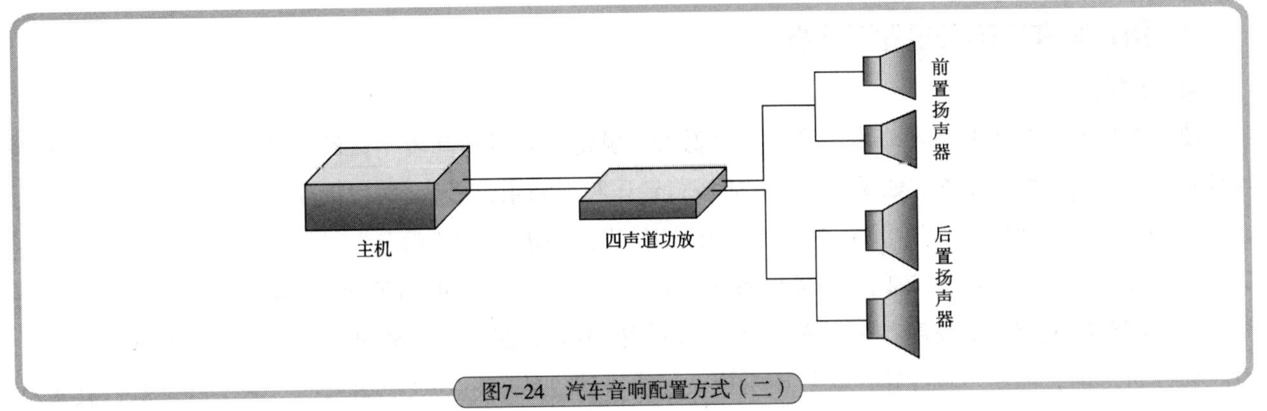

图7-24　汽车音响配置方式（二）

（3）主机+1个四声道功放+1个二声道功放+4个扬声器+超低音BASS，如图7-25所示。这种配置适合于欣赏爵士乐、摇滚乐、重金属音乐。有些4声道功放具有无衰减的前级输出，使系统扩展超低音显得轻而易举。装有超低音的系统最适合于爵士乐、摇滚乐、重金属音乐的要求。中档次的车型，为了达到消除噪声，提高低音部分声压级的目的，也可以采用这种搭配。

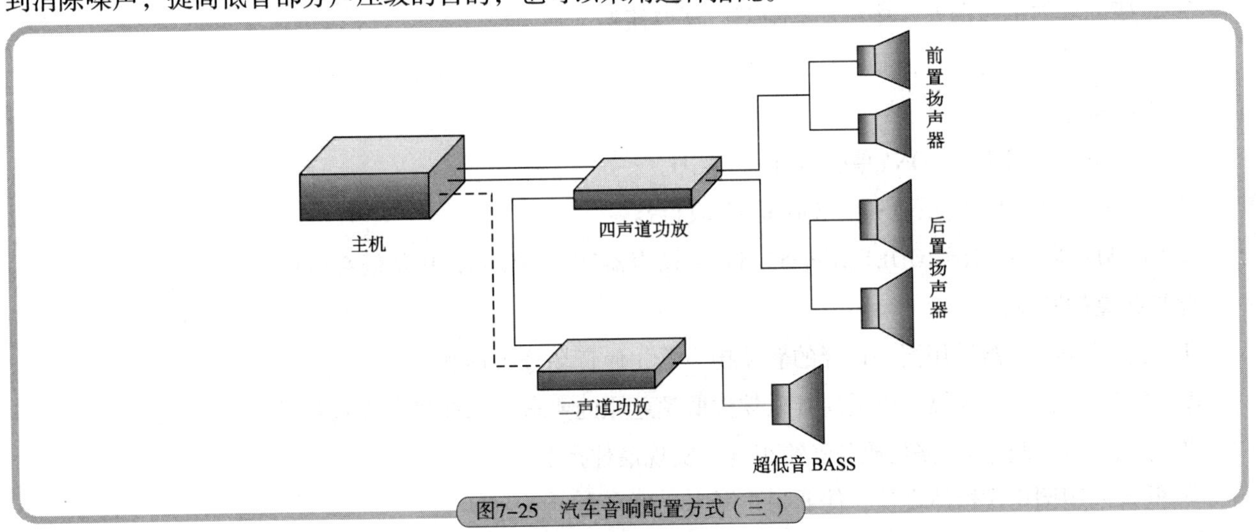

图7-25　汽车音响配置方式（三）

3. 国产轿车音响升级配置实例

1）捷达

捷达车原车音响听起来声音发散和发闷，低音不够清，高音伴随着一丝丝的噪声且含糊不清，感觉硬且刺耳，音量开大时发浑。如果车主喜欢听流行音乐和交响乐，可考虑如下配置：

（1）主机。采用日本阿尔派单碟CD，后级采用美国RODEK（乐迪）。

（2）扬声器。捷达车前车门扬声器位置在下方，尽可能采用6in的扬声器，它对中低频的还原效果更厚实；在前车门上方装上高声器作声场定位；后声场扬声器仍安装在原来的位置，口径改为6in扬声器，使声场分布平衡；前场声场压略大于后声场压，使声音感觉从前风挡玻璃出来的；为了满足低音真实重放的要求，在后行李箱内装上重低音音箱。

此种配置的特点：

① 价位适中，投入不到7000元；

② 试听杰克逊的歌曲有打碎玻璃的感觉时，声音干净利落，清晰逼真；

③ 试听邓丽君的歌曲时，中频明亮清新、浑厚流畅，丰满悦耳；

④ 演绎交响乐时有荡气回肠、扑面而来的冲击感，能让车主有焕然一新的感觉。

2）富康

（1）主机。采用日本SONY单碟CD或多碟CD。

（2）功放。采用美国乐迪SM-7550 5路功放1台。

（3）扬声器。为美国RODED RS—5525套装扬声器2套、SW-41010超低音1只。

此种配置的特点：

① 前、后声扬声器采用同一口径的套装扬声器，使音场分布均衡；

② 安装超重低音扬声器，以适应音乐软件低频还原的要求，弥补汽车飞驰时低频的损失；

③ 选用一台匹配好的5路功放与音箱组合，实现最佳搭配；

④ 低音采用倒相式箱体设计，使低频更厚实、更有力；

⑤ 音色激昂澎湃，动感十足，层次分明，令人有荡气回肠的震撼力及扑面而来的冲击感，适合大部分车主口味。

3）桑塔纳2000

（1）主机。采用日本松下CQ—FX820+CX—DP88（8碟CD换片器）。在选择主机时，主要考虑音质和音色要清晰明亮，在进行价格性能比较之后，选择了松下CQ—FX820，它的技术指标可以满足这套系统的使用。选择的主要目的是：它有5V前置预置输出和5V副低音扬声器输出，这些可提高信噪比。

（2）功放。为美国HOLLYWOODST—300-4（75WRMSX4），HOLLYWOODRHV—2000（450W×1）。安装在后行李箱里后座位靠背的铁板上。

（3）扬声器。为美国HOLLYWOOD套装扬声器RS-602（有效功率120W，频率响应30Hz—20Hz）、同轴扬声器RS—6.5，低音炮主美国HOLLYWOODRS-2010（10in）。桑塔纳2000型前方的扬声器需作较大的改动，因为原车前面的扬声器安装位置从音响角度讲不够理想，扬声器发声方向朝着风窗玻璃下边即与听者反向），听者所听到的是通过风窗玻璃反射回来的声音正确的安装扬声器应对准人耳，尤其是高音最好与人耳部齐平，再有原车的扬声器的功率较小，频响窄，所以不能选用，升级时将套装扬声器RS—602的扬声器安装在前门下部，分音器安装在门饰板里侧，高音头安装在门上部三角处，这样可以满足声场定位，后面使用扬声器（RS-6.5）增加中低音效果，低音炮RS-2010安装在后行李舱里，因为低音是靠气流传动的，所以没有指向性，虽然安装在后面，但感觉是从中高音方向来的。

此种配置的特点：这是一套发烧级音响系统，总投资在15000元左右。这套系统音响的清晰度、层次感都比较好，接近高保真的要求，高音明亮、中音较甜、低音富有弹性，尤其对喜欢听交响乐和古典乐的朋友最为合适。

4）奥拓、云雀、夏利

这类车的特点是车内空间狭小，噪声的振动较大，密封性不尽人意。虽然大多数车在出厂时装有收放机，但品质很差。升级的重点应放在增加功能、改善音质方面。由于汽车自身条件的限制，不宜采用大功率的高档产品。

（1）主机。采用单碟CD机（含收音机）。目前这一档次的主流产品有：爱华（AIWA）CDC—X106

与健伍（KENWOOD）1016。

（2）扬声器。保留原车的扬声器。

此种配置的特点：

① 费用低，约1500元；

② 具有播放CD的功能，但取消的磁带座，多少是个遗憾；

③ 由于没有更换扬声器，音质的提升也很有限。

这种方案适合于那些不满足于现有音响的性能而囊中羞涩的车主。

六、汽车音响的选购

1. 选购的依据

1）根据自己需要选择

车主在选购音响时，要考虑自己对音乐的爱好程度和欣赏水平。汽车音响主要分为两大类：一类是以听音质为主，如：古典、交响乐、流行曲等；另一类是劲量型（俗称“炸机”），如：迪斯科、摇滚等。

2）根据车辆情况选择

选购音响要考虑车辆的具体情况，根据车辆的档次、安装位置及尺寸和车内空间，决定选购怎样的音响系统。

3）根据经济实力选择

不同档次的音响价格相差较大，当今市场上销售的音响设备多达数十种，价格从中档的3000 ~ 5000元，到高档的30000元，超高档的甚至能达到十几万元。选购时要根据自己的经济实力确定。

4）根据音响品牌选择

音响设备如主机、功放、扬声器等要选择正规的品牌，不能选择杂牌产品。现在市场上经营汽车音响设备的商家特别多，鱼龙混杂，最好要看该商家是否拥有该种品牌音响设备厂家授权的指定代理许可证，有无售后服务能力和质量三保的承诺措施。否则，买回后，出现质量问题无法保修、保换和保退。

5）根据音响产地选择

在高档豪华轿车上一般都有较专业的高级音响，其中以欧美产品为佳，其音质、音色比日本产品更专业。不过目前日本一些知名汽车音响品牌也相继推出一些发烧品牌。与欧美抗衡。虽说性能好，但价格也确实惊人，绝对是真材实料，其指标绝对能够达到铭牌上所列的数值且可长期持续。如选用中档音响设备则非日本产品莫属。它的品牌在专业汽车音响设备中占2/3。价格和性能之比绝对物有所值，并且从功能的完备性和外观的造型、装潢和工艺精良等方面，都是欧美产品无法与之抗衡的。从汽车扬声器来看，欧洲的品质最为优质，音乐的还原最为真实，最受国内发烧友推崇，其次就是美国、日本产品；功放、超低频喇叭则是美国产品最为领先。主机是日本产品占主流，无论功能、款式、使用方便度等都明显占优势。

6）根据音响档次选择

同一品牌和产地的音响大多有高、中、低档不同的款式和配置。高档音响主要特点：一是外表设计精良，例如大屏幕多彩显示、翻转面板等；二是在设备的性能指标和功能上加以表现，如采用BBE（改进音响系统清晰度）、EEQ（简易均衡器）、SFEQ（音像定位均衡器）、DSO（虚拟音效空间）、DRC（动态道路噪音控制）、DDBC（数字动态低音控制）等先进技术；中档音响在功能方面少于高档音响，但在性能方面与高档音响相差无几。低档音响在功能和性能方面都要更低一些，但是，对于一般听众已足够。

7）根据音响匹配选择

在选择音响器材时，要根据系统的整体情况，每个器材的投资比例要合适，按同一水平配置。功放应选择大于喇叭指示功率的，功放小在长期使用大功率输出时，容易烧坏还会导致音质差、失真等故障出现。比如：所有喇叭的指示功率总和为100W，那么功放的功率要在100～150W之间，才能有良好匹配。

8）根据音质效果选择

专业汽车音响的生产厂家较多，可以说是各有所长、各具特色。选购前最好到专业汽车音响试听室进行试听，才能选择出适合自己欣赏口味的音响组合。在试听的时候，车主可以自己带一张CD唱盘，唱盘的声音最好兼有高、中、低三个声部，这样可以充分了解所选音响的音质。

2. 主机的选购

选购主机应重点考虑规格、音质、功能、性能等指标。

1）规格

主机外型尺寸分1 DIN和2 DIN两种规格。欧洲车的尺寸为ISO标准尺寸（1 DIN SIZE＝长185×高50×宽160mm），又称为DIN尺寸（DIN：德国工业标准的缩写），这是目前市场上销售的汽车音响的标准尺寸，通用性极强。而日本车的尺寸一般为2 DIN SIZE，高度是欧洲车的一倍，基本上可以与欧洲车通用，但有一些2 DIN SIZE的特定产品则只能用于日本车。美国车的尺寸较为特别，与ISO标准相比，长度及宽度都略为放大，一般不能通用。国产汽车上虽然安装了简单的汽车收音机，但安装孔的尺寸大多也符合标准。而一些内饰造型比较独特的轿车，音响安装孔为非标准尺寸，在这种情况下，就只能选用原厂的音响设备，用户自己改造的余地很小。适合安装1DIN机型的车有：富康、捷达、桑塔纳2000、三菱、奥迪、奔驰等。适合安装2DIN机型的车有：丰田、本田、别克、帕萨特、日产、斯柯达（欧雅）等。富康和奥迪A6两种车的中控台空位不是标准的DIN位设计，在安装主机时需要特制的主机架才能装上。

2）音质

音质是选择音响最重要的一个因素，声音的组成含有多种成分，其中音调、音色、音量及音品是决定音响效果的四大要素。音调由声波的频谱所决定，音量由声波的振幅所决定，音色由声波的频谱所决定，而音品是由声波的波形所决定。一般情况下，越高档的机型音质就越好。各个牌子之间的差别一般体现在音色方面，如有的清晰、温暖、甜阔，有的则是冷静型，所以应该选择车主所喜欢的类型机种。

3）功能

由于汽车特定的聆听空间，对声场、音质都有一定的影响，为了解决这些问题，现在很多主机已有相应的功能设计，务求达到现场的聆听效果。普通机型包括以下一些基本功能：一是音调的调节，也就是平时常说的高、低音调节，低频的调节频率通常设定在45Hz，高频的设定在12kHz，调节的范围在±6dB之间；二是等响度的控制，通常当音量较小时，会发现高音、低音好像都没有了，整个声音没有层次感，这时只要按一下LOUND功能键，主机就会对高音、低音自动进行提升，重新听到丰满、清晰的声音；三是预置均衡模式，主要针对不同类型的音乐设置不同的频率曲线，一般有摇滚（ROCK）、流行（POP）、爵士（JAZZ）、古典（Classic）等，以此针对不同的声音频段进行适量的增强与调整；四是环绕声预置模式，这是追求现场效果的车主必选功能，有运动场、录音室、大厅、教堂、舞厅各种环绕效果。五是声像定位处理，它可以把声像根据个人的需要进行定位，最理想的效果就是把声像定位在风窗玻璃的中间。

4）性能

主机性能指标主要体现在：一是输出功率，现在的主机所标的功率绝大多数为音乐功率，在40～60W之间，功率越大越好；二是频率响应，人耳所能听到的频率范围在20Hz～20kHz，因此该指标最少要达到这个数值，而且越宽越好（下限频率越小，上限频率越大越好）；三是信噪比，指的是音乐信号与噪声的比例，单位为分贝（dB），该数值越大越好，一般高档的产品都在100dB以上；四是谐波失真，该指标体现声音再现的还原度，数值越小表示还原度越高。

3. 功放的选购

选购功放时应考虑以下因素：

1）功放的品牌

目前，市面上功放的种类很多，价格从几百元到一万多元不等，外行人看外形好看和体积大的就认为好，还有的看体积大、标称功率高、价格低就觉得买到了便宜货。其实，看起来体积大、价格又低、标称功率大的放大器，多数是在国内生产，有些则是三无产品，技术指标往往也是虚的。这种功放容易产生噪声，尤其是静态噪声大，随着使用时间的延长尤其是经过冷热变化和震动，故障就会显现出来。所以，在选择功放时，一定要看品牌，一般名牌产品都有自己的网站，可以在网上确认真假，避免上当受骗。每个品牌基本都有高、中、低档，在购买时要区分，以避免花高档的价格买低档的产品。

2）功放的功率

由于汽车在行驶当中噪声会随着车速的加快而不断提高，为使这些噪音在听觉上减少一些或者听不到，应要选购功率足够大的功放。在心理声学当中有一种掩蔽效应，当两个声音同时传来，一个较响，一个较轻，前者往往会把后者掩盖起来，让人听起来好像只有一个声音，比如用一盘空白磁带放在卡带机内，开机后会听到“沙沙”声，而当用同种材料的音乐磁带放唱时，基本上感觉不到噪声，这并不是噪声消失了，而是音乐信号较强，将它掩盖住了。所以，在汽车里如果想听没有什么噪声的音乐时，必须有一台功率较大的功放，以提供足够的功率驱动扬声器，使扬声器播放出来的声音达到能把噪声掩盖住的程度。

3）功放与扬声器的搭配

在普通的汽车音响系统中，一般采用两台功放或一台功放。在采用两台功放时，选用的一台四路功放专门用于推动前、后车门的中高音扬声器，另一台两路功放用于推动超低音扬声器；当采用一台功放时，常选用的是五路功放（其中四路用于推动中、高音，另一路推动超低音扬声器）或是六路功放（其中四路用于推中、高音扬声器，另二路桥接推超低音扬声器）。

4）功放的技术指标

由于受汽车的使用条件限制（电源不足），整套音响的输出功率受限，因此，尽量减少功率损耗也是设计一套汽车音响的重要目标。那我们便不能像家庭音响一样用一台功放同时来驱动高音、中音、低音扬声器，因为这样一来，必须要采用被动分频网络，会损耗大量的功率，令原来已显不足的输出功率更显得捉襟见肘了，这就是现时汽车音响系统里采用单台功放专门推动超低音的主要原因。

4. 扬声器的选购

选购扬声器时应注意以下事项：

1）与系统协调

选择扬声器时，应当首先考虑使用什么样的系统。如选择音乐品质型系统（播放古典乐、交响乐、轻音乐等），应选择音质清晰柔和的扬声器。如选择劲量型系统（播放迪斯科、摇滚乐等），应选择比较牢固和动态范围大的扬声器。从扬声器再现的声音选择，粗略分析，美国品牌的特色多为节奏相对强劲有动感；欧洲品牌的风格相对细腻、纤巧；日本品牌基本上是兼而有之。

2）与主机匹配

在选择扬声器时应考虑与主机功率相匹配，汽车前面扬声器最好选用套装（即高音、中低音分开），这样方便声场定位，因为高音有指向性，所以高音安装最佳位置应与人耳平行，后面扬声器尽量选择直径大、低音特性好的，这样整体声音才会显得丰满。

3）品牌质量

扬声器相当于人的嗓子，质量的好坏直接影响发出的音质，所以切不可图便宜，因为音质差、质量低、易损坏、寿命短的低档假冒扬声器与主机配套整体价格就低，但效果很差。所以，在购买扬声器时同样要看品牌、看技术参数，而且要试听，由于同样功率、同样尺寸的扬声器，因灵敏度不同，制作的材料不同，所以发出的声音也就不同。

4）升级配置

目前中、低档轿车内安装的均为单元喇叭4～6in左右，由于这类大小的喇叭一般只能表现中频范围，这样给人的感觉较混，高音不亮，低音不厚。改进方式是使用一些二至三分频的组合扬声器，即在一个4～6in的喇叭上增加一个1～2in的高音单元。这是目前汽车音响改装市场上使用较为普遍的方式，基本上可以改善扬声器的表现力，特别是高音部分，使音响系统较为明亮。为了再现丰富的低音，拥有充分容量的低音箱是不可缺少的，但出于受安装位置的影响，音场定位不佳。更为良好的改进方式是使用高、中、低单元组合喇叭，将不同单元根据声场定位要求，安装在不同位置，形成良好的声场定位。

5. 线材的选用

线材包括电源线、信号线和扬声器线。线材的好坏直接影响音质和安全，因此应选用高抗氧化、高导电率、外皮包有PVC、PE、PP等材料的线材。不同线材在选用时应重点考虑以下因素：

（1）选用信号线要考虑屏蔽。应选用双层屏蔽线材，以增强抗干扰性，防止杂音进入。

（2）选用电源线要考虑传导性。汽车音响专用多芯铜线，不仅阻抗小，导电率高，而且线材的外皮都是耐高温、高阻燃、抗老化。线径过细的线材会发热造成热损耗，甚至会引发火灾。

（3）选用扬声器线要考虑耐高低温、抗老化。线材宜选用钛金、镀银、无氧铜等材质，使用不同的线材，音质将略有差异。

（4）选用线材要考虑电阻大小。线材的电阻越小，在线材上消耗的功率越少，则系统的效率越高。即使线材很粗，由于喇叭本身的原因也会损失一定的功率，而不会使整个系统的效率达到100%。另外，线材的电阻越小，阻尼系数越大，喇叭的赘余振动越大。

（5）选用线材要看横截面积。线材的横截面积越大（越粗），电阻越小，该线的容限电流值越大，则容许输出的功率越大。

（6）电流熔断器的选用。主电源线的熔断器越靠近汽车蓄电池越好，电流值大小可按以下公式加以确定：电流值=（系统各功放的总额定功率之和×2）/汽车电源电压平均值。

七、汽车音响改装操作方法

汽车音响改装操作程序如图7-26所示。

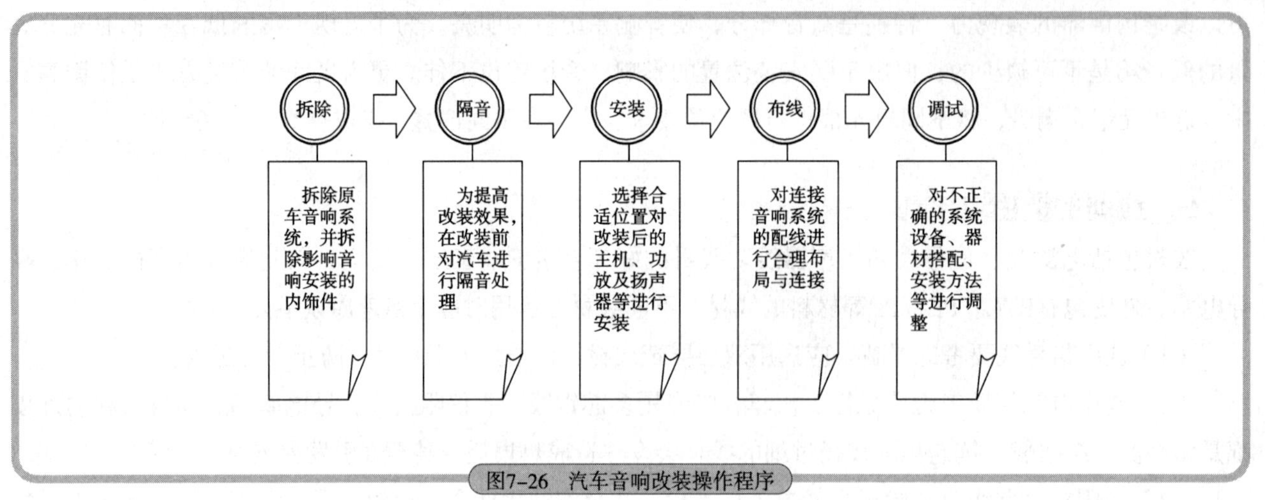

图7-26　汽车音响改装操作程序

1. 拆卸

1）拆除主机

主机中控台，拆除方法根据不同车型确定，主要有以下3种：

（1）用专用工具直接拆下，有些车型配备拆主机的工具，将工具塞入主机为拆除留下的缝隙中，感到工具卡上后用力拉出，主机就跟着出来了。

（2）有些车型的主机是用螺钉直接固定在中控板上的，外部用装饰件盖住。拆下带有卡扣的装饰件，就可以卸下主机。

（3）有些车主机的安装需要对中控板进行改造，然后才可以安装。

在拆除高档车的原车主机时应注意多数都有防盗密码，一旦断电，主机就会被锁住。解决的办法有4种：一是找到密码，一般放在车内的杂物箱内侧或是行李舱放备胎的地方，输入后即可解锁；二是通电1小时以上，有些车可以自动解码，但必须是原车；三是用车钥匙反复开启、关闭车门；四是咨询经销商，获得密码；最后可以到专门的主机维修点，去掉机内密码记忆元件或CPU。

2）拆除扬声器

（1）拆除车门内的扬声器。拆除车门内的扬声器，首先要拆除车门内饰板。内饰板一般是一块有蒙皮或人造革的纤维板，结构简单，只要把摇窗器把手和门把手拆除，其余的基本上都是塑料卡扣，只要小心拆开即可。若是高档车型，一般是先拆除装有中控开关、电动窗开关等控制件的面板，拆下面板后可以看到主要的固定螺钉，再用软布包上扁平的螺丝刀，沿边缘插入，找到扣件后依次在靠近扣件的地方撬起。要了解扣件的结构后，再小心拆开。最后再将扬声器拆除。如果原车门内没有扬声器，需要加装，也应按上述方法拆除车门内饰板、中控开关、电动窗开关等控制件的面板。

（2）拆除后坐平台饰板上的扬声器。有些车的扬声器安装在后座平台饰板上，拆除后座后，如果平台上有高位制动灯的先拆高位制动灯。高位制动灯的安装方法一般有两种：一种是卡子固定，只要用力向后推即可拆下；另一种是用螺钉固定的，要到行李舱中找到螺钉拧下就可以拆下来了，拆下高位制动灯后，将平台上的扬声器拆下，再将平台饰板向内拉出。

3）拆除影响布线位置的内饰件

（1）拆除两侧脚踏板边条。大多数布线都要通过踏板边条，也有从A柱上到棚顶走的，布线会较长，有的车型有侧向的安全气帘，走线时会有影响，同时也不易固定。大部分的踏板边条都是由卡扣固定的，拆卸的方法是由车的内侧向外侧撬动，若是由外侧向内侧撬动，可能会导致损坏。

（2）拆除中央通道。如对音响系统有较高要求，可将RCA信号线从中央通道走线，使其受不到布线的干扰。中央通道一般是由螺钉固定的，左右对称。大多数是由2～3节组成，应注意拆除顺序，驻车制动器和变速杆尽量不要动。

（3）拆除座椅。前座椅一般是不用拆的，如果是要在前座椅头枕上加装显示器，就有必要拆了。前座椅的拆除一般有3种方法：

① 大众车系的，前面有一止推螺钉，后面是滑槽。只要将后面滑槽上的饰块拆下，再将前面的止推螺钉拧开，拉起滑动扳手，将整个座位向后推出即可。

② 用四角4颗螺钉固定，只要拆开四角螺钉即可。

③ 将一头的螺钉固定，另一头是钩子钩住的。拆下一头的两颗螺钉，抬起从另一头的两个钩子中退出即可。

后座椅的座位和靠背是分开的。座位有些是两颗螺钉固定的，有些是卡扣固定的。卡扣固定的只要抓住卡扣附近用力向上提即可脱出。有几种车不可以直接提出，看一下卡扣上是否有一小拉环，或有可向内按的卡子。若有，应拉出拉环或按下卡子再向上提。靠背的固定有下面一到两颗螺钉或铁皮钩子，松开后即可向上提出。

2. 隔音

车门、后窗台和底盘对音响效果影响较大，应进行必要的隔音处理。

1）车门隔音

车门上装有扬声器，它等于是一个共鸣箱，对音响效果有很大影响，所以车门部分应做重点隔音。

其隔音方法是：

（1）在容易发生共振或松动的地方进行加固，把卡榫用薄一点的海绵包起来，减少震动的机会，或是在喇叭的后面，加几块特殊材质的隔音板，通常这些东西都是德国制的橡胶产品，贴下去之后低频和中频的效果会很好，低频变得结实有力、中音的饱和度够且音色圆润不少。

（2）车门内的内侧钢板一般都预留了大小不等的维修孔，以方便对相应的部件进行检修。为防止扬声器后面声音的漏出对扬声器前面的声音产生影响，在维修孔上可以覆盖铝板或铅板，或者使用其他的吸音材料来遮挡。

（3）车门钢板的刚性较软，需要对其进行制振。制振是指减少钢板的振动产生的噪声，一般的方法是采用在钢板上贴制振材料，以防止振动对音质的影响。

（4）值得注意的是，有些车为了杜绝车外噪声，在车门里贴满了隔音棉，使中低音的扩散受到限制，从而影响到音响效果，为此车门内隔音棉不易过多。

2）后窗台隔音

如扬声器安装在后窗台上，应对后窗台进行隔音处理。

（1）后窗台钢板的共鸣处理。如安装扬声器的挡板与后窗台的钢板之间缝隙较大，就可能产生共鸣。处理的办法一般是调整挡板和后车窗台钢板之间的缝隙，并且在缝隙中填充减震垫，这样可以使得音响在中频域声音的清晰度得到提高。

（2）后窗台钢板的空间处理：后车窗台钢板不是平整的，为了减少钢板的使用，钢板上面被冲压出一些凸凹面，挡板与钢板紧固在一起时，凸凹面会使挡板与钢板之间产生缝隙。为了减少两者之间的缝隙，可以在凸凹面上填充一些吸音的泡沫或质量较轻的可以作为填充物的材料。

3）底盘隔音

由于中低音喇叭多装在靠近底盘的部分，所以底盘隔音也非常重要，如果做得好，可以吸收一部分过多的低频，使低频效果更好。底盘隔音的施工方法是：先拆去座椅、排挡部分及安全带扣座，然后拆除地毯。贴上高密度的隔音棉，再铺上一层隔音毯。在铺隔音毯的时候要注意不要把螺丝孔盖住，隔音毯越厚隔音的效果越好。

3. 安装

◆1）收放机的安装

（1）安装位置。收放机的体积大多数是按照标准尺寸设计的，能保证被装进大部分车中的装收放机的孔内。如果车上没有用来安装收放机的孔，可将其装到仪表板内或仪表板下的一个合适位置处。也可购买一特殊的托架，将它放在仪表板与地板之间。

选择安装位置时应注意以下4点：

① 收放机应装在驾驶人系上安全带后仍能够着的地方；

② 不要将收放机装在靠近电子转速表、点火开关及其导线或闪光灯部件及其相关的导线的地方，以防相互干扰；

③ 收放机要安装在天线导线能够着的地方；

④ 收放机不应装在发生事故时，易损坏的部位。

（2）安装支架。有的收放机带有安装支架，没有安装支架的收放机需用钻孔的或开槽的金属带来安装，把金属带弯成安装支架即可。

（3）线路连接。在把收放机的导线连入车的电子系统时，要参照收放机说明书。如果没有说明书，就参照相关的电路图，找到车的电路中收放机的电源接头位置。收放机必须正确接地，即在收放机外壳与车架间接一单独的接地线。

◆2）CD机的安装

CD机的安装应注意以下5点：

（1）调整旋钮。CD机在安装前要先调整好减震方向旋钮，否则没有减震功能，甚至损坏CD机，可调整的减震方向一般有0°、45°、90°，可根据需要调整。

（2）检查支架。确保CD机的支架只能接触到固定部位，不能接触到其他部位，否则容易产生噪声和影响减震效果。

（3）水平安装。CD机一定要水平安装，否则减震效果差，震动时激光头经常保护，长期会使光头老化。

（4）固定坚实。一定要找实在的部位固定CD机，不能安装在薄塑料板和纤维板上，那样容易产生晃动影响使用。

（5）连线可靠。连接线要与车上电源线分开布线，以防发生干扰。连接线的绝缘外皮不能破坏，以防搭铁后产生噪声。用螺钉固定门边条时，不要碰伤连接线上，以免造成短路。地线一定要接实，否则地线悬空会烧毁CD机。

3）功放的安装

（1）安装位置。功放的安装位置应有足够的空间，并能保持空气流通和防止潮湿，以延长功放的寿命。

（2）安装方法。功放安装时应将其正面朝上，否则会影响功放散热，还会启动热保护电路，过分的热量会缩短功放的寿命，还会减小输出的功率。

（3）线路连接。

① 前面的RCA输入：把RCA连接器连接到音源前面的LOW LEVEL（低电平）输出端。

② 后面的RCA输入：把这些RCA连接器连接到音源后面的LOW LEVEL输出端。

③ RCA输出：把这些RCA连接器连接到下一级放大器的RCA输入端。

④ 地线输入：通过一条4g电源电缆从放大器上直接连接到车辆的地盘上。

⑤ +12V输入：它必须通过一条4g电源电缆再经过同轴熔断丝或自动断路器直接连接到车辆蓄电池的正极。

⑥ 远端输入：它是远端控制功放的开关。当接通时，12V电压就加到放大器上。它可以从音源的后面面板上找到。它以天线的电输出或远端接通时输出的形式出现。如果没有提供该输入，可以把线接到ACC的位置上。

⑦ 扬声器输出：对扬声器作正确的连接。

4）扬声器的安装

扬声器一般安装在前门和后窗台上，其安装与接线方法是：

（1）前门扬声器的安装。先用挡板对扬声器安装的位置进行加固，加固后再把扬声器固定在车门的内侧，减少由于车门内侧钢板的振动带来的噪声。挡板应和车门内钢板接触良好，车门钢板和挡板之间没有空隙。若门内钢板变形，则不能保证刚性，车门钢板将产生共振。可以使用垫片进行固定，使得挡板与门内钢板接触良好。

（2）后窗台扬声器的安装。扬声器安装在后窗台上，需要加装挡板。挡板与后车窗台的形状基本相同，在安装扬声器的位置预留出安装孔。用螺钉把挡板和后车窗台固定在一起，以抑制挡板的共鸣。螺钉固定的位置应保证能牢固地固定两端，在挡板中间部分的螺钉的紧固数量要增加一些，使得挡板和后车窗台的钢板紧密无间的连接在一起。这可以使得安装在此位置的低音扬声器不漏声音，低音域将向下延伸，在低频域不会产生低鸣声。

（3）线路连接。当把装在后窗台的扬声器与主机相连时，连接导线需从地毯或地板底下穿过，最好沿着盘形地板的边，这样导线就不被乘客踩到。车内导线可用PVC胶带将它们固定以免损坏，不要让电线垂悬。主机与扬声器连接时应注意以下5点：

① 不要将四个扬声器的方向接错；

② 不要将扬声器的正负极接错（接错将导致扬声器损坏）；

③ 不要将主机扬声器输出线与电源正极相碰；

④ 不要将扬声器左右声道交叉相接；

⑤ 不要将扬声器接线搭铁。

◆ 5）天线的安装

（1）安装位置。天线的安装位置依个人所好而定，通常天线安装位置越高，接收效果就越好。天线应尽量被定位，这样可使同轴导线不走穿过发动机舱的电路。选择天线安装位置时应注意以下事项：

① 天线导线越短越好，也就是说天线最好装在车的前部；

② 天线尽量远离分电器及HT导线；

③ 安装点下凸出的部分不应干涉车轮或其他任何部件；

④ 安装天线的板平面不应太陡，否则天线不能垂直安装。

（2）安装方法。决定好安装位置后，必须在面板上穿一孔。孔的尺寸按要装的天线尺寸来定。一般情况下孔的直经应为19mm。在金属壳体的车上，最好选用“箱体刀具”来钻孔。该工具需要一穿通面板的小直径辅助孔来固定自身。在GRP壳体的车上，最适用“孔锯”来打孔。“孔锯”同样也需一小直径的辅助孔来固定。钻完孔后，应用锉刀加工锯边，除去毛刺，然后给其上漆以防腐蚀。

（3）安装拉条。如果天线很高，或在安装面板下伸出的距离较长，就应在天线与车架间装一拉条。拉条可用先前提到过的钻孔的或开槽的金属带做成。拉条应用螺钉或螺栓紧固在其位置上。

（4）搭铁线连接。要想获得最佳接收效果，可在天线与车架间接一地线，这对GRP壳体的车来说是必不可少的。

（5）穿孔保护。为了将天线接入车内，需在车身板上钻一两个孔就一定要把橡皮圈装在孔中，以保护导线，同时还可起密封作用，防止水流入车内。

4. 布线

汽车音响线材布置与安装俗称布线。由于汽车音响系统的听音环境对听音效果具有重大影响，因此对汽车音响系统的安装和布线提出了更高的要求。布线应遵循原则：一是走线不能影响原车线路，制作低音音箱不能破坏车体，器材要与原车整体布局和颜色协调美观；二是布线要躲开电脑和控制系统，避免因布线位置不合理，使车上用电器与音响系统互相干扰；三是音响的电源一定要选择主干线或蓄电池，避免大电流造成火灾。

1）电源线的布置与安装

（1）所选用电源线的电流容量值应等于或大于和功放相接的保险管的值。如果采用低于标准的线材作电源线，会产生交流噪声并且严重破坏音质。

（2）当用一根电源线分开给多个功放供电时，从分开点到各个功放布线的长度和结构应该相同。当电源线桥接时，各个功放之间将出现电位差，这个电位差将导致交流噪声，从而严重破坏音质。当主机直接从电源供电时，会减少噪声，提高音质。

（3）将电源（蓄电池）接头的脏物彻底清除，并将接头拧紧。如果电源接头很脏或没有拧紧，接头处就会有接触电阻，而接触电阻的存在，会导致交流噪声，从而严重破坏音质。因此，应用砂纸和细挫清除接头处的污物。

（4）当在汽车动力系统内布线时，应避免在发电机和点火装置附近走线，发电机噪声和点火噪声能够辐射入电源线。当将原厂安装的火花塞和火花塞线缆更换成高性能的类型时，点火火花更强，这时将更易产生点火噪声。

（5）在车体内布电源线和布音频线所遵循的原则一致。

2）音频信号线的布置与安装

（1）用绝缘胶带将音频信号线接头处缠紧以保证绝缘，当接头处和车体相接触时，可产生噪声。

（2）保持音频信号线尽可能短。音频信号线越长，越容易受到噪声信号的干扰。注意：如果不能缩短音频信号线的长度，超长的部分要折叠起来，而不是卷起。

（3）音频信号线的布线要离开行车电脑单元和功放的电源线至少20cm。如果布线太近，音频信号线会拾取到感应噪声。

（4）最好将音频信号线和电源线分开布在驾驶座和副驾驶座两侧。

（5）当靠近电源线、微型计算机单元布线时，音频信号线必须离开它们20cm以上；

（6）如果音频信号线和电源线需要互相交叉时最好以90°相交。

3）搭铁线的连接

（1）用砂纸将车体搭铁点处的油漆去除干净，将搭铁线固定紧。如果车体和搭铁端之间残留车漆就会使搭铁点产生接触电阻，导致交流噪声的产生，从而严重破坏音质。

（2）将音响系统中各个模块的搭铁集中于一处，否则，音响各组件之间存在的电位差会导致噪声的产生。另外，要注意主机和功放应分别搭铁。

（3）当系统消耗电流很大时，蓄电池搭铁端一定要牢固。提高电源搭铁性能的方法是在电源和搭铁间用粗直径的线材布线，如绞股线。这样能够加强连接，有效地抑制噪声，并提高声音质量。

（4）主机搭铁点靠近行车电脑的搭铁点或固定点时，会产生行车电脑噪声，为此不要靠近行车电脑布线。

5. 调试

汽车音响系统安装完毕后，应对安装的牢固程度及线路连接情况进行仔细检查，然后进行调试。调试的程序是：

1）预设

将主机和功放的增益全都调至最低点，电子分频器的分频点、相位调到设计的位置，前扬声器提几高频段输出，衰减低频输出；后声场提升中低频段输出，衰减高频段输出。设定超低音频段，增益调到最低端。如有电子分频器，用电子分频器分割频段，功放的频段一律调到全通。如无电子分频器，功放的频率输出前声场调到高通或全通，后声场调到全通。如果是均衡器，则全部频段放在中间位置，等候调节。调节频率时应注意3kHz以上的频段有很强的方向感，是决定声场位置的。前声场用高通，后声场用全通或消除了3kHz以上、70Hz以下频率可以较好的控制音响的方向感。

2）增益的调节

（1）将主机和功放的增益调节到最小的位置。

（2）设定好主机的新有功能（包括BAL、FAD、LOUND等）一般情况下都调零。

（3）将一张测试的碟片放入CD机作试音碟。

（4）逐渐调高主机的音量直到听见失真，再往回调低音量直至听不到失真，主机的音量就固定在此位置。

（5）逐渐增加功放的增益，直到所期望的音量，注意不要产生失真。

3）频率的调节

通常的调音实质上是对各频段进行分割和调节，让各频段都能均衡地表现。目前调音普遍只重视高音和低音的表现，对于中音部分不太重视。而决定音质的好坏，中音部分恰恰是非常重要的。在调节时应使用小音量，音量太大往往会掩盖某些细节。仔细地聆听，对缺失的各频段进行补偿，以保证全频段的平衡。也可以根据个人的喜好，对某一些频段进行补偿或衰减。调音需要长期的经验积累和具备一定的音乐素养及良好的听力，也可以利用频谱分析仪来调节。若是为了平衡的搭配，也可以使用套装的扬声器，扬声器上分音器的频率分割是非常准确的。功放只要开到全通设置，就可以保证全频段的平衡。

4）声场的调节

合格的汽车音响的声音应该是源自前风窗玻璃。为了做到这一点，可以把高频扬声器尽量靠前安装，应注意与中频扬声器的距离（超过30cm），还应消除后声场3kHz以上的高音及80Hz以下的低音。一般主机可以调节声场的高度、宽度和深度，应利用起来，相对来说前后左右的平衡的调节就比较简单。

5）功能的调节

让乘客坐在驾驶座位上，将车门关紧。选择音质清晰、层次感分明的碟片，并将音量调节适中，然后进行以下调节。

（1）声场的定位：调节BAL、FAD选项，使乘客在车中能够体会到声场在车内前、后、左、右的定位。如果该机器具有SPS（车内聆听位置选择）功能，也要进行演示。

（2）声音的处理：在声场定位功能演示完之后，可以进行各种声音处理操作，如BBE、SOUNDNESS、DSP声场模拟、环绕音效、LPS等。调试时主声场应该以驾驶座和前排座为主，高、中音和中低音一般在前部，而低音则应在车的后部。在调整高、中、低音时，先调或后调哪部分，可根据每个人的习惯而定，无固定模式，但最终应使音乐完美地播放出来。

（3）高音的方向调节：利用高音的指向性特点来调节声音效果。

6）音质的鉴别

（1）清晰度：美妙的音质层次十分清晰，透明度好，每个字都能听得清楚。

（2）丰满度：中、低音充分，高音适度，有温暖、舒适感，有弹性。如果混响的时间偏短，尤其是低频段的混响时间比中频段的还要短时，其丰满度不会太好。音响系统的输出频率特性差，缺乏中低音时，声音就会显得干瘪无力。

（3）亲切感：听到的声音要有一种交流、倾诉感，而一般或很差的音质是体会不到这种效果的，它会使人感到紧迫而遥远。

（4）平衡感：指的是左、右扬声器，主扬声器和辅助扬声器之间的输出功率的比例协调与相位正确。如果声音有时有偏移又不够协调，那就不是好的音质。

（5）环境感：声音的空间感好，给人逼真的感觉。

（6）响度：好的音质听起来是适宜、舒服的。

安全装置改装

汽车上安全装置很多，如安全带、安全气囊（SRS）、制动防抱死系统（ABS）、电子稳定程序（ESP）、牵引力控制系统（TCS）等，这些都是汽车上原配的，无需改装。本章主要介绍的是加装汽车防盗器、倒车雷达和汽车安全预警系统。

一、防盗器加装

汽车防盗器就是一种安装在车上，用来增加盗车难度，延长盗车时间的装置。

1．机械防盗锁

机械式防盗装置是通过锁定转向盘、制动器踏板、变速杆等主要操纵件，从而使窃贼无法将汽车开走。机械式防盗装置主要有转向盘锁、变速杆锁、踏板锁和车轮锁等。

1）转向盘锁

转向盘锁的结构形式有多种多样，较常见的主要有直杆锁、拐杖锁和钜甲锁三种。

（1）直杆锁。直杆锁主要由锁杆、锁栓和锁组成，如图8-1所示。两个锁栓分别固定在转向盘的径向两相对端，锁杆的另一头插在车内任意地方固定，以防止窃贼转动转向盘。

（2）拐杖锁。拐杖锁是一种形似拐杖的转向盘锁，如图8-2所示。该锁的两端手柄长度可调整，一端挂在转向盘上，另一端挂在离合器踏板上，装有自动变速器的汽车则挂在制动踏板上，一旦锁定，则转向盘不能转动。

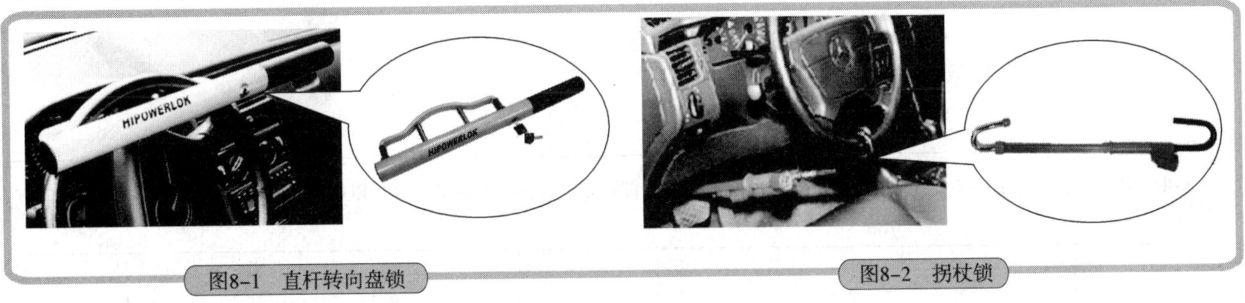

图8-1　直杆转向盘锁

图8-2　拐杖锁

（3）钜甲锁。钜甲锁是一种锁在转向盘的横幅上，用前后钢甲保护着转向盘，使车贼无法由锯剪转向盘而卸下的防盗锁，如图8-3所示。锁的关键部件上焊接有经热处理的加强钢板，使锁体防锯防剪。锁芯是双排12弹子原子月牙型锁，万能匙打不开。钢盒包罩着锁芯，只留有一小孔缝，钻、撬、敲等都无法打开锁。前侧钢甲不仅能够防止从仪表台方向处锯转向盘，而且盖住安全气囊固定螺孔，使盗贼无法用拆换转向盘的方法将车开走。加长钢甲既可从正面保护转向盘，又可以当非法开锁时触动汽车喇叭鸣叫报警。钜甲锁的使用方法如表8-1和表8-2所示。

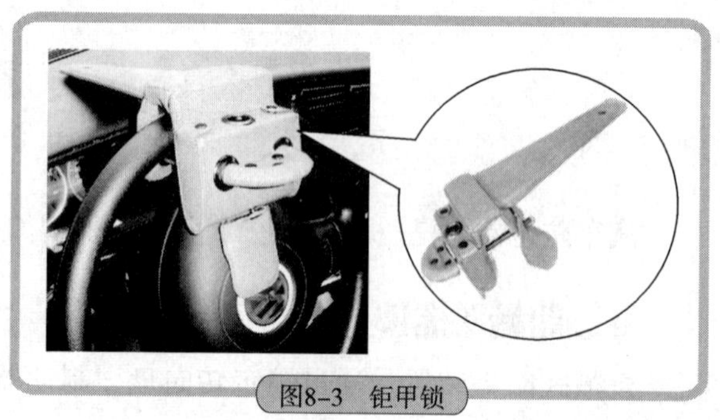

图8-3　钜甲锁

钜甲锁的初次使用方法　　表8-1

步　骤	使用方法	图　示
步骤一	打开皮套带	
步骤二	从里面取出一块5cm厚黑色的弹力胶，然后把皮套贴合回来即可	
如果钜甲锁顶柄没有贴着仪表台，或者尾甲没有顶着转向盘，都可以通过调节尾甲的角度，以取得最佳效果。调节尾甲的角度的方法是：		
步骤三	取出尾甲的皮套	

续上表

步　骤	使用方法	图　示
步骤四	用十字螺丝刀旋出螺栓	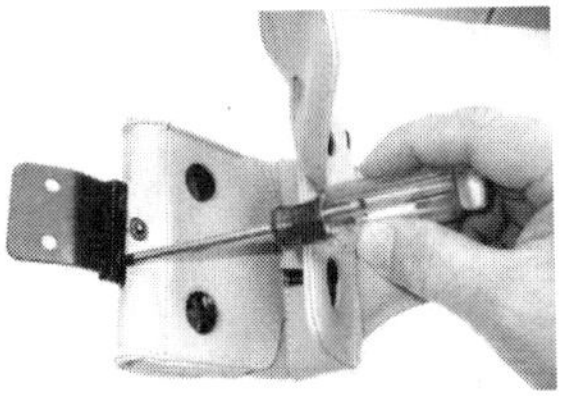
步骤五	把尾甲反过来，或倒转过来，再把螺栓拧紧则可，总共可变化4个角度	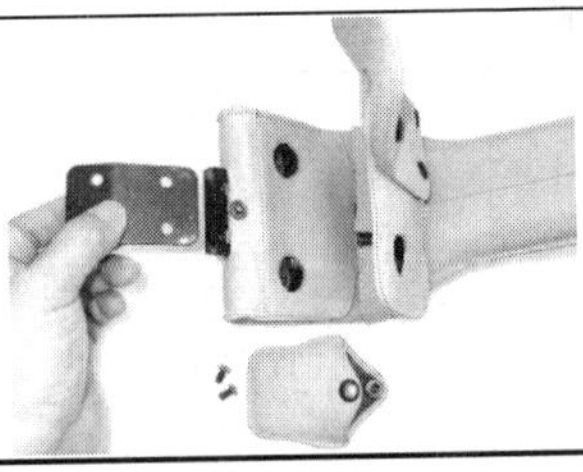

钜甲锁的日常使用方法　　表8-2

步　骤	使用方法	图　示
步骤一	停车时，将转向盘连接柱转动到垂直向上位置	
步骤二	将钜甲汽车防盗锁放在转向盘上，背对着连接柱，然后将锁戟插入锁孔	

续上表

步　骤	使用方法	图　示
步骤三	转动钥匙将锁戟锁住，钜甲汽车防盗锁就牢牢地锁在转向盘上	
步骤四	不用时，将钜甲锁放置在座椅底下，不占空间，又安全（当急刹车时，座椅前后调节横杆使钜甲锁不会向前滑动）	

2）变速杆锁

变速杆锁俗称排挡锁，是一种锁止变速杆，使其无法操作，从而达到防盗目的的防盗锁。常见的变速杆锁有内置变速杆锁、外置变速杆锁及变速杆驻车制动杆一体锁三种。

（1）内置变速杆锁。内置变速杆锁用高硬度合金钢制成，位于变速杆手柄内，用于锁止变速杆的防盗锁，如图8-4所示。安装时只需将原厂变速杆手柄拆下，装上内置变速杆锁即可，不用钻洞，也不破坏车身结构，却能起到防锯、防钻的作用，破坏锁心开锁的几率很低。内置变速杆锁的防盗机理是：内置变速杆锁安装在变速杆手柄部位，锁定变速杆，使变速杆不能移动，即使启动发动机，汽车想开走也是比较困难的。这种防盗装置简便而又坚固，材质采用特殊高硬度合金钢制造，防撬、防钻、防锯，且采用独特的同材质镍银合金锁芯和钥匙，没有原厂配备的钥匙极难打开；如果钥匙丢失，可用原厂电脑卡复制钥匙。由于排挡锁的钥匙需用原厂的密码卡回厂进行电脑配制，从而还可有效杜绝被身边的人配钥匙偷车的可能性。

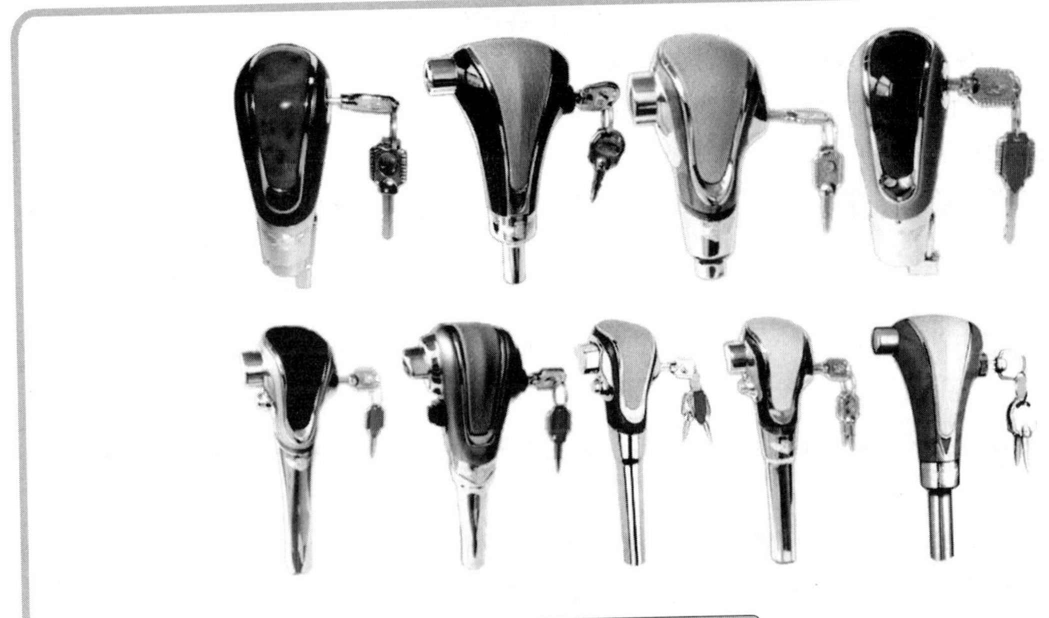

图8-4　内置变速杆锁

以金鹰品牌系列排挡锁为例，其安装方法是：

① 安装准备。

安装前应做好以下准备工作：

第一，工具准备：4mm内六角匙、3mm内六角匙、尖嘴钳、螺钉旋具等工具。

第二，零配件检查：打开包装，对照零配件清单检查零配件数量。钥匙两把、铜封钉一个、胶塞三个、白色小包装盒一个、售后服务指南一本、金鹰排挡锁一只、安装说明一张。

第三，变速杆锁检测：从包装盒里取出排挡锁，先目测外观，看有没有刮花现象，然后反复上锁、开锁几次，看锁芯是否工作正常（注意：所配的两把钥匙都需试开）。

② 拆卸原车排挡头。

第一，安装前，必须先拉紧驻车制动杆，用脚踩住制动踏板，把点火钥匙拧到使车通电的位置（注：此时发动机没有起动，预防在安装过程中排挡时，车辆起步）。

第二，先测试原车排挡是否无误、排挡顺畅，如无问题则将挡位换至一挡（注：将挡位换至一挡时，主要是为拆装变速杆手柄时扩大空间，方便拆装）。

第三，用十字螺丝刀将原车变速杆手柄前端表面两颗螺钉拧松并将变速杆手柄顺势往上拉，使其脱离变速杆，即完成拆卸动作。

③ 安装变速杆锁。

第一，将原车变速杆手柄拆下后，将变速杆锁套入原车变速杆，并校正好位置、方向，用手压紧然后固定一颗螺钉。

第二，检测变速是否顺畅（如果不能正常变速或部分变速不正常，应松开螺钉，用手将变速杆锁尽量压低，然后重复测试）。

第三，如果从P挡到R挡、D挡不按按键亦可变速或钥匙拔不出来，应松开螺钉，将变速杆锁向上调整，然后重复测试；若以上处理无法解决问题，请联系厂家或当地经销商。

第四，依此将所有螺钉紧固，然后依此检查，确认螺钉已经足够紧，请车主试车。

第五，拿出配件中的封钉并将其敲入中间的螺钉孔，然后轻轻将其折断（注意：用力过猛容易刮伤锁体）。

第六，将配件中的胶塞装入螺钉孔中。

（2）外置变速杆锁。外置变速杆锁是一种在外部固定变速杆，使其不能移动的防盗锁，如图8-5所示。该锁采用特殊高硬度合金钢配合双重子母镍银锁钉电脑排列组合之锁芯制造而成，具有防钻、防敲、防锯功能，每把锁都有一张专属的电脑卡，若非原厂的钥匙胚与电脑卡配合则无法复制钥匙，安全设计，万无一失。采用耐磨损的镍银合金材料制造锁钉和钥匙有效的防止了因长时间的使用导致钥匙和锁钉的严重磨损而出现的原配钥匙打不开锁的现象。另外，镍银合金材料不会锈蚀，增加了锁的使用寿命和开启的舒适性。锁芯双重子母锁钉复杂多变组合的结构，能有效地防止技术性开锁（即非钥匙开锁）。

以昶恩大力士汽车排挡锁为例，其安装与使用方法是：

① 该锁安装由专业厂商完成，采用钢板与汽车底盘相连，锁定汽车的变速手柄，使非车主无法将汽车正常开走，达到汽车防盗的效果。

② 该锁独创个人随时可以改变机械锁密码的安全观念。以一把锁搭配带2把绿色、1把黄色、1把红色三种不同颜色珠的钥匙，如图8-6所示。当遇到安全顾虑时，只要用带另一颜色珠的钥匙轻轻一转立刻解决所担心的安全问题，无须重新更换新锁，既实惠又简单方便。

图8-5　外置变速杆锁

图8-6　四把三种不同颜色珠的钥匙

③ 使用中，首先使用带绿珠的钥匙，当绿珠钥匙不慎丢失或觉得有安全顾虑时，拿出带黄珠的钥匙转动锁芯，绿珠钥匙立刻失效无法再开锁。当使用红色珠钥匙开锁后黄珠钥匙和绿珠钥匙都立刻失效。

④ 每把锁均附带有一张钥匙密码卡，凭卡上密码复制钥匙。如卡或钥匙遗失应及时更换新锁。

⑤ 在使用过程中，如果在锁芯内加入黏性的油会使子母弹珠粘合在一起导致钥匙打不开锁。长时间灰尘的集结会阻碍锁芯内的弹珠正常滑动，而致锁不能正常开启时，建议使用易挥发的润滑油润滑（如：WD-40）向锁芯内适量喷入，来回拔插钥匙并用软布清洁钥匙，重复几次即可完成锁芯的清洁及润滑。

（3）变速杆驻车制动杆一体锁。变速杆驻车制动杆一体锁俗称手刹排挡锁，是一种将变速杆与驻车制动杆锁止在一起，使二者均无法移动的防盗锁，如图8-7所示。

该锁由锁体、锁梁、锁芯、锁舌、套筒、铰链板及定位螺钉等组成，如图8-8所示。安装使用中无需拆换原车变速杆，无需破坏爱车的原装结构。灵活多变的调节范围，适用于大部分自动挡车型。全金属精工制造，采用优质精钢，防锯防撬，坚固耐用，安全可靠。采用互开率低防复制的精密蛇形槽钥匙锁头，品质优良，加厚锁壁，更加牢固保护锁头。

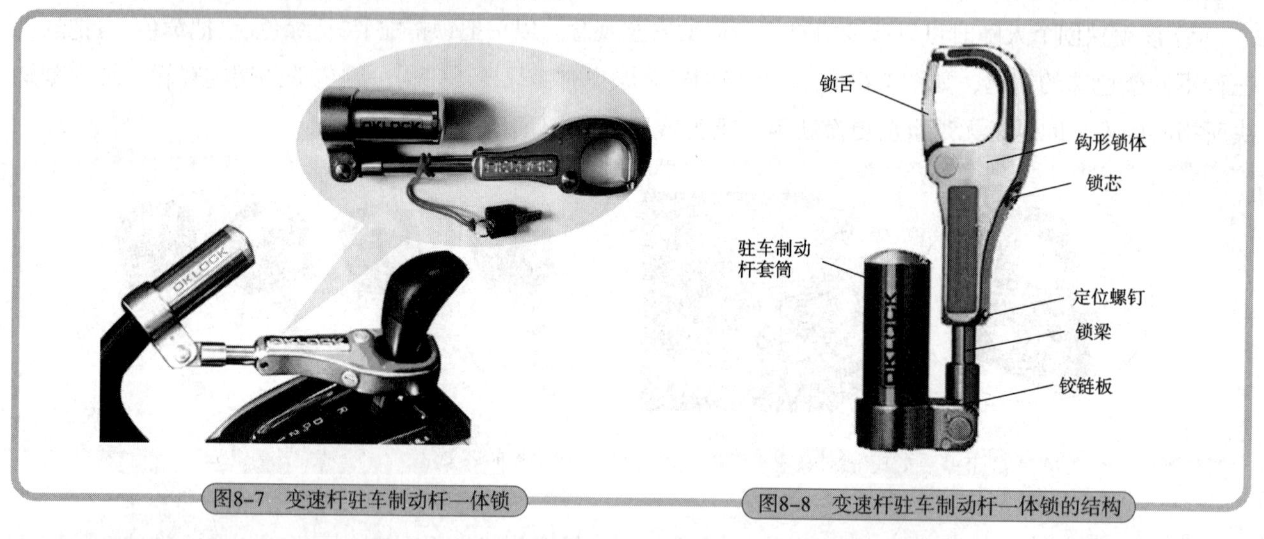

图8-7 变速杆驻车制动杆一体锁

图8-8 变速杆驻车制动杆一体锁的结构

变速杆驻车制动杆一体锁的安装与使用方法是：

① 首次使用时，用附送的六角扳手逆时针拧松定位螺钉，使钩形锁可灵活转动。

② 拉紧驻车制动杆，将驻车制动杆套筒套入驻车制动杆，目测钩形锁体的U形口与变速杆的距离。

③ 旋转钩形锁体，调整其与变速杆之间的距离，使变速杆置于钩形锁体的U形口中。

④ 开合锁舌进行试锁，合适后拧紧定位螺钉，将钩形锁体固定在合适的位置，再次使用无需调节。

⑤ 日常使用中，只要将驻车制动杆套筒套住驻车制动杆，张开钩形锁体偏转,使钩形锁体的U形口扣住变速杆，顺手闭合锁舌即自动锁止。

3）车轮锁

车轮锁是一种通过锁止车轮使汽车无法移动的防盗锁。

（1）车轮锁的特点。车轮锁具有轻便小巧，易于携带，防暴力、防技术开启、防复制钥匙等特点。

采用最简洁、最直观、最有效也是最彻底的防盗原理，从而达到防盗的目的，如图8-9所示。该锁为车外锁，可以锁车辆的任意一个轮胎，锁得快且牢固，比车内锁具有更明显的震慑力。这种锁价格不高，一般人都能接受，用它锁住外面的车轮。车锁暴露在外面，目标很明显，贼不会在光天化日之下，扛着撬棍或其他笨重工具来砸、撬、锯，从而有效防止车辆被盗。

（2）车轮锁的种类。常见的车轮锁主要有夹式车轮锁和吸盘式车轮锁两种，如图8-9所示。

（3）车轮锁的结构。上述两种车轮锁结构比较复杂的吸盘式车轮锁主要由左夹臂、右夹臂、动夹臂、卡盘、摇柄、手柄等组成，如图8-10所示。左夹臂和右夹臂用于夹住车轮，张开闭合通过摇柄控制，卡盘紧扣轮毂盖。

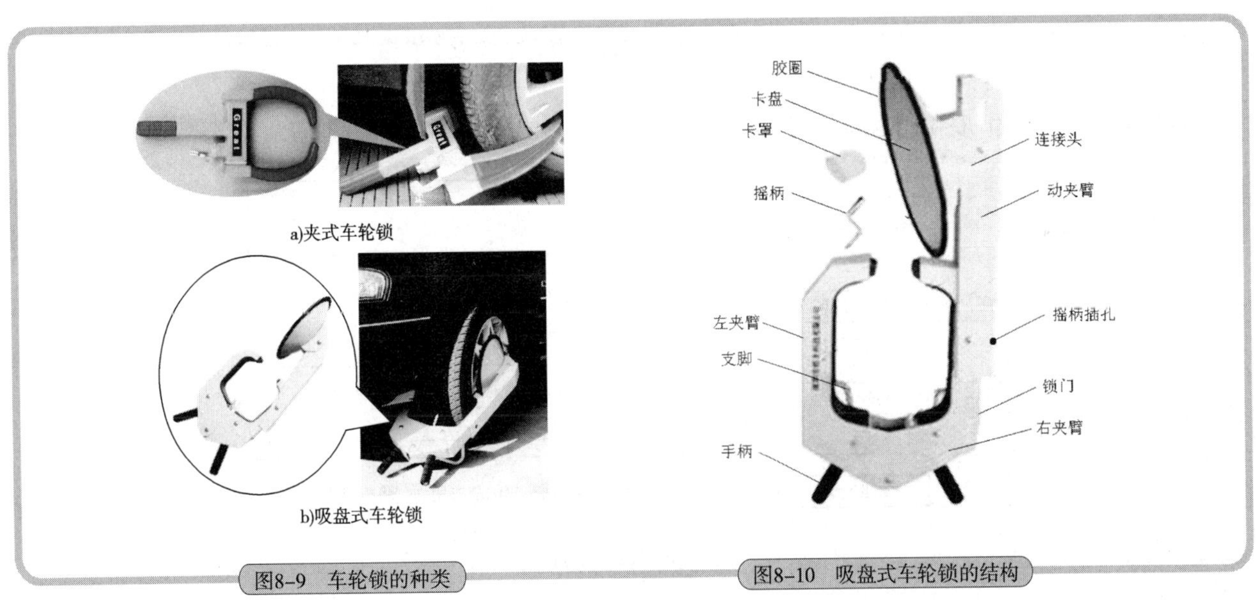

图8-9 车轮锁的种类

图8-10 吸盘式车轮锁的结构

（4）车轮锁的安装与使用

① 锁车步骤。锁车步骤如图8-11所示。

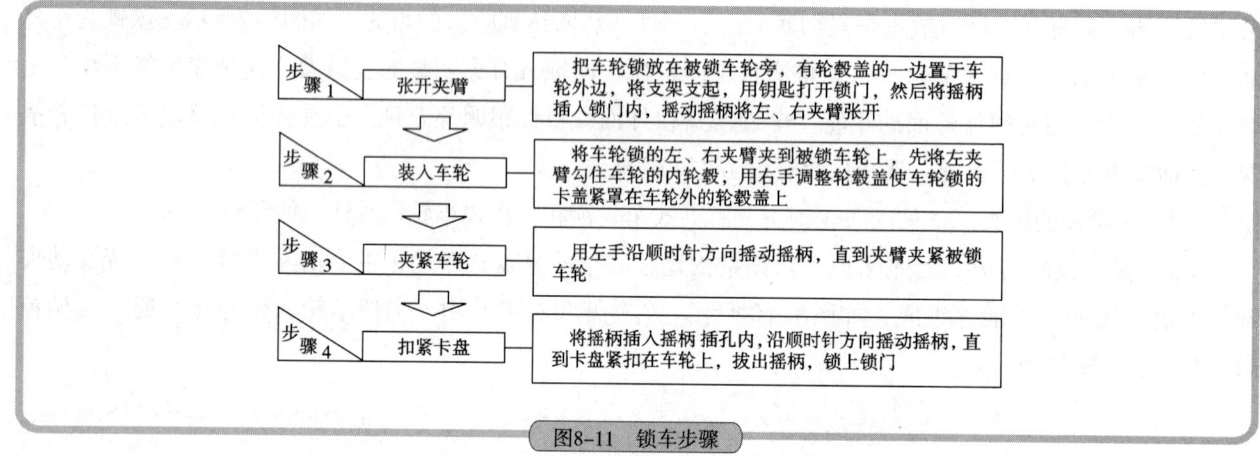

图8-11　锁车步骤

② 解锁步骤。解锁步骤如图8-12所示。

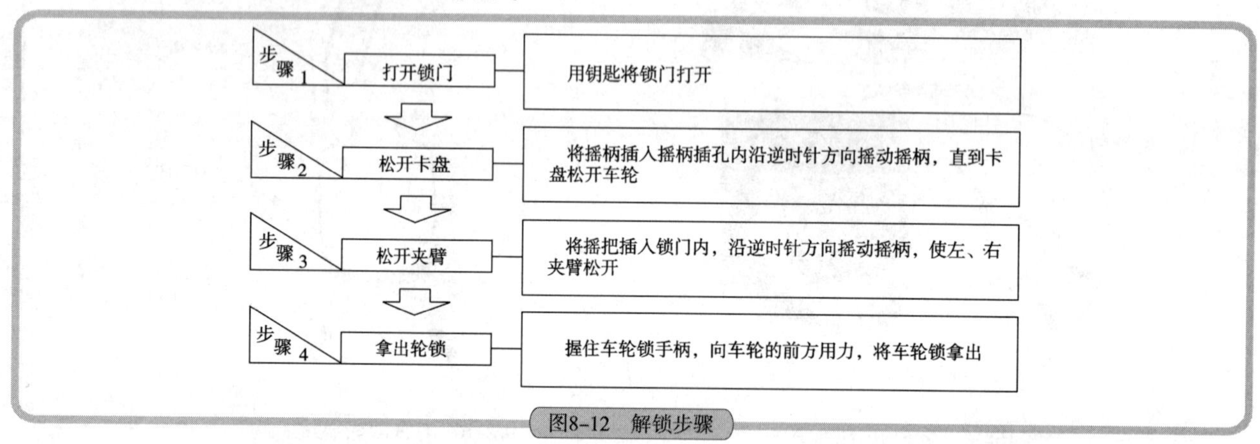

图8-12　解锁步骤

2. 电子防盗器

电子防盗器是目前汽车市场上较为流行的防盗装置。启动防盗系统可将点火线圈或供油回路切断，只有在解锁钥匙的控制下才能正常解除防盗。这类方式品种繁多，国内外大部分汽车在出厂时就配置了钥匙芯片防盗系统。利用钥匙中的无线电发射芯片与本车的ECU通讯后才能启动汽车发动机。还有声光报警系统，汽车仪表盘上装有发光二极管，既可以让车主知道系统的工作状态，也可以对窥探车厢的偷车贼起到阻吓作用。当汽车由于外力发生震动，或车门、行李舱盖、前机舱盖被强行开启时，系统发出报警声，以阻吓盗车贼。

1）电子防盗器的组成与种类

汽车电子防盗器通常由防盗器主机、震动感应器、天线、报警喇叭和遥控器等组成。

汽车防盗器分为单向防盗器和双向防盗器。单向防盗器主要是用遥控器向主机发出指令，控制设定和解除防盗、寻车、防抢等，附加有中央门锁自动化、车门未关警示等功能。单向防盗器在主机报警时，遥控器没有报警信号接收功能，不能同步报警。双向防盗器具有单向防盗器的所有功能外，还可接收车辆报警信息，形成信息互通功能，用遥控器随时查寻当前车辆状态。当车辆在防盗状态时，受到碰撞、非法开门、启动。防盗器主机会立刻报警，同时遥控器液晶显示屏上，会有相应的同步符号显示，车主即可根据报警显示内容及时了解车辆状态。启动型防盗器还能远距离预约遥控启动车辆，提前送冷暖风。

双向汽车防盗器又分为调幅防盗器和调频式防盗器，“调频式防盗器”是“调幅式防盗器”的升级版。两者对比试验表明：“调幅”双向防盗器的遥控距离是110m，回传距离是200m；而“调频”双向防盗器遥控距离是1500m。报警信息回传到遥控器的距离居然达到了1600m。有些调频双向汽车防盗器还具有智能防抢功能，车主被抢时，安全弃车后可在1500m内控制车辆无法行驶。

2）电子防盗器的功能与原理

（1）车身震动报警。在汽车受到撞击或强烈震动时，防盗器会发出一定时限报警声。其原理是：防盗器主机接收到震动感应器发出的车身震动信号，使报警喇叭发出报警声。震动感应器上至少有一个调节旋钮，用以调节震动感应的灵敏度，可以根据自己的使用环境调节到一个最满意的位置。好一点的防盗器还具有双震动感应模式：轻微震动时发出短时的报警声用以警告接触者（受到无意的震动如雷电、强烈噪音报警时不至于扰民）；受到强烈震动时才发出报出强烈报警，通报事情的发生。震动感应器也就有两个调节旋钮。有些震动感应器上有发光二极管指示震动的触发与否，方便调试。受震动后报警时，通常可以把防盗器设置为静音状态，较少扰民，但是防盗器还保持灯光警示（双蹦灯），这对于双向防盗器尤其适合。

（2）非法开门报警。在防盗状态下，一旦车门被打开，防盗器就会发出最强烈的报警声。其原理是：车门被非法打开时，车门的开关门传感器开关被触发。车门关闭时受车门的压力使开关触点断开，任意一个门打开都会使被检测信号发生变化，从而触发防盗器的报警功能。

（3）开动汽车报警。在震动及车门报警都设防失败后，如果汽车被开动，同样也会报警声大作。其原理是：从汽车的供电系统来侦测汽车是否被启动或者将要被启动。当汽车的钥匙处于不同的位置时，电池会对此车内不同的部件供电，防盗器可以根据需要实现不同的引线连接，来确定处于状态下发出报警（OFF、ACC、ON、START）。通常防盗器会在企图发动汽车时（START）发出报警，防盗器也会在防盗状态下切断关键的电路（如高压线圈），致使发动不能运转，达到防盗的目的。

（4）抢劫汽车报警。在汽车被抢劫后，通过遥控器遥控使汽车立即或延迟一段时间熄火（也不能启动）。其原理是：通过切断关键部位的电源，致使发动机熄火来达到汽车被抢后不能正常开动的目的。延迟功能则是利用防盗器中的延迟电路，使得在接受到遥控命令后在一段时间以后才起到切断电源的作用。

◆3）电子防盗器的安装

电子防盗器的产品很多，不同的产品其安装方法也不尽相同，现以PLC-2000型防盗器为例，介绍其安装方法。

PLC-2000型防盗器主要由防盗器主机、断电器、高音喇叭、遥控器及连接信号线组成，如图8-13所示。主机是系统的控制装置；断电器是发动机强制熄火装置能有效防止汽车被抢；高音喇叭可在窃贼窃取车辆时发出高音声响，吓走窃贼；遥控器是提供给车主的控制防盗器的开关装置。

（1）主机的安装。先将主机安装在车内转向器下方比较隐蔽的位置，然后将各连接线接好即可。如图8-14所示，自右向左，各连接线的接线方法是：

第一根黄色线。与断电器相连，用于控制断电器的通断；

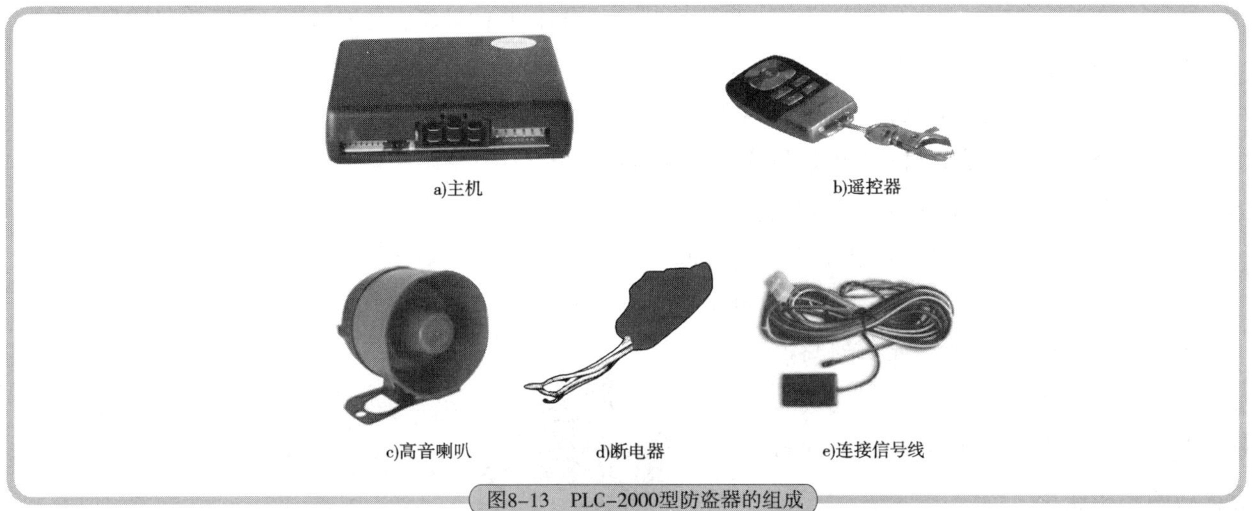

图8-13　PLC-2000型防盗器的组成

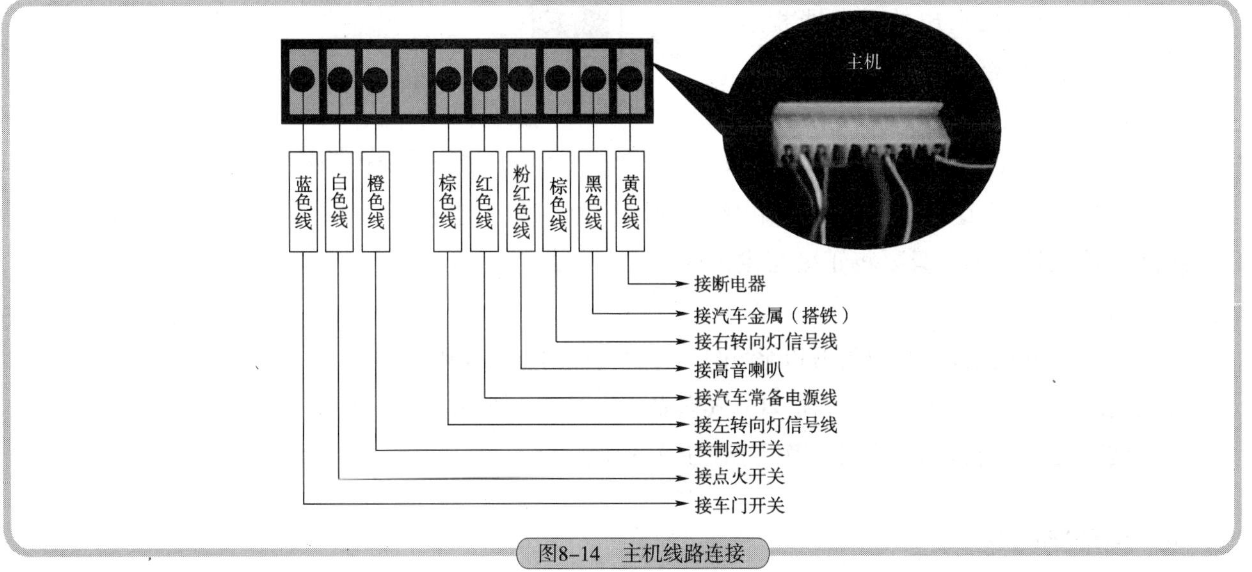

图8-14　主机线路连接

第二根黑色线。这是主机的搭铁线，与汽车金属搭铁相连；

第三、六根棕色线。与汽车转向灯信号线相连，它可直接向转向灯提供分频信号，控制转向灯的闪烁；

第四根粉红色线。与高音喇叭的正极相连，喇叭的负极搭铁；

第五根红色线。这是主机的电源线，与汽车常备电源线相连；

第七根橙色线。这是制动开关的信号线，与制动开关相连；

第八根白色线。与汽车点火开关相连；

第九根蓝色线。与车门开关相连，用于监测车门是否关好。

（2）断电器的安装。如图8-15所示，断电器上有四根连线，其连接方法分别是：

① 两根绿色线连接在汽车点线与点火线圈之间，安装时先将汽车点火线截断，然后将断电器的两根绿色线分别与截断的点火线两端相连。

② 白色线与主机引出的白色线相连后，与汽车点火开关连接。

③ 黄色线与主机引出的黄色线相连。

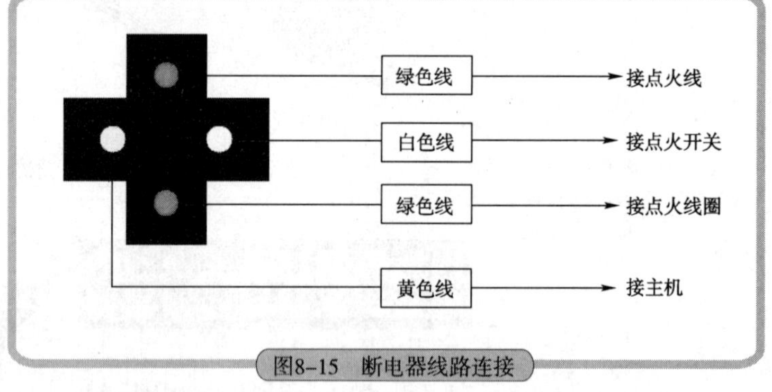

图8-15　断电器线路连接

（3）高音喇叭的安装。高音喇叭必须安装在发动机靠近前风窗玻璃下面，控制电线应循着车边隐蔽固定，使汽车前盖正好压住，窃贼不易剪断。线路连接比较简单，只要将正极与主机连接，负极搭铁即可。

（4）安装注意事项。

① 安装前应详细阅读产品说明书和配线图，按说明书的要求操作；

② 安装时应仔细查看各零部件的接口方式和安装位置，各线路应连接可靠；

③ 安装完毕后应进行功能检测，确保系统工作正常。

3. 指纹防盗器

汽车指纹防盗器是一种通过识别指纹来达到防盗目的的一种防盗器，如图8-16所示。指纹是人体固有的客观存在的生物特征，具有人各有异，终身不变，绝无丢失，无法仿制等特点。用其控制门锁的启动是绝对安全可靠的，绝不会被他人非法进入。

汽车指纹防盗器应用世界科技领先的生物认证指纹识别技术，计算机通讯及微电子技术，是电子技术、光学技术和计算机通讯的结晶。装有汽车指纹防盗器的汽车凭车主事先录入的指纹才能发动，而指纹具有唯一性，决不会丢失，也无法复制，从而杜绝从技术上解密的可能性。指纹可由车主自由录入，所有操作均有语音提示，并可以输入多个，方便与家人朋友共同用车。

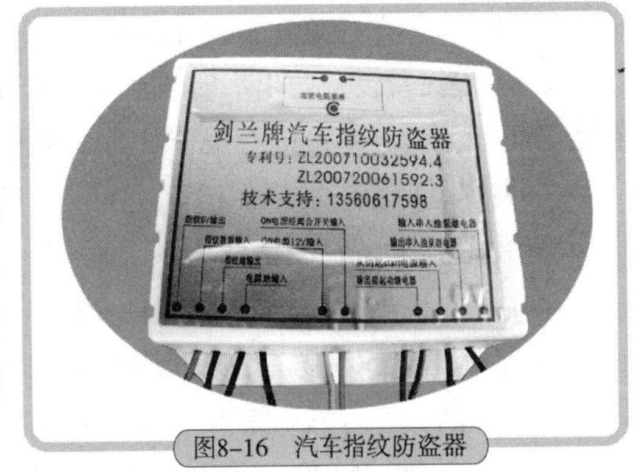

图8-16　汽车指纹防盗器

1）汽车指纹防盗器的组成与原理

图8-17为“天兵”汽车指纹防盗器，它主要由主机、遥控器、指纹采集器、报警喇叭及连接线组成。汽车指纹防盗器的原理是：首先由指纹采集器通过光学成像或半导体感应对车主的指纹进行采集，提取特征值，再把用户指纹注册到主机的存储器模块。开启门锁时，只需把已注册的手指轻轻放在指纹传感器上，当采集到的指纹和存储器里的指纹模板比对通过后，门锁开启。若指纹对比没有通过，则继续对受控电路加锁，门锁是无法开启的。

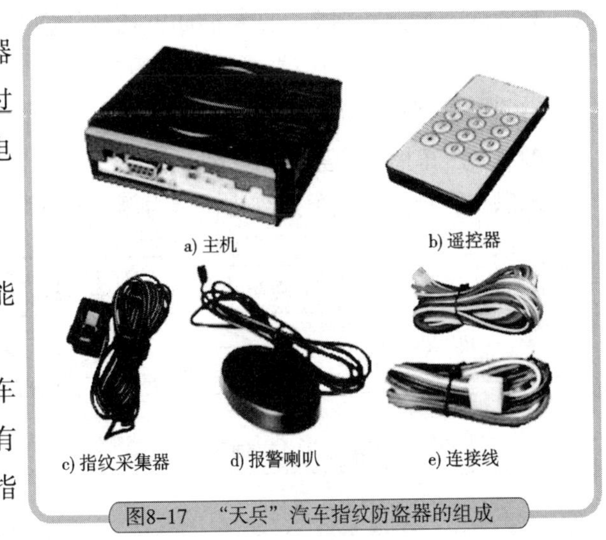

a) 主机　b) 遥控器　c) 指纹采集器　d) 报警喇叭　e) 连接线

图8-17　“天兵”汽车指纹防盗器的组成

2）汽车指纹防盗器的功能与特点

（1）功能。“天兵”汽车指纹防盗器的主要功能有：

① 活体指纹识别。使用活体指纹识别技术对原车防盗系统进行加密，彻底杜绝原车防盗控技术中存在有可能被破密的缺陷及人情借车之烦恼。必须输入正确指纹，才能启动汽车。

② 自动启动汽车（适用于自动挡车）。将车钥匙插入到汽车的点火开关并旋转到“ON”挡，然后输入正确指纹，汽车将解除报警并自动启动；（安装完系统必须设置防盗后，才有此功能）。

③ 防盗报警设置。出厂时该产品已处于防盗设置状态，可使用随机配带的密码输入键盘输入密码，在语音提示下对该系统进行报警取消、报警设置等。

④ 高容量储存。可根据语音提示设置3组共9枚指纹（每一组可存放3枚不同指纹）和1个密码。

⑤ 快速报警。在激活防盗系统60s内（时间可调）未输入正确指纹的情况下，直接用车钥匙启动汽车，系统将会发出声、光报警，阻止汽车启动。

⑥ 活体指纹识别防抢。该系统设定第1组第3枚指纹默认为防抢指纹，输入该指纹可在设定时间内切断油路、电路，控制汽车熄火，同时发出声、光报警来引起旁人注意。

⑦ 升级功能。该产品可以根据需要进行产品升级，安装新的功能。

（2）特点。指纹防盗器与其他防盗器相比有以下特点：

① 控制门锁的不再是原有的钥匙、无线信号、电子密码等，而是无法复制、破解和模拟的指纹。

② 一般的电子防盗器干扰源很多，因为它们使用的电磁波频率会受到限制，只能是特定的频段，而这一频段的干扰源特别多，防不胜防。指纹防盗器就不受频率等限制，属无干扰产品。

③ 指纹高级智能防盗器具有独特的自我诊断功能、防拆除功能，即使知道产品防盗原理的小偷也很难开启门锁，因为他无法模拟用户的指纹。

3）汽车指纹防盗器的安装

现以“君指通”汽车指纹防盗器为例，其安装步骤与方法如图8-18所示。

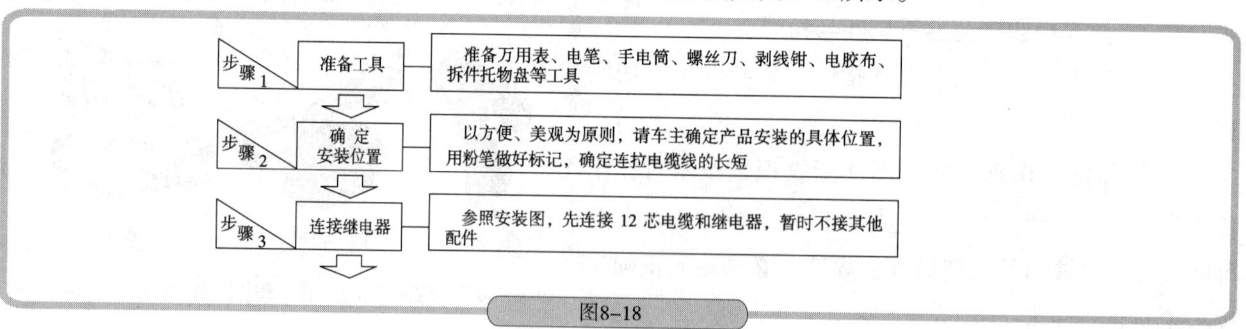

图8-18

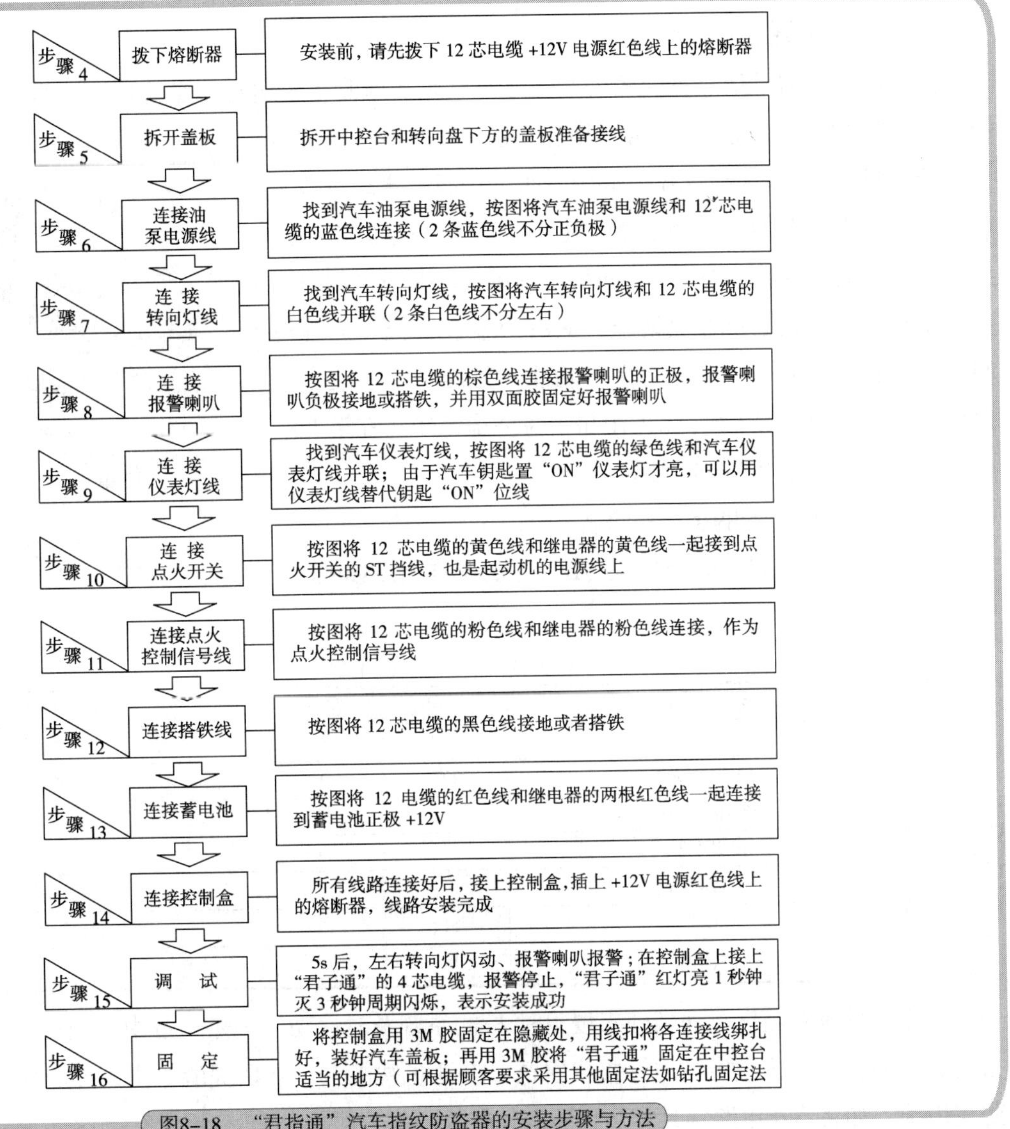

图8-18 “君指通”汽车指纹防盗器的安装步骤与方法

4. 网络防盗器

汽车网络防盗是依靠社会的公共网络对汽车实施监控，达到防盗的目的。汽车网络防盗系统主要有GPS卫星定位防盗系统和GSM移动防盗系统。GPS卫星定位防盗系统通过GPS卫星定位系统，确定汽车的位置，再通过GSM网将位置和报警信息传送到报警中心，报警中心通过GSM网控制汽车断电和断油。GSM移动防盗系统依托GSM通讯网络，进行手机与汽车的智能联动防盗，具有防盗、监控、远程控制、远程报警、定位、反劫等多种功能，是维护社会治安、保护车主利益的有效手段。GPS卫星定位防盗系统将在第九章介绍，本章着重介绍GSM防盗器。

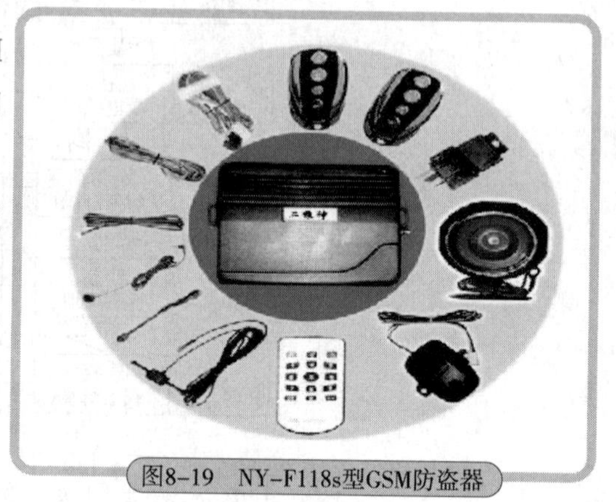

图8-19 NY-F118s型GSM防盗器

1）GSM防盗器的组成与原理

图8-19为NY-F118s型GSM防盗器，它的基本组成如表8-3所示。

NY-F118s型GSM防盗器的组成

表8-3

序号	组成	数量	序号	组成	数量
1	主机	1部	8	手机拨号器	1只
2	GSM卫星天线	1套	9	紧急按钮	1只
3	震动感应器	1部	10	led灯	1只
4	报警喇叭	1只	11	拾音器	1只
5	语音喇叭	1只	12	十二孔输出线	1组
6	断电器	1只	13	七孔输出线	1组
7	遥控器	2只			

工作原理是：当汽车遇到外来侵犯时,检测系统及时启动，信号通过中央处理器进行智能处理，声光报警，同时拨通车主设定的电话报告警情，并通过智能人工会话提醒车主采取相应动作，启动车内各种防盗措施，如将汽车电路锁死等达到防盗目的。

2）GSM防盗器的功能

GSM汽车防盗器是集GSM网络数字移动通信技术和汽车防盗技术于一体的高科技防盗产品，是继单向防盗器、双向防盗器后的新一代汽车防盗产品。该防盗器的功能有：

（1）手机控制：可用手机代替遥控器全球范围内控制汽车。

（2）遥控器控制：可用遥控器100m内直接控制汽车。

（3）短信控制：可用手机发送短信控制汽车。

（4）短信定位：您只需向汽车上的防盗器发送一条短信，防盗器将回传信息告诉你汽车的大概位置。

（5）远程监听：可用手机监听车内动静。

（6）短信报警：有警情自动给车主发短信报警。

（7）远程报警：有警情自动给车主手机打电话。

（8）防抢报警：行驶中遇到抢匪劫持，车主可脚踏埋藏好的暗开关报警求救。

（9）全程语音提示操作。

（10）防万能解码器功能：用手机设防，关闭遥控器的控制功能，必须用手机才能解除。

（11）具备单向汽车防盗器的基本功能。

3）GSM防盗器的安装

以警王星GSM-Q818汽车防盗器为例，安装连线如图8-20所示。接线方法是：

（1）按图8-20所示（以下简称“按图”），将连接电/气动锁自动转换开关、紧急按钮、震动感应器、LED灯和语音喇叭与主机连接。

（2）按图将5芯电缆蓝色线接边门负触发。

（3）按图将5芯电缆黄色线接发动机断电回路。

（4）按图将5芯电缆白色线接点火开关ACC接柱。

（5）按图将5芯电缆橙色线接行车制动开关。

（6）按图将5芯电缆红色线接电升窗。

（7）按图将12芯电缆两根棕色线分别接左、右转向灯。

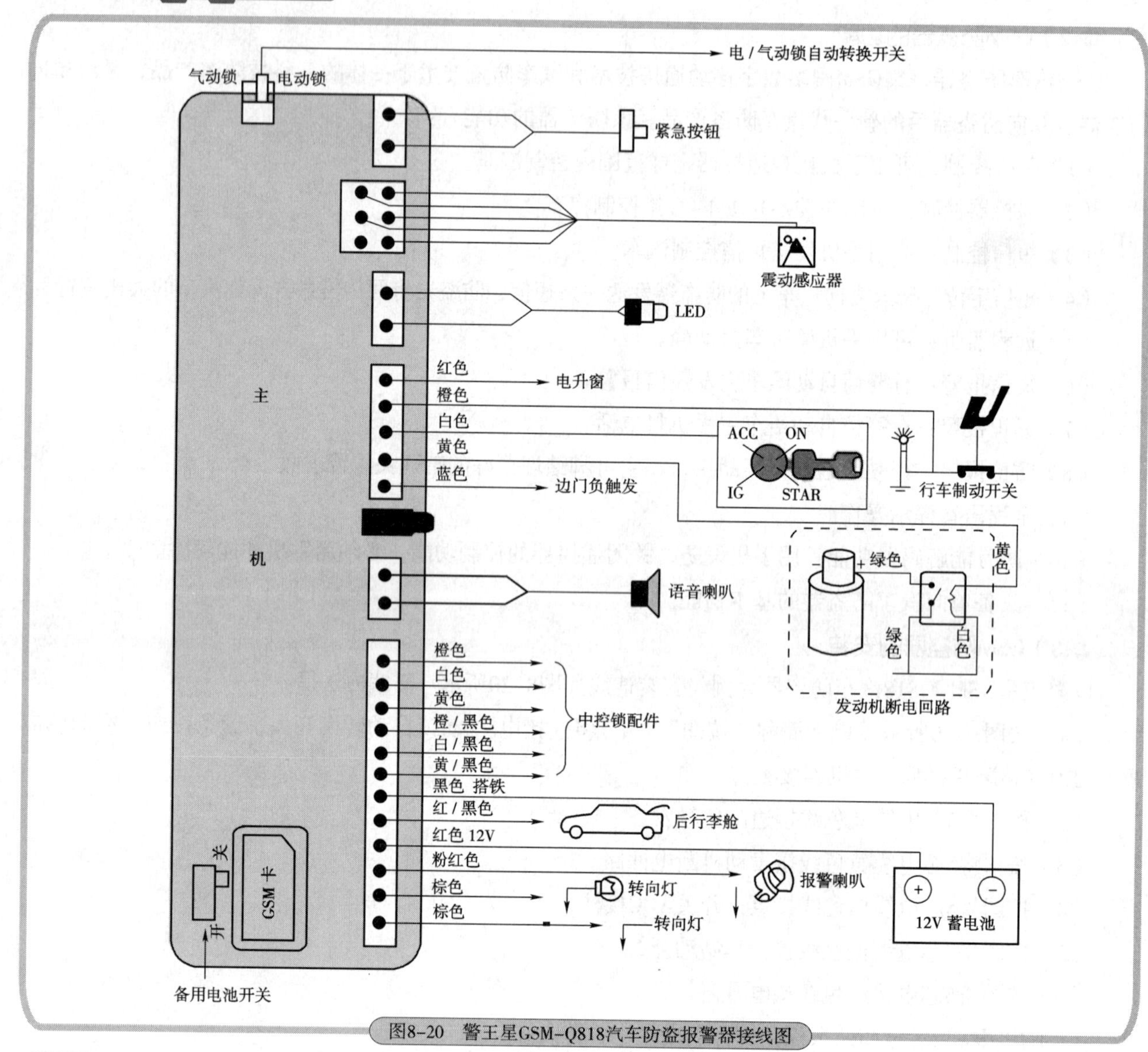

图8-20 警王星GSM-Q818汽车防盗报警器接线图

（8）按图将12芯电缆粉红色线接报警喇叭正极。

（9）按图将12芯电缆红/黑色线接后行李舱触发。

（10）按图将12芯电缆橙/黑色、白/黑色、黄/黑色线接中控锁开锁。

（11）按图将12芯电缆橙色、白色、黄色线接中控锁关锁。

（12）按图将12芯电缆红色线按蓄电池正极。

（13）按图将12芯电缆黑色线按蓄电池负极。

二、倒车雷达加装

倒车雷达（Parking Distance Control，简称PDC）是汽车泊车或倒车时的安全辅助装置，能以声音或更为直观的显示告知驾驶人周围障碍物的情况。加装倒车雷达可以解除驾驶人泊车、倒车和起动车辆时前后左右探视所引起的困扰，并帮助驾驶人扫除视野死角和视线模糊的缺陷，提高驾驶的安全性，如图8-21所示。

图8-21 倒车雷达

1. 倒车雷达的组成与原理

通常，倒车雷达由超声波传感器（俗称探头）、控制器和显示器（或蜂鸣器）等部分组成，如图8-22所示。现在市面上的倒车雷达大多采用超声波测距，其原理是：倒车时，驾驶人将汽车的挡位换入倒挡，在控制器的控制下，由装置于车尾保险杠上的探头发送超声波，遇到障碍物，产生回波信号，传感器接收到回波信号后经控制器进行数据处理，从而计算出车体与障碍物之间的距离，判断出障碍物的位置，再由显示器显示距离并发出警示信号，从而使驾驶人倒车时不至于撞上障碍物。整个过程，驾驶人无须回头便可知车后的情况，使停车和倒车更容易、更安全。

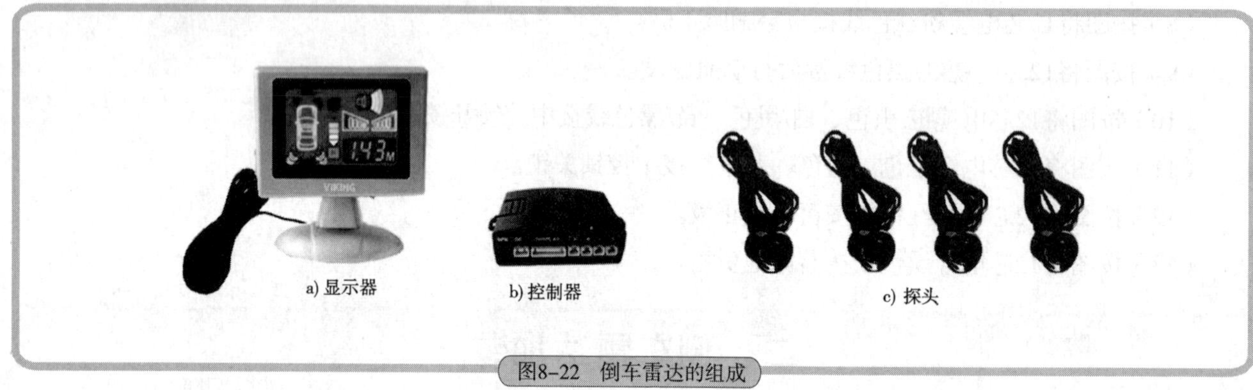

a) 显示器 b) 控制器 c) 探头

图8-22 倒车雷达的组成

2. 倒车雷达的种类

（1）通过喇叭提醒的倒车雷达。这是倒车雷达的第一代产品。倒车时，只要驾驶人换入倒挡，喇叭发出“倒车请注意”，提醒过往行人和车辆。这种倒车雷达对驾驶人没有直接的帮助，不是真正的倒车雷达，基本属于淘汰产品。

（2）通过不同蜂鸣声提醒的倒车雷达。这是倒车雷达的第二代产品。倒车时，如果车后1.8～1.5m处有障碍物，蜂鸣器就会开始工作。蜂鸣声越急，表示车辆离障碍物越近。但没有语音提示，也没有距离显示，虽然驾驶人知道有障碍物，但不能确定障碍物离车有多远，对驾驶人帮助不大。

（3）通过数码和波段显示的倒车雷达。这是倒车雷达的第三代产品。倒车时，可以显示车后障碍物离车体的距离。如果是物体，在1.8m开始显示；如果是人，在0.9m左右的距离开始显示。这一代产品有两种显示方式，数码显示产品显示距离数字，而波段显示产品由三种颜色来区别：绿色代表安全距离，黄色代表警告距离，红色代表危险距离，必须停止倒车。这种倒车雷达把数码和波段组合在一起，比较实用，但安装在车内不太美观。

（4）通过液晶荧屏动态显示的倒车雷达。这是倒车雷达的第四代产品。倒车时，只要发动汽车，显示器上就会出现汽车图案以及车辆周围障碍物的距离，色彩清晰漂亮，外表美观，可以直接粘贴在仪表盘上，安装很方便。液晶显示器外观虽精巧，但灵敏度过高，抗干扰能力不强，所以误报也较多。

（5）通过魔幻镜显示的倒车雷达。这是倒车雷达的第四代产品，它采用了最新仿生超声雷达技术，配以高速电脑控制，可全天候准确地测知2m以内的障碍物，并以不同等级的声音提示和直观的显示提醒驾驶人。魔幻镜倒车雷达可以把后视镜、倒车雷达、免提电话、温度显示和车内空气污染显示等多项功能整合在一起，并设计了语音功能。因为其外形就是一块倒车镜，所以可以不占用车内空间，直接安装在车内后视镜的位置。而且颜色款式多样，可以按照个人需求和车内装饰选配。

（6）整合影音系统的倒车雷达。这是倒车雷达的第六代产品，它在第五代产品的基础上新增了很多功能，专门用于高档轿车。从外观上来看，这套系统比第五代产品更为精致典雅；从功能上来看，它除了具备第五代产品的所有功能之外，还整合了高档轿车具备的影音系统，可以在显示器上观看DVD影像。

（7）无线液晶倒车雷达。这是倒车雷达的第六代产品，它在第五代产品的基础上新增了很多功能，集无线连接、彩色液晶显示、BP警示音于一体，还整合了高档轿车具备的影音系统，可以在显示器上观看DVD影像。由于普通倒车雷达安装时，从车后雷达主机到车前仪表台上显示器要布一条线，这样要拆装车内的装饰板、胶条等，非常不方便。无线液晶倒车雷达一举解决此问题，车后主机和显示器之间无线连接，方便快捷，更可在大巴、卡车等车身长的车上使用，使安装更容易。

3. 倒车雷达的选购

选择倒车雷达应做到以下“八看”：

（1）看探头。现在市面上的倒车雷达分别有2探头、3探头、4探头、6探头及8探头，2～4探头的倒车雷达一般安装在汽车的后保险杆上面，6～8探头的倒车雷达一般安装是前2后4，或前4后4。通常来说，探头的数量决定了倒车雷达的探测覆盖能力，能减少探测盲区。6个以上探头的倒车雷达在倒车时，可探测前左、右角。选购时应根据不同需要选择探头的数量。如果是两厢车或紧凑型车，车身比较短小，一般装2～4个探头即可；如果车头较长或车头倾斜较严重，难以目测车前情况（如甲壳虫轿车），还是需要在车头多安几个探头；如果是中高级车，车身较大较长的，以安装6个探头最为合适；如果是轴距较长的跑车，过弯较猛，速度也快，转弯时角度比较大，需要安装全方位的8个探头，以保证前后左右都不要擦碰到。

（2）看款式。倒车雷达的款式能直接体现您爱车的档次。如专为某款车型设计的专用探头，就能与车紧密融合，十分协调。款式的选择不能仅考虑探头是否一定要小，更多应考虑安装后整车的效果。例如：对于一些后保险杠较宽的车型，较适于安装较薄较大的探头，安装后整车效果相当美观，且显得更加大气。

（3）看功能。功能较齐全的倒车雷达应该有距离显示、声响报警、区域警示和方位指示，有些产品还具备开机自检功能。目前市场上还出现了具有语音报警功能的产品，该功能给人的感觉很直接，但存在的主要问题是报警滞后，使驾驶人制动迟后，并不实用。

（4）看性能。主要从探测范围、准确性、显示稳定性和捕捉目标速度来考虑。大多数产品的探测范围在0.4～1.5m，好的产品能达到0.3～2.5m。范围宽的倒车雷达倒车时总能提前测到目标，而过度地追求最小探测距离是没有意义的，因为实际使用时必须充分考虑汽车制动时的惯性因素。探测的准确性主要看两个方面:一是看显示的分辨率，一般产品为10cm，而好的产品能达到1cm；二是要看探测误差，即显示距离与实际距离之间的误差，可以用直径10cm的管子，放在1m左右的位置上进行比较，好产品的探测误差应低于3cm。显示稳定性是指在障碍物反射面不太好的情况下，能否始终捕捉到并稳定地显示出障碍物的距离。捕捉目标速度反映了倒车雷达对移动物体的捕捉能力，这对于避免类似儿童或骑车人从车后突然穿过，而驾驶人视线不及引起的碰撞事故尤为重要。总之，倒车雷达在性能方面的要求是：测得准、测得稳、范围宽、捕捉速度快。

（5）看外观。作为汽车的内外装饰件，要考虑显示器和传感器安装后是否美观，与车是否协调。从传感器外形看，可以选择的有纽扣式和融合式两种，纽扣式的传感器表面是平的，融合式传感器表面是有造型变化的，追求与后保险杠的自然过渡。从尺寸上看，有超小型，中型和较大尺寸的，尺寸大的比较大气，小的比较隐蔽，主要取决于车后保险杠的大小和个人偏好。从颜色上看，应选择与汽车后杠相同或相近的颜色。显示器应根据驾驶者的倒车习惯选用前置式或后置式的，以清晰、美观为标准，有的产品可以同时使用两个显示器。

（6）看质量。包括产品的探测距离、是否存在盲区及工作是否正常等。一般的倒车雷达探测距离应为1.5～0m。有些倒车雷达因其敏感度不够，探测距离仅为0.9～0.2m，会给驾驶人的判断及采取措施带来一定的困难。如存在探测盲区，将使倒车雷达失去应有的作用。产品由待机状态转换为工作状态，是否有声音提示也比较重要，它可以提示驾驶人倒车雷达是否正常开始工作。另外，要对探头进行防水测试，这关系到在雨雪和较湿润的天气里雷达能否正常工作，探头有可能在暴雨过后因遭受破坏而影响准确度。

（7）看服务。质量好的产品提供的服务较好，承诺的包换期和包修期比较长，建议选择包修期限2年以上的产品。另外，安装技师的水平也很重要，应选择一些信誉好的商家进行安装。

（8）看价格。只有在满足倒车雷达功能和性能要求的前提下才去考虑比较产品的价格问题。一套配有4路传感器、性价比高的倒车雷达价格应该在1000元左右，价格过高可能水分过大，而价格过低，则需要更多关注产品的品质和售后服务是否能满足基本要求。

4. 倒车雷达的安装

倒车雷达有粘贴式和开孔式两种安装方式。

1）粘贴式安装

粘贴式安装是指将探头粘贴在车尾合适位置的一种安装方式，此种安装仅限于具有粘贴式探头的报警器，其特点是不需要在车体上开孔，只要将探头粘贴在适当的位置即可。其安装方法是：

（1）确定探头的安装位置。

① 车后探头安装水平间距如图8-23所示。

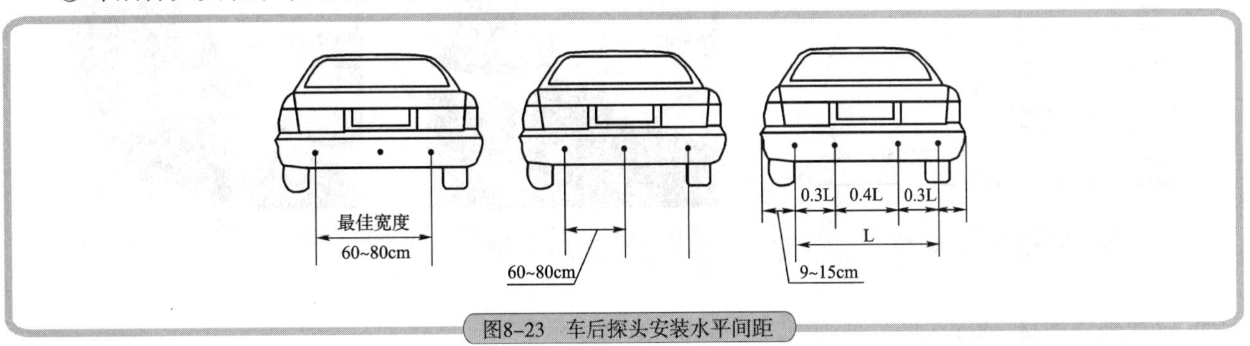

图8-23 车后探头安装水平间距

② 车前探头安装水平间距如图8-24所示。

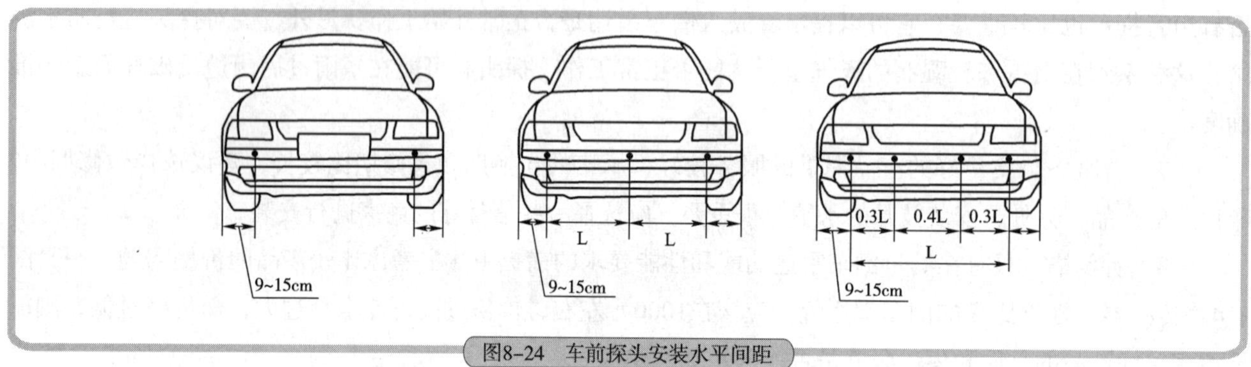

图8-24 车前探头安装水平间距

③ 探头的安装高度如图8-25所示。

（2）用电吹风将探头上的双面贴加热，然后撕去面纸，贴到安装部位。

（3）显示器应安装在仪表台易被驾驶人视线捕捉位置，如图8-26所示。

（4）蜂鸣器一般安装在车内后风窗玻璃下方的平台上，如图8-27所示。

（5）控制盒安装在安全、不热、不潮湿、不溅水的位置，通常将其安装在行李舱侧面。

图8-25 探头的安装高度　图8-26 显示器安装位置　图8-27 蜂鸣器安装位置

（6）线路连接。8探头倒车雷达线路连接如图8-28所示。

2）开孔式安装

开孔式安装是先在车尾合适部位钻孔，然后将探头装在孔内的一种安装方式，此种安装适用于具有开孔式探头的报警器。其安装方法是：

（1）在车尾保险杠确定探头的位置,然后用小尖锥钻点定位,以防电钻头滑位。

（2）开孔钻头,对准已定位点钻出安装孔，如图8-29所示。

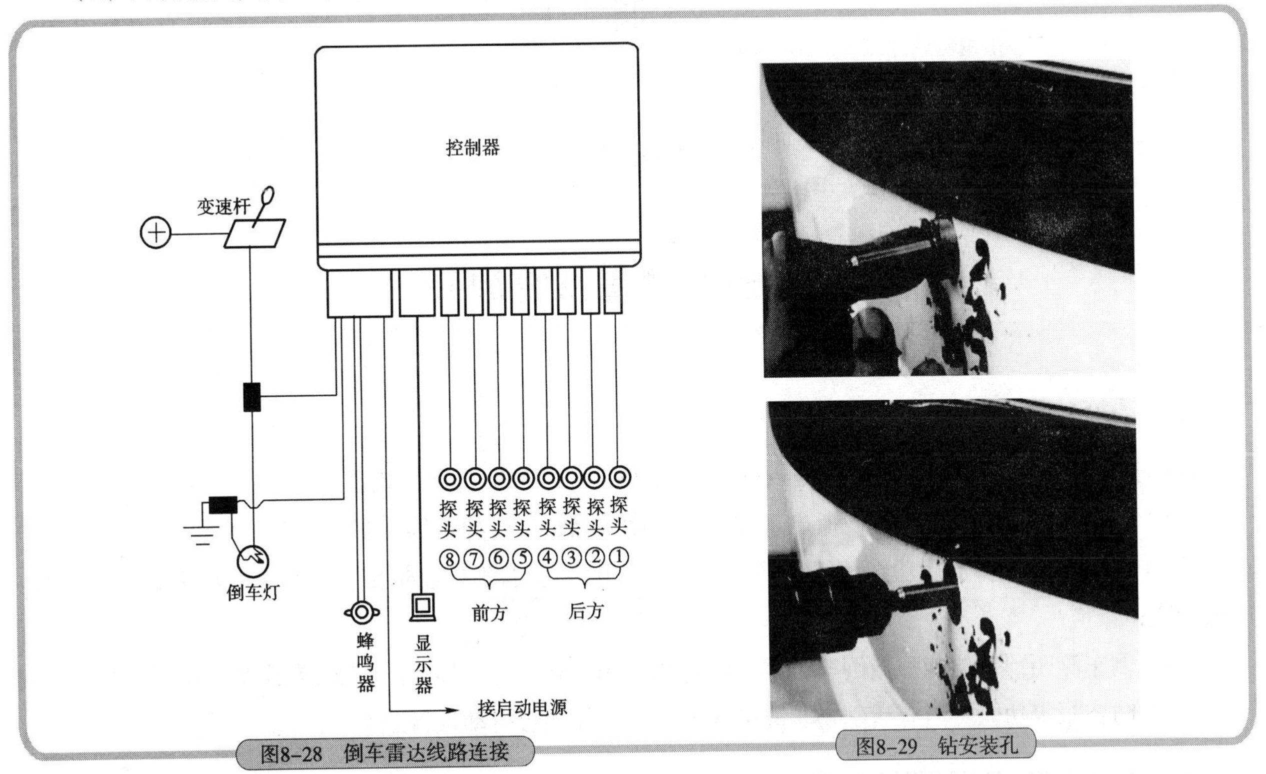

图8-28 倒车雷达线路连接

图8-29 钻安装孔

（3）去除安装孔圆周毛刺，并将探头压入孔内，如图8-30所示。

（4）如探头与保险杠颜色不一致，应将探头喷涂成与保险杠相匹配的颜色。

（5）其他部件的安装方法与粘贴式安装相同。

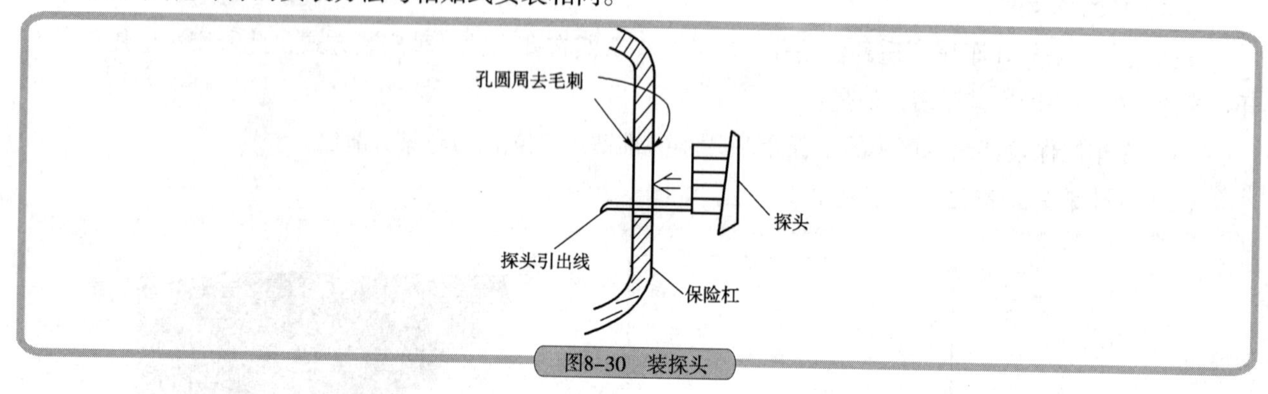

图8-30 装探头

三、安全预警系统加装

1. 安全预警系统的功能

汽车安全预警系统（Safety Alarm System，简称SAS）是一种综合预警装置，其主要功能有：

（1）轮胎异常预警功能。当轮胎出现漏气、温度升高、气压异常等不安全状况，系统自动预警。

（2）引路导航及防追尾功能。视线不好的天气，开启可自动调光的强光警示灯，实现引路导航及防追尾功能；

（3）倒车测距预警功能。当倒车车尾距障碍物2～0.3m时，会以语音、无线方式及时预警。

（4）防盗报警功能。当有活动物非法进入车内时该装置会自动报警。

2. 安全预警系统的组成与原理

汽车安全预警系统由主机、分机、警示灯、传感器及附件（连接线等）组成。其中主机与警示灯融于一体，安装在驾驶室内，分机分别固定在各轮胎内。图8-31为SAS-2A型汽车安全预警系统的主机。

汽车安全预警系统的原理是：在每一个轮胎安装高灵敏度的传感器，对行车状态下的汽车实时监测轮胎的各种数据，通过无线方式发射到接受器，并在显示器上显示各种数据，任何原因导致的轮胎漏气、温度升高、气压异常等不安全状况，系统都会自动预警，并发出对应的语音、数字显示、灯光提示，使驾驶人及时获知警情。

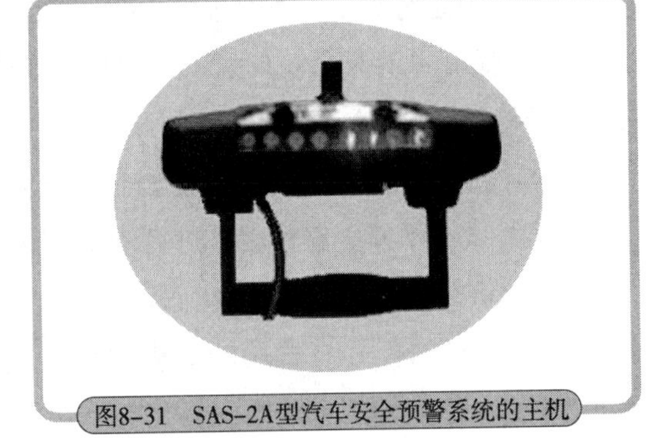
图8-31 SAS-2A型汽车安全预警系统的主机

3. 安全预警系统的安装

现以SAS-2A型汽车安全预警为例，其安装方法是：

1）主机安装

主机的安装程序与方法是：

（1）定位。将主机水平固定在汽车驾驶室后部。

（2）连接引线。主机共有4条引线：红色线接在受点火开关控制的正电源；黑色线接负极或搭铁；白色线接入后雾灯的正极；绿色线接入后制动灯正极。

（3）测试。主机通电后，左侧蓝色汽车轮廓灯应发光，并发出“叮咚”提示声音，在中文工作模式下数字幕显示“Chi”，英文工作模式下数字幕显示“Eng”。

2）分机安装

系统的每个分机上都有标号，每个号码都对应一个轮胎位置，出厂前预先编制的标号与轮胎的位置是对应的：No.1对应右前胎；No.2对应右后胎；No.3对应左后胎；No.4对应左前胎。

分机的安装程序与方法是：

（1）拆胎。根据拆卸轮胎的标准程序，将轮胎从汽车上拆下，放气并拆掉橡胶胎。

（2）清洁轮毂。将轮毂和橡胶胎内部清洁干净，根据轮胎的位置找到对应的分机。

（3）安装分机。取出钢带，先穿过一个防滑胶套，然后穿过分机的两个安装扣，再穿过另一个防滑胶套。把钢带套在轮毂上，使分机带有“This side to the valve”字样的一侧朝向气嘴。

（4）固定分机。用螺丝刀把穿过钢带的紧固螺钉扣收紧到适当位置，把分机调节到靠近气嘴的地方，再将剩余的钢带穿入其中一个塑胶套管内，调节另一个防滑胶套的位置，使两套管成180°，收紧钢带，并保证钢带与轮毂边平行。

（5）安装橡胶胎。装上橡胶胎，注意不要损坏分机。

（6）做动平衡。充气后，进行动平衡试验。

（7）在轮框贴上与车轮对应标号的标签，标明传感器的位置，粘贴前注意清洁轮框表面的污渍。

按照分机的标号与轮胎的对应关系，按上述步骤与方法将其他对应的分机分别装在各轮胎内。至此，SAS-2A型汽车安全预警安装完毕。

信息系统改装

在汽车上加装车载免提、对讲机、车载GPS和汽车黑匣子等信息装置，不仅方便驾乘人员与汽车外部进行交流，而且驾驶人能及时了解车辆、道路、交通等信息，还能加强对汽车运行的监督管理，对汽车的顺利、安全运行都有着重要作用。

一、车载免提系统加装

车载免提是一种在通话时不必手持话筒的通话装置，如图9–1所示。该装置的功能主要是：自动辨识移动电话，不需要电缆或电话托架便可与手机联机；使用者不需要触碰手机（双手保持在转向盘上）便可控制手机，用语音指令控制接听或拨打电话。使用者可以通过车上的音响或蓝牙无线耳麦进行通话。若选择通过车上的音响进行通话，当有来电或拨打电话时，车上音响会自动静音，通过音响的扬声器/麦克风以进行话音传输。若选择蓝牙无线耳麦进行通话，只要耳麦处于开机状态，当有来电时按下接听按钮就可以实现通话。

图9–1　车载免提

车载免提系统是专为行车安全和舒适性而设计的。

该装置具有以下特点：

（1）安全，来自权威机构的研究表明，驾车时如果以手持方式使用移动电话，会明显增加交通肇事机率，给驾乘人员和其他车辆与行人带来极大的危险，驾驶人在行车中手持手机拨打或接听电话，发生交通事故的机率高达27.3%，与酒后驾车相当，是正常行车风险的4倍，使用车载免提可在开车时通话无牵挂，让驾驶人专心驾车；

（2）健康，使用车载免提可远离辐射，身体不受伤害；

（3）时尚，车载免提外形美观大方，是现代高品质生活的完美体现；

（4）实用，使用车载免提，音质清晰，且音量大小可调节；

（5）便利，车载免提安装简便、牢固，一般只需把底座粘在仪表盘上，电源线连接至汽车点烟器上即可。

车载免提系统按其组成部件的结构特点及功能可分为有线车载免提系统、无线车载免提系统及蓝牙车载免提系统。

1. 有线车载免提系统

1）组成

有线车载免提系统由主机、手机座、扩音器、麦克风及耳塞等部件组成。BC–278型豪华多功能车载免提系统如图9–2所示。

（1）主机。主机用于接听来电，把手机听筒的声音通过扬声器播放出来。有些型号的主机把扬声器与放置手机的机座做成一体，此类主机结构较紧凑，也减少了连线。主机通过电源接头与车内点烟器连接，指示灯亮表示电源已接通，音量则可以随意调节。

（2）手机座。手机座用于放置手机，它通过支架固定在车内合适位置，也有些机座可直接安装。

（3）扩音器。扩音器位于主机内，与手机的听筒相连接，用于接听手机。有些型号的产品是通过信号线与手机直接相连。

（4）麦克风和耳塞。麦克风用于进行通话，如果不想让同车的人听到谈话内容，可使用耳塞接听来电，一般的耳塞有无线和有线两种连接方式。

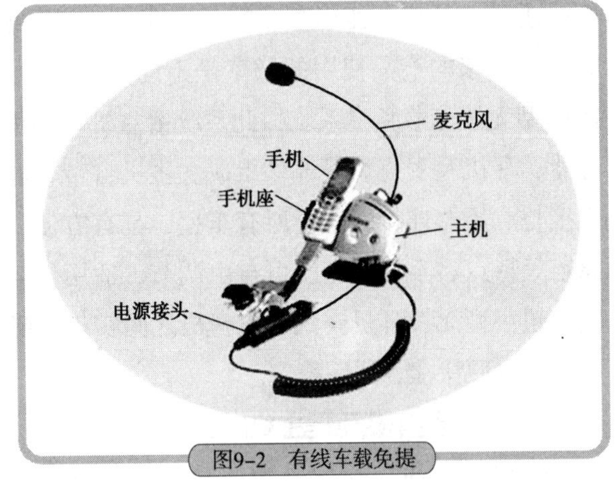

图9–2　有线车载免提

2）安装方法

BC – 278型豪华多功能车载免提系统的安装方法是：

（1）把支架对准机座背面卡紧后，再将机座挂靠在汽车通风孔上或固定在车内其他任何方便的地方。

（2）把电源接头直接插入车上点烟器插孔，指示灯亮表示电源已接通，音量则可以随意调节。

（3）将手机放入机座中固定。

（4）主机上的扩音器连接夹夹在手机的听话孔上。

3）使用注意事项

BC – 278型豪华多功能车载免提系统使用中应注意以下事项：

（1）最好是把手机音量调至最大，这样你可能听到的通话更清晰；

（2）使用中，如果产生回音、啸叫声，请将喇叭音量开关调小些，这样可减少回音及啸叫声；

（3）最好将手机座与喇叭分开放置相距至少20cm以上，这样能够避免声音失真及回音；

（4）注意防渗水、受潮，固定在车内时一定要牢靠，最好不要用猛力碰撞。

2. 无线车载免提系统

无线车载免提系统是靠调频来工作的，即把接收到手机的语音后，通过调频无线发射接收系统实现免提通话。一般是使用车载的音响或收音机系统，把接收到的语音通过音响或收音机的扬声器传出。一般不同厂家的产品使用的频率是不同的。图9-3为LK-168A型无线车载免提系统，此系统由主机、手机座、拾音器、耳机及麦克风等部件组成。主机自带电源接头，直接与点烟器连接，适合所有车型，具有方便、安全、稳定等特点；手机座宽度可自由调节，适用任何一款手机；超小型无线耳机同汽车收音机之间实现无噪音自动切换，方便快捷、通话稳定。

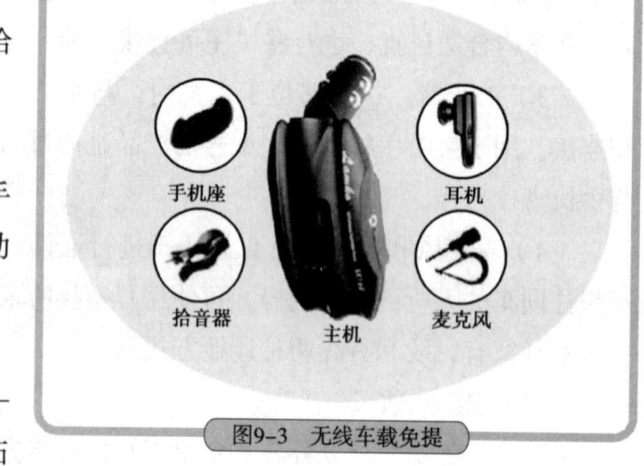

图9-3　无线车载免提

1）无线车载免提主机的结构

以“行者通”新型通用车载免提装置（T8000—Ⅲ）为例，其主机主要有音量调节旋扭、雪茄头、雪茄臂、方向调节螺栓、耳机插孔、麦克风、正常工作指示灯、手机外套固定槽等组成，如图9-4所示。

2）无线车载免提系统的安装

LK-168A型无线车载免提系统的安装步骤与方法如图9-5所示。

安装车载免提系统注意事项：

（1）因不同产品具有不同的安装要求，所以安装前应认真阅读产品说明书；

（2）禁止将车载免提插入其他电源上；

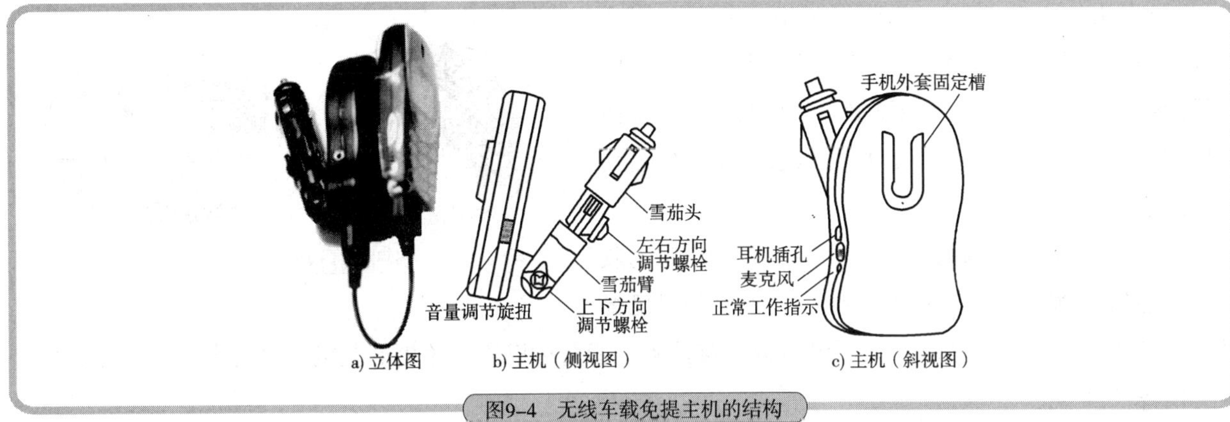

图9-4　无线车载免提主机的结构

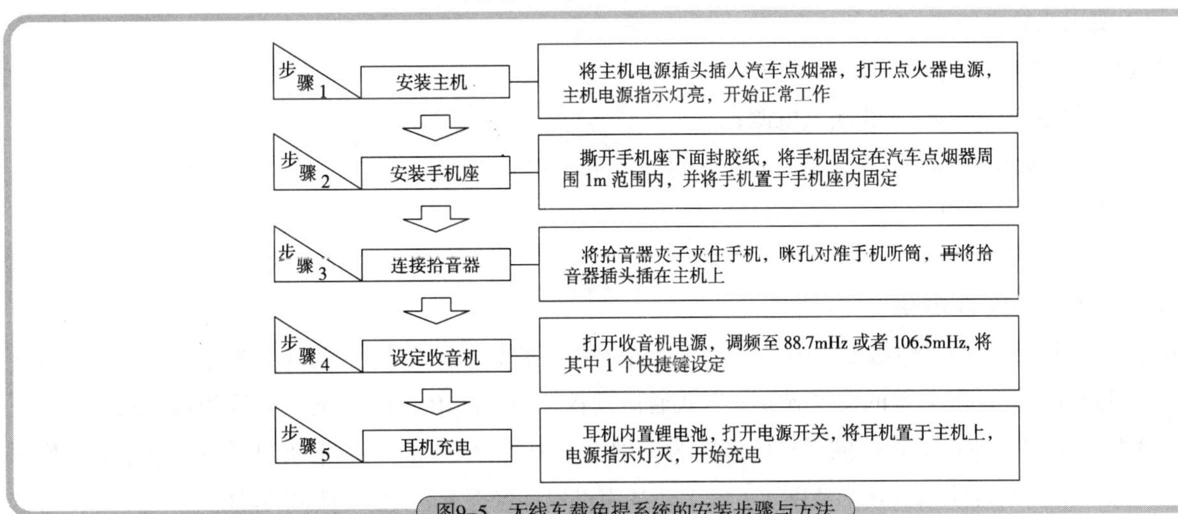

图9-5　无线车载免提系统的安装步骤与方法

（3）禁止将未装手机的车载免提插入汽车点烟器内。

3）无线车载免提系统的使用

LK-168A型无线车载免提系统有两种使用方式。

（1）无线耳机接听。当听到来电信号时，将无线耳机拿起，放在耳朵上，再按手机接听键即可接听（见图9-6）；如果手机已经设置自动接听，则无须按手机接听键可以直接接听。音量可以通过免提的主机或手机本身调节。

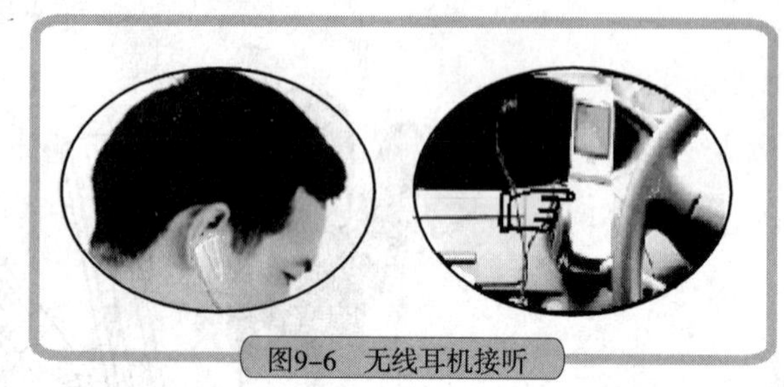

图9-6　无线耳机接听

（2）汽车音响系统接听。来电后，打开设定的收音机快捷键，按手机接听键即可接听；如果手机已经设置自动接听，则无须按手机接听键可以直接接听。音量可以通过免提的主机、手机本身、收音机都可以实现音量调节。

（3）使用注意事项。

① 耳机第一次使用时应先将其充电2.5h；

② 耳机长时间不使用，应关闭其电源；

③ 勿将主机和耳机与信用卡等磁卡放在一起；

④ 勿用金属短接充电针。

3. 蓝牙车载免提系统

蓝牙（Bluetooth）是一项适用于小范围无线通信标准，蓝牙技术是目前国际上最先进的短距离无线通信技术，可以使任何相互兼容的便携式和固定式通信设备之间，在10m范围内进行无线连接。此技术以提供语音和数据信息快速可靠传输的无线电链路为基础，不需要看得见的连线来实现通信。蓝牙无线技术采用了全球范围内均可使用的频率范围（2.4G），从而可以确保世界各地的通信兼容性。

蓝牙车载免提系统是专为行车安全和舒适性而设计，驾驶人可在双手不必离开转向盘，眼睛不必离开前方的情况下轻松接听电话。

1）蓝牙车载免提系统的性能特点

（1）自动辨识移动电话，不需要电缆或电话托架便可与手机联机。

（2）使用者不需要触碰手机（双手保持在转向盘上）便可控制手机，用语音指令控制接听或拨打电话。

（3）使用者可以通过车上的音响或蓝牙无线耳麦进行通话。若选择通过车上的音响进行通话，当有来电或拨打电话时，车上音响会自动静音，通过音响的扬声器/麦克风以进行话音传输。若选择蓝牙无线耳麦进行通话，只要耳麦处于开机状态，当有来电时按下接听按钮就可以实现通话。

（4）可在高速行车时保证良好的通话效果。

（5）可支持任何厂家生产的内置蓝牙模块和蓝牙免提Profile（符合SIG V1.1规范）的手机。

（6）可以与全球定位系统（GPS）终端捆绑，以降低成本。

2）蓝牙车载免提系统的组成

蓝牙车载免提系统一般由蓝牙免提控制器、蓝牙无线耳机、蓝牙手机、显示器等部件组成，如图9-7所示。

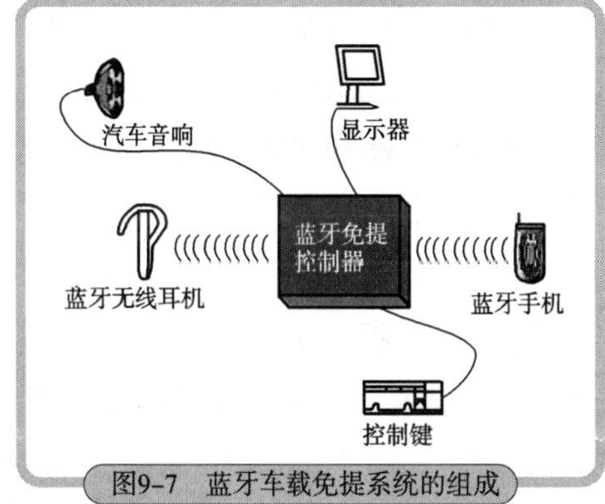

图9-7 蓝牙车载免提系统的组成

3）蓝牙车载免提系统与手机的匹配

悦尔行蓝牙车载免提系统与诺基亚手机匹配为例介绍其配合方法：

首先使蓝牙车载免提系统进入匹配模式，悦尔行蓝牙车载免提系统在出厂时设为待机模式，此时绿色指示灯每3s闪一下，为了让它进入匹配模式，应先使之进入OFF模式（按住3s），再按住按钮6s左右，直到绿色指示灯长亮为止。系统进入匹配模式后，与手机的匹配方法是：

（1）打开手机端的蓝牙功能并搜索设备，例如：NKI 8910翻阅功能键至蓝牙功能——选择——蓝牙开/关（置于开）——搜寻音频套件——选择。

（2）话机开始搜寻蓝牙车载装置，搜寻完毕后屏幕显示出搜寻装置名 “Car kit”（或根据客户要求出厂前设定），按确认键选择要与话机匹配。

（3）在手机端输入蓝牙无线车载识别码“9999”（或根据客户要求出厂前设定），并按确认匹配完成（匹配的不同可能会因为手机的不同而有所不同，具体参看该手机的说明书），当匹配完成后，蓝牙车载进入连接模式，蓝牙车载上的绿色指示灯每3s会闪一下。

（4）如果想取消匹配状态，可按住控制按钮3s，直到绿灯熄灭，此时会听到一声短促的声音。

（5）如果将蓝牙车载免提用于手机通信，则手机必须内置蓝牙功能，或已连接了蓝牙适配器。

4）手机与蓝牙车载免提系统的连接及断开

（1）连接。当手机与蓝牙车载免提系统匹配成功，车载会自动进入连接模式，可是当手机与蓝牙车载免提系统断开连接后，无法自动连接。此时连接的操作方法是：

① 蓝牙车载免提系统主动与手机连接。

在免提系统待机状态下，短按功能键，免提系统会主动与手机连接，手机会显示是否接受连接，此时直接选择接受即可连接上。当免提系统断电后，会断开与手机的连接，但此免提系统加电后会自动与手机连接，手机会显示是否接受连接，此时直接选择接受即可连接上。

② 手机与蓝牙车载免提系统连接。

例如，NKI 8910翻阅功能键至蓝牙功能——查看已匹配设备——选择需连接设备——选择连接设备，当手机与免提系统连接后，手机会自动进入连接模式。

（2）断开。蓝牙车载免提系统与手机处于连接状态需要断开时，必须通过已连接手机，来断开手机与蓝牙车载免提系统的连接。其操作方法是：例NKI 8910翻阅功能键至蓝牙功能——查看已接连设备——选择连接设备——选择断开连接设备，当手机与免提系统断开连接后，免提系统会自动进入待机（可连接）模式。

5）蓝牙车载免提系统的使用

蓝牙车载免提系统进入连接模式后，绿色指示灯每3s闪一下，只要免提系统距离手机在一定范围内，都能使用蓝牙车载免提系统进行拨叫和接听电话。

（1）操作方法。

① 接听电话。当听到来电话的信号时（免提上有振铃声响），按下的控制按钮便可通话（若手机端已设定为自动应答模式，不必按任何键即可自动接听）。通话中，绿色指示灯每1s闪一下。

② 不接听电话。当听到来电话的信号时，不想接通此电话，可按下控制按钮3s，免提上的振铃声响消失。

③ 拨打电话。拨打电话应先通过手机拨号，自动连接到免提系统后便可通话。通话中，绿色指示灯每1s闪一下。

④ 重拨电话。如果手机具有重拨功能，可通过免提系统进行重拨。其方法是：在待机状态下，短按两下控制按钮免提系统会自动重拨手机最后一次所拨的号码。

⑤ 音量调整。通过免提系统上的电位器左右推移控制按钮来调节音量的大小。

（2）使用注意事项：

① 不要将车载免提暴露在温度极高或极低的环境中；

② 不要将车载免提置于液体环境或湿度较高的环境中；

③ 不能摔打、抛掷或弯曲车载免提；

④ 非专业人员不可拆卸和维修车载免提。

二、车载对讲机加装

车载对讲机是一种安装在汽车上使用，可与一个或一组人通话的通信设备，如图9–8所示。使用对讲机通话的优点：一是不受公用通信网络限制，可在网络未覆盖的地区进行无线通话；二是没有通话费用，是一种无成本通话方式；三是可提供一对多的通话方式，方便集群联络。对讲机的不足之处是通信有效距离受限，一般为3～5 km，最长不超过20 km。

1. 对讲机的基本结构

一般对讲机主要有主机、充电器及耳机等部件组成，如图9–9所示。

1）主机

主机包括机体、天线及电池。

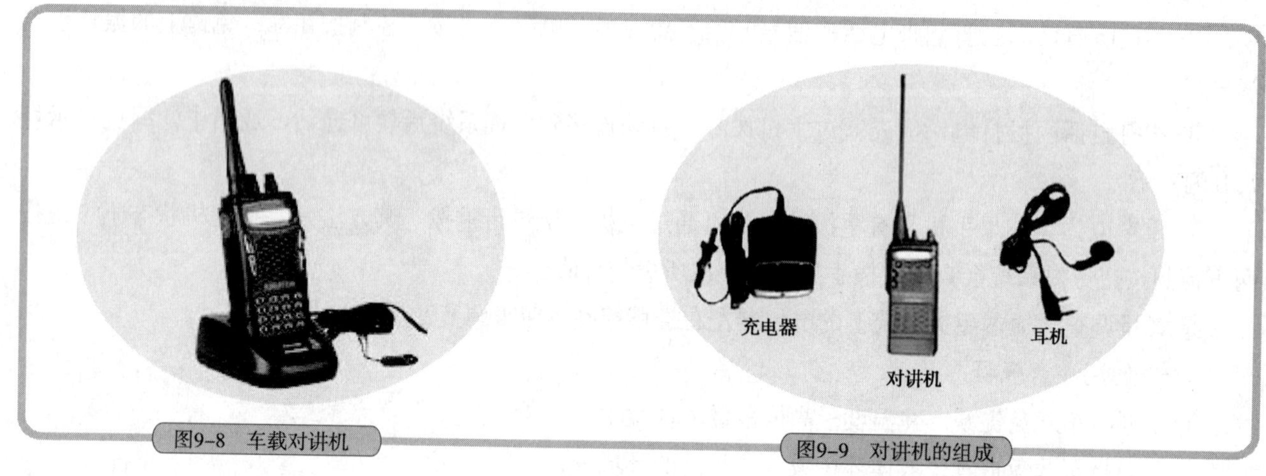

图9-8　车载对讲机

图9-9　对讲机的组成

机体：一般由外壳、PTT按键和电源插孔塞、PCB组件、LCD部分，音量/开关钮、编码旋钮、指示灯、MIC等组成。PTT按键起发射开关的作用，一般在侧面。指示灯指示工作状态，一般在顶部。对讲机的顶部还有音量/开关和编码旋钮、选择频道。LCD部分直观显示对讲机的工作状态。PCB组件是对讲机的核心部分，重要的器件在PCB上，非专业人士不许拆卸。

天线：分为天线外套和天线芯两部分。天线外套一般用TPU材料制成，天线芯一般采用螺纹结构与主机相连，拆卸方便。

电池：电池分Ni-Cd、Ni-MH电池，容量有600mAh，800mAh、1100mAh、1300mAh、1500mAh不等。电池面、底壳采用超声波焊接，牢固、可靠。

2）充电器

充电器与火牛（交流电转换器的俗称）共用，对电池或整机进行充电。充电器一般有DC插座、充电弹片、指示灯、按键等组成。DC插座与火牛相连，弹片与电池极片相连，按键起放电作用。

3）耳机

耳机通过信号线与主机相连，放在耳朵上，可使对讲机免提。

2. 对讲机的工作原理

对讲机系统由发射部分、接收部分、调制信号及调制电路、信令处理等组成。各部分的工作原理如下：

1）发射部分

射频载波信号首先由锁相环和压控振荡器（VCO）产生并发射，再经过缓冲放大、激励放大和功率放大，产生额定的射频功率，经过天线低通滤波器，抑制谐波成分，然后通过天线发射出去。

2）接收部分

接收部分为二次变频超外差方式，从天线输入的信号经过收发转换电路和带通滤波器后进行射频放大，在经过带通滤波器，进入一混频，将来自射频的放大信号与来自锁相环频率合成器电路的第一本振信号在第一混频器处混频并生成第一中频信号。第一中频信号通过晶体滤波器进一步消除邻道的杂波信号。滤波后的第一中频信号进入中频处理芯片，与第二本振信号再次混频生成第二中频信号，第二中频信号通过一个陶瓷滤波器滤除无用杂散信号后，被放大和鉴频，产生音频信号。音频信号通过放大、带通滤波器、去加重等电路，进入音量控制电路和功率放大器放大，驱动扬声器，得到人们所需的信息。

3）调制信号及调制电路

人的话音通过麦克风转换成音频的电信号，音频信号通过放大电路、预加重电路及带通滤波器进入压控振荡器直接进行调制。

4）信令处理

CPU产生CTCSS/DTCSS信号经过放大调整，进入压控振荡器进行调制。接收鉴频后得到的低频信号，一部分经过放大和亚音频的带通滤波器进行滤波整形，进入CPU，与预设值进行比较，将其结果控制音频功放和扬声器的输出。即如果与预置值相同，则打开扬声器，若不同，则关闭扬声器。

3. 对讲机的性能指标

对讲机有如下一些主要的性能指标：

（1）输出载波功率。在未加调制的情况下，一个射频周期内发射机架给予传输线的平均功率。

（2）邻道功率。在按信道划分的系统中工作的发射机，以规定的调制条件下总输出功率中落在任何一个相邻信道的规定带宽内的那一部分功率。

（3）频率误差。未调制载波频率与指配频率之差。

（4）音频失真。除去其基波分量的失真正弦信号的均方根值与全信号均方根值之比，用百分数表示，这一失真的正弦信号包括谐波分量、电源纹波和非谐波分量。

（5）额定音频输出功率。当接收机在规定的工作条件下其输出端连接规定负载时可得到的功率。

（6）杂散射频分量。除了载波及其发射带宽附近处的调制分量外，在离散频率上或在窄频带内有一显著分量的信号。包括谐波和非谐波以及寄生分量。

（7）调制限制。发射机音频电路防止调制超过最大允许偏移的能力。

（8）选择性。表征接收机有用输入信号抗拒无用输入信号的能力。通过测量邻信号选择性、共信道抑制、阻塞、杂散响应、互调抗扰性等性能加以评定。

（9）参考灵敏度。又称为最大可用灵敏度，在规定的频率和调制下，使接收输出端产生准信噪比的输入信号电平。

4. 对讲机使用

对讲机在使用中应注意以下事项：

（1）当对讲机正在发射时，应保持对讲机处于垂直位置，并保持话筒与嘴部2.5 ~ 5cm的距离，发射时，对讲机距离头部或身体至少2.5cm，以尽量减少对人体的辐射。

（2）使用过程中不要进行多次开机关机的动作，同时把音量调整到适合听觉的音量。

（3）对讲机每次使用时间不宜过长，一般发射1min，接收4min，否则长时间发射或在高功率模式下连续使用将造成对讲机背面发热。

（4）天线只能使用原配或认可的，使用未经认可的、改装的或增添了附件的天线会损坏对讲机或违反信息产业部无线电管理局的规定。

（5）使用中，不要用手触击天线，以免灼伤皮肤。

（6）对讲机天线不能随意拧下，否则在发射时容易把功率管（功放）烧坏。

（7）不要使用损坏的天线，以免在发射时损坏的天线灼伤皮肤。

（8）电池充电应在5～40℃的环境温度中进行，否则会导致充不满额定容量，且影响电池寿命。

（9）电池第一次充电时间应超过8h，否则会影响日后的充电效率以及电池的寿命。

（10）放置电池的地方应无造成使电池短路的物品，如：钥匙、金属链条等。

（11）不要将对讲机放在气囊展开时可能涉及的范围内，以防气囊迅速展开时对讲机随着极大的冲击力伤及车内的人员。

（12）在加油站等易燃易爆场合，应关闭对讲机。且不能更换电池或对电池充电，因安装和拆卸电池时可能会引起接触电火花而导致爆炸。

三、车载GPS加装

GPS是Global Positioning System的缩写，意思为全球定位系统。车载GPS是汽车上安装的、具有GPS导航、定位、防盗、监控等功能的设备，如图9-10所示。

1. 车载GPS的功能

目前功能齐全的车载GPS，结合了GPS全球卫星定位系统、GIS地理信息系统、GSM全球移动通信系统，计算机网络技术，能实现定位、导航、防盗、防劫、监控、商务信息服务等多项功能。

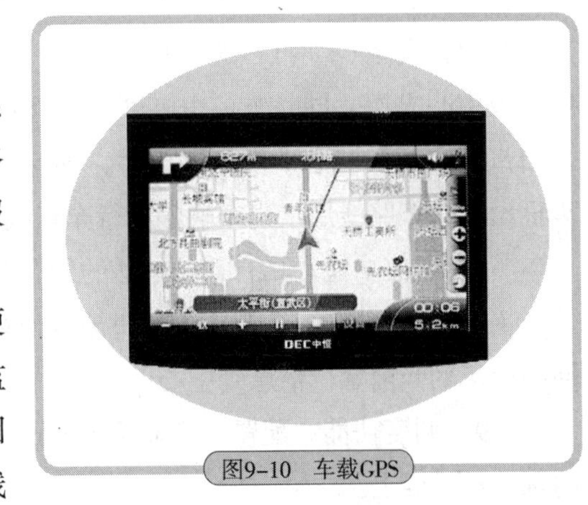

图9-10 车载GPS

（1）导航功能。驾驶人只要输入起点和终点，该系统便可立即指出两地之间的最佳捷径，驾驶人还可通过车辆的监控中心查询行走路线。另外，它还有修改功能，假如用户因为不小心错过路口，没有走车载GPS导航系统推荐的最佳线路，车辆位置偏离最佳线路轨迹200m以上，车载GPS导航系统会根据车辆所处的新位置，重新为用户设计一条回到主航线路线，或是为用户设计一条从性位置到终点的最佳线路。

（2）定位功能。GPS通过接收卫星信号，可以准确地定出其所在的位置，位置误差小于10m。如果机器里带地图的话，就可以在地图上相应的位置用一个记号标记出来。同时，GPS还可以取代传统的指南针，显示方向，取代传统的高度计，显示海拔高度等信息。

（3）转向语音提示功能。车辆只要遇到前方路口或者转弯，车载GPS语音系统提示用户转向等语音提示。这样可以避免车主走弯路。它能够提供全程语音提示，驾车者无需观察起显示界面就能实现导航的全过程，使得行车更加安全舒适。

（4）显示航迹功能。如果去一个陌生的地方，去的时候有人带路，回来时怎么办？不用担心，GPS带有航迹记录功能，可以记录下用户您车辆行驶经过的路线，小于10m的精度，甚至能显示两个车道的区别。回来时，用户可以启动它的返程功能，让它领着你顺着来时的路线顺利回家。

（5）防盗功能。当车主离开车辆，车辆处于安全设防状态时，如果有人非法开启车门或发动车辆，车辆会自动报警，此时车主手机、车辆监控中心同时会收到报警电话，监控中心的值班人员会立即联系110报警，且车辆自动启动断油、断电程序。

（6）报警功能。车载GPS除防盗报警外，还具有紧急报警、碰撞报警和偏航报警等功能。紧急报警是在紧急情况下，如汽车遇抢劫、急救、故障、交通事故等，车上人员可按车上系统的紧急报警按钮，向监控中心求援，同时监控中心可启动监听录音装置（此功能只能在报警状态下才能启动）；碰撞报警是当汽车在行驶状态下发生碰撞时，感应器立即将碰撞情况传向监控中心；偏航报警是监控中心对指定车辆设置行车路线后，当车辆偏离行车路线时，车载终端自动向监控中心发出偏航报警信息。

（7）通信功能。具有移动电话的所有功能。

（8）监控功能。监控中心通过下发监控指令对指定车辆实行实时监控，终端根据中心监控指令的不同回传车辆当前定位信息到中心。

（9）调度功能。配置调度显示屏，可由中心和手机向车载终端发送中文调度信息，显示在车载终端的调度显示屏上。

（10）服务功能。监控中心工作人员24h值班，不管在什么时候，只需拨打一个电话便可为车主提供全方位商务信息服务（除了24小时实时定位、跟踪外，还可代订酒店房间、火车票、飞机票，代客送鲜花、礼品，代办汽车年审、汽车保险，以及提供股票信息、天气预报等）。

2. 车载GPS系统的组成

车载GPS系统终端通常由GPS模块、无线通信模块、报警控制模块、语音控制模块、显示模块和车载PC等几个部分组成，如图9-11所示。

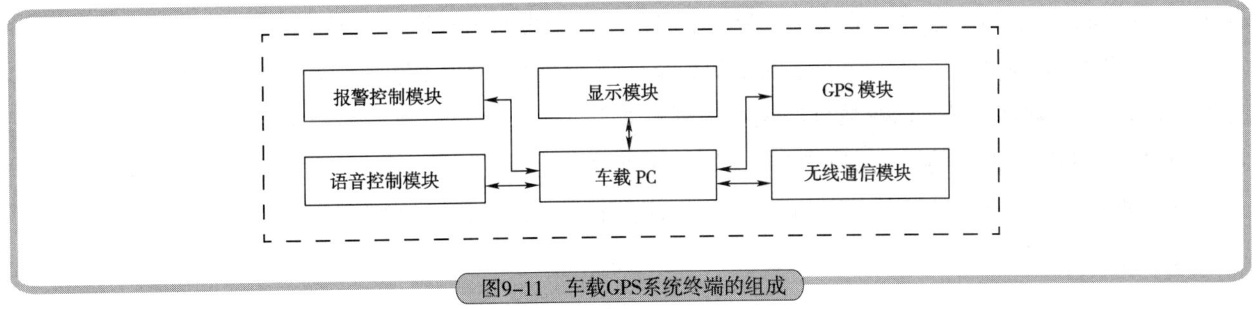

图9-11　车载GPS系统终端的组成

（1）GPS模块。安装到车辆上的小型装置，是GPS车载单元的一部分，用来接收卫星所传递的信息。

（2）无线通信模块。通常采用车载无线电话、电台或移动数据终端（MDT）以完成信息交互功能。

（3）报警控制模块。向监控中心网络发出报警信号，通报车辆异常信息。

（4）语音控制模块。完成声音控制及服务等功能。

（5）显示模块。用来显示位置路况等视频图像信息，可选用LCD、CRT或 TV显示。

（6）车载PC。整合处理各功能模块，配合相应的软件，完成指定功能，如进行数据处理，计算出所在位置的经度、纬度、海拔、速度和时间等。

GPS系统使用环境复杂多变，因此作为系统核心的车载PC必须具有体积小、稳定性强、集成度高、功耗低、处理能力强、操作简单便捷的特点，方可满足车辆使用的频繁性以及道路的复杂性的要求。目前，嵌入式系统已成为车载PC的首选：软件操作系统多采用WINDOWS CE或嵌入式LINUX，嵌入式工业主板则以其超小体积、超强稳定、易扩展、兼容性强成为GPS系统的安全可靠硬件平台。而成为根据车辆使用的频繁性以及，它必须可靠性要高，且扩展性和兼容性要好。

3. 车载GPS的工作原理

汽车上的GPS接收机接收卫星发来的不同卫星信号，可根据卫星信号到达接收机的时间差算出接收机到卫星的距离及接收机海拔高度。另外，卫星的位置是已知的，接收机可精确地定出汽车的经纬度（位置）。有的接收信息与信息处理都放在一个较小的匣内，即可对汽车定位、导航。

车载GPS设备接收卫星每秒钟发来的定位数据，并根据从三颗以上的不同卫星传来的数据计算出自身所在的位置的坐标。将坐标等数据经无线调制解调器从无线电台发射给主控中心。主控中心接收信息后，通过无线调制解调器将车载GPS设备发回的坐标数据等信息还原，并进行各种数据处理，最后在主控中心计算机系统的电子地图上，把汽车的正确位置，即经纬度、海拔高度等参数显示出来，以便主控中心人员调度指挥、防盗、反劫。

4. 车载GPS产品的选购

目前有许多GPS车用产品已进入市场，各种产品的功能不同，应用范围也不一样，应该因车而异进行选购。

1）系统种类选择

如果车主想自己监测爱车，可选择单用户系统。从市场反映看，选择多用户系统的消费者居多。多用户系统除具备调度、防盗的功能，还可享受到如修车、加油、票务等增值服务。

2）网络运营商选择

要选择网络强大、可持续发展的运营商，以防网络覆盖面积过小或因公司倒闭而不能得到可靠的后续服务。选择时还要看网络是否通畅，功能是否齐全。网络通畅的具体表现是短消息与语音的兼容，因为短消息的专用号码是全国各省的专用号码，所以不能联网，有时还会因网络繁忙发生堵塞和信息丢失的情况。能够兼容的定位系统，使用了公众熟悉的语音通道，并实现了全国联网。例如，使用110报警语音通道后，某地的车开到外地发生了被盗事件，当驾驶人拨打110时，定位系统就会自动转接到其当时所在城市的110报警台，而不是车辆的原籍，这样可以避免报警延误。

3）产品功能选择

好的产品有全免提车用电话，可以遥控拨号，有保密电话、反窃码解码技术、智能语音对话、车主自主监控、车主遥控监听（无时限）、遥控熄火、遥控汽车充电、遥控启动空调、与原厂防盗器兼容等多项功能，其服务费也低廉。有的厂家还对产品投了保，这样你的汽车才有了双保险。

4）产品性能选择

要选择抗电磁干扰强、性能稳定的GPS产品。碰到车辆颠簸、温度高、有电磁干扰，车内环境比较差的状况，会影响GPS的运作，所以对产品的稳定性要特别强调。

5. 车载GPS的安装与设置

车载GPS一般都是额外加装的，其安装与设置方法是：

（1）在驾驶人视线好的中控台上或前风窗玻璃的合适位置上安放好车载GPS支架。

（2）对车载GPS进行系统参数的设定，检索目的地后，进行模拟导航。

（3）根据系统计算的路线，并根据驾驶人的要求输入回避地点和途径的地点，最终确定行车路线。

（4）最后把GPS牢固的加装在支架上，就可以使用了，如图9-12所示。

图9-12 车载GPS安装

四、汽车黑匣子加装

汽车黑匣子是汽车行驶记录仪的俗称，是一种对车辆行驶速度、时间、里程以及有关车辆行驶的其他状态信息进行记录、存储，并可通过接口实现数据输出的数字式电子记录装置，如图9-13所示。由于黑匣子能够实时地记录车辆运行和驾驶人驾驶活动的有关信息，它可在遏止疲劳驾驶、车辆超速等严重交通违章、约束驾驶人的不良驾驶行为、预防道路交通事故、保障车辆行驶安全、提高营运管理水平等诸多方面发挥重要的作用，并将为事故分析鉴定提供原始数据。《道路交通安全法实施条例》第十四条规定：“用于公路营运的载客汽车、重型载货汽车、半挂牵引车应当安装、使用符合国家标准的黑匣子。交通警察可以对机动车行驶速度、连续驾驶时间以及其他行驶状态信息进行检查”。

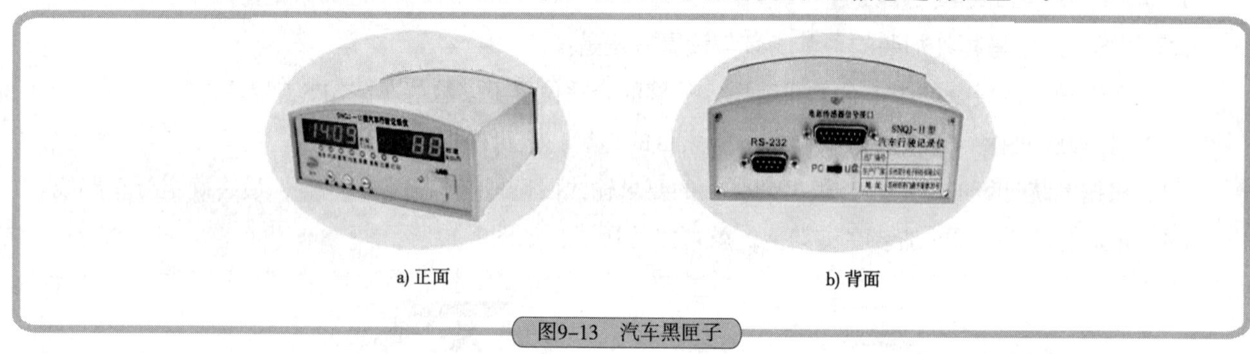

a) 正面　　b) 背面

图9-13　汽车黑匣子

1. 汽车黑匣子的作用

1）有利于加强运输企业管理

通过对汽车黑匣子记录数据的分析和运用，企业管理部门可对驾驶人和车辆进行有效动态管理，从而提高企业管理水平，降低运营成本，提高经济效益和企业竞争力。汽车安装了汽车黑匣子后，运输企业可通过其配套的管理软件，建立起其所有车辆、驾驶人以及车队的运行情况数据库，从而企业管理者可以利用这些数据对其车辆进行更为有效的管理。管理者可按选定的车辆或按选定的驾驶人给出任意时间段内其工作情况的统计数据以及各种违规情况的统计报表；还可以利用计算机管理软件，对整个车队的运行情况进行统计和分析；也可进行车与车、驾驶人与驾驶人之间工作情况的自动比较；自动统计车辆和驾驶人的安全行驶里程等；并可以利用这些数据建立驾驶人安全行车档案，为驾驶人的考核、评比、奖罚提供科学依据。利用这个工具，管理者除了可以管好交通安全外，还可以十分有效地管好企业车辆的运行情况，杜绝诸如开飞车、公车私用、偷燃油等不良现象。

2）有利于加强道路交通管理

汽车黑匣子能够自动、连续、真实地记录几十小时内驾驶人的行驶速度和连续行车情况，相当于在车上长期配备了一名交通警察，对驾驶人的安全行车情况进行全面的、长期不间断的适时监控，有利于培养驾驶人开安全车、中速车的良好习惯，从而可以有效的预防驾驶人的疲劳驾驶。除此以外，汽车黑匣子还有语音安全提示功能，当行驶车辆超过预设速度时，汽车黑匣子便会发出语音安全提示，督促驾驶人采取减速措施，预防事故发生。因此，汽车黑匣子可以有效地纠正驾驶人超速违法行为，并且从很大程度上杜绝了驾驶人的疲劳驾驶，达到了减少违法行为和预防事故的目的。

3）有利于正确处理交通事故

当汽车发生交通事故时，汽车黑匣子能够客观、精确地记录车辆事故发生的时间、事故发生前后的速度、减速制动情况及驾驶人的操作行为，从而可以为交通事故的处理提供定量、准确的数据。该数据用于配合交通事故的现场勘查取证，用科学的、定量的数据公正客观地判断事故原因和责任。对正确处理交通事故，保障驾驶人的合法权益，提高交通管理部门的工作效率都具有重要作用。

2. 汽车黑匣子的功能

（1）记录功能。汽车黑匣子能够监测并记录车辆行驶的速度、制动、鸣笛、转向、倒车、停车、灯光使用、行驶里程、工作时间等多项数据。

（2）储存功能。汽车黑匣子可储存车辆、驾驶人及主管单位的基本信息，并可将监测和记录数据进行储存。

（3）显示功能。汽车黑匣子配备的显示器可将储存和记录数据进行显示，并可适时显示当前车速及时间。

（4）提示功能。汽车黑匣子可通过声光信号提示汽车超速、驾驶人疲劳等信息。

（5）打印功能。有些汽车黑匣子配有掌上打印机，可随时打印所需信息。

（6）传输功能。汽车黑匣子配有USB接口，可通过U盘将信息传输到PC机或手提电脑上。

（7）报警功能。当汽车发生事故时，有些汽车黑匣子可立即通过无线电通知与黑匣子相连接的中心传播系统。另外，有些汽车黑匣子里还附加了一套全球定位系统，该系统会在汽车出事后，立即找出离出事地点最近的救急号码并自动拨打，随后又将出事汽车的信息立即通过传输器传送给医院或者外伤中心，以方便医生在前来抢救的过程中，就了解伤者的伤势。

（8）防盗功能。有些汽车黑匣子还具有反劫防盗功能，汽车装上这种汽车黑匣子后，除了车主和车主委托的人外，其他人有了车钥匙也无法起动汽车，即使拆除汽车黑匣子也还是无法起动汽车。

3. 汽车黑匣子的组成

汽车黑匣子由硬件和软件两部分组成。硬件主要包括传感器、记录器、显示器和数据采集器，软件为PC机处理软件系统。

1）传感器

传感器是向记录器传递其感知到的汽车各种工作状态的物理器件，如图9-14所示。传感器与主机上的标准接口连接。

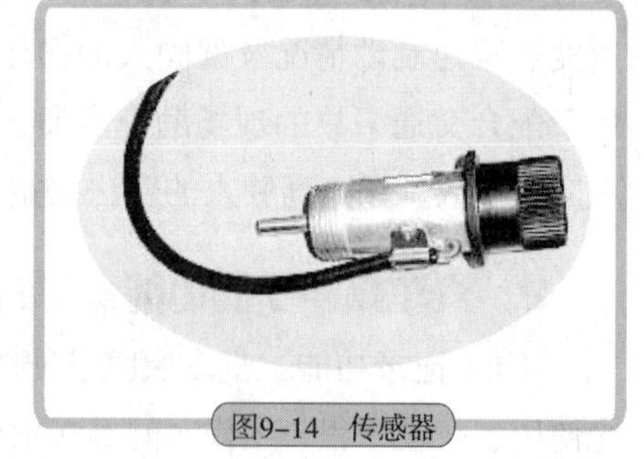
图9-14　传感器

2）记录器

记录器是汽车黑匣子的主体部分，如图9-15所示。记录器能在汽车行驶过程中客观、精确地记录下多种工作状况，如：前进、加减速、匀速、转弯、倒车、爬坡、怠速、超速时的参数。记录器具有防水、抗震、防火、抗燃烧、抗电子干扰等性能，其工作状态稳定，工作温度适用的范围较宽（-25℃～65℃），且具有数据储存功能，当遇到不测或被切断电源后，原先记录下的数据仍被保留下来，并可保存10年以上。

3）显示器

显示器是用于显示汽车行驶时各动态数据的器件，如图9-16所示。具体的显示内容包括时间（月、日、时、分）；行驶中的瞬时车速；本次里程等。其中，瞬时速度可以反映出停车前1min和10min内2个行程的最高车速。显示器位于仪表板上，供驾驶人随时了解车辆行驶状况，以便及时修正和控制车辆运行。

图9-15 记录器

4）数据采集器

数据采集可使用数据采集处理卡或USB可移动存储器，如图9-17所示。数据采集处理卡是一种便携式数据采集、存储、显示、存档和报警受话的磁卡，将其插入记录器便显示并记录下该汽车的牌号、驾驶证号、采集的时间及各种状态和工作数据，也可把采集到的若干数据传输到PC计算机存档，进行图像处理、事故再现分析等。

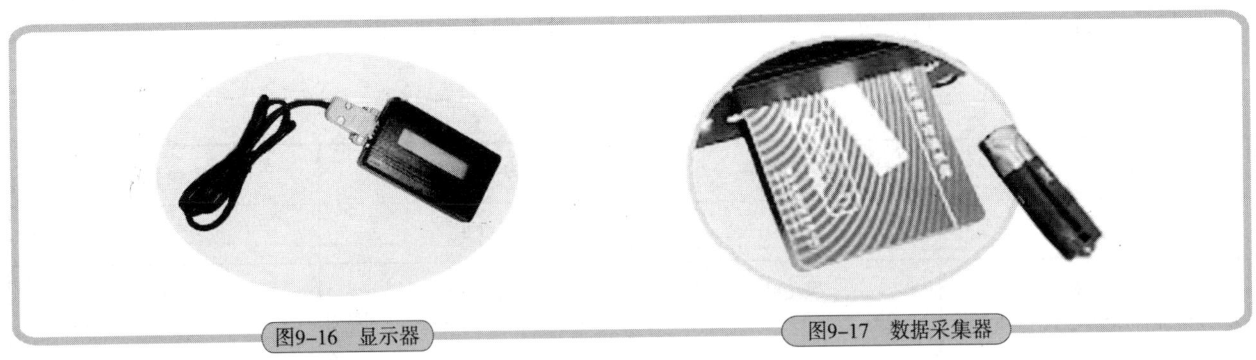

图9-16 显示器

图9-17 数据采集器

5）PC机处理软件系统

PC机处理软件系统可直接采集、设置记录器中的汽车参数时间、限速范围和一切能改写的参数，也可采集从采集处理器中得到的数据，供事故分析和存档。该系统还可以图像形式再现发生事故的汽车行驶轨迹，如图9-18所示。

图9-18 PC机处理软件系统

4. 汽车黑匣子的安装

以交航JH106型汽车黑匣子为例，接线如表9-1所示，其安装步骤如图9-19所示。

汽车黑匣子接线 表9-1

连接位置	连线颜色	连接位置	连线颜色
电源	红（+）	刹车	棕
搭铁	黑（-）	右转灯	黄
速度	绿	左转灯	紫
车门	灰	传感器电源 DC 12V	黑白（-）
远灯	白		红白（+）

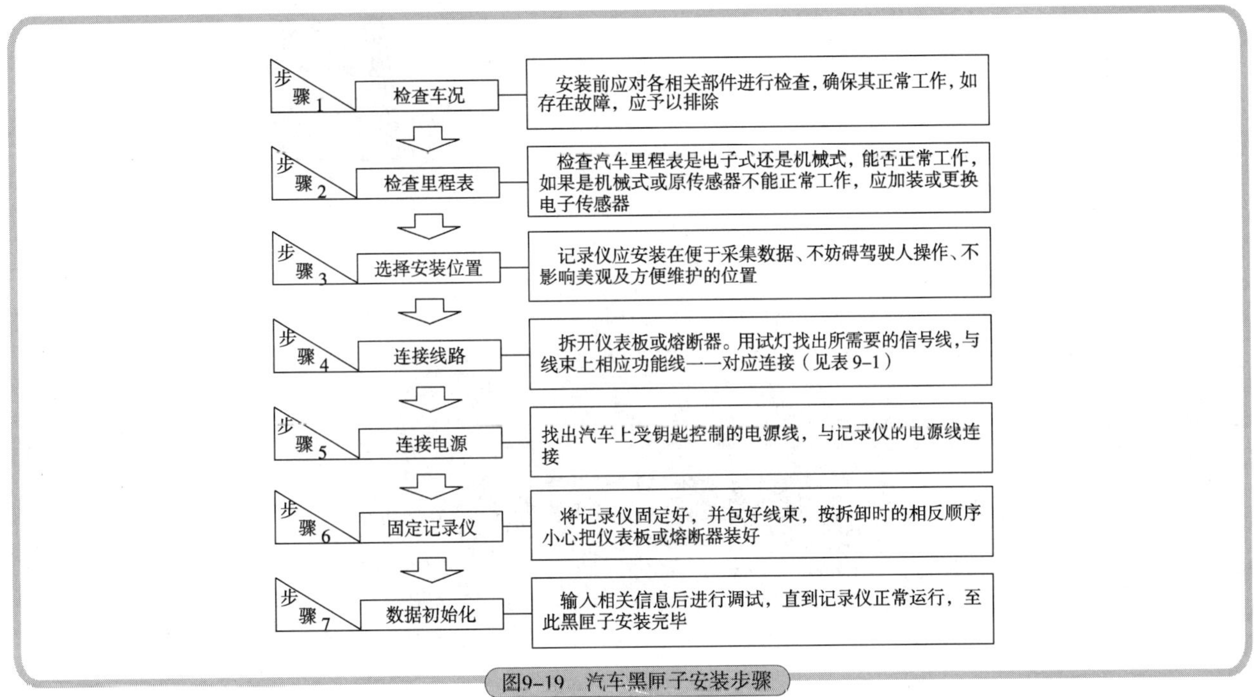

图9-19 汽车黑匣子安装步骤

安装汽车黑匣子应注意以下事项：

（1）安装位置不能阻碍驾驶人的正常操作；

（2）电源线一定不能接错，以免影响汽车及记录仪正常工作；

（3）各线路连接点都要用电工胶布包好，严防短路故障。

越野车改装

越野车国际上简称G型车，是指适合能够适应恶劣道路环境及野外行驶的车辆，如图10-1所示。适合爬坡、涉水等恶劣环境。越野车通常采用四轮驱动，底盘和悬架的设计与普通轿车有明显区别，如北京吉普、切诺基等。针对越野车的特点，对越野车防护杠、防滚架、轮胎、车灯、绞盘等进行改装，可提高越野车的越野性能，确保行驶安全。

图10-1 越野车

一、越野车防护杠改装

1. 越野车防护杠作用

越野车防护杠又称防撞杠，是吸收缓和外界冲击力，保护车身安全的装置，如图10-2所示。越野车防护杠的作用主要有：

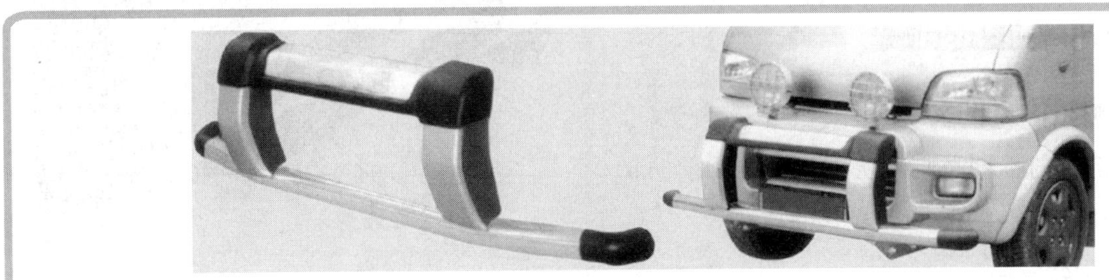

图10-2 越野车防护杠

◆1）保护车身安全

车身周围（车前、车侧及车后）安装防护杠，可吸收缓和交通事故中外界冲击力，对车身起保护作用。汽车前、后防护杠一般比较常见，其作用不再赘述。那么汽车为什么要安装侧防护杠呢？从交通事故中人们发现，汽车发生侧面碰撞的案件比较多，尤其是路面湿滑或车速较快的情况下，因各种原因造成汽车拦腰碰撞的可能性大大增加。因此，近几年有关防侧撞的安全问题已经引起人们的关注，有些国家还制定了严格的汽车防侧撞安全条例，规定汽车要实施防侧撞的安全措施。

轿车上实行防侧撞的安全措施有以下3种常见方法：

（1）从设计上改进轿车车厢的结构，使其能起到分散侧撞冲击力的作用；

（2）安装车门保险杠，即在每扇车门的门板内横置或斜置数条高强度的钢梁，增强车门的防撞功能；

（3）在车侧加装防护杠。

由于第3种方法实用，简单，不需改变车身结构，已经普遍推广使用。

◆2）装饰车身

具有优美造型的越野车防护杠，除了防碰撞功能外，还是车身外部的装饰品，已成为整车造型的组成部分，与车身有机的融合成为一个整体，使汽车外观坚实粗壮，具有鲜明的个性。

◆3）便于上下车

位于汽车侧面的防护杠还可起到踏板作用，为乘客上下车及向车顶行李架放置物品提供方便，所以侧防护杠又可称为侧踏板，如图10–3所示。

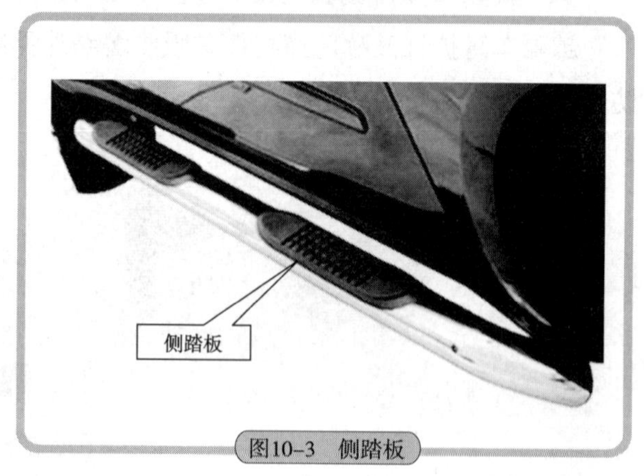

图10–3　侧踏板

2. 汽车的防护杠的种类

根据安装部位的不同越野车防护杠可分为前防护杠、后防护杠和侧防护杠三类，如图10–4所示。

◆1）前防护杠

前防护杠按款式可分美式前杠、韩式前杠、澳式前杠、钢式前杠等，如图10–5所示。

图10–4　防护杠的种类

图10–5　前防护杠按款式分类

前防护杠按造型可分为U形前杠、护灯前杠和霸道前杠三种，如图10–6所示。U形前杠外框形似“U”字母倒写，其结构简洁，可以保持车型原有的面貌，几乎什么车都可以用，但它只能防御正面的撞击，不能抵挡来自斜前方的撞击。装上U形前杠，在越野场地可以清除石头、树苗、杂草这类的障碍物，还可以保护保险杠和底盘，对于在都市行驶的汽车，U形前杠的装饰性要大于实用性。护灯前杠可以全方位地保护前脸，包括车灯和保险杠，抵挡来自正面和斜前方的撞击。车主在转弯过程当中如果判断错误，转弯角度不够而导致车辆撞击障碍物，护灯前杠可以有效地保护车身。霸道前杠其结构简洁、厚实、粗犷，给汽车平添几分霸气。

a)U 形前杠　b) 护灯前杠　c) 霸道前杠

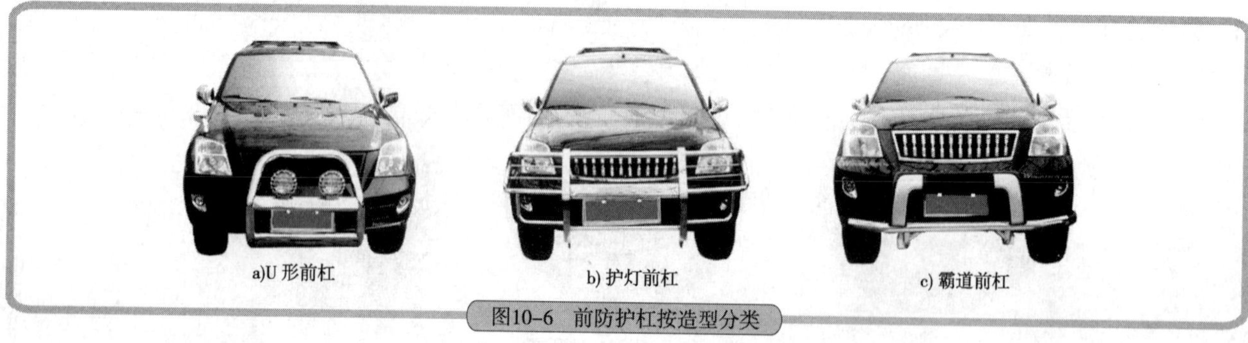

图10-6　前防护杠按造型分类

2）侧防护杠

侧防护杠按款式可分英式侧杠、韩式侧杠、美式侧杠、澳式侧杠、日式侧杠等，如图10-7所示。

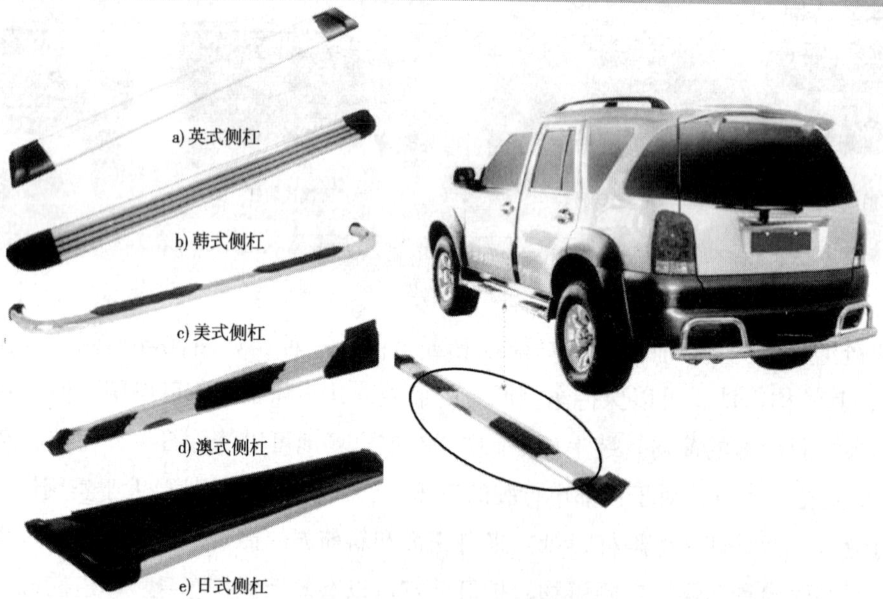

a) 英式侧杠

b) 韩式侧杠

c) 美式侧杠

d) 澳式侧杠

e) 日式侧杠

图10-7　侧防护杠按款式分类

3）后防护杠

后防护杠按款式可分韩式后杠、澳式后杠、美式后杠等，如图10-8所示。

a) 韩式后杠　b) 澳式后杠　c) 美式后杠

图10-8　后防护杠按款式分类

后防护杠按功能可分护翼后杠、护角后杠、护灯后杠、踏板后杠等，如图10-9所示。

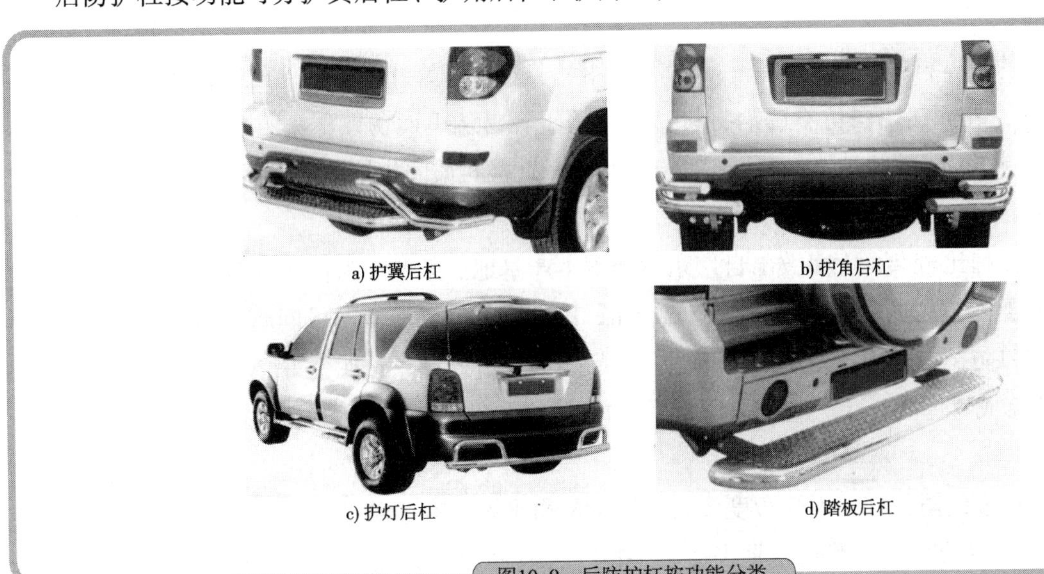

a) 护翼后杠　b) 护角后杠　c) 护灯后杠　d) 踏板后杠

图10-9　后防护杠按功能分类

后防护杠按造型可分为单管后杠、双管后杠、栅栏后杠等，如图10-10所示。

a) 单管后杠　b) 双管后杠　c) 栅栏后杠

图10-10　后防护杠按造型分类

3. 越野车防护杠的选用

目前，汽车装饰市场防护杠的类型、款式很多，汽车用品生产厂家针对不同款式的车型量身定做了多种护杠产品，在选用时应注意以下事项。

1）看材料

越野车防护杠的主体材料一般为不锈钢，为了实用和美观，还另外以塑料件或铝管装饰。劣质防护杠大多是铸铁质地，外面镀一层仿不锈钢材料，时间长了容易从里面锈蚀，塑料件也容易变颜色、掉漆。还有一些钢管制作的劣质防护杠，在里弯处会起褶子，此类劣质防护杠不要选用。

2）看产地

国产防护杠的品牌比较杂，大多数出自广东不锈钢生产基地。某些厂家由于同时也为丰田、三菱、JEEP等一些品牌越野车提供防护杠等不锈钢配套产品，因此产品质量应该不成问题，不过在选购的时候还需多加注意。进口防护杠采用高水平烤漆工艺，产品表面平滑光亮，透明性好，立体感强，耐化学品腐蚀性强，后续维修成本低。

3）看外观

正规设备加工出来的防护杠，不管弯度多大，钢管都很平顺。有些防护杠经过静电喷涂工艺处理，其特点是工艺简单，附着力好，其缺点是表面质量粗糙，有橘皮、针孔缺陷。静电喷涂工艺加工成本低，后续维修成本高且不方便。

4. 越野车防护杠的安装

越野车防护杠安装的步骤与方法，如图10–11所示。

安装中应注意：

（1）防护杠安装两边要对称；

（2）侧杠安装不要过低，否则会影响车辆的通过性；

（3）防护杠要安装牢固，用力摇动时摆动越小越好。

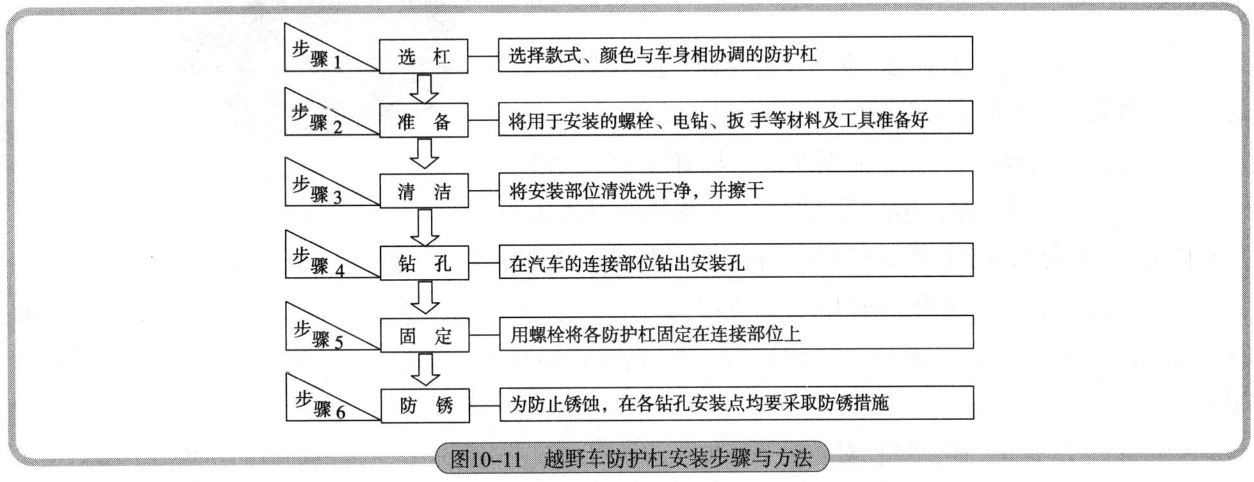

图10–11 越野车防护杠安装步骤与方法

二、越野车防滚架改装

防滚架又称防滚笼，是用金属材料制成的，位于车身框架上的弯曲支架，如图10–12所示。其作用是当车辆发生翻滚时，它可以抵御外力对车厢外层结构的冲击，最大限度的保持车厢内部的形状，在外壳受压变形的时候，起到支撑并保持车厢内部空间的作用，防止车体严重变形使乘客受伤或被卡在车内。

1. 防滚架的组成与技术要求

1）组成

图10-12　越野车防滚架

防滚架由主防滚栏、前防滚栏或横侧面的防滚栏、后支撑部分、斜支撑部分及固定钢板组成。

（1）主防滚护栏。必须是整体结构（无连接点），位于驾驶室内前座背后，护栏两端与车厢底板连接并向上延伸横穿车顶。

（2）前防滚护栏。形状与主防滚护栏相同，位于驾驶人的前方，两端与车厢底板连接，上方至风窗玻璃顶端。

（3）横侧面防滚护栏。其前端固定点与前防滚护栏相同，向上至风窗玻璃顶端，再向后延伸至主防滚栏的拐角处并与其连接。横侧面防滚护栏共有两根，再用另一根位于前风窗顶端的直杠将它们连接。

（4）后支撑部分。必须有两根直的后支撑杠。一端固定在主防滚护栏的拐角处，另一端向后下方倾斜，固定在一个最佳受力点的位置。后支撑杠与主防滚栏的垂直面夹角应大于30°，并尽可能的靠近车厢内壁。

（5）斜支撑部分。斜支撑杠对防滚架有加强的作用。其一端固定在主防滚护栏的拐角与一根后支撑杠的连接点上，另一端与第二根后支撑杠的下安装点连接，或与主防滚护栏在车内另一侧的安装点连接。

（6）固定钢板。分为护栏（或支撑杠）底座和加固板。

（7）底座。一块面积不少于120 cm^2、厚度不小于3mm的钢板焊接在防滚护栏（或支撑杠）与车体连接端的端面上。

（8）加固板：一块面积不少于120 cm^2、厚度不小于3mm的钢板，使用在防滚护栏（或支撑杠）与车体的固定点上。

2）技术要求

（1）主和前防滚护栏必须使用直径/厚度分别达45×2.5mm或 50×2.0mm 的非合金碳素无缝钢管制成；

（2）其他部分也须用不小于 38×2.5mm 或40×2.0mm的无缝钢管制成。

（3）防滚架在得到认证前须通过一个相当于3.5～7.5倍（在不同部位）赛车自重再加150kgf的压力测试，在这个长达15s的压力测试中，整个防滚框架结构不可以有超过50mm的轴向整体变形。

2. 防滚架的形式

防滚架按安装方法不同分为外置式防滚架和内置式防滚架两种。

外置式防滚架是把防滚架安装在车身外，防滚架主体与车身框架的主要构件相连接，对车辆形成一个包裹式的防卫。

内置式防滚架是在驾驶室内部安装，形成了一个内部的防护框架结构。这种防滚架从内部和车身框架的主要构件相连。内置式防滚架是目前常用的保护装置，保护性能相当好。

3. 防滚架的安装

防滚架安装在车内应尽可能靠近车体，但不可因此拆除车内的装饰部件。前防滚护栏或横侧面防滚护栏在靠近风挡玻璃框的部分如不能保持笔直，则必须顺应风窗玻璃框的弧度。横侧面防滚护栏与主防滚护栏只可在主防滚护栏的拐角处连接。

安装防滚架可以焊接固定，也可以采用螺栓固定，也可以混合使用这两种方法。防滚护栏、支撑杠及允许选用的加强支撑杠在与车体连接固定时，其固定点必须装有一块加固板。这块加固板如用螺栓固定，则必须放在车体外，用至少3条直径8mm且质量较好的螺栓。

后支撑杠和选用的加强支撑杠的底座和加固板的面积至少是标准加固板面积的2/3。如受固定点位置的限制，其面积至少也要有60 cm^2。斜支撑杠和后支撑杠与主防滚护栏如不是一个固定点，其距离也必须保持在10cm以内。

三、越野车轮胎改装

越野车换上非原装的轮胎，不仅可以直接扩大车的活动能力，而且换成大轮胎，视觉上得到的扩张力远胜过轿车，更好的体现出越野车的威武和野性。

1. 越野车轮胎的种类

常见的越野车轮胎主要有公路胎、全地形胎、泥地胎、雨林胎、雪地胎及沙漠胎等，其特点如表10-1所示。

越野车轮胎的种类与特点

表10-1

序号	种类	图示	特点
1	公路胎（俗称HT轮胎）		HT轮胎是大多数越野车出厂的标准配置，这种轮胎胎壁柔软，胎面花纹细密，讲究在公路上行驶的舒适与安静，突出的是公路转向操控性和一定的湿地性能。同样尺寸的轮胎，HT轮胎在沙地表现尚可，不易刨坑陷车，但是在非铺装路面很脆弱，容易损坏
2	全地形胎（俗称AT轮胎）		AT胎的设计形式比HT轮胎更加千变万化，相对于HT轮胎，AT的胎纹略微粗犷，胎牙的间距比HT略大，这种设计的负面效果是公路性能下降，噪声增大，但是耐用性和在非铺装路面的附着力超过一般的HT轮胎，算是性能最全面的轮胎。在汽车越野爱好者眼中，这种轮胎的气质较高、有品位，是越野爱好者使用最多的轮胎种类
3	泥地胎（俗称MT轮胎）		与AT轮胎相比，MT的胎壁更加坚强，胎牙更加夸张，胎牙之间的距离明显偏大，便于泥地行驶的时候慢速排泥或高速甩泥。另外在一些恶劣的地面上（如凹凸不平的岩石）更容易增加附着力。在公路上行驶MT轮胎的噪声很大，时速在10km/h以下的时候甚至还能感觉到震动，制动和转向性能都与AT轮胎相差甚远，下雨的铺装路面更容易失控。但是一到非铺装地面上MT轮胎就能给越野车带给超凡的抓地力，特别是在恶劣地形上不易损坏，给人很强的信心。这种轮胎一般只有越野发烧友和特殊路段工作者才会选用

续上表

序号	种类	图示	特点
4	雨林胎（俗称蜈蚣胎）		雨林胎的胎牙很夸张，开玩笑地说，可以滚动几乎是它在公路上唯一的功能了，不过在泥地里它是当仁不让的高手，性能比普通的MT轮胎强不少。尽管雨林胎用的人少，但是越野迷们还是时常津津乐道。雨林胎绝对有品位，不过无法常用，选用者大多数用于各类有大量泥地的赛事
5	雪地胎		雪地胎的花纹很细小，有的还有防滑钉。此类轮胎的胎面设计为带有许多细小沟槽的块状花纹，而且为了能够在冬季显示优良的制动及操纵性能，花纹沟通常都是又深又宽的。胎面橡胶是能够耐低温的特殊配方，在低温条件下也能保持其柔软性和良好的摩擦力。镶防滑钉轮胎是为了改善在冰面上的制动及操纵性能而开发的，但因镶钉轮胎存在很大的噪声和大气污染。最近，随着轮胎技术及原材料的发展，无钉雪地轮胎在冰面上的性能得到了更大的改善
6	沙漠胎		沙漠胎的花纹与泥地胎主要的区别是轮胎的宽度特别大，且沙漠胎的价格也很高

2. 越野车轮胎的选用

1）根据实际需要选用

如果您的越野车主要用于市内代步或作为城市间的快速移动工具，只偶尔到乡村水库去钓鱼，那么HT胎当然就是您的必然选择。如果您有几分“野”心，时常而开着车出去越野，跟随车队或独自上山下乡找些野趣，但又不回避市内常用的现实，AT胎就非常适合。如果您是个超级越野迷，每次出动专找水洼泥坑考验一下自己的越野车性能，非要“洗”个泥浆浴不可的话，那么您最好为它装配上MT胎。MT胎粗大的胎块就像螺旋桨打水般把泥巴甩开，带着车子轻松前进。而把它放到城市的水泥路上反倒是一场噩梦，它在路面上划出一条条黑黑的、清晰的“足印”，将花纹很快地磨损掉。

2）根据道路环境选用

HT、AT、MT三种轮胎在不同道路环境下的表现是不同的，现在进行以下比较，如表10-2所示。

HT、AT、MT三种轮胎在不同道路环境下的表现　　表10-2

道路环境	测试方法	轮胎表现		
		HT胎	AT胎	MT胎
沙土路	测试绕桩的操控表现	操控极限最高，接近极限时（65～70km/h）响声较小，动态反应较好，信心最足	接近极限时（约65km/h）声音最尖，但极限比MT胎要高，甚至接近HT胎的水平，而动态反映逊于HT胎	良好的渐进性，响声与抓地力成反比协调，但噪声不算大且声音低沉，极限最低但也接近65km/h，动态迟滞明显
泥泞路	测试排泥性表现。碾过泥路后是否能尽快把泥甩掉，是显示一套轮胎越野能力的重要表现。如果泥甩不掉，填满胎纹，轮胎难以保持应有的抓地力，就会失去继续前行的能力	在湿泥里，HT胎的排泥性最差，沟槽里均匀分布着泥巴，边缘的排泥更差	AT胎的排泥性比HT胎好很多	因为沟槽较大不易甩掉半干泥，但湿泥很容易被甩掉，所以在湿泥里是MT胎的主战场
沼泽地	测试通过性表现。驾驶分别装用三款轮胎的四驱车通过一段长的沼泽泥泞路测试	因HT胎排泥性差，严重制约了它的通过能力，车行一半就已被困住无法继续前行	AT胎可地通过泥沼路，但在通过过程中还存在一些“滑脚”、不稳的现象	MT胎能轻松地通过泥沼路，且没有“滑脚”、不稳的现象，这说明MT胎还是具有更强的附着力，更强的通过性
土路坡道	在40°土路坡道上测试攀爬力表现	明显力不从心，发动机转速一直攀升，车轮也跟着转快，但就是不见车子上行，最终车子只能停在半坡滑回坡底	表现得轻松自如，只要慢速下加油，轮胎带着些微的打滑，车身就跟着积极地上爬直到坡顶	表现更加出众，轮胎仅仅是偶尔打滑，就能顺利地上到坡顶，那种轻松前两者都无法相比，这体现了它在硬泥坡上超强的抓地力

续上表

道路环境	测试方法	轮胎表现		
		HT胎	AT胎	MT胎
水泥坡道	通过泥路后，在40° 水泥坡道上测试攀爬力表现	上坡初段HT胎因胎面糊满了泥巴几乎没有抓地力，出现了严重空转退回坡底的局面。但第二次尝试时，轮胎已甩掉部分泥巴，稳稳抓住路面爬上坡顶	因为排泥性好，胎侧泥已甩得比较干净，很快就抓住地面，只是随后的力量就不如HT胎了，稍带着一些打滑完成攀坡	无论爬泥坡还是水泥坡都有很好的表现，它能很好地兼容两种路面的慢速攀爬力，确实让人信服
宁静性	通过测试行驶时的轮胎发出的噪声看轮胎的宁静性表现。宁静性是轮胎性能关键的一环，大多数人都不能接受自己的车变成像拖拉机的噪声一样大，所以轮胎行驶时的胎噪是购胎时也应考虑的问题	测试表明HT、AT、MT胎的胎噪依次递增，特别是MT胎比HT胎高了6dB，这个数值不仅人耳能明显辨认，而且MT胎的噪声集中在中频，比AT的中高频更容易让人察觉。事实上AT胎与HT胎之间1.5dB的差异几乎可以忽略不记，因为人耳是难以判断3dB内的音量变化的。如此说明HT胎在柏油路上最宁静，AT胎次之但非常接近，而MT胎则并不适合长途柏油路行驶		
制动性能	测试汽车制动时的制动距离和制动稳定性。制动性能永远是最重要的轮胎选购标准，因为它直接关系到驾驶人的生命安全	测试表明三款轮胎都有相当好的制动性能。特别是HT胎不愧为专供柏油路使用的轮胎，即使以最快的速度进行制动测试，依然能以最短的时间、距离和最大的制动加速度完全刹停（无ABS情况下）。而令人意外的却是AT胎与MT胎的区别几乎为零，但MT胎由于胎齿较高导致其“柔弱”，无ABS情况下，每次制动后车身都不能保持直线停下，制动过程中车身动态不稳定，忽左忽右。若有ABS，此情况将得到明显改善。这一结果表明柏油路的制动效能依次为HT、AT、MT胎。MT胎紧急制动车身不稳，不适合长途柏油路行驶		

3）选用注意事项

选择哪一类型的越野车轮，既是一门学问，又能体现车主的品味和用车态度。

（1）价格问题。越野轮胎比普通轮胎价格偏高。需求和产量决定了轮胎的价格。一般MT胎用的人较少，生产量也低，所以普遍价格较高，而AT胎因为产销量大、用的人多所以价格最低。原装胎一般是普通HT轮胎，高速行驶性能只属一般。而一些非原厂配的HT胎因更注重高速公路行驶，属于高端豪华轮胎，价格也相应的较高。

一般原车悬架不经过升高的话，不建议换大尺寸轮胎。如果车底盘已经升高了，就需要换大轮胎配合。尺寸越大就越贵，如同一品牌的AT胎，加大后要贵50～100元左右。

（2）尺寸搭配。如果已确定要改换轮胎尺寸，那么应注意尺寸大小的问题。越野车的轮圈尺寸一般不建议改变，因为越野轮圈常用的只有15、16in两种，改大改小意义不大，仅是增加轮胎的宽度和扁平率其实就够了。如215/70R15改成235/70R15（仅改宽度），265/70R16改成265/75R16（仅改扁平率），265/70R16改成285/75R16（这种改动幅度较大，建议车身升高后再进行）。现在越野车，特别是豪华越野车，像轿车那样换大轮圈薄轮胎已逐步成为潮流，尺寸从18～20in都是有的。不过17in以上的轮胎国内不易购买而且价格昂贵，若真要换那么大的轮圈，就要准备多一倍以上的钱，有的甚至无法在内地进行轮胎、轮圈的装嵌。

（3）其他问题。

① 慎买旧胎。有人购买二手的越野轮胎，觉得反正汽车不开快，用旧胎无妨。其实二手轮胎虽然价格比新胎便宜1/2～2/3，但它们大多使用超过2年，这种轮胎用起来胎壁、胎块发硬，不舒服也不好控制，而胎面花纹很快会被磨平。

还有一个是时间期限的问题，新轮胎的保用年限最好在两年以内，超过这个年限即使是从未用过的轮胎也不建议购买使用。此外，越野轮胎，特别是AT胎沟槽设计较深，车子开着走上几年虽然未必能磨平，但不要以为轮胎沟槽还很深就没必要换胎，因为轮胎使用超过两三年后，考虑到氧化、磨损等问题，即使胎面沟槽还深也要注意不能跑高速了，如经济条件允许就该更换。

另外，越来越多的越野极速可突破200km/h，而国内常见HT轮胎的速度级别大多不超过H级（即190km/h），所以这类豪华越野要换胎，必须注意选用比最高车速要高的速度级别轮胎，如V级（210km/h）、Z级（240km/h以上）。

② 轮毂。轮胎如果是鞋，轮毂就是脚。好轮胎须配好轮毂。从耐用和遵守相关法规的角度出发，大多数的越野车在出厂的时候都是配置偏位为正值的轮毂，如果想让自己的爱车轮胎外张（加宽轮距），换用负值轮毂是最好的选择。

目前市面上常见的负值轮毂有铝合金和锻铁两种，表面的处理更是多种多样。铝毂售价稍高，没有铁毂易变形的缺点，越野之外也适合高速行驶；铁毂价格便宜，国内常见负值一般在-25，还可以订做特殊孔距，表面处理以黑色、白色、电镀居多，目前正在流行。购买轮毂的时候，特别注意的一点是要弄清楚它的安装宽度。

四、越野车车灯改装

越野车上应装备一些特殊的照明设备，这些设备起源于一些洲际耐力赛车身上，因为这类赛事需要夜以继日持续驾驶，且需要穿越漆黑的公路、荒漠、丛林及山腰悬崖等路段，因此黑夜照明对车手来说，是夜间行车必备的安全措施。作为一位越野四驱车主来说，采用什么类型的附加灯，必须要了解下列四大灯种：

1. 越野车车灯的种类

1）射灯

射灯是一种带有聚光效果的光线，能够令光线聚合在一个较小的范围，而且它的光线射程是最远的，就算在高速公路上高速飞驰时，都容易给其他道路使用者察觉。而在丛林行驶时，越野车更可利用射灯照射较远方的物体，亦可作为在黑夜环境中探路、搜寻及拯救之用。

射灯安装在车顶行李架上，如图10-13所示。需要注意的是，安装时一定要非常注意灯的上沿不能超过风窗玻璃的延长线，以避免发动机盖上的反光，甚至引起风窗玻璃的反光，这会对安全驾驶构成威胁。

2）雾灯

雾灯是越野车最常用的一种附加灯，其特点是光线分散，照射范围较宽，距离近，灯色略微偏黄，亮度低但穿透雨雾尘土的能力强。如遇上大雾行车，雾水本身有散光效果，当一般车灯照射到雾水时，会令光线分散，形成一层白色屏障，而且在大雾情况下，迎面而来的车辆不易察觉您的存在，造成一定的危险性。但雾灯的黄光比白光更易被雾水吸收，令驾驶者有更佳的距离感，能提供较清晰的行车视野。

图10-13　探射灯

3）特备行车灯

特备行车灯是一种在完全漆黑环境下发挥最大功能的灯具。当一般高或低灯无法提供全面照明时，它能做到一个比较广阔、全面的照射面，单单是这组灯的照射面已涵盖了高灯和低灯照射范围了。

4）转向辅助灯

转向辅助灯是要配合原有车灯一同使用，当驾驶人需要一个广角的视野空间时，便需开启这组辅助灯。由于它的折射面构造，令它有较佳的广阔面，至于称为转向，是因为通常使用在一些蜿蜒曲折的山道较多，因此而得名。

5）搜索灯

搜索灯是安装于汽车顶部，具有独特搜索功能的车灯，如图10–14所示。以ST033 多用途照明搜索灯为例，其具有以下性能特点：

（1）强光全自动遥控式全方位搜索，定点照射；

（2）外观新颖精美，具高精度密集型的传动机构和高科技的电路和控制系统；

（3）附带指南针判别被照物方向，独具新颖；

（4）水平360° 全方位任意连续旋转，上下90° 任意控制；

图10–14　搜索灯

（5）磁吸式安装，无需专业人员操作，依照说明书就可以方便的安装。搜索灯主要用于越野车，也可用于其他车型。

6）竞技型车灯

竞技型车灯是安装在越野车顶部，具有亮度大、穿透力强、射程远等特点的装饰灯。汽车加装竞技型车灯不仅可以作为装饰来扮靓爱车，同时能放宽视野，提高能见度，无论天气如何变化，车主都能轻松地应对。黑夜行车有诸多不便，其主要原因是车灯的照射范围有限，尤其遇到雨雪或大雾的恶劣天气，大多数车主会觉得车灯不够亮、穿透力弱且射程近。如果车主为爱车安装了竞技型车灯便可很容易地解决这些问题，如图10–15所示。

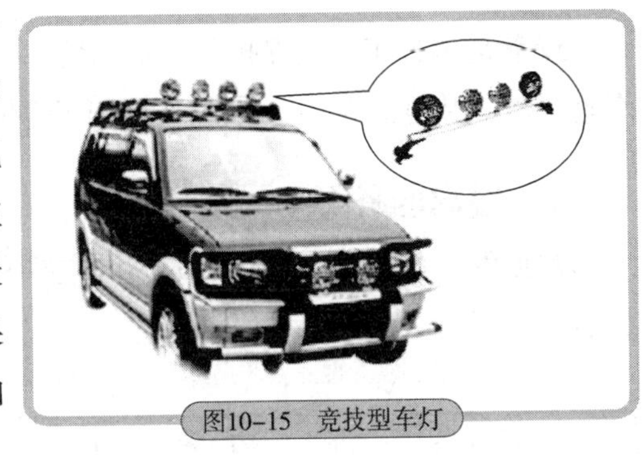

图10–15　竞技型车灯

2. 越野车车灯的安装

安装越野车车灯应注意以下事项：

（1）避免与原车灯并用线路，必须另外铺设灯线，且要用套管包裹，并固定牢靠。

（2）灯具需要有单独的熔断器，如有条件最好从原车的熔断器通过，或者单独设立熔断器，放在可靠且明显的位置，车主必须知晓。

（3）必须在开关前加装继电器以实现弱电控制强电，保证安全。

（4）避免与原车并用开关，有条件的应将线路与原车小灯控制器连接，从而实现车锁处于关闭状态时辅助灯光全部断电，以消除忘记关灯导致的蓄电池过分放电的隐患。

（5）灯具与灯线之间最好采用插头连接，这样可以方便灯具在维修维护和临时性拆除。

五、越野车绞盘加装

绞盘是越野车自我保护及牵引的装置，可在雪地、沼泽、沙漠、海滩、泥泞山路等恶劣环境中进行车辆自救，并可能在其他条件下，进行清障、拖拉物品、安装设施等作业。

1. 绞盘的种类

常见的绞盘按绞盘原动力的不同主要有机械绞盘、电动绞盘、、液压绞盘和车轮绞盘四种，其特点如表10-3所示。

各种绞盘的特点

表10-3

序号	种类	动　力　源	优　　点	缺　　点
1	机械绞盘	以分动箱输出动力为动力源	能持续提供较大的拉力，单次使用时间长（不存在发热问题），可以提供多方向拉力（前、后、甚至左右），是军用车辆或严肃的高性能越野最佳选择	必须使用发动机动力，即在发动机因进水等原因无法工作时无法使用；分动器失去绞盘方向驱动力时也无法使用
2	电动绞盘	依靠车辆自身的电力系统驱动	可以在车辆熄火的情况下基本正常使用（这是它最大优点，也是其他绞盘无法比拟的），尤其对于水多的地区有很大优势，安装简单可以实现多位置安装及迅速移位，是越野车最常用的一种绞盘	不能维持长时间的使用（车辆自身电力系统局限性、自身易发热等原因），大部分电动绞盘能提供的驱动力较小，只能向一个方向施加力量（安装于车前只能向前拉，安装于后部只能向后拉）
3	液压绞盘	使用车辆的动力/助力转向系统为其动力源，使用助力转向泵提供源动力	安装方便，由于其外部固定部分基本实现了通用化，甚至在野外即可实现互换，驱动力界于电动和机械绞盘之间，发生高温机会极其少见	和机械绞盘一样，必须使用发动机驱动力，即必须保持发动机转动，且一旦动力转向系统出现故障，则无法使用（在部分越野情况下，动力转向系统容易受到外界破坏）
4	车轮绞盘	由车轮轴提供驱动力，原理是使用大部分越野车轮的6颗固定螺栓中的4颗以固定绞盘	这是一种比较新的绞盘系统，安装和拆卸极其简便（和换轮胎是一个步骤），重量极轻（比任何一种其他绞盘都轻，不会被前悬带来致命的额外重量），价格便宜，可提供前后双方向拉力	由于其力量点是轮轴，所以位置太低，造成部分条件下无法使用，而且也必须使用发动机动力

2. 绞盘的结构与工作原理

1）绞盘的结构

以越野车上最常用的电动绞盘为例，它主要有电动机、钢缆、绞盘鼓轮、导缆器、传动机构、制动系统、离合器、控制匣和控制器组成，如图10–16所示。电动机由车辆的蓄电池带动，它将动力传递给机械传动装置，再带动绞盘鼓轮转动缠绕缆线；钢缆最初的设计承载能力决定了它的直径大小和长度，钢缆缠绕在绞盘鼓轮上并穿过导缆器，其末端打成环状以连接锚钩；绞盘鼓轮是一个缠绕钢缆的圆柱形装置，它由电动机驱动，绞盘圆筒可在遥控器的控制下改变转动方向；当使用绞盘有一定角度时，导缆器将引导钢缆绕上绞盘鼓轮，它将减少钢缆回收时可能对绞盘支架或保险杠产生的危险，往往固定安装在绞盘架或保险杠外；传动机构由三组行星齿轮构成，它将电动机产生的能量转换为强大的牵引力，传动系统的设计使得绞盘变得轻便、紧凑；制动系统的作用是当电动机停止工作且钢缆有负重时自动锁紧鼓轮，防止钢缆松脱滑落，并将汽车拽在原地；离合器可以用手操作，改变鼓轮与传动系统的脱离或锁止状态，从而改变鼓轮空转或与传动系统锁死的状态；控制匣将汽车蓄电池的电力通过电磁线圈转化为动能，使操作者能够改变绞盘鼓轮的旋转方向，有的绞盘把控制匣固化于绞盘结构内，有的则可独立一体，按需要安装在适当位置，电动绞盘在高负荷下运转，因此控制匣使用了高负荷控制系统以应付强大的电流；控制器插在绞盘控制匣上，自由控制绞盘鼓轮的旋转方向。它可以使操作者在操作绞盘时远离钢缆，避免危险。

图10–16　电动绞盘

2）电动绞盘的工作原理

电动绞盘是从汽车蓄电池获得动力来驱动电动机的，而后电动机带动鼓轮转动，鼓轮又带动主动轴，主动轴再带动行星齿轮，进而产生强大的扭力。随后，扭力被传回到鼓轮，鼓轮便带动绞盘。电动机和减速器之间有一个离合器，能通过一个把手来开关。制动单元在鼓轮内，当绞索绷紧时，鼓轮就自动锁住。

绞盘电动机的功率很小，最多只有3～4kW，这么小功率的电动机何以能拖动一辆沉重的陷入泥坑的汽车呢?秘密就在绞盘上的减速器在起作用。即便电动机只能发出较小的力，但通过减速器却能将其转变为强大的力。大部分绞盘都是使用行星齿轮做减速器的，它的优点是体积较小而产生的减速比相对较大，而且齿轮的接触点较多，使用寿命较长。绞盘通常都安装在较狭小的空间内，因此越小越轻就越好。行星齿轮既能达到这一要求，同时又能产生较大的减速比。

绞盘的拖拉力量与绞盘拉出的长度有直接关系，在绞盘刚拉时的力量最大，其后绞盘每转一圈，拉力便减小一些。绞索拉的越长拉力越弱。

在实际运用中，有些辅助物品是安全顺利使用绞盘时必不可少的，如手套能安全保护手部。此外，如果要把绞盘固定在一棵树上，还需要一条带子、一个U形吊耳以及一个紧线滑轮。带子是用来固定支点的．其理想长度为1.5～2.0m；U形吊耳能将钩子与带子及绞盘连接起来，所以最好多准备几种尺寸的吊耳；用双线或三线，改变拖拉方向时，则需要一个紧线滑轮。操纵绞盘简而言之可分3个步骤：安装、固定支点和拖拉。

3. 绞盘的选购

1）看拉力

绞盘型号中的阿拉伯数字表示最大拉力，如RUNVA的GEW 9000指的是其最大拉力为9000磅（1磅约合0.45kg）。选购绞盘的原则一般是以车辆自重的1.5倍拉力为宜。如切诺基的自重是1600kg，那么绞盘的拉力应不低于（2000/0.45）×1.5=5333磅，建议使用8000磅及以上绞盘。为什么呢？因为绞盘型号上标称的是最大拉力，但实际使用中这是个极限。如果车辆长时间在发动机的极限下使用，必然会影响寿命。

同样在极限状态下，绞盘会发生钢缆拉断、电动机烧毁的事故，严重的更会造成旁观者受害，车辆也可能因此而失控。绞盘可能在工作中承受的拉力是随机并不可预测的，因此尽可能安装大拉力的绞盘将是越野爱好者无止境的追求。比如被救车所处的位置、角度及支撑物、载荷等必需要考虑。

2）看电动机

同样是电动绞盘，其动力部分（即电动机）也有两种，即永磁电动机和串磁电动机。前者有动作快、功率大、适合长时间卷拉和造价高等特点，而后者则是电流小、古典、结构简单和造价低的传统形式。早期的RAMSEY绞盘曾使用永磁电动机。现在车辆的蓄电能力都大，所以目前主流的越野车绞盘的大功率电动机多使用串磁电动机。判断一个绞盘用得是永磁电动机还是串磁电动机，只要看一眼控制盒输出到电动机部分的线路条数就可以明白，两条线的是永磁电动机，而三条线的就是串磁电动机。

3）看品牌

国际上比较有名的绞盘品牌有RAMSEY、WARN、SUPERWINCH。美国的RAMSEY早在二战时就开始制造绞盘了，但越野车绞盘只是它专业绞盘设备的一小部分。WARN也是美国品牌，创建于1948年，当时用它的半轴离合器使“二战”剩余下来的吉普车能够轻松地在路上行驶，后来WARN才把绞盘加入其专业附件中，其产品主要作为ARB品牌越野车附件销售。SUPERWINCH的历史只有30年，是一家小而全的绞盘厂。

在国内，金润品牌占据了绝大部份市场，更作为马来西亚国际赛事的赞助商而占据国际市场专业人士的品碑。实际上，RUNVA绞盘和集团公司的“JULONG”五金和“TIGER”绞盘一样，占据了日本、德国、美国、加拿大、东南亚等国际热点市场，公司ISO9002质量保证体系认证，多款绞盘具有专利权属，产品均通过CE认证。其他如T-MAX、东风、联达、天顺等厂家跟进，分享东南亚、俄罗斯及中东市场，并针对国内市场少量供货。

4）看价格

在国内，进口绞盘的零售价基本上是1元/磅，也就是说要给大切诺基配一部绞盘，就得花9500元，大约占车价的1/40，基本上还可以接受。然而那些铁杆车迷要给2020配绞盘可就显得比例失调了：一部二手BJ2020价格不到万元，这意味着进口绞盘的价格几乎相当于他的车钱。

国内品牌绞盘在价格上就具有明显的优势。比如RUNVA在保证性能同比的情况下，价格只有进品绞盘的1/3，最新改进型串磁电动机GEW或NEW系列绞盘价格也只有进口绞盘的一半。更多绞盘的实际优惠销售价 已经上网，明码实价低价销售。

另外一个必须考虑的因素就是绞盘的维护和维修，使用国产绞盘时，这部分成本可以有效地控制得很低，进口绞盘由于配件获得渠道极少，造价很高、周期也长，毫无优势可言。

4. 绞盘的安装

同级别的绞盘其安装尺寸是一样的，托盘等附件可以通用。绞盘的安装形式一般有外置式、隐藏式和快装式三种。

1）外置式

外置式是将绞盘直接安装在保险杠外部，如图10-17所示。像吉普牧马人和BJ2020这样的品牌越野车，由于前保险杠突出车身，所以有较自由的安装空间，只要把托盘固定在保险杠上，就可以在托盘上直接固定绞盘了。该安装方式让绞盘暴露，汽车看起来充满阳刚之气。

2）隐藏式

隐藏式是将绞盘安装在保险杠内侧，如图10-18所示。像大切诺基这样的豪华SUV，需要协调的外

图10-17　直接安装式

图10-18　隐藏式

形。越野车的附件厂为它设计了专用保险杠，绞盘可以安装在里面。由于专用保险杠的外形也很漂亮，所以这种隐藏式的安装更增加了SUV的雄浑气势。帕拉丁车型也一样，必须利用原杠已有的绞盘安装平台来安装内置隐藏式绞盘，以保持其原车风格。

3）快装式

便携式绞盘（图10-19）中配备有快装机构，可在车上实施快速安装。北京的蜂鸟越野车俱乐部曾组织了一次艰难的团队越野活动——集体跨越西藏阿里无人区，在西藏北部这片年轻的地貌，道路可以随时消失，油料供应不能保证。车队必须尽可能多地携带燃料和生存必需品。如果每辆车都携带一部50kg重的绞盘，就意味着每辆车的续驶里程将至少缩短300km。在海拔6000m以上的深山里，这是致命的危险。为了实施必要的自救和互救，车队只带了2只绞盘。如何让这两只绞盘完成7辆车的救援？车队每辆车的前后保险杠都安装了一个方形接口，这是国际上越野车通用的口径。只要把绞盘插到这个接口上，就能够完成救援，这就是快装式绞盘的应用。而这个通用接口的另外一个用途是插接拖车。

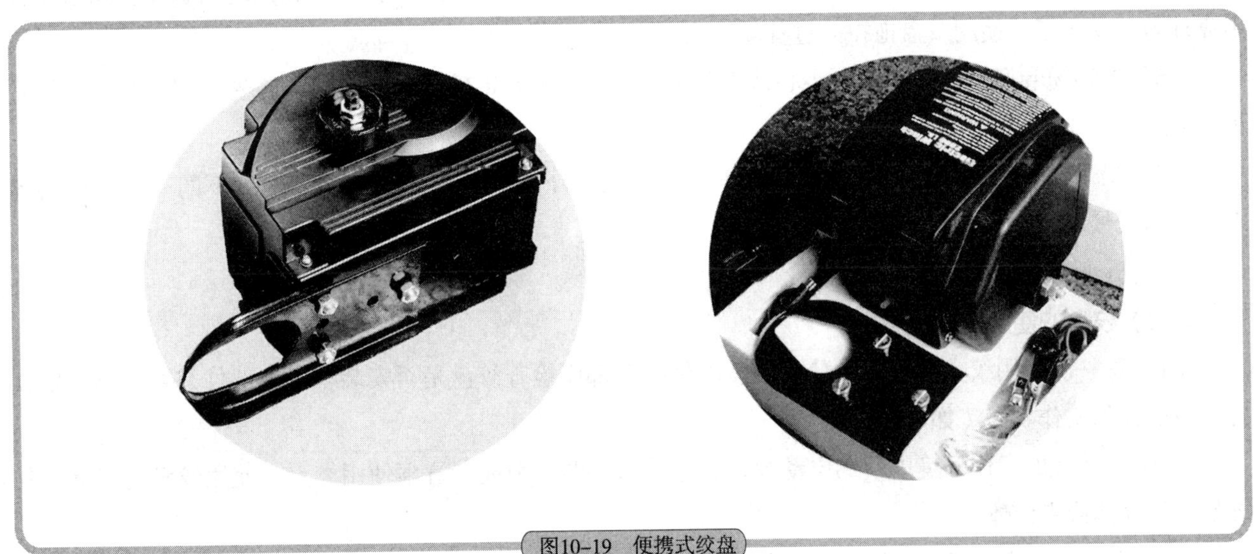

图10-19　便携式绞盘

5. 绞盘的使用

1）绞盘的操作步骤

用绞盘进行拖拉的具体步骤为：

（1）检查鼓轮。开始之前，一定要保证钢缆整齐地绕在鼓轮上。

（2）如果钢缆脱出，应防止它来回甩动。如果钢缆绷断了，来回甩动的钢缆可能非常危险。为避免这种危险的发生，应在绷紧的钢缆上放一块垫子。

（3）开始拖拉，如果用钢缆拉自己的汽车，而你又要在车上开车的话，最好有一个人在车外帮助你。这样，驾驶者可以根据车外指挥者的指令，在车上操纵绞盘。

（4）如果钢缆绞在一起了，一定要把它拉开。钢缆绕上鼓轮时很容易交叉或是在一侧变得不平整。因此，要密切注意它的状态。

（5）当车能够自由行走时，拖拉就完成了。一旦回到平地上，要检查车辆和钢缆的状况。如果能够不靠外力开动车子，使用绞盘拖拉的过程就结束了。

（6）把钢缆卷好。拉紧钢缆，小心地送回去。如果钢缆在鼓轮上交叉或扭曲，先要完全解开，然后再重卷。

（7）最后放好钩子。当钢缆只剩最后一点时，把钩子绑在绞盘侧面。然后把剩下的一点钢缆卷起来，把钩压住。

（8）拆下遥控器。

2）绞盘的使用安全

（1）每一次使用绞盘前，以及使用绞盘附件时，都应检查绞盘是否安装牢固，部件是否可靠。以及各部份所处的工作状态（如离合位置）。

（2）在适宜的工作环境中使用电动绞盘，避免在潮湿环境或者冒雨使用绞盘，使用绞盘时应远离易燃易爆的气体或者液体。

（3）在绞盘工作的任何时候，让儿童远离；并作必要的现场清理和现场管理。

（4）在绞盘标定拉力范围内使用绞盘，不要超负荷。根据其他影响因素（包括但不限于被救车辆所处的坡度和地面磨擦程度）正确测算绞盘工作负荷。

（5）使用绞盘时注意着装、手套、长发及饰物可能带来的潜在安全威胁。同时，如果在酒后、疲倦、嗜睡等身体不适情况下，禁止操作绞盘。

（6）勤于观察和倾听，以判断绞盘工作状态及潜在故障。

（7）绞盘使用后应尽快清洁、上油；较长时间不使用时，应将绞盘放置在干燥、清洁的地方保存，松开离合，并避免让儿童接触玩耍。

（8）绞盘配件及绞盘工具需要更换时，请采用专业的配套产品，禁止使用普通工、民用产品替代。

参 考 文 献

[1] 张恩元，梁超．汽车改装培训教程 [M]．北京：化学工业出版社，2008.
[2] 邵恩坡．汽车改装一本通 [M]．北京：中国电力出版社，2009.
[3] 刘步丰．汽车装饰与改装 [M]．北京：机械工业出版社，2008.